Die Französische Revolution in Deutschland

# Die Französische Revolution in Deutschland

## Zeitgenössische Texte deutscher Autoren

Augenzeugen
Pamphletisten, Publizisten
Dichter und Philosophen

HERAUSGEGEBEN VON
FRIEDRICH EBERLE UND THEO STAMMEN

PHILIPP RECLAM JUN. STUTTGART

Die Umschlagabbildung, ein Kupferstich Daniel Chodowieckis, ist dem von Georg Christoph Lichtenberg herausgegebenen *Göttinger Taschen Calender vom Jahr 1792* entnommen. Die antikisch gewandete Gestalt stützt ihren Fuß in Siegerpose auf die Symbole der gestürzten alten Ordnung; hinter den Trümmern der Bastille geht die Sonne auf.
(Germanisches Nationalmuseum, Nürnberg)

Universal-Bibliothek Nr. 8537 [6]
Alle Rechte vorbehalten
© 1989 Philipp Reclam jun. GmbH & Co., Stuttgart
Gesamtherstellung: Reclam, Ditzingen. Printed in Germany 1989
RECLAM und UNIVERSAL-BIBLIOTHEK sind eingetragene
Warenzeichen der Philipp Reclam jun. GmbH & Co., Stuttgart
ISBN 3-15-008537-3

# Inhalt

II

Pamphlete · Propaganda

## III
## Publizistik

## IV
## Literarische Spiegelungen

V

Philosophische Reflexion

## Anhang

*Einleitung*

# Deutschland und die Französische Revolution

> Die Revolution eines geistreichen Volks, die wir in
> unseren Tagen haben vor sich gehen sehen, mag ge-
> lingen oder scheitern; sie mag mit Elend und Greuel-
> taten dermaßen angefüllt sein, daß ein wohldenkender
> Mensch sie, wenn er sie zum zweitenmale unterneh-
> mend glücklich auszuführen hoffen könnte, doch das
> Experiment auf solche Kosten zu machen, nie beschlie-
> ßen würde, – diese Revolution, sage ich, findet doch in
> den Gemütern aller Zuschauer (die nicht selbst in die-
> sem Spiele mit verwickelt sind) eine *Teilnehmung* dem
> Wunsche nach, die nahe an Enthusiasmus grenzt, und
> deren Äußerung selbst mit Gefahr verbunden war, die
> also keine andere als eine moralische Anlage im Men-
> schengeschlecht zur Ursache haben kann.
>
> IMMANUEL KANT: *Der Streit der Fakultäten*[1]

## I

Das Jahr 1989 gibt Anlaß, des 200. Jahrestags der großen
Französischen Revolution von 1789 zu gedenken. Die durch
dieses säkulare Jubiläum ausgelöste Erinnerung an den Beginn der neueren Weltgeschichte läßt das Interesse nicht nur
an den französischen Vorgängen aufkommen, sondern auch
an den vielseitigen Ausstrahlungen und Auswirkungen dieses epochalen Ereignisses. Der vorliegende Band über die
Einflüsse der Revolution auf Deutschland will hierzu einen
Beitrag leisten; einen Beitrag, der die gegenwärtige Forschungssituation zu diesem Thema berücksichtigt und sich
zugleich an einen breiteren Leserkreis wendet.

Lange Zeit waren es vorwiegend ausländische Forscher,

---

1 Immanuel Kant, *Der Streit der Fakultäten*, auf Grund des Textes der
Berliner Akademie-Ausgabe neu hrsg. von Klaus Reich, Hamburg 1959,
S. 84.

die in materialreichen Studien und Textsammlungen sich
dieses geistesgeschichtlich wie politisch bedeutsamen Gegenstandes annahmen; zu verweisen ist auf die älteren
Werke von George P. Gooch, Reinhold Aris und Jacques
Droz,[2] auch das jüngere, leider unvollendet gebliebene
Werk von Klaus Epstein über die Genesis des deutschen
Konservatismus[3] gehört in diese Tradition. Diesen ausländi-
schen Untersuchungen stand im deutschen Sprachraum
lediglich Alfred Sterns *Der Einfluß der Französischen Revolution auf das deutsche Geistesleben*[4] gegenüber. Nach dem
Zweiten Weltkrieg wandelte sich die Forschungssituation
grundlegend. Die deutsche Teilung hat auch eine Spaltung
der historiographischen Forschung im allgemeinen wie zu
diesem Problemfeld im besonderen gebracht. So setzte die
Geschichtswissenschaft der DDR in den fünfziger und sechziger Jahren den Akzent fast ausschließlich und insofern
einseitig auf die Erforschung des sog. deutschen »Jakobinismus«. Damit traten Autoren und Texte in den Vordergrund
des Interesses, die vorher kaum wissenschaftliche Beachtung
gefunden hatten und auch editorisch vernachlässigt waren.
Bemerkenswerterweise gewannen in diesen Forschungen
auch regionale und lokale Fragestellungen vorrangige
Bedeutung und entsprechende Bearbeitung. Zu nennen sind
hier die Studien und Sammlungen von Heinrich Scheel zum
süddeutschen Jakobinismus und zur Mainzer Republik.[5]

2 George Peabody Gooch, *Germany and the French Revolution*, London 1920
  (Neudr. ebd. 1965); Reinhold Aris, *History of German Political Thought
  from 1798 to 1815*, London 1936; Jacques Droz, *L'Allemagne et la Révolu-
  tion Française*, Paris 1949.
3 Klaus Epstein, *The Genesis of German Conservatism*, Princeton (N. J.)
  1966; dt. *Die Ursprünge des Konservatismus in Deutschland. Der Ausgangs-
  punkt: Die Herausforderung durch die Französische Revolution 1770–1806*,
  übers. von Johann Zischler, Frankfurt a. M. / Berlin 1973.
4 Alfred Stern, *Der Einfluß der Französischen Revolution auf das deutsche
  Geistesleben*, Stuttgart/Berlin 1928.
5 Heinrich Scheel, *Süddeutsche Jakobiner. Klassenkämpfe und republikanische
  Bestrebungen im deutschen Süden Ende des 18. Jahrhunderts*, Berlin [Ost]
  1962; *Jakobinische Flugschriften aus dem deutschen Süden Ende des 18. Jahr-*

Demgegenüber blieb dieser Gegenstandsbereich in der westdeutschen Geschichtswissenschaft kaum bearbeitet – mit zwei erheblichen Ausnahmen: Kurt von Raumers Beitrag »Deutschland und die Französische Revolution« im *Handbuch der Deutschen Geschichte*[6] und Fritz Valjavec' verdienstvolle, quellennahe Untersuchung *Die Entstehung der politischen Strömungen in Deutschland 1770–1815*[7].

Erst im Zusammenhang und als Folge der sog. »Studentenbewegung« gegen Ende der sechziger Jahre veränderte sich die Situation in der Bundesrepublik grundlegend: Die vorher von der DDR-Forschung akzentuierte – »Jakobiner«-Forschung gewann jetzt sowohl in der allgemeinen Geschichts- als auch in der Literaturwissenschaft rasch an Bedeutung; sie wurde – in der Regel mit aktuell-politischem Bezug – so intensiv und einseitig forciert, daß die Defizite der älteren Forschung schon bald durch eine nicht minder voreingenommene Einseitigkeit und partielle Blindheit abgelöst wurden. Die Kritik hat längst das Nötige dazu gesagt.[8] Immerhin hatte diese inzwischen längst wieder abgeklungene Forschungsrichtung durchaus das Gute und Nützliche, daß die Thematik »Deutschland und die Französische Revolution« jetzt sowohl im ganzen als auch in einzelnen Richtungen und Regionen in ihrer Spannweite und Differenziertheit sichtbar wurde und inzwischen durch ausgewoge-

hunderts, hrsg. von Heinrich Scheel, Berlin [Ost] 1965; *Die Mainzer Republik*, hrsg. von Heinrich Scheel, Bd. 1, Berlin [Ost] 1975, Bd. 2, ebd. 1981; *Mainz zwischen Rot und Schwarz. Die Mainzer Revolution 1792–1793 in Schriften, Reden und Briefen*, hrsg. von Claus Traeger, Berlin [Ost] 1963.

6 Kurt von Raumer, »Deutschland und die Französische Revolution«, in: K. v. R. / Manfred Botzenhart, *Deutschland um 1800: Krise und Neugestaltung. Von 1789 bis 1815*, Wiesbaden 1980 (Handbuch der deutschen Geschichte, Bd. 3,1a), S. 24–119.

7 Fritz Valjavec, *Die Entstehung der politischen Strömungen in Deutschland 1770–1815*, München 1951 (Neudr. Kronberg, Ts., 1978).

8 Vgl. Gerhard Kaiser, »Über den Umgang mit Republikanern, Jakobinern und Zitaten«, in: *Deutsche Vierteljahresschrift für Literatur- und Geistesgeschichte* 49 (1975), Sonderheft »18. Jahrhundert«, S. 226–242.

nere Untersuchungen und Sammelbände dargestellt worden ist.[9] Hinzu kommt, daß die neuere Neigung zu interdisziplinärer Forschung auch der Bearbeitung dieses Gegenstandsfeldes zugute gekommen ist[10] und sich auch die Philosphiegeschichte und die Literaturwissenschaft dieser Thematik in speziellen Studien sowie repräsentativen Sammelwerken angenommen hat.[11] Durch diese interdisziplinären Bemühungen sind viele Autoren, die in der deutschen Rezeptionsgeschichte der Französischen Revolution und ihrer politischen Ideen eine wichtige Rolle gespielt haben, wie z. B. Georg Forster, Andreas Georg Friedrich Rebmann oder Adolph von Knigge, der Vergessenheit entrissen worden.

Heute werden die Wirkungen und Folgen der Französischen Revolution auf Deutschland im breiteren Kontext der Entstehung politischer Ideenströmungen und politischer Öffentlichkeit diskutiert. Hier haben neuere Arbeiten zur deutschen Spätaufklärung wesentliche Akzente gesetzt, gerade durch die genauere Erfassung der organisatorischen und institutionellen Voraussetzungen (Geheimgesellschaften, Verlagswesen, Buchproduktion und -distribution, politische Öffentlichkeit etc.) für die Entstehung und Entfaltung bürgerlicher Öffentlichkeit.[12] Dabei hat sich der Ansatz von

9 Vgl. den Überblick über die Forschung bei Inge Stephan, *Literarischer Jakobinismus in Deutschland (1789–1806)*, Stuttgart 1976 (Sammlung Metzler, 150).

10 Vgl. *Deutsches Bürgertum und literarische Intelligenz, 1750–1800*, hrsg. von Bernd Lutz, Stuttgart 1974 (Literaturwissenschaft und Sozialwissenschaften, Bd. 3).

11 Vgl. *Deutschland und die Französische Revolution: 17. Deutsch-französisches Historikerkolloquium des Deutschen Historischen Instituts Paris (Bad Homburg, 1981)*, hrsg. von Jürgen Voß, München 1983.

12 Horst Möller, *Vernunft und Kritik. Deutsche Aufklärung im 17. und 18. Jahrhundert*, Frankfurt a. M. 1986; *Lesegesellschaften und bürgerliche Emanzipation: ein europäischer Vergleich*, hrsg. von Otto Dann, München 1981; *Sozialgeschichte der Aufklärung*, hrsg. von Hans-Ulrich Gumbrecht [u. a.], 2 Tle., München/Wien 1981; *Freimaurer und Geheimbünde im 18. Jahrhundert in Mitteleuropa*, hrsg. von Helmut Reinalter, Frankfurt a. M. 1983.

Fritz Valjavec aus den vierziger und fünfziger Jahren weitgehend durchgesetzt und bestätigt – die These nämlich, daß die Ideen der Französischen Revolution nach 1789 in Deutschland bereits einen gedanklich durchaus vorbereiteten Boden vorfanden, auf dem sie dann um so rascher und wirksamer zur Geltung kommen konnten. Anders gewendet: die Anfänge modernen politischen Denkens und politischer Strömungen sind in Deutschland ab 1770 erkennbar – im Kontext der deutschen Spätaufklärung. Diese Ansätze entfalteten sich dann mit dem Ausbruch der Revolution in Frankreich, differenzierten und polarisierten sich.

## II

Die vorliegende Textsammlung versucht, der referierten Forschungssituation Rechnung zu tragen. Sie kann natürlich nur eine Auswahl aus dem reichen Material bieten. Um eine einigermaßen sinnvolle Anordnung des ausgewählten Materials treffen zu können, wird von einer Folge unterschiedlich gestufter *Kommunikationssituationen* ausgegangen:

(1) Am Anfang stehen *Augenzeugenberichte*, die deutsche Reisende nach Frankreich und Paris (meist in Form von Briefen) verfaßt haben, um möglichst unmittelbar über ihre Eindrücke und Erfahrungen von den Revolutionsgeschehnissen nach Deutschland zu berichten. Diese Berichte werden in zeitlicher Folge präsentiert, um auch die Wandlungen in der spontanen Einschätzung der französischen Ereignisse aufzeigen zu können.

(2) Es folgen dann *Texte appellativen und pamphletistischen Charakters*, die durch ihre Kürze zumeist schon die Schnelligkeit ihrer Produktion verraten. Es handelt sich um Flugschriften, kleinere Broschüren, Zeitschriften pamphletistischen Inhalts, die Wiedergabe von Reden und Diskussionen. Die *Beeinflussung* des politischen Handelns, der appel-

lative Aspekt steht im Vordergrund; differenzierte politische Analysen darf man hier in der Regel nicht erwarten. Neben vielen prorevolutionären Appellen sind auch gegenrevolutionäre zu finden. Der Kreis der Autoren ist, wie im gesamten Band, auf diejenigen eingeschränkt, die deutsch schreiben und sich als Angehörige des deutschen Kulturkreises fühlen – gerade im Elsaß eine schwierige Unterscheidung. Der Gebrauch der identifizierenden Pronomina, wie »*unser* König« oder »*unsere* Freiheit«, kann meist als Entscheidungshilfe dienen.

Gerade die Flugschriften- und Broschürenliteratur ist eine besondere Form der politisch motivierten Reaktion auf die Französische Revolution (vor allem im Südwesten Deutschlands), zugleich auch ein Ausdruck wachsenden politischen Bewußtseins der bürgerlichen Gesellschaft gegenüber als desolat empfundenen politischen Zuständen im alten Deutschen Reich, sowie Dokumentation eines neuen, an den französischen Revolutionsideen orientierten politischen Denkens.

Leser, die den Aspekt der Praxis über noch so differenzierte theoretische Erwägungen stellen, dürften mit der Einordnung dieser Dokumente an der unauffälligen zweiten Stelle nicht einverstanden sein. Ein etwas modifiziertes Kommunikationsmodell könnte diesem Kapitel guten Gewissens auch den Schluß einräumen. Die Kürze und Schablonenhaftigkeit vieler Flugschriften entspricht dem appellativen Charakter der Texte. Redundanz und instrumentalisierte Begrifflichkeit weisen den Weg zur politischen Ideologie.

(3) Sodann werden – als dritte Kommunikationsebene – Texte der zeitgenössischen *politischen Publizistik*, aus den Periodika und Zeitschriften der Zeit reproduziert. Hier findet sich eine erste Stufe gründlicherer Reflexion über den Gehalt und die Intentionen der Französischen Revolution und ihrer Ideen der Menschen- und Bürgerrechte, der

Volkssouveränität, der politischen Repräsentation usw., vielfach bereits differenziert in ideologisch motivierte Pro- und Kontra-Positionen.

(4) *Dichterische Spiegelungen* der Revolutionsereignisse, ihrer Ideen und Programme in der deutschen Literatur des ausgehenden 18. Jahrhunderts bilden eine vierte Stufe der literarisch-politischen Kommunikation, die nachhaltigen Einfluß auf den öffentlich-politischen Diskurs in Deutschland gewonnen hat.

(5) Den Beschluß bilden (politisch-)*philosophische Texte*, d. h. theoretische Analysen zur Französischen Revolution. Hier erweist es sich als berechtigt, die zeitgenössische Philosophie als »*Theorie* der Französischen Revolution« (Herbert Marcuse) aufzufassen; nahezu alle deutschen Philosophen von Kant über Fichte bis hin zu Hegel haben ihren Beitrag zu dieser theoretischen Erfassung der Revolution geleistet.

Diese fünf Kommunikationsebenen kann man sich auch als konzentrische Kreise angeordnet vorstellen, in denen der durch die Französische Revolution angeregte Diskurs in Deutschland sich bewegt. Die Spätaufklärung hatte die Voraussetzungen für diesen Diskurs geschaffen, der jetzt nach dem Revolutionsausbruch mit Intensität und Vehemenz einsetzt. Obwohl man die ausgewählten Texte am besten für sich sprechen lassen sollte, seien einige nähere Ausführungen zu den verschiedenen Kommunikationsebenen vorausgeschickt:

(1) Die Reise- und Augenzeugenberichte waren wohl – neben den französischen Zeitungen – die ersten und aktuellsten Informationen über den Ausbruch der Revolution in Paris und über das folgende Revolutionsgeschehen. Begünstigend wirkte sich aus, daß die europäische Öffentlichkeit auch schon im Ancien régime stets mit gehobener Aufmerk-

samkeit nach Versailles und Paris geblickt hatte; Reisen nach
Paris gehörten – konnte man es sich finanziell leisten –
durchaus zum Üblichen. Diese Tendenzen bekamen mit der
Revolution einen ganz neuen Akzent. Es ist interessant zu
sehen, wie viele Deutsche sich während der gesamten Revo-
lutionsepoche als Reisende und Augenzeugen – oft mehr-
mals – in Paris aufhielten, um die Ereignisse der Revolution an Ort und Stelle zu beobachten und darüber privat
oder professionell-öffentlich in »Correspondenzen« nach
Deutschland zu berichten. Nicht ganz zu Unrecht spricht
man in der Literatur von »Revolutionstourismus«. Heraus-
ragende Namen des deutschen Geisteslebens sind unter diesen Reisenden: Johann Heinrich Campe, die Brüder Humboldt, Friedrich Schlegel, Georg Forster, Konrad Engelbert
Oelsner, Gustav von Schlabrendorff, Gerhard Anton von
Halem u. a.

Vielfach verwendeten diese Augenzeugen (wie etwa
Campe in seinen *Briefen aus Paris*) die Theater- oder Büh-
nen-Metapher, um sich gegenüber den revolutionären Ereignissen der französischen Hauptstadt als Zuschauer in einem
weltpolitischen Spektakel zu verstehen. Bekanntlich hat
auch Kant in dem eingangs als Motto zitierten Satz aus dem
*Streit der Fakultäten* sich dieser Theater-Metapher bedient,
dabei aber nachdrücklich hervorhebend, daß es sich hier
nicht um einen neutralen oder objektiven Zuschauer, sondern um einen Zuschauer handele, dessen enthusiastische
Teilnehmung eine moralische Anlage im Menschengeschlechte zur Ursache habe. Dieses Engagement kennzeich-
net viele dieser Augenzeugenberichte. Dabei fehlt kritische
Reflexion nicht, ja diese nimmt – je länger die Revolution
währt – immer mehr zu, sogar bei Georg Forster oder Georg
Friedrich Rebmann.

Was diese Briefberichte boten, die in den meisten Fällen
sehr bald in Deutschland als Buch erschienen und so einen
weiten Kreis interessierter Zeitgenossen ansprachen, war
natürlich – wie die hier abgedruckten Quellenbeispiele zei-

gen – keineswegs ›objektive‹ zeitgeschichtliche Information;
ein jeder der Zeitzeugen sah und erlebte die neuen politischen Wirklichkeiten und Zustände der Revolution durch
sein persönliches Temperament und färbte so seinen Bericht
entsprechend – ließ sich mal mehr begeistert, mal mehr
skeptisch oder gar ängstlich und besorgt vernehmen. Enthusiasmus oder Skepsis, politischer Sachverstand und Urteilskraft schlugen sich in diesen Texten unmittelbar nieder –
nicht selten als Ausdruck auch der politischen Optionen
»pro« oder »kontra« Revolution.

In Deutschland publiziert, hatten diese Briefsammlungen
– wie etwa Campes *Briefe aus Paris*, Oelsners *Luzifer* oder
auch Erinnerungsbücher wie Friedrich Christian Laukhards
*Leben und Schicksale* – einen nicht zu unterschätzenden
Einfluß auf die politische Meinungs- und Urteilsbildung des
deutschen Publikums über die Revolution in Frankreich,
ihren Verlauf sowie auch die ihr zugrunde liegenden Ideen
und Forderungen.

(2) Daß die deutsche politische Öffentlichkeit nach 1789
nicht nur lediglich passiver Zuschauer gegenüber den französischen Ereignissen war, daß die Revolution in Frankreich
auch in Deutschland politische Reaktionen, Stellungnahmen
und Parteiergreifungen, regional und lokal freilich in oft
sehr unterschiedlichem Maße, auslöste, das brachte der
›Export‹ der revolutionären Ideen, verstärkt durch die französischen Eroberungen in der Folge der Koalitionskriege
(Besetzung des linken Rheinufers seit 1792), zwangsläufig
mit sich. Ihren Niederschlag fand dies in den vielen Flugschriften und Broschüren der Zeit; hier wurde der Übergang
von der politischen Meinungsbildung über Agitation bis zur
Aktion fließend, bis hin zu der Parteinahme gegen ange-
stammte Autoritäten und der Übernahme französischer Ver-
fassungsmodelle wie z. B. in Mainz.[13]

13 Vgl. die in Anm. 5 genannten Arbeiten von Heinrich Scheel und Claus
Traeger über Mainz; ferner: Kyösti Julku, *Die revolutionäre Bewegung im*

Auch in Norddeutschland entstanden, durch Lesegesellschaften und politische Clubs organisatorisch und ideenmä-
ßig vorbereitet, republikanische Bewegungen, die sich gegen
die als rückständig erfahrenen politischen Verhältnisse in
den deutschen Territorien wandten und infolgedessen auch
bald danach – im Rahmen gegenrevolutionärer Aktionen der
alten Mächte im Deutschen Reich – der politischen Verfolgung und Unterdrückung ausgesetzt waren.[14] Hier löste die
Französische Revolution mit ihren Ideen von Freiheit,
Gleichheit, Brüderlichkeit und republikanischer Staatsverfassung eine politisch-ideologische Bewegung aus, die sich
auch gegen den aufgeklärten Absolutismus und die ihm
entsprechende Fremdbestimmung des Bürgers wandte, republikanische Zustände »à la France« fordernd. Für diese
Bewegung mag das Hamburger Revolutionsfest als besonders charakteristisch gelten, das am 14. Juli 1790, am ersten
Jahrestag des Revolutionsausbruchs, auf dem Landsitz des
Kaufmanns Georg Heinrich Sieveking in Harvestehude
stattfand.[15]

Durch die revolutionäre Agitation waren in Deutschland
bisher unbekannte und ungeübte politische Kommunika-
tionsformen im Geiste des westeuropäischen und nordame-
rikanischen Konstitutionalismus ausgelöst worden, der in
den deutschen Territorialstaaten wenig Realisierungschan-
cen besaß.

*Rheinland am Ende des 18. Jahrhunderts*, 2 Bde., Helsinki 1965–69; Axel
   Kuhn, *Jakobiner im Rheinland. Der Kölner Konstitutionelle Zirkel von
   1789*, Stuttgart 1976.

14 Vgl. *Leben und Werke norddeutscher Jakobiner*, hrsg. von Walter Grab,
   Stuttgart 1973; Walter Grab, *Demokratische Strömungen in Hamburg und
   Schleswig-Holstein zur Zeit der Ersten französischen Republik*, Hamburg
   1966; Walter Grab, *Norddeutsche Jakobiner. Demokratische Bestrebungen
   zur Zeit der Französischen Revolution*, Frankfurt a. M. 1967; Renate
   Eberhard-Lucht, *Die Ideen der Französischen Revolution in Schleswig-
   Holstein*, Neumünster 1969 (Quellen und Forschungen zur Geschichte
   Schleswig-Holsteins, 56).

15 Vgl. Gerd Ueding, *Klassik und Romantik. Deutsche Literatur im Zeitalter
   der Französischen Revolution 1789–1815*, München 1987 (Hansers Sozialgeschichte der deutschen Literatur, Bd. 4), S. 31 f.

(3) Bereits die Epoche der deutschen Spätaufklärung hatte in Deutschland ab 1770 eine lebendige (allgemeine und politische) Publizistik entstehen lassen; der größte Schub an Neugründungen setzte dann zu Beginn der neunziger Jahre ein. Man macht sich heute kaum mehr eine Vorstellung von der großen Zahl und der inhaltlichen Differenzierung der allerdings oft sehr kurzlebigen Zeitschriften. Erst in jüngster Zeit wurden von verschiedenen Autoren gründliche bibliographische Untersuchungen, Übersichten und Interpretationen des Zeitschriftenwesens der Epoche und seiner politischen Tendenzen erarbeitet.[16] Dabei stellte sich heraus, daß vielfach englische und französische Vorbilder eine wichtige Initiativfunktion erfüllten. Periodika hatten einen nachhaltigen Einfluß auf die Entstehung und Verbreitung politischer Ideen, besonders auf die Vermittlung des Ideengutes der Französischen Revolution in Deutschland. In diesen Zeitschriften fand bereits eine differenzierte und kontroverse Diskussion politischer Grundsätze statt. Hinzu kam, daß an vielen Orten in der Zeit der Spätaufklärung Lese- und Geheimgesellschaften entstanden, die das neue politische Denken der westlichen Aufklärung diskutierten und dadurch zu wichtigen Trägern einer frühen politischen Meinungsbildung in Deutschland wurden.[17] Manche dieser Lesegesellschaften geriet im Zeitalter der Revolution bald in den Verdacht, ein »Jakobiner-Club« zu sein, und wurde entsprechend verfolgt und unterdrückt.

Politische Publizistik und revolutionäres Zeitschriftenwesen weisen ein höheres Niveau politischer Diskussion und Reflexion als Augenzeugenberichte auf. Vielfach waren

16 Vgl. Jürgen Wilke, *Literarische Zeitschriften des 18. Jahrhunderts (1668–1789)*, 2 Tle., Stuttgart 1978 (Sammlung Metzler, 174, 175); Paul Hocks / Peter Schmidt, *Literarische und politische Zeitschriften 1789–1805. Von der politischen Revolution zur Literaturrevolution*, Stuttgart 1975 (Sammlung Metzler, 121); Möller (Anm. 12).

17 Vgl. dazu Reinhart Koselleck, *Kritik und Krise. Ein Beitrag zur Pathogenese der bürgerlichen Welt*, Freiburg i. Br. / München 1959; Jürgen Habermas, *Strukturwandel der Öffentlichkeit. Untersuchungen zu einer Kategorie der bürgerlichen Gesellschaft*, Neuwied 1962.

Philosophen und Schriftsteller von Rang an diesen Publikationsorganen aktiv beteiligt; manche dieser Zeitschriften (wie etwa Schlözers *Staats-Anzeigen*, Wielands *Teutscher Merkur*, Biesters *Berlinische Monatsschrift* usw.) standen auf einem anerkannt hohen schriftstellerischen und philosophischen Niveau. So besaßen die politischen Ideenströmungen, die jetzt in Deutschland – vielfach nach dem Vorbild Westeuropas – entstanden, ihre wichtigsten Verbreitungsorgane in dieser zeitgenössischen politischen Publizistik. Namen wie Christoph Martin Wieland, Christian Friedrich Daniel Schubart, Friedrich Gentz, Georg Forster, Georg Friedrich Rebmann, August Wilhelm Rehberg, Wilhelm Ludwig Wekhrlin, Adolph Freiherr von Knigge usw. bedeuteten zugleich ein politisch-publizistisches Programm. Scharfe Polemik, Angriffslust, gründliche philosophische Reflexion und Diskussion politischer Prinzipien, Stellungnahmen pro und kontra prägten Form und Inhalt dieser politischen Publizistik, die ein Niveau erreichte wie später selten.

(4) Unmittelbar vom Ausbruch der Revolution an ist ihr Reflex in den Gattungen der zeitgenössischen deutschen Literatur nachvollziehbar. Wie spontane Reaktionen auf französische Ereignisse wirken die meist der gehobenen, pathetisch-ernsten Gedankenlyrik (Oden) zugehörenden Produktionen von Klopstock, Hölderlin oder Voß, in denen die grundlegenden Ideen der Revolution, vor allem die Idee der menschlichen und bürgerlichen Freiheit, dichterisch gestaltet und dem deutschen Publikum vermittelt werden. In enger Beziehung zur Flugschriftenliteratur der Zeit kommt das aktuelle politische Lied hinzu, das zur Stellungnahme für die Revolution und ihre Ideen und zur Klage und Kritik der deutschen politischen Zustände auffordert (z. B. Schubart, Bürger, Voß). In diesen Gedichten spiegelten sich wohl am unmittelbarsten und reinsten die politischen Stimmungen, die Erwartungen und Sehnsüchte der Zeit, denen die Schriftsteller und Intellektuellen Ausdruck verliehen.

Die »Freiheit der alten Franken«, die in Frankreich durch die Revolution ihre aktuelle Wiedergeburt fand (auch für die dem ehemaligen Frankenreich angehörenden Deutschen), wurde immer wieder besungen, die Verwandtschaft der Deutschen mit den »Neu-Franken«, den Franzosen der Revolution, die den Despotismus des Ancien régime überwunden hatten, betont und so gewissermaßen eine ethnische Brücke zu den Ideen der Französischen Revolution geschlossen: die Geburt der modernen Freiheit aus den »fränkischen Wäldern«!

Zugleich klingt in dieser Lyrik unüberhörbar die Kritik an den freiheitsfeindlichen politischen Zuständen in Deutschland an; die Härte, ja Brutalität dieser rückständigen Herrschaft, das Fehlen bürgerlicher Freiheitsrechte haben nicht selten Schriftsteller – wie etwa Schubart in Württemberg – an ihrem eigenen Leibe durch Verfolgung und Kerkerhaft erlebt.

Neben diesen Gedichtformen verdient die Leistung des blinden Dichters Gottlieb Conrad Pfeffel aus dem Elsaß Erwähnung, der die politische Fabel zu einer für die kritische Reflexion politischer Probleme besonders aussagekräftigen literarischen Gattung entwickelte, mit deren Hilfe er die Entwicklung der Französischen Revolution über alle ihre Phasen hinweg kommentierend verfolgte.

Der politischen Kommunikation unmittelbar verbunden ist natürlich das Theater; nicht verwunderlich deshalb auch, daß die zeitgenössischen deutschen Schriftsteller seit Beginn der Revolution sich dieses Mediums für die öffentliche Auseinandersetzung mit der Revolution und ihren Auswirkungen bedienten. Die wenigsten dieser zeitbedingten Produktionen sind heute noch lebendig oder bekannt. In den linksrheinischen Gebieten, in Mainz z. B., entwickelte sich während der Republik ein »Jakobiner-Theater«, das die politische Reaktion verhöhnte und die Revolution und ihre Ideen durch das Symbol des »Freiheitsbaums« feierte. Dagegen hielten die Komödien von Kotzebue und Iffland, die

sich von einem antirevolutionären Standpunkt mit der Zeitgeschichte befaßten, ebenso die Komödien Goethes, in
denen er den revolutionären Zeitgeist kritisch untersuchen
wollte. Nur in ganz wenigen Fällen fand die Französische
Revolution damals Gestaltung in der Tragödie – wie später
in *Dantons Tod* von Georg Büchner. So in Goethes *Natürlicher Tochter*, in der er sich – seinem eigenen späteren Worte
zufolge – »ein Gefäß [bereitete], worin ich alles, was ich
so manches Jahr über die Französische Revolution und deren
Folgen geschrieben und gedacht, mit geziemendem Ernste
niederzulegen hoffte«.[18] Diese als Trilogie geplante Tragödie blieb unvollendet – nur der erste Teil wurde 1803 abgeschlossen und aufgeführt.

   Die differenzierteste und genaueste literarische Analyse
der Folgen der Revolution erfolgte indes zweifellos in der
epischen Dichtung; Goethe z. B. hat in zwein seiner Epen,
*Hermann und Dorothea* und *Reineke Fuchs*, das Revolu-
tionsthema mit sichtlich unterschiedlicher Tendenz gestaltet. Von analytisch größerer Aussagekraft scheinen jedoch
die (in Schillers *Horen* zuerst gedruckten) *Unterhaltungen
deutscher Ausgewanderten* zu sein, deren Beschluß das der
Deutung schwer zugängliche *Märchen* bildet. Nicht nur
deswegen, weil Goethe hier recht eigentlich der deutschen
Literatur die Novellenform – in der Nachfolge Boccaccios –
gewonnen hat; vielmehr wegen der intensiven und differenzierten Erörterung und Gestaltung des Problems der Geselligkeit, ihrer Erschütterung und Zerstörung durch die Revolution und ihrer Wirkungen, sowie ihre Rekonstruktion
durch das gesellige Erzählen. Die damals entstehende und
bald vorherrschende literarische Gattung des Romans hat
auf vielfältige Weise (bei Goethe wie bei Jean Paul z. B.) eine
Auseinandersetzung mit den politischen und gesellschaftlichen Folgen der Revolution geführt; sogar der zeitgenössi-

18 Johann Wolfgang Goethe, *Tag- und Jahreshefte*, 1799, in: J. W. G., *Werke.
   Hamburger Ausgabe*, hrsg. von Erich Trunz, Bd. 10, München ⁷1981,
   S. 449.

sche Trivialroman (wie das Beispiel des damals vielgelesenen Romans *Clara du Plessis und Clairant* von August Heinrich Julius Lafontaine – eine Familiengeschichte französischer Emigranten – besonders deutlich belegt) hat sich des Schicksals der durch die Revolution Vertriebenen angenommen.

(5) Obwohl die bisher charakterisierten literarischen Textgruppen bereits eine erstaunliche Fülle und Intensität der Beschäftigung mit der Französischen Revolution und ihrer Folgen boten und dadurch verschiedene Kommunikationssituationen wirksam bestimmten, kann man gleichwohl die Behauptung riskieren, daß die eigentliche kritische, die theoretischen Fundamente berührende Auseinandersetzung mit den Ideen der Revolution erst auf dem Boden der zeitgenössischen deutschen Philosophie von Kant, Fichte und Hegel stattgefunden hat.

Es ist kein Zufall, sondern folgerichtig, wenn Heinrich Heine (wie später auch Karl Marx) in verschiedenen Schriften, am klarsten und eindeutigsten vielleicht in seiner Einleitung zu *Kahldorf über den Adel* den inneren, konstitutiven Zusammenhang zwischen Französischer Revolution und deutscher Philosophie herausgearbeitet hat. »Man vergleiche nur die Geschichte der französischen Revolution mit der Geschichte der deutschen Philosophie, und man sollte glauben: die Franzosen, denen so viel wirkliche Geschäfte oblagen, wobei sie durchaus wach bleiben mußten, hätten uns Deutsche ersucht unterdessen für sie zu schlafen und zu träumen, und unsere deutsche Philosophie sei nichts anderes als der Traum der französischen Revolution. So hatten wir den Bruch mit dem Bestehenden und der Überlieferung im Reiche des Gedankens, ebenso wie die Franzosen im Gebiete der Gesellschaft, um die Kritik der reinen Vernunft sammelten sich unsere philosophischen Jakobiner, die nichts gelten ließen, als was jener Kritik Stand hielt. Kant war unser Robespierre –«[19]

19 Heinrich Heine, *Sämtliche Schriften in 12 Bänden*, hrsg. von Klaus Briegleb, Bd. 3, München/Wien 1976, S. 655.

Die Identifizierung von Kant mit Robespierre wird uns eher befremden; der Grundgedanke Heines – die innere Nähe von Revolution und Philosophie – ist indes zutreffend. Marx hat die sozial- und ideengeschichtlichen Ursachen für diese Funktionsadäquanz von Revolution in Frankreich und Philosophie in Deutschland in seiner kleinen Schrift *Zur Kritik der Hegelschen Rechtsphilosophie. Einleitung* (1844) näher bestimmt: »Wie die alten Völker ihre Vorgeschichte in der Imagination erlebten, in der *Mythologie*, so haben wir Deutsche unsere Nachgeschichte im Gedanken erlebt, in der *Philosophie*. Wir sind *philosophische* Zeitgenossen der Gegenwart, ohne ihre *historischen* Zeitgenossen zu sein. Die deutsche Philosophie ist die *ideale Verlängerung* der deutschen Geschichte. [...] Die *deutsche Rechts- und Staatsphilosophie* ist die einzige mit der *offiziellen* modernen Gegenwart *al pari* stehende *deutsche Geschichte*.«[20] Was für die deutsche klassische Philosophie dieses Zeitalters das eigentlich bewegende Moment gewesen ist, hat Hegel in seinen *Vorlesungen über die Philosophie der Geschichte* formuliert: »Solange die Sonne am Firmamente steht und die Planeten um sie herumkreisen, war das nicht gesehen worden, daß der Mensch sich auf den Kopf, d. i. auf den Gedanken stellt und die Wirklichkeit nach diesem erbaut. Anaxagoras hatte zuerst gesagt, daß der νοῦς die Welt regiert; nun aber erst ist der Mensch dazu gekommen, zu erkennen, daß der Gedanke die geistige Wirklichkeit regieren solle. Es war dieses somit ein herrlicher Sonnenaufgang. Alle denkenden Wesen haben diese Epoche mitgefeiert. Eine erhabene Rührung hat in jener Zeit geherrscht, ein Enthusiasmus des Geistes hat die Welt durchschauert, als sei es zur wirklichen Versöhnung des Göttlichen mit der Welt nun erst gekommen.«[21] Aus dieser Perspektive mußte die

20 Karl Marx / Friedrich Engels, *Werke*, Bd. 1, Berlin [Ost] 1972, S. 383.
21 Georg Wilhelm Friedrich Hegel, *Werke in 20 Bänden*, hrsg. von Eva Moldenhauer und Karl-Markus Michel, Bd. 12, Frankfurt a. M. 1970 (Theorie-Werkausgabe), S. 529.

Philosophie in der Revolution ein ihr gemäßes Werk sehen, dessen gedankliche Fundierung und Fortführung ihre bleibende Aufgabe sein sollte – als »Revolution des Geistes« (Fichte).

## III

Lassen sich nun über die Grenzen dieser verschiedenen Kommunikationsebenen hinweg typische Reaktionsweisen der deutschen Öffentlichkeit unterscheiden und beschreiben? Trotz der Fülle des Materials soll ein *vorläufiger* Versuch gewagt werden, denn diese Massenphänomene können endgültig erst beurteilt werden, wenn Projekte wie die systematische Erfassung des Flugschriftenmaterials (mit der z. B. Heinrich Scheel begonnen hat)[22] abgeschlossen sind, und zwar in Hinsicht auf die verschiedenen Regionen, politischen Richtungen und literarischen Gattungen. Um solche neuen Interpretationen zu ermöglichen, wird es aber wohl noch einiger Jahre der Forschung bedürfen.

(a) Es war nicht der Normalfall, auf die französischen Ereignisse seit 1789 mit nüchternen Analysen zu reagieren. Dafür gibt es verschiedene Gründe. Innerhalb von fünf Jahren stürzte eine jahrhundertealte Monarchie, wurde der Übergang zur konstitutionellen Staatsordnung vollzogen, spielten sich die Schreckensherrschaft und der Sturz Robespierres vor dem Auge des Beobachters ab. Solch schnelle Konjunktur der Ereignisse überforderte die Zeitgenossen; sie wirkt in ihrem Tempo geradezu modern. Angesichts der Geschehnisse erscheint die Erregung und Emotion in der Publizistik verständlich. Oft genug war die Berichterstattung auch überfordert, denkt man etwa an Philipp Hausleutners zopfige Argumentation: »Eine schlechte Schrift kommt immer zu früh. Eine gute kann freylich, in gewissen Rück-

22 Vgl. Anm. 5.

sichten, zu spät kommen; aber dieß wird ihr Fall nicht sein, wenn sie eben durch Verzögerung erst den Grund zu ihrer Güte legen und durch sie ihre Fortdauer sichern mußte.«[23] Mit solch einer Devise war der neuen ›Ereignisgeschwindigkeit‹ freilich nicht beizukommen; auch die Analytiker und Theoretiker hinkten gelegentlich hinterher. So ist eine Zeitverschiebung zwischen den verschiedenen Kommunikationsebenen festzustellen: theoretische Arbeiten zur Revolution beginnen erst seit 1793 vermehrt zu erscheinen, auch wenn einige wenige Analysen schon sehr früh herausgekommen waren – z. B. die Schriften von Ernst Brandes und August Wilhelm Rehberg – und es diesen an theoretischer Konsistenz nicht mangelte. Nirgendwo in der politischen Literatur der Zeit wird etwa die Diskussion über das imperative Mandat so präzise durchgeführt wie in Brandes' *Politischen Betrachtungen* (1790).[24] Aber natürlich wurde das Urteil mit zunehmendem Abstand sicherer, so daß es schon zu Beginn des 19. Jahrhunderts einem Friedrich Buchholz gelingen konnte, die erste »Politische Soziologie« der Revolution vorzulegen: eine brillante, auch heute noch lesenswerte Theorie der Französischen Revolution; die freilich angesichts der Napoleonischen Kriege und der Reaktionszeit in Deutschland sehr ungünstige Rezeptionsbedingungen vorfand.[25]

Schon seit 1792 war einer nüchternen Analyse die Kriegssituation entgegengestanden; mit dem Ausgreifen der Revolution auf Deutschland gerät jede profranzösische Stellungnahme in die Gefahr des Landesverrats und ist somit emotional hoch besetzt. Diese starke Emotionalisierung und Politisierung durch Revolutions- und Befreiungskriege blockierte eine rationale Diskussion über Politik ebenso wie die Einschränkung der Pressefreiheit. Die ›Politik der Vernunft‹ ist in den eroberten Gebieten diskreditiert, orga-

---

23 Vorwort zum *Schwäbischen Archiv*, Bd. 1, Stuttgart 1790, S. 3.
24 Vgl. im vorliegenden Band S. 301–323.
• 25 Vgl. S. 436 f. und 366–370.

nisch-romantische Staatsvorstellungen treten in den Vordergrund mit wenig Neigung zu nüchterner Analyse, zu staatsrechtlicher und organisatorisch-institutioneller Diskussion. Erst im Zeitraum vor 1848 entwickelt sich in Deutschland erneut eine politische Diskussion, die qualitativ mit derjenigen der Jahre nach 1789 verglichen werden kann. Auch das politische Denken verfällt damit jener typisch deutschen Verspätung, die man aufgrund der monarchischen politischen Praxis üblicherweise für die Verfassungsgeschichte konstatiert. Die Befreiungskriege stellen das definitive Ende der Aufklärung dar.

(b) Bereits vor der Napoleonischen Zeit waren Rationalismus und Aufklärung der Identifizierung mit der französischen Republik anheimgefallen. Die antifranzösisch eingestellten Zeitgenossen hatten sich vielfach von der aufklärerischen Diskussion und Analyse abgewandt. Als die französischen Revolutionsheere kamen, wurde die Aufklärung diskreditiert und die Philosophie für die französischen Gewalttätigkeiten verantwortlich gemacht. Die negativ besetzten Schlagworte »philosophische Politik«, »neues politisches System« und »Politik des Philosophismus«, die seit 1794 geprägt werden, finden in Johann August Starcks *Der Triumph der Philosophie im achtzehnten Jahrhundert* ihren ideologischen Höhepunkt.[26]

Die resignierte Abwendung ist bereits in Schillers *Horen* (1795) zum Programm geworden.[27] Natürlich war die Abkehr vom »Dämon der Staatskritik«[28] nicht nur eine Reaktionsweise der Revolutionsgegner, sondern auch vieler Befürworter, die sich mit der Radikalisierung des politischen Prozesses in Frankreich und der expansiven Ideologie nicht

---

26 Dieses Werk erschien in »Germanien« (= Augsburg) 1803. Aus dem Umkreis der Starckschen Komplottheorie vgl. auch den Text eines Anonymus *Kritik eines deutschen Patrioten über die damalige Lage von Frankreich und Deutschland*, im vorliegenden Band S. 187–193.

27 Vgl. S. 271–274.

28 Schiller in seiner Vorrede zu den *Horen* (S. 271).

mehr identifizieren wollten. Das Auftreten der französischen Armee als Besatzungsmacht und die Ausplünderung der eroberten Gebiete unter dem Deckmantel von Befreiungsideologien mußten auch die engagierten Anhänger der Revolution verunsichern und in Defensivpositionen drängen. Nur wenige, freilich oft eher unpolitisch-idealistische Zeitgenossen wie Wackenroder oder Tieck mochten bekennen, weiter zu den Franzosen zu stehen![29] Der endgültige Umschlagpunkt, an dem sich die meisten Zeitgenossen von den revolutionären Geschehnissen abwandten, war der Tag, da Ludwig XVI. auf dem Schafott starb (21. Januar 1793). Nur selten fragt die Publizistik nunmehr nach den politischen Ursachen der Ereignisse:[30] Der emotionale Schock für ein Land, das doch weitgehend von monarchischen Vorstellungen geprägt wird, ist stark. Außerdem waren viele Publizisten gerade in Deutschland auf irgendeine Art – als Kirchenmann, als Lehrer oder Universitätsangehöriger – vom monarchischen Staat abhängig. Inwieweit die Reaktionen auf die Revolution im Nachbarland deshalb als spontan und echt bezeichnet werden dürfen, gehört zu den schwierigsten Forschungsfragen. Aber es dürfte klar sein, daß so manche der Stellungnahmen, etwa Knigges oder Rebmanns, unter freieren Bedingungen des politischen Publizierens deutlich schärfer ausgefallen wären.

Die Abwendung von der Politik zeigt sich in verschiedenen Argumentationsstrukturen:
– als juristisch-legalistische Prüfung der Rechtmäßigkeit von Revolutionen, als könnte der geschichtliche Prozeß unter dem Gesichtspunkt der Legalität konstruiert werden;
– als Beurteilung des französischen »Königsmordes« unter den Gesichtspunkten des Strafrechts, wobei die Hinrichtung als Unrecht verstanden wird;
– als Beurteilung von Politik allgemein unter den Kriterien der Moral.

29 Vgl. S. 291.
30 Vgl. den Text von Gotthold Friedrich Stäudlin (S. 186 f.) und den *Aufruf an alle Völker Europens* (S. 140–144).

(c) Die moralische Entrüstung wird seit 1793 zu *dem* Topos der politischen Beurteilung überhaupt. Das konnten natürlich auch die demokratischen Publizisten nutzen, wenn auch sie Emotionen zu mobilisieren versuchen.[31]

Soweit man sehen kann, drangen ihre Argumente aber auch in den besetzten Gebieten nicht durch, geschweige denn in den von den französischen Revolutionsarmeen eroberten Territorien. Das Verhalten der linksrheinischen Bevölkerung nach dem schnellen Ende der ersten französischen Besatzungszeit wirft die Frage auf, ob hier nicht von Anfang an die Ablehnung des Fremden viel mehr als die Befürwortung abstrakter Prinzipien von Befreiung, von Gleichheit und Brüderlichkeit wirkte. Verhielt sich die Masse der Menschen unter den republikanischen Herrschern nicht widerwilliger als bei ihrer Beseitigung?[32]

Politik nach den Kriterien von Gut und Böse zu beurteilen war seit 1789 gängige Praxis. Allerdings wurde in den ersten Jahren die politische Ursachenforschung und die nüchterne Analyse nicht vernachlässigt. Das Wissen um die Ungerechtigkeiten und Defizite des Ancien régime gehörte zu den Trivialitäten der deutschen politischen Diskussion und war gerade auch bei konservativen Analytikern (z. B. Friedrich Carl von Moser)[33] gegenwärtig. Dieses Wissen ging nicht verloren, aber die moralische Entrüstung über den von der Revolution eingeschlagenen Weg verdeckte differenziertere Reaktionen. Als sich schließlich die Emotionen gelegt hatten, stieg bereits ein neuer Stern am politischen Himmel empor und ließ die Revolution nicht mehr so interessant erscheinen: Napoleon. Genauer zu benennen, wer mit der moralisierenden Unterscheidung der »Guten« und der »Bösen« in der deutschen öffentlichen Meinung begonnen hat, die Anhänger oder die Gegner der Revolution, ist nach 200 Jahren immer noch schwer, leider – denn

---

31 Vgl. z. B. den Text von Knigge, S. 182 f.
32 Vgl. Kaiser (Anm. 8).
33 Vgl. S. 466 f.

hier stellt sich zugleich die wichtige Frage nach den Entste-
hungsbedingungen der politischen Ideologie. Immerhin:
Schon dem an sich unpolitischen Campe gerät seine span-
nende Reportage über das revolutionäre Frankreich vom
Sommer und Herbst 1789 zur emphatischen Zustimmung,[34]
gleichzeitig wird alles abgelehnt, was nach »Despotismus«
riecht. »Despotismus« wird zu einem Schlüsselwort für die
Ablehnung des Ancien régime. »Despotismus« versus »Freiheit« ist *das* ideologische Begriffspaar in der politischen
Auseinandersetzung der ersten Jahre nach 1789, denn
»Despotismus« ist als Kampfbegriff zu verstehen, der sich
gegen den alten Staat richtet.

   (d) An diesen politischen Begriffen entzünden sich die
ersten politischen Fehden; auch die Gegner münzen ihre
Kampfbegriffe ohne Verzug, erhalten durch die Radikalisierung der Revolution die Munition, um den verschreckten
Zeitgenossen die Gefahren von »Freiheitstaumel«, von
»Fanatismus« und »Irreligion« als Menetekel an die Wand
zu malen! Stellvertretend sei hier Leopold Alois Hoffmann
genannt. Seine Einleitung zur *Wiener Zeitschrift*[35] ist zur
›Ouvertüre‹ gegenrevolutionärer Propaganda geworden,
welche die Welt nach Prorevolutionären und Gegenrevolutionären, nach Ordnungsbewahrern und Umstürzlern, nach
Gut und Böse unterscheidet. Die ideologische Auseinandersetzung bis 1800 ist damit in ihrer vollen Schärfe entbrannt,
publizistisches Pardon wird nicht gegeben; so klagt ein
Autor, der selbst ungekannt bleiben will, in den *Annalen der
leidenden Menschheit* (1800), er habe die »herkulische
Arbeit« bestehen müssen, hunderte von »Pamphlets« allein
zur Mainzer Republik durchzulesen, und meint diesen
Schriften die »Spekulazion, Buchhändler und Publikum zu
prellen« wohl anzumerken: »Gröbere Sottisen sind nicht
viele, seitdem der ehrliche Faust die Buchdruckerei erfand,

34 Vgl. S. 49–54.
35 Datiert auf Dezember 1791, erschienen im Januar 1792.

schwarz auf weis erschienen.«[36] So flüchten sich viele Autoren, darunter auch konservative Publizisten, unter den Deckmantel pseudonymer oder anonymer Veröffentlichungen. Die eigene ideologische Position will man von der Gegenseite nicht ins Lächerliche gezogen sehen. Dem Befürworter drohte darüber hinaus die Denunziation als geistiger Sympathisant revolutionären Terrors, ein übriges tat die Zensur. Dennoch erlebte auch die demokratische Presse an einigen Verlagsorten mit liberaler Pressegesetzgebung und in den französisch besetzten Gebieten eine Hochblüte (1794–99). Publizistische und persönliche Abgrenzungen wurden zu ideologischen Fronten. Ein scharfsinniger Beobachter seiner Zeit, der preußische Offizier Karl Friedrich von dem Knesebeck, brachte dies bereits im Jahre 1795 auf den Begriff »Der Krieg in der öffentlichen Meinung«.[37]

Diesen geistigen Krieg hat die Aufklärung nicht überstanden. Wie konnte die *eine* Vernunft der Menschengattung, auf die Politik angewandt, zu so unterschiedlichen Ergebnissen führen? Es war ja nicht wegzudiskutieren, daß nicht nur die »Normal«-Vernunft des Zeitgenossen, sondern auch die Analyse der herausragenden philosophischen Köpfe zu höchst widersprüchlichen Ergebnissen führte! Der Versuch, das Problem durch die Unterscheidung sog. »wahrer« im Sinne systemtreuer, reformerischer von »falscher« im Sinne revolutionärer Aufklärung zu lösen, konnte schon die Zeitgenossen nicht befriedigen.[38] Aufklärung hatte den Kampf gegen alte, das Denken behindernde Vorurteile bedeutet. Die Dynamik der neuen politischen Vorurteile beendete ihre Epoche. Wenn auch der Impetus, die Menschheit auf dem fortschreitenden Wege zur Verbesserung ihres Geschicks

---

36 *Annalen der leidenden Menschheit in zwanglosen Heften*, hrsg. von August von Hennings, H. 8, Altona 1800, S. 39.
37 *Etwas über den Krieg in der öffentlichen Meinung* hieß eine Schrift, die Knesebeck 1795 (anonym und ohne Ortsangabe) herausbrachte.
38 Vgl. Werner Schneiders, *Die wahre Aufklärung. Zum Selbstverständnis der deutschen Aufklärung*, Freiburg i. Br. / München 1974.

sehen zu wollen, in vielfältigen Modifikationen des europäischen Geisteslebens weiterlebte, blieb zu Beginn des 19. Jahrhunderts aber Ernüchterung. Das schmälert die großen Leistungen der Publizistik nicht. Die meisten deutschen Zeitgenossen kehrten aber der politischen Publizistik den Rücken. Reihenweise gehen die Zeitungen ein, nur wenige, wie etwa Archenholz' *Minerva* oder Wielands *Merkur*, überleben das Jahr 1800.

Die deutsche politische Publizistik scheiterte jedoch nicht an sich selbst. Zugegebenermaßen hatte sie oft dazu geneigt, nüchternen Analysen durch moralisierende Stellungnahmen auszuweichen oder sich in die allzu abstrakte Diskussion politischer Grundprinzipien, Verfassungsentwürfe oder Menschenrechtserklärungen zu flüchten. Den Abbruch einer offenen und kritischen Diskussion erzwangen aber externe Faktoren. Die Zensur wurde Schritt für Schritt verschärft; auch das diesbezüglich liberale Preußen driftete seit 1797, seit dem Amtsantritt Friedrich Wilhelms III., ins konservative Fahrwasser. Österreich war bereits seit 1792, dem Jahr der Thronbesteigung von Franz II., ins antifranzösische Lager übergegangen, wobei der Koalitionskrieg mit Frankreich verschärfend wirkte. Gegen den Wiener Jakobinerkreis um Andreas Riedel wurde mit äußerster Härte vorgegangen,[39] politische Publizisten sogar als Hochverräter hingerichtet. Daß sich der aufgeklärte Absolutismus gerade in einer außenpolitischen Bedrohungssituation als Autokratie nicht verabschieden mochte, wie es der innere Wunsch vieler Aufklärer wohl gewesen war, mag diese zum Teil überrascht haben. Der politischen Qualitäten der Aufklärung waren sie sich vorher aber durchaus bewußt gewesen.[40] Daß Aufklärungsklubs und Geheimgesellschaften den Regierungen als »Hort des Umsturzes« verdächtig waren, wußte man seit dem Vorgehen der bayerischen Regierung

39 Vgl. S. 476.
40 Vgl. Kosellek (Anm. 17).

gegen Adam Weishaupts Illuminatenorden (welche Ironie
der Geschichte, daß ausgerechnet Weishaupts Schüler
Montgelas dann doch der Schöpfer des modernen Bayern
wurde, aus dem Geiste radikaler Aufklärung heraus!). Daß
sich Regierungen viele Fragen ganz anders beantworten
würden als idealistische Aufklärer, wurde übersehen. Mancher Publizist bemerkte erst viel später als der schlaue
Freiherr von Knigge, der die Klippen der Zensur oder
juristischer Verfolgung zeitlebens geschickt umfuhr, auf
welch gefährliches Terrain er sich begeben hatte. Für einige
war es zu spät – für Schubart etwa, der die zehnjährige Haft
als gebrochener Mann verließ, für Josias Ludwig Gosch, der
in der Haft starb, oder die Wiener Jakobiner.[41] Doch muß
man nicht diese extremen Fälle herausgreifen; entscheidend
blieb, daß es immer schwerer geworden war, sich für Frankreichs Ideen zu begeistern. So, wie in Frankreich die Revolution weiterging, »ihre eigenen Kinder fraß«, sich expansio-
nistisch ausweitete, so hatten es sich die Aufklärer nicht
vorgestellt. »Reform« statt »Revolution«, tönt immer
beschwörender der Wahlspruch der liberalen und demokratischen Publizisten, trotz oder gerade wegen der französischen Ereignisse. In den Appellen, die sich vor allem an die
»guten« und die »aufgeklärten« Fürsten wenden, schwingt
die erste Resignation über die Erfahrung revolutionärer
Rückschläge mit, eine Skepsis, ob der Sprung des Menschen
zum Gattungswesen schon jetzt geleistet werden kann.
Hoffnung schöpft man aus den Kantschen Gedanken der
approximativen Annäherung an das Ideal vernünftiger
Staatsverfassung.[42] Eine konstitutionelle Staatsform sollte in
Deutschland freilich noch lange auf sich warten lassen.

41 Vgl. S. 479 f., 450, 476.
42 Vgl. S. 356–364.

IV

Was hatte nun diesen politisierenden Schub bewirkt, der die Diskussionen der deutschen Zeitgenossen so beflügelte? Wie die Forschung heute, so erkannten schon damals viele die Revolution als *das* Kommunikationsereignis ihrer Zeit, mündlich wie schriftlich. Das Ausmaß mündlicher Diskussionen läßt sich nur noch indirekt erahnen, quantitativ nicht fassen. Vor allem aus der Briefliteratur, die gute Einblicke in den täglichen Lebensvollzug vieler Menschen ermöglicht, kennen wir die Äußerungen zum »Tagesgespräch«. Hier läßt sich im Anschluß an Carl Schmitt durchaus vermuten, die Revolution sei jene große »Occasio« gewesen, an der sich politische Diskussionen entzündeten und politisches Denken übte.[43] Sieht man die schriftliche Kommunikationsform als ›Spitze des Eisbergs‹ an, der neun Zehntel seiner Masse unter der Linie des Aktenkundigen und somit heute Verifizierbaren versteckt, liegt doch die Hypothese nahe, daß im engen Bezug zu den Bedürfnissen des Lesers und der mündlichen Diskussion geschrieben und publiziert wurde. Politische Fachzeitschriften und wissenschaftliche Zeitschriften in unserem Sinne gab es ja noch kaum, auch die Fachautoren und Philosophen wandten sich in einem Maße, wie uns das heute nicht vorstellbar ist, an das allgemeine Publikum der gebildeten Staatsbürger. Daß für diese Gruppe die Revolution im Nachbarland ein alles überschattendes Medienereignis war, steht für den außer Frage, der sich die Fülle der publizistischen Neugründungen im zeitgeschichtlichen und allgemeinbildenden Bereich seit 1789 vor Augen hält. Die Konjunktur der öffentlichen Meinung zeigt sich hier sehr deutlich; viele der Neugründungen halten sich nur wenige Jahre. Andererseits bewahren uns doch die bescheidenen Auflagenziffern – meist nur einige hundert Exemplare – vor Fehleinschätzungen. Abgesehen davon, daß manches Exemplar sich nicht verkaufte, wurden viele

43 Carl Schmitt, *Politische Romantik*, München/Leipzig 1919.

sicher nur flüchtig gelesen. Die geringe Alphabetisierungs-
quote[44] ist ebenfalls zu beachten, dazu die hohen Kosten der
Lektüre. Lesegesellschaften und politische Klubs finden hier
eine nicht zu unterschätzende materielle Begründung.[45]
Dennoch: die Revolution war *das* Ereignis für die Publizistik am Ende des 18. Jahrhunderts, thematisch unvergleich-
bar mit der publizistischen Berichterstattung über das große
Erdbeben in Portugal um die Mitte des Jahrhunderts, von
der Intensität her unvergleichlich mit der Diskussion über
die amerikanische Revolution des Jahres 1776, die einen
Vergleich am ehesten nahelegt. Amerika aber hatten die
Zeitgenossen nicht so zahlreich besuchen können wie das
Nachbarland. Außerdem war diese erste neuzeitliche Revolution ein spröderes Thema für ideologische Frontbildungen
gewesen. Kontroversen zwischen Tradition und Fortschritt
lagen dort eben nicht auf der Hand: Der Kampf der aus
europäischer Warte urtümlichen Siedler hatte sich gegen das
politisch wie wirtschaftlich modernste Land Europas gerichtet!

Modifizieren wir die Eingangsfrage. Womit beschäftigte
sich der kommunikative Schub zu Ausgang des 18. Jahrhunderts im einzelnen? Die thematischen Hauptlinien der Diskussion folgen den Zeitläuften, um dann mit verschiedener
Reaktionsgeschwindigkeit auf den einzelnen Kommunikationsebenen nachzuwirken. Die längste zeitliche ›kommunikative Reichweite‹ hat Philosophie und politische Theorie;
Tagespresse und Periodika wirken in die Breite, dafür aber
kurzfristiger. Zuallererst faszinieren die Themen der Augenzeugenberichte.

Die ›Revolutionsreisen‹ von Zeitgenossen kamen nicht
von ungefähr, die Erschütterungen des französischen Staates
›lagen in der Luft‹. Eine Fortsetzungsserie der *Berlinischen*

---

44 Vgl. Franklin Kopitzsch, »Die Sozialgeschichte der deutschen Aufklärung
 als Forschungsaufgabe«, in: *Aufklärung, Absolutismus und Bürgertum in
 Deutschland*, hrsg. von F. K., München 1976.
45 Vgl. *Lesegesellschaften und bürgerliche Emanzipation* (Anm. 12).

*Monatsschrift* hatte sich seit 1788 mit dem jeweils neuesten Finanzzustand Frankreichs befaßt. Schubarts *Vaterländische Chronik* stellte gar den »Schwindelgeist der Empörung« als Haupttendenz der Epoche dar, von dem »alle bekannten Weltteile und selbst unser aufgeklärtes Europa [. . .] in mehr als in einer Provinz [. . .] ergriffen«, um dann eine Reihe soeben abgeschlossener oder weitergehender Empörungen aufzulisten.[46] Die krisenhafte Zuspitzung lag in der Luft, wenn Schlözers *Staats-Anzeigen* unter der Überschrift »Paris, 6. Jan. 1789« prophezeien konnten: »Die öffentlichen Affairen stellen hier ein schönes Schauspiel dar: die Menschheit ist auf dem Puncte, in Frankreich die süssesten Früchte der Philosophie einzuernten; die Nation ist auf dem Puncte, wieder in ihre natürlichen Rechte einzutreten; die ›opinion publique‹ hat solche bereits wieder erobert.«[47] Seit dem Sommer dann die Augenzeugenberichte aus Paris; Campe setzt die Maßstäbe.[48] Die Erstürmung der Bastille, das Leben im Palais Royal und auf den Straßen und Plätzen der Hauptstadt werden anschaulich geschildert. Nationalversammlung und Menschenrechte nehmen vor allem seit den Augustbeschlüssen über die Aufhebung der feudalen Rechte und der »Deklaration der Menschen- und Bürgerrechte« breiten Raum ein. Die Diskussion über adlige Vorrechte, die man bereits vor dem Revolutionsausbruch führte, geht weiter. Daneben wird aber vor allem die Problematik parlamentarischer Arbeit diskutiert.[49] Die offenen und stürmischen Auseinandersetzungen in der Nationalversammlung und den Klubs werden von den deutschen Beobachtern interessiert beschrieben, z. B. von Reichardt oder Halem. Hier fehlt es aber an Hintergrundanalysen; die deutschen Beobachter

---

46 Christian Friedrich Daniel Schubart in: *Vaterländische Chronik*, 13. Stück, 1787, S. 97.
47 *Staats-Anzeigen*, hrsg. von August Ludwig von Schlözer, H. 48, Januar 1789, S. 494.
48 Vgl. S. 49–54.
49 Vgl. die Berichte von Reichardt (S. 66–71), Kerner (S. 103–105) und Halem (S. 61 f.).

neigen dazu, den neuen Stil mit dem Verdikt »chaotisch« zu
belegen. Die politische Qualität der Auseinandersetzungen
wird durch die Brille des Oberlehrers gesehen. Interessant
auch, wie selbst demokratische Beobachter, etwa Georg
Kerner, durch das neue politische Engagement der Frauen
irritiert werden.

Von übertriebener Personalisierung der Geschehnisse ist
die deutsche Publizistik in den Anfangsjahren weit entfernt,
sieht man von dem hohen Stellenwert ab, der dem revolutionären »Volk« als Akteur eingeräumt wird; beherrschend ist
das Bestreben, die Geschehnisse in ihrer ganzen Wucht zu
schildern, und der verständliche Wunsch, die Ursachen zu
ergründen. Die Meinungen bleiben bis 1791 gemäßigt, bis
dann der Fluchtversuch des Königs, die Kontroversen um
die eidverweigernden Priester und der Sturm auf die Tuilerien (den Georg Kerner lebendig geschildert hat)[50] die Fronten auch in Deutschland spürbar verhärten.

Die ersten dezidiert gegenrevolutionären Stellungnahmen
erscheinen vor dem Ausbruch des ersten Revolutionskrieges (April 1792); Leopold Alois Hoffmanns Einleitung zur
*Wiener Zeitschrift* datiert sich auf den Dezember 1791.
Nun zeigt sich, daß Emotionalisierung und Personalisierung
Hand in Hand gehen. Die Analyse politischer Kräftever-
schiebungen, von Partei- und Klubleben tritt in den Hintergrund. Das revolutionäre Volk als »Pöbel« zu bezeichnen
bürgert sich ein, auch in liberalen Kreisen. U. E. lassen sich
an diesem Leitwort die entstehenden politischen Strömungen so gut abgrenzen wie an den Begriffen »Despotismus«
und »Freiheit«. Ein profranzösischer Demokrat, der seit
1792 auch die Republikanisierung befürwortet, nimmt diese
abqualifizierende Bezeichnung für die revolutionäre Pariser
Volksmasse kaum in den Mund; ein Liberaler schon eher,
für den Konservativen bietet sich eine solche Polemik an.
Umgekehrt verwenden reaktionäre oder konservative Publi-

50 Vgl. S. 72–82.

zisten das Schlüsselwort »Despotismus« nicht, das weiter
links dagegen häufig vorkommt, wenn gegen monarchische
Herrschaftssysteme polemisiert werden soll. Erst die Jako-
binerherrschaft läßt dann die konservative Publizistik zu
diesem Ausdruck greifen – um nun die französische Republik selbst mit dem Bannfluch des »Despotismus« zu belegen.

Zugleich schreitet die Personalisierung weiter fort; der
Prozeß gegen König Ludwig XVI. wirkt hier entscheidend.
Waren noch die Septembermorde von 1792 eher allgemein
vermittelt worden, konzentriert sich nun die zunehmende
Ablehnung der französischen Politik im Mitleid für den
gefangenen, verurteilten und schließlich hingerichteten König. Die Größe, die Ludwig XVI. im Sterben aufbrachte –
die er als Politiker jedoch nicht besessen hatte –, verklärt
sein Bild und das seiner Familie. Eine Linie vom Königsmord zur Schreckensherrschaft zu ziehen erscheint den
publizistischen Beobachtern nun einleuchtend, in dem Bild
des »Ungeheuers« Robespierre verkörpert sich 1793/94
erneut die Abwehr revolutionären Schreckens.

Spätestens hier gerät die linke Publizistik in ein echtes
Dilemma. Die externen Faktoren, welche zur Verschärfung
und Radikalisierung der innenpolitischen Lage in Frankreich
beitrugen, gelangen aus verständlicher Empörung über den
Revolutionskrieg nur unzureichend ins Blickfeld der zeitgenössischen deutschen Beobachter. Die Rückzugspositionen
der linken deutschen Publizistik angesichts des »Großen
Terrors« sind so differenziert wie argumentativ problema-
tisch. Sieht der eine in Robespierre ein letztlich bemitlei-
denswertes Geschöpf, glaubt der andere, durch eifrige Ver-
dammung des Tyrannen die Last der Verantwortung für
revolutionäre Gewalt verdrängen zu können. Auch mit dem
Vorwurf, Deutschland durch die Propaganda für Menschenrechte, Verfassung, Freiheit und Gleichheit zu verraten,
werden demokratische Publizisten nun leben müssen, darüber hinaus mit der Anschuldigung, Agent zu sein. Daß

manche Publizisten der einen wie der anderen Seite geheim-
dienstlich tätig waren (ob sie nun spionierten oder für die
publizistische Unterstützung ideologischer Positionen finanziell bedacht wurden, spielt hier keine Rolle), vermuteten die Zeitgenossen und wissen wir heute. Als Geheimagent
für die französische Republik war u. a. (wie Helmut G.
Haasis gezeigt hat) auch Johann Benjamin Erhard tätig;[51]
Johann Michael Armbrusters Zeitschrift *Der redliche Bote
aus Schwaben* wurde mit tatkräftiger Unterstützung des
österreichischen Geheimdienstes in Süddeutschland verbreitet. In der Mehrzahl der Fälle entsprach das propagandisti-
sche Engagement freilich einem originären persönlichen Im-
puls.

In den Jahren bis 1791 konnte man das noch unter seinem
eigenen Namen tun; bekanntere Persönlichkeiten wie z. B.
Klopstock oder Voß wagten manches offene Wort. Die
Zunahme der Pseudonyme und Anonyme seit 1792 zeigt
aber deutlich die Angst der Autoren vor dem gesteigerten
Risiko. Johann Friedrich Reichardt verwendete z. B. das
Pseudonym »J. Frei«; wer hinter seinen *Vertrauten Briefen
über Frankreich* wirklich stand, erfuhren Berliner Hofkreise
aber sehr schnell. Reichardt erlitt berufliche Nachteile und
verließ Berlin; er freilich konnte sich dies materiell leisten.
Andere Autoren behalfen sich, indem sie häufig den Verlagsort wechselten, denn es gab Territorien, die zumindest
zeitweise die Presse liberal behandelten.

All diese Faktoren verschärften die politischen Leidenschaften, ließen publizistische und persönliche Gegensätze
auch zu ideologischen Fronten verhärten, zumal dann, als
nach dem Sturz Robespierres und dem Austritt Preußens aus
der Kriegskoalition gegen Frankreich ein ungeahnter Aufschwung der demokratischen Publizistik einsetzte. Nicht
mehr mit aktuellen Gewalttaten der Revolution identifiziert

51 Helmut G. Haasis, Nachwort zu: Johann Benjamin Erhard, *Über das
Recht des Volks zu einer Revolution und andere Schriften*, hrsg. von
H. G. H., München 1970.

zu werden beflügelte für einige Jahre – bis zum Staatsstreich
Napoleons – die linke Publizistik. Insgesamt nimmt das
zeitgeschichtliche Interesse an Frankreich aber ab; die Zahl
der Reiseberichte geht zurück, lediglich philosophische und
politiktheoretische Analysen erscheinen seit 1795 in ver-
stärktem Umfang. Die eher undramatische, wenig ›personale‹ Direktoralzeit läßt das Interesse an der Revolution bei
den meisten Deutschen erschlaffen. Als dann Napoleon die
Bühne betritt, wird er als eigenständige Persönlichkeit,
weniger als Vollender der Revolution eingeschätzt. Militaria
drängen nun ins Bewußtsein, bis zum Abschluß der Befreiungskriege. Aus der direkten Konfrontation mit Napoleons
Heeren entsteht der deutsche Nationalismus. Dieser war
vorher nur eine Unterströmung gewesen, dessen Belege die
Forschung eifrig aufgesucht hat, dessen tatsächliche Wirkung aber überschätzt wurde. Nun werden alle Strömungen, die vor 1806 existierten, vom Nationalismus überdeckt.
Denn dieser entsteht geradezu schockhaft aus der Erfahrung
der französischen Besatzungszeit. Die Ideologien des Konservatismus, des Liberalismus, des Demokratismus überleben in mannigfachen Kombinationen mit dem neuen Nationalismus: Das 19. Jahrhundert hat begonnen, auch publizistisch! Seit der Hinrichtung des Nürnberger Buchhändlers
Johann Philipp Palm, den die französischen Besatzungstrup-
pen für die Verbreitung der Flugschrift *Deutschland in seiner tiefen Erniedrigung* 1806 exekutierten, wird ein neues
Kapitel deutschen politischen Denkens und Publizierens
aufgeschlagen.

## V

Der vorliegende Band will die Breite der deutschen Diskussionen zum Thema »Revolution« widerspiegeln. Die Anordnung der Texte folgt dem oben beschriebenen kom-
munikativen Modell, das auch schon bei der Auswahl selbst

das Kriterium darstellte: es sollten die unterschiedlichsten ›Kommunikationsstufen‹ in der Rezeption des Revolutionsthemas abgedeckt werden. Darüber hinaus war auch anzustreben, keine zeitlichen Lücken entstehen zu lassen und von allen politischen Lagern Stellungnahmen aufzunehmen. Der Leser wird auch eine räumliche Streuung der Quellen feststellen können. Völlige Ausgewogenheit nach allen diesen Aspekten erreichen zu wollen erschiene angesichts der Materialfülle und der Forschungslücken vermessen.

Die Texte sind innerhalb der einzelnen Kapitel nach den Veröffentlichungsdaten, in Einzelfällen (z. B. bei Briefen) auch nach den Entstehungsdaten eingeordnet. Hier bildet nur das Kapitel IV, »Literarische Spiegelungen«, eine Ausnahme, wo in der Regel mehrere Stücke eines Autors abgedruckt werden und die Texte daher nach dem Geburtsdatum der Autoren angeordnet sind. Zur politisch-ideologischen Position der Verfasser findet der Leser Aufschluß in den biographischen Abrissen (»Zu den Autoren und Texten«, S. 427–486).

Die Ausgabe versucht, neben den bekannten, geradezu kanonischen Stellungnahmen möglichst zahlreich bislang weniger bekannte oder hier erstmals wieder publizierte Zeugnisse vorzustellen. Die Wiedergabe der Texte erfolgt weitgehend nach dem jeweiligen Erstdruck. Insbesondere im Bereich der Periodika und politischen Publizistik kann aus einem Fundus geschöpft werden, der die Wahl oftmals zur Qual werden ließ. Der Leser soll erkennen, wie facettenreich und spannend, anspruchsvoll und differenziert eine Diskussion geführt wurde, die sich vor vielen späteren, auch fachwissenschaftlichen Analysen der Revolution wahrlich nicht zu verstecken braucht.

Das macht den Grund dafür aus, im Zusammenhang mit der 200. Wiederkehr des Revolutionsausbruches sich des Reflexes dieses epochalen Geschehens in der deutschen Geisteswelt zu erinnern. Unbestreitbar setzt – nachdem Deutschland durch den Dreißigjährigen Krieg den Anschluß an die westeuropäische Entwicklung auch im Bereich des politischen Denkens weitgehend verloren hatte[52] – mit der Rezeption der Französischen Revolution und ihrer politischen Ordnungsideen auch in Deutschland modernes politisches Denken ein, das sich in das 19. Jahrhundert ergießt und die politische Entwicklung bis zur Gegenwart entscheidend mitbestimmt.

Die Auswahl der Texte des Kapitels IV, »Literarische Spiegelungen«, besorgte Theo Stammen, die der übrigen Kapitel Friedrich Eberle, der auch die biographischen Abrisse verfaßte. Dank für die Hilfe bei der Materialbeschaffung schulden die Herausgeber der Universitätsbibliothek Augsburg, insbesondere Herrn Bibliotheksoberrat Dr. Rupp, der tatkräftig half und uns verschiedene zeitgenössische Veröffentlichungen zugänglich machte, die sich in der Oettingen-Wallersteinschen Bibliothek befinden (diese ist seit 1980 der Universitätsbibliothek angegliedert).

Dank auch den Hilfskräften am Lehrstuhl, insbesondere Joachim Raich, vor allem aber Claudia Bölzle, die das Manuskript schrieb.

*Friedrich Eberle*
*Theo Stammen*

---

52 Vgl. dazu Hans Maier, »Ältere deutsche Staatslehre und westliche politische Tradition«, in H. M., *Politische Wissenschaft in Deutschland. Lehre und Wirkung*, München 1985, S. 103–121.

# I
# Augenzeugenberichte

JOACHIM HEINRICH CAMPE

# Revolutionsbriefe

## 1. Brief

Paris, 4. August 1789

[...] Sie erinnern sich vielleicht, daß ich mit den Worten abreiste: »Ich hoffte, noch immer früh genug zu kommen, um dem Leichenbegängnis des französischen Despotismus beizuwohnen; und diese Hoffnung – wohl mir! – ist nun glücklich in Erfüllung gegangen. Der kühne Stoß, welcher das Herz des Drachen traf, und den ich, ohne ein Politiker zu sein, vorherzusagen wagte, war, als ich hier ankam, zwar schon vollführt; ich fand das Untier bereits in seinem Blute liegen; aber noch ist Leben in seinen hundert Köpfen, noch krümmt und windet es sich im Staube, und kann, der vielen tödlichen Wunden, die ihm stündlich beigebracht werden, ungeachtet, sich noch immer nicht entschließen, die schwarze Seele vollends auszuhauchen. Aber es wird, es muß sie aushauchen; und ich kehre eher nicht zu Ihnen zurück, bis ich der Freude teilhaftig geworden bin, es völlig eingescharrt zu sehn. Dieser Tag des Leichenbegängnisses wird der köstlichste meines Lebens sein; so wie er für die großen und kleinen Menschendrücker, Menschenquäler und Menschenaussauger an allen Orten und Enden der Welt einer der lehrreichsten sein wird, welche die Geschichte zu ihrer Warnung jemals aufgestellt hat. [...]

So vorbereitet erreichten wir endlich hinter Quevrain die Grenze des freigewordenen Galliens. Die Empfindungen, welche sich meiner bemächtigten, als wir hier auf einmal an den Hüten und Mützen aller, welche uns begegneten – Bürger und Bauern, Greise und Knaben, Priester und Bettler – das Symbol der glücklich errungenen Freiheit, die französische Kokarde, und die frohen, auf ihren nunmehrigen Vorzug vor andern Völkern stolzen Gesichter, welche darunter hervorglänzten, erblickten, kann ich Ihnen nicht beschreiben. Ich hätte die ersten, die uns so begegneten, umarmen mögen. Es waren, so schien es mir, keine Franzosen mehr, meine Reisegefährten und ich hatten, unserm damaligen Gefühl nach und in Beziehung auf sie, gleichfalls für den Augenblick aufgehört, Brandenburger und Braunschweiger zu sein. Aller Nationalunterschied, alle Nationalvorurteile schwanden dahin. Jene waren wieder zum Besitz ihrer lange entbehrten Menschenrechte gelangt; wir auf unserer Seite fühlten gleichfalls, – und wohl mir, daß ein Braunschweiger dies noch fühlen kann und unter dem Schutze seines großen und edlen Fürsten dies noch fühlen darf, – daß wir Menschen waren. Homo sum, war in diesem Augenblick unser Wahlspruch – und ich versichere Sie, ich habe den großen Sinn desselben nie wahrer und tiefer empfunden – homo sum, nihil humani a me alienum puto! [...]

## 8. Brief

Paris, 26. August 1789

Ich halte Ihnen Wort, guter St.! Diese letzte nächtliche Stunde, die ich in Paris – wo ich das Schlafen beinahe verlernt hätte – durchwache, soll für Sie sein.

Je länger ich hier bin, je aufmerksamer ich die Knospen, die Blüte und die Früchte der jungen französischen Freiheit betrachte, und je länger ich das hier angefangene Kreißen des von praktischer Philosophie geschwängerten menschlichen Geistes beobachte, welcher gerechte und weise Staatsverfassungen, allgemeine Aufklärung und Völkerglück gebären zu wollen verheißt: desto inniger und fester wird meine Überzeugung, daß diese französische Staatsumwälzung die

größte und allgemeinste Wohltat ist, welche die Vorsehung,
seit Luthers Glaubensverbesserung, der Menschheit zugewandt hat, und daß daher das ganze weiße, schwarze,
braune und gelbe Menschengeschlecht, rund um den Erdball
herum, ein allgemeines feierliches »Herr Gott, dich loben
wir« dafür anstimmen sollte. Alle ehemaligen Revolutionen
entstanden in Zeiten und in Ländern, wo der menschliche
Verstand noch nicht zu hinlänglicher Reife gekommen war,
um eine Konstitution zu schaffen, welche auf die lautersten
Grundsätze der Vernunft, des Rechts und der Billigkeit
gegründet wäre; alle andere Völker, welche das Sklavenjoch
abschüttelten, sahen sich von dem Augenblick an, da sie
diesen kühnen Schritt getan hatten, in langwierige und blutige Kriege verwickelt, unter denen ihre ersten provisorischen Einrichtungen, mit den in solchen Fällen unvermeidli-
chen Übereilungsfehlern, schon eine gewisse Konsistenz
erhielten, die sich nachher, auch bei bessern Einsichten,
nicht füglich wieder umstoßen ließ. Hier ist nun zum erster-
mal eine Revolution, die in jeder Betrachtung unter glück-
licheren Vorbedeutungen angefangen ward, die also auch
natürlicher Weise eine Konstitution verspricht, wie bisher
noch keine war; eine Konstitution, die alle Vollkommenhei-
ten der englischen in sich fassen und alle Mängel und
Unvollkommenheiten derselben ausschließen wird. Hier ist
ein Volk, so aufgeklärt, so edel und mild, als es je eins
gegeben hat; ein König, so sanft, so lenksam und ehrgeizlos,
als je einer gewesen ist; eine aus zwölfhundert Köpfen
bestehende Versammlung von Stellvertretern der Nation,
deren größere Hälfte wenigstens aus sehr helldenkenden,
geistvollen, kraftbegabten und mutigen Patrioten besteht;
und, was das beste ist, diese drei Hauptfiguren in dem
großen interessanten Gemälde – Volk, König und Nationalversammlung – umschlingen sich in schönster Harmonie
und gehen Hand in Hand gelegt, dem erhabenen Ziele zu.
Noch mehr: hier sind – wer weiß wie viel tausend denkende
und wohlunterrichtete Bürger, welche durch ihre Debatten

am Palais royal, hier sind unzählige wachsame Schriftsteller,
welche durch fliegende Blätter, kleine Abhandlungen und
Werke den Beratschlagungen der Volksvertreter zu Hülfe
kommen, das Nachdenken derselben leiten, sie vor möglichen Fehlern warnen, und ihnen ebenso viel Enthusiasmus
fürs Gute als Vorsicht und Behutsamkeit zur Vermeidung
des Bösen einflößen. Hier ist zum erstenmal eine Volksver-
sammlung, die, obgleich die Hälfte ihrer Mitglieder aus
Edeln und Priestern besteht, doch in ihrer Mehrheit die
Greuel der Hierarchie und des aristokratischen Despotismus
– von denen die Menschheit von jeher noch viel mehr als von
der monarchischen Alleingewalt gelitten hat – verabscheut,
verwünscht und mit Stumpf und Stiel auszurotten entschlossen zu sein scheint. Hier wird alles *öffentlich* – welch eine
Schutzmauer wider Übereilungen und eigennützige Absichten! – verhandelt, bestritten, festgesetzt. Hier treffen endlich
so ungemein glückliche Konjunkturen in ganz Europa
zusammen, daß man mit der Vollendung und Begründung
der neuen Konstitution hoffentlich früher zustande kommen
wird, als irgend eine bedeutende Macht den Einfall oder das
Vermögen haben dürfte, ihnen dabei Hindernisse in den
Weg zu legen. Welch ein glücklicher Zusammenfluß von
Umständen, die, solange die Welt steht, in gleichem Maße
noch nie zusammentrafen! Und was läßt sich davon nicht
alles hoffen, erwarten, als unausbleiblich vorhersagen! Mein
Herz erwärmt und erweitert sich beim Anschauen dieser
herrlichen Perspektive. Wir werden zum erstenmal ein großes Reich sehen, worin das Eigentum eines jeden heilig,
die Person eines jeden unverletzlich, die Gedanken zollfrei,
das Glauben ungestempelt, die Äußerung desselben durch
Worte, Schriften und Handlungen völlig frei und keinem
menschlichen Richterspruch mehr unterworfen sein wird;
ein Reich, worin keine privilegierte, keine geborne Volksbedrücker, keine Aristokratie als die der Talente und der
Tugenden, keine Hierarchie und kein Despotismus mehr
stattfinden, wo vielmehr alle gleich, alle zu allen Ämtern,

wozu ihre Verdienste sie fähig machen, fähig sein und nur
Kenntnisse, Geschicklichkeiten und Tugenden einen Vorzug geben werden; ein Reich, wo Recht und Gerechtigkeit
für alle auf gleiche Weise und *ohne alles Ansehn der Person*
werden verwaltet, und zwar *unentgeltlich* verwaltet werden,
und wo jeder, auch der armseligste Landmann, nicht etwa
nur dem Scheine nach, wie in andern Ländern, sondern
*wirklich* in der gesetzgebenden Versammlung repräsentiert
werden, also jeder, auch der armseligste Landmann, Mitre-
gent und Mitgesetzgeber seines Vaterlandes sein wird. [...]
Und – was das befremdendste für mich ist – unter der
zahllosen Menge von fliegenden Blättern, Zeitschriften und
andern Werken, die ich in diesen vier Wochen hier ans Licht
treten sahe, ist mir kaum eins vorgekommen, was, wenn es
im ganzen genommen auch noch so unbedeutend war, nicht
irgend einen und den andern frappanten Gedanken, irgend
eine und die andere neue und kühne Vorstellungsart darbot, die einen für die Zeit und Mühe des Durchlesens schad-
los hielt. Wie wird dieser reißende und überfließende Ge-
dankenstrom, der sich aus der reinen Quelle der Freiheit
ergießt, in kurzem ganz Europa überschwemmen! Wie
geschwind und wunderbar wird die ganze Ideenmasse der
Völker dadurch, nicht bloß anschwellen, sondern auch, vermöge der neuen Mischungen, welche dabei entstehn, in eine
für die Ausdehnung des menschlichen Verstandes wohltätige
Gärung geraten! Und die Folge dieser Folge? – wird, wenn
mich nicht alles täuscht, diese sein: die großen und kleinen
Menschendrücker aller Orten, wo es dergleichen gab,
werden, von dem überhandnehmenden Lichte der Vernunft, wie einst Saulus bei dem ihn umleuchtenden Him-
melsglanz, erschüttert, von ihren unnatürlichen Ansprüchen
freiwillig oder durch Umstände genötiget, sichtbar nachlas-
sen, und die heiligen Rechte der Menschheit, die hier jetzt
ans hellste Sonnenlicht hervorgezogen werden, endlich anerkennen und respektieren lernen! Der Mensch wird wieder
Mensch und die Regenten nebst ihren Räten werden, wo sie

es zu sein aufgehört hatten, wieder Väter der Völker mit genau bestimmten Rechten und Pflichten, wieder *die ersten Bürger* in ihren Staaten werden! Bürger ist nämlich jeder, der dem Gesetze unterworfen ist; und das sollte oder wird vielmehr in Zukunft jeder sein.  [. . .]

KARL FRIEDRICH REINHARD

Brief über die Revolution in Frankreich

[September 1789]

[. . .] Unmittelbar nach der Revolution, bei einer so schnellen Aufeinanderfolge von Bestürzung, Erstaunen und Freude war das ganze Königreich für einige Augenblicke in einer Art von Paralysie. Nur das Delphinat, auf diesen vorausgesehenen Fall von den nämlichen Personen geleitet, die ihm seine Stände wieder verschafft hatten, und Bretagne hatten im ersten Augenblicke, da Neckers Exil ihnen bekannt wurde, die Waffen ergriffen. In den übrigen Provinzen erfuhr man beinahe zu gleicher Zeit das Komplott und die Revolution, die es zernichtete. Sobald die Gemüter ein wenig zu sich selbst gekommen waren, brachen mit lange zurückgehaltener Heftigkeit alle Leidenschaften los, Rache und Trotz, Freude und Furcht. Die Städte waffneten sich, die Landleute, von neuen, ungewohnten, notwendig falschen Begriffen trunken, schüttelten ihr lange unerträgliches Joch, und überall galt Anarchie für Freiheit, und Gewalt für Recht. Eine ganz ungewöhnliche, fast unerklärliche Erscheinung beschleunigte eine furchtbare Explosion, die durch den überall mit mehrerem oder minderem Grunde gefürchteten Brotmangel um so wütender ward. Beinah am nämlichen

Tag, und in ganzen Provinzen beinah um die nämliche
Stunde, verbreitete sich durchs ganze Reich ein Gerücht von
anrückenden Feinden. In ganz Guyenne waren's die Spa-
nier, in den nördlichen Provinzen die Engländer, in andern
die Deutschen: die innern Provinzen zitterten vor Räuberhaufen. Man sagt: die besiegte Kabale hätte sich dieses
Mittels bedient, um überall Unordnung zu verbreiten, und
die Arbeiten der N[ational-]Versammlung zu stören. Wenn
dies ist, so war's ein sehr unglücklicher Kunstgriff, dessen
Folgen überall auf sie selbst zurückfallen mußten. Kurz,
durch diesen allgemeinen panischen Schrecken bekam die
schon gewaltsame Gärung eine neue furchtbare Kraft: alle
Bauern waffneten sich gegen einen nicht vorhandenen
Feind, und ihre einmal aufgebrachte Imagination trieb sie
nun, anzugreifen, da sie sich nicht zu verteidigen hatten.
Dazu kamen noch in einigen Provinzen besondre Veranlassungen, wie die unglückliche Pulver-Geschichte in der Fran-
che-Comté, eine Geschichte, die noch nicht völlig aufgeklärt
ist, die aber wahrscheinlicher einen Zufall als Absicht zum
Grund hatte. Mehr als 200 adeliche Schlösser und Abteien
wurden verbrannt, geplündert, ihrer Archive beraubt. Ihre
unglücklichen Bewohner flüchteten sich von allen Seiten,
und nicht alle entgingen schröcklichen Mißhandlungen.
Selbst der friedliche Landmann wurde von seinem Pfluge
weg durch Überredung oder mit Gewalt in den wütenden
Strom hineingerissen; ganze Städte kamen in Gefahr, besonders im Delphinat, wo die einmal erregte Insurrektion nicht
so leicht wieder zu besänftigen war: mehrere Munizipal-
Vorsteher und Privatpersonen wurden das Opfer falscher
Beschuldigungen von Getreide-Monopol, oder der empör-
ten Volkswut, die sich gefiel, die Pariser Greuel nachzuahmen, und die Zerstreuung dieser Räuberhaufen kostete
mehreren Tausenden Leben oder Freiheit. Diese Szenen er-
eigneten sich vorzüglich in den Provinzen, die von Auflagen
und vom Lehen-System am meisten gedrückt waren. Die
minderbeschwerten mittäglichen Provinzen blieben größ-

tenteils ruhig. Guyenne hat in seinem ganzen Umfange beinahe gar keine Unordnung gesehn.

Diese Auftritte beschleunigten die Errichtung der National-Miliz, und die großmütigen Opfer von der Nacht des 4. Augusts. Die N[ational-]Vers[ammlung] vereinigte unmittelbar nach der Revolution die dreifache Macht: die gesetzgebende, die ihr zukam; die vollstreckende, die der König, aller Unterstützung beraubt, gezwungen gewesen war, aus den Händen zu geben; und einen großen Teil der richtenden, die die Parlamente, verwickelt ins feindliche Komplott, und von der Nation verabscheut, nicht mehr fähig waren auszuüben. Wenn die N. V. aus Mäßigung, weil die Unterscheidung der Gewalten einer ihrer ersten Grundsätze war, oder aus Klugheit, weil sie einsah, daß eine solche Allgewalt, je ungeheurer sie wäre, desto weniger Festigkeit hätte, es bedenklich fand, davon Gebrauch zu machen, so fand sie's auf der andern Seite gleich gefährlich, die ganze Gewalt dem König zurückzugeben, der sie soeben so fürchterlich mißbraucht hatte; oder den Parlamenten, denen eine gänzliche Reformation bevorstand, und die nicht über Verbrechen richten konnten, wo man sie für Mitschuldige hielt. So bekam der König seine Gewalt nur teilweise zurück, nachdem – in dem Schoß der N. Vers. gewählte Minister und ihre Responsabilität für ihren rechtmäßigen Gebrauch bürgen konnten, und nachdem die große Reform des Truppen-Eides die Armee dem Willen der Nation unterworfen hatte. Für die Polizei, und für alle Angelegenheiten, die auf die Umstände Beziehung hatten, wurden die neue, im Augenblicke der Gärung fast überall errichteten Tribunale bestätigt, die beinahe durchaus aus denjenigen Gliedern des Bürgerstandes bestanden, welche die Repräsentanten gewählt hatten. [...]

Überhaupt ist Paris gegenwärtig ein Schauplatz der beunruhigendsten Anarchie, und überall lodert geheimes Feuer, das jeden Augenblick in wütende Flammen ausbrechen kann. Es hat sich in 60 Distrikte geteilt, die beinah, ebenso viel unabhängige Republiken bilden. Beständiger Argwohn, der zuweilen den Unschuldigsten und Redlichsten trifft, der noch nicht gehobne Brotmangel, und noch mehr, eine übertriebene Furcht davor, die Entfernung unzähliger, und der reichsten Familien, wodurch viele 1000 Hände ohne Beschäftigung, und folglich ohne Brot sind, das durch die gegenwärtige zweifelhafte Lage der Dinge verursachte und durch feindselig gesinnte Leute vermehrte Stocken alles Kommerzes, der Schwindel selbst von der noch ungekannten Freiheit, tausend ausschweifende, mordbrennerische Broschüren, tausend falsche Gerüchte und tausendmal mehr falsche Urteile setzen diese ungeheure Hauptstadt jeden Augenblick den fürchterlichsten Katastrophen aus. [...]

Christoph Girtanner

# Zubereitungen der Pariser Bürger zu dem großen Nationalfeste im Julius des Jahres 1790

[Mai 1791]

Wenige Tage vor dem Feste verbreitete sich die Nachricht, daß die Arbeiter das Werk noch nicht zur Hälfte geendigt hätten; daß sie sehr langsam und träge arbeiteten; und daß sie von den Feinden der Revolution bezahlt seien, um nicht zu arbeiten, und auf diese Weise die Feier des Festes zu verhindern. Kaum wird diese Nachricht in Paris bekannt, als sich schon der Patriotismus der Pariser in seinem ganzen Enthusiasmus zeigt. Zu den 15000 auf dem Märzfelde zerstreuten besoldeten Arbeitern gesellen sich plötzlich 100000 andere, freiwillige Gehülfen. Die Pariser Bürger begeben sich mit hölzernen Schaufeln nach dem Märzfelde, sie wüh-

len, im Rausche ihres Freiheitsgefühls, die Erde auf, und
führen dieselbe nach den Seiten hin, um das Amphitheater
zu errichten. Der Anblick dieser arbeitenden Menschen war
einzig, und es läßt sich derselbe, auch durch die genaueste
Beschreibung, kaum entfernt erreichen. Auf dem Märzfelde
waren jeden Tag über 200 000 Menschen versammelt. Personen von jedem Range, Alter und Geschlecht, alle emsig
beschäftigt, Erde zu laden oder wegzuführen; alle lachend
vor Freude, im Taumel der Freiheit. Das Märzfeld wurde in
einen ungeheuern, unübersehlichen Ameisenhaufen verwandelt. Alles war in Bewegung; alles in Tätigkeit. Man arbei-
tete mit einer Lebhaftigkeit, mit einem Eifer, mit einer
Schnelligkeit, mit einer Behendigkeit, mit einer Fröhlich-
keit, und mit einer Anstrengung aller Leibeskräfte, von
denen sich derjenige, welcher nicht selbst Augenzeuge war,
unmöglich einen Begriff zu machen imstande ist. Nur Franzosen können *so* arbeiten, und dem schwerfälligen deutschen Zuschauer wird es schwindelig vor den Augen, wenn
er der hüpfenden Leichtigkeit und Gewandtheit seiner
Nachbarn diesseits des Rheines, mit unverrücktem Blicke,
eine Zeitlang zusieht.

Die arbeitenden Gruppen waren äußerst verschieden, und
wo man hinsah, erblickte man neue und eigene Auftritte.
Hier kommt eine Prozession von Arbeitern aus der Stadt.
Voraus Trommeln und Kriegsmusik; darauf der Anführer;
dann einige tausend Menschen, in Prozession, drei und drei,
Arm in Arm, nebeneinander; alle mit auf die Schultern
gelehnten hölzernen Schaufeln; Männer und Weiber; Greise
und Kinder; Herzoge und Tagelöhner; Bischöfe und Fri-
seurs; Generalpächter und Köche; Ludwigsritter und Freu-
denmädchen; alle in friedlicher Eintracht, Arm in Arm,
nebeneinander Freiheitsgesänge singend. In der Mitte der
Prozession wird auf einer Stange eine Freiheitsmünze getragen. Das Freudengeschrei der ankommenden mischt sich
mit dem fröhlichen Jauchzen der sie empfangenden Arbeiter. Hier arbeitet eine ganze Familie; Vater, Mutter und

acht Kinder. Der Vater und sein ältester Sohn graben die
Erde um, die Mutter und die jüngern Kinder füllen die
Schubkarren, und der zweite und dritte Sohn führen dieselben weg. Dort arbeiten ein paar Kinder neben ihrem Vater.
Die Kinder füllen mit ihren kleinen Schaufeln den Schubkarren mit Erde an, der Vater stößt denselben weg, leert ihn
aus, und findet schon wiederum einen andern gefüllt, wenn
er zurückkommt. Hier kommt soeben aus der Stadt eine
Dame an, vormals eine Herzogin, nun aber, seit der einge-
führten Gleichheit der Stände, am Range dem Fischerweibe
gleich. Da stellt sie sich hin, an die brennende Sonne; sie
zieht ihre Handschuhe aus; sie entblößt ihre schneeweißen
Arme und ihre zum Küssen schöne Hand. Sie ergreift mit
den zarten Fingern, deren Spitzen von den Karten, welche
sie zu halten gewohnt sind, sich ganz abgeglättet haben, eine
rauhe Schaufel und wirft die lockere Erde in den Schubkarren. Der Schweiß läuft von ihrer Stirn herunter, und verursacht, durch Schminke gefärbt, rote Flecken auf ihrer mousselinenen Robe, und weiße Furchen auf ihren Rosen-
wangen. [...]

Die Einwohner entfernter Dörfer kommen, mit kriegeri-
scher Musik, von allen Seiten herbei. Voran der Schulze des
Dorfes, mit einem breiten dreifarbigen Ordensbande, à la
nation, über der Schulter. Jenseit des Flusses steigt die
ankommende Menge in die Boote, und von dem diesseitigen
Ufer wird ihnen Freudengeschrei und Zujauchzen entgegen-
gesandt. Kaum sind sie noch aus den Booten ans Land
getreten, als sie schon von ihren Pariser Brüdern mit Umar-
mungen empfangen, und im Triumph zur Arbeit geführt
werden. [...]

Was bei dem majestätisch großen und einzigen Schauspiele, welches das Märzfeld in diesen Tagen darbot,
vorzüglich bemerkenswert war und beinahe unglaublich
scheint, ist, daß unter dieser ungeheuren Menge von Menschen auch nicht eine einzige Schildwache war; niemand, der
dazu bestimmt gewesen wäre, Ordnung zu erhalten, und

daß dessen ungeachtet nicht die geringste Unordnung vorfiel. So viel wirkt der Enthusiasmus der Freiheit bei einer für Enthusiasmus jeder Art so empfänglichen Nation, als die französische ist. Das Volk übte unter sich selbst Gerechtigkeit aus. Störte jemand die öffentliche Ruhe, so gab man ihm einen Verweis, und folgte er dann nicht, so wurde er von dem Orte weggejagt. Daher entstand das unbegreifliche Zutrauen, welches einer in den andern setzte. Ein wohlgekleideter junger Mann kam nach dem Märzfelde. Er zog seinen Rock aus, warf denselben auf die Erde, nahm seine beiden goldnen Uhren aus der Tasche, ergriff die Schaufel, und ging hinweg zur Arbeit. »He!« ruft ihm jemand zu, »wollen Sie Ihre beiden goldenen Uhren so liegen lassen?« – »Warum nicht?« antwortete jener, »sollte ich Mißtrauen in meine Brüder setzen?« Nach der Arbeit kommt er wiederum zurück, und findet seine Uhren, bei denen indessen Tausende vorübergegangen waren, unversehrt auf der Stelle wieder, wo er dieselben hingelegt hatte. – Ein ehrlicher, alter Bürger ging, mit einem Glase in der Hand, herum, und hinter ihm schob sein Bedienter ein Faß mit Wein auf einem Schubkarren fort. Der Alte bot jedermann umsonst zu trinken an; er erquickte die erschöpften Arbeiter, und wenn einer zu ihm kam, welcher nicht erschöpft schien, so sagte er zu ihm: »Trinkt nicht, wenn Ihr nicht durstig seid!« Die ungeheure Ebene des Märzfeldes war ein großes belebtes Gemälde, welches alle Vorstellung und Beschreibung übertrifft, und welches nachzuzeichnen keine Darstellungskraft vermag. Die Vereinigung aller Stände und die der Natur angemessene philosophische Gleichheit aller Menschen war bisher nur theoretisch in den Werken berühmter Schriftsteller vorhanden gewesen: hier aber, auf dem Märzfelde, wurde dieselbe praktisch ausgeführt – und alle Stände gewannen dabei.

GERHART ANTON VON HALEM

## Schreiben aus Paris

7. November 1790

[...] Die öffentliche Meinung gibt der Nationalversammlung beim Volke eine Festigkeit und Autorität, von der ich
bisher nur einen schwachen Begriff hatte. Die bessern und
erleuchtetern Patrioten haben sich in *Klubs* vereiniget, und
stärken und befestigen durch ihre Einflüsse diese so nötige
öffentliche Meinung. Der vorzüglichste der hiesigen Klubs,
dem mehr als 200 andere in den verschiedenen Städten des
Königreichs affiliert sind, ist der Klub *des amis de la constitution*, deren Mitglieder unter dem Namen der *Jacobins*
bekannt sind. Dieser Club, welcher aus 1500 bis 2000 Mitgliedern *aller Stände*, vom *ci-devant Duc* bis zum Sattler
herab, bestehet, und mit jedem Tage anwächst, zeichnet sich
durch Reinheit und Unveränderlichkeit in seinen Grundsätzen vorteilhaft vor andern Klubs aus. Nur erprüfter Patriotismus qualifiziert die *Eingebornen* zur Aufnahme. Bei
*Fremden* ist man weniger schwierig. So ist z. B. der Prinz
von H** Mitglied des Klubs; so habe auch ich, durch die
Verbürgung zweier Preußen, den Zutritt erhalten, seitdem
selten da gefehlet, und nie ohne Zufriedenheit den Zirkel
verlassen. *Mirabeau*, der sonst Mitglied des Klubs von 89
war, hat sich seit wenigen Wochen auch hinzugesellt, und
ich war vor wenigen Tagen gegenwärtig, als Mr. (ci-devant
Duc) de Chartres, Mr. d'Orléans' ältester Sohn, ein junger
bescheidner Mann von 17 Jahren, zum ersten Male eintrat,
auf die Tribüne stieg, und nach kurzem Dank für die
Aufnahme aufs neue Treue der Konstitution gelobte. Ein
großer Teil der Mitglieder der N[ational-]V[ersammlung] –
die *Barnave*, *Lameths*, *Noailles*, *Sillery*, *Merlin* etc. – sind
Mitglieder des Klubs. Man sieht hier gleichsam hinter die

Kulissen. Alles, was in der N. V. vorkommen soll, wird hier vorher diskutiert und für den öffentlichen Vortrag vorbereitet. Die *Referenten* (*Rapporteurs*) der verschiedenen *Comités* eröffnen meist hier zuerst ihre Gedanken, erforschen die verschiedenen Meinungen der Kundigen, und verteidigen oder bestimmen darnach die ihrigen. Täglich laufen Briefe der affiliierten Sozietäten ein, welche Nachrichten von den dortigen Angelegenheiten geben und sich bei der Muttersozietät Rats erholen. Die Unruhen zu *Brest* sind größtenteils durch den Einfluß der affiliierten Brester Sozietät und durch den übersandten gedruckten Discours des Jacobins Mr. de Broglio gestillet worden. Überhaupt ist die Förderung alles dessen, was groß und schön ist, der Gegenstand ihrer Bemühungen. [...]

KONRAD ENGELBERT OELSNER

Bruchstücke aus den Papieren eines Augenzeugen

5. April 1791

Sie verlangen, mein Herr, das Schauspiel zu kennen, welches die Nationalversammlung in ihren wichtigsten Beratschlagungen darbietet, nebst dem Geiste, so sie überhaupt belebt. Ich schicke dem Gemälde keine Anmerkung voraus; es soll flüchtig sein; es soll Ihnen die Eindrücke vorzeichnen, so ich oft empfunden, und nach deren Ursache ich mich gefragt habe.

Die erste Empfindung, welche die Nationalversammlung gewährt, ist peinlich für alle Gemüter. Eine kalte Einbildungskraft sucht jene Gelassenheit und Ruhe, jene überlegte Stille, die der Aufmerksamkeit zu gebieten scheint, aber gewöhnlich das Interesse erstickt. Eine kindische Einbildungskraft sieht sich nach einem imponierendem Gepräge um. Eine überspannte Einbildungskraft vermißt die Täuschung, welche ihr dieses Gemälde in einer magischen Manier zeigte. Der billigste Verstand seufzt, daß Männer, versammlet, über das Wohl aller zu beratschlagen, so vielen Zerstreuungen unterworfen sind, durch so vielerlei Bewegungen unterbrochen werden; allein diese Versammlung, alles fremden Schimmers entblößt, liefert bald befriedigendere Begriffe. Man sagt sich: in der Tat, das sind Menschen, die uns richten, allein sie wollen für nichts mehr als Menschen gehalten sein; wir selbst, auch wir können sie richten; sie geben sich mit Freimütigkeit unserm Urteile preis.

Ich werde Ihnen daher nicht schildern jene unaufhörliche Bewegungen, jene Verlegenheit, einen Platz zu wählen und zu behalten; jene Art von Unruhe, so in jedem Teile der Versammlung herrscht und deren Gegenstand nicht immer die Beratschlagung scheint, jene Unterbrechungen, die den Redner inne zu halten zwingen; jenes unaufhörliche Geräusch, das ihn in Verzweiflung bringt; jenen Kampf des Präsidenten mit der Versammlung, deren Aufmerksamkeit ebenso geteilt ist wie ihre Meinungen. Viele dieser Nachteile rühren von dem wenig günstigen Lokale der Versammlung her; viele von ihren mannigfaltigen Beschäftigungen und der Menge von Arbeiten, die sie genötigt ist zu umfassen. Vorzüglich aber rühren diese Nachteile von den Leidenschaften her, welche die Mitglieder treiben; sie sind es auch, die ihr in den Augen des gleichgültigsten Zuschauers jenes dramatische Interesse erteilen, welches so weit über dasjenige geht, welches eine romanhafte Dichtung auf dem Theater liefern kann. Eine Nation würde den Vorteil, eine Versammlung zu besitzen, die ein solches Schauspiel darböte, teuer bezahlen, wenn unter so vielen verschiedenen Leidenschaften nicht eine herrschende vorhanden wäre – *die Liebe des allgemeinen Besten.*

Die Art, wie die beiden Parteien in rechte und linke Seite

geteilt sind, läßt keine Schwierigkeit, sie zu beobachten. Haß und gegenseitige Abneigung haben ohnstreitig diese Absonderung hervorgebracht; allein, die allergeschickteste und grausamste Politik hatte nichts ersinnen können, was der schwächern Partei verderblicher gewesen wäre, nichts, was mehr ins Licht setzte ihre Geringfügigkeit (d. h. geringe Zahl), ihre Fehler, ihre Ohnmacht; nichts, was mehr von ihr entfernte jene Menge schwacher und unentschlossener Leute, die, ohne ihre Ausschweifungen zu teilen, ihre Meinungen teilen und sich an ihr Interesse schließen könnten. [...]

JOHANN FRIEDRICH REICHARDT

## Vertraute Briefe über Frankreich

### 19. Brief

Lyon, den 19. Februar 1792

[...] Die Weiber sind hier, so viel ich ihrer gesprochen habe, eifrige Freundinnen der Konstitution; desto mehr zittern sie aber itzt vor Krieg und vor dem Unsinn der Nationalversammlung, die augenscheinlich durch die schändlichste Kabale der Antirevolutionärs so schlechte Mitglieder erhalten hat: eine Idee, die mir immer wahrscheinlicher wird, je mehr ich erfahre, mit welcher Konsequenz und Hinopferung des Volkes die heimlichen Machinationen der ausgewanderten Prinzen und ihrer Anhänger getrieben und durchgesetzt werden. Hätten die Freunde der Konstitution nur halb so konsequent und ununterbrochen tätig gehandelt, so stände es itzt gewiß viel besser um das schöne Land und um das liebenswürdige Volk!

## 20. Brief

Lyon, den 20. Februar 1792

[. . .] Selbst den Fabrikarbeitern, welche hier den größten Teil der gemeinen Leute ausmachen, scheint eine schlimme Epoche bevorzustehen. Sie leiden schon dadurch, daß sie in Assignaten bezahlt werden, die sie nicht für voll anbringen können, und für die sie auch nicht alle Waren zu den vorigen Preisen erhalten. Indes hat der Umstand, daß es bisher in allen Fabriken Arbeit vollauf für sie gegeben, sie noch einigermaßen beruhigt. Die hiesigen Fabrikanten haben nämlich auf die Spekulation, daß sie an den Assignaten schon 30 bis 40 Prozent gewinnen, eine ungeheure Menge Waren für die auswärtigen Märkte arbeiten lassen. Sie hoffen, auf diesen mit barem Gelde bezahlt zu werden; man erfährt aber schon, daß die Kaufleute in Frankfurt, in Hamburg und selbst in Berlin ebendie Spekulationen auf die Assignate machen, und die hiesigen Fabrikanten fürchten, daß jene ihnen Papier statt baren Geldes bringen werden. So könnte denn am Ende, wenn die Franzosen ihre Ware nicht wieder in ihre unsicheren Magazine zurückbringen wollen, der Vorteil auf Seiten der auswärtigen Handelshäuser sein. Dies wird aber bald die Folge haben, daß die hiesigen Fabriken weniger arbeiten lassen; – (was ohnehin nicht lange auf dem bisherigen Fuße bleiben kann, da der auswärtige Absatz doch auch seine Grenzen hat) – und dann steht dem hiesigen gemeinen Volke eine sehr unglückliche Zeit bevor.

## 27. Brief

[...] Das alles konnte uns aber nicht abhalten, unsern Kutscher gerade nach der Nationalversammlung fahren zu lassen. Kaum waren wir auf dem Vorplatze nahe beim Eingange ausgestiegen, als ein Mensch, der wie ein Lohnbedienter aussah, zu uns trat und uns halb verstohlen fragte: ob wir mit Billetten zu den Tribünen versehen wären, oder ob wir welche suchten? Auf unser Verlangen darnach zog er zwei hervor, und bot sie uns zu 5 Livres das Stück an. Wir waren zu eifrig, keinen Augenblick der Sitzung zu versäumen, um einen Versuch zu machen, ob wir sie nicht um geringeren Preis erhalten könnten; daher gaben wir die 10 Livres, und hatten nun bald, dem Präsidenten gegenüber, sehr gute Plätze.

Die Sitzung war äußerst stürmisch. Ich habe von 10 bis 3 Uhr in einem sonderbaren Gemische von Empfindungen und Reflexionen zugebracht. Stundenlang hatte ich zu tun, ehe ich die unbeschreibliche Unart der Leute nur einigermaßen ertragen konnte. Doch, ich muß dir erst das Lokale genau beschreiben. Das Gebäude ist die Reitschule bei den Tuilerien. Unten längs den Wänden herum sind sechs Reihen von amphitheatralisch erhöheten und mit grünem Saffian beschlagenen Sitzen für die Mitglieder. Oben läuft an den *langen* Wänden eine Galerie mit zwei Reihen Sitzen hintereinander fort, zu denen von den Mitgliedern an rechtliche Personen Billette verteilt werden. An den *schmalen* Wänden des Saals sind wohl zehn bis zwölf amphitheatralische Reihen von Sitzen bis an die Decke hinauf angebracht, und dort geht das Volk frei hin. Auf diesen waren fast ebenso viele Männer als Weiber aus den niederen Ständen; auf unsrer Tribüne aber wohl zehn Frauenzimmer für *einen* Mann. Unten, in der Mitte der einen langen Wand, ist, dem Eingange gegenüber, der ansehnliche, erhöhete, mit einem

Gitter umgebene Sitz des Präsidenten, dem zwei *Huissiers* zur Seite stehen, um mit ihm *Silence!* zu schreien. Unter diesem Sitze des Präsidenten, doch vorspringend, steht ein mit grünem Tuche beschlagener Tisch für sechs Sekretäre, die unaufhörlich mit Ausfertigungen beschäftigt sind. An der andern Wand, dem Präsidenten gegenüber, ist ein freier von einer Balustrade umgebener Platz, welchen diejenigen einnehmen, die vor die Schranken (*à la barre*) gefordert werden. Etwas zurück auf diesem Platze steht ein erhöheter Katheder, den die Redner betreten, wenn sie sich ausführlich hören lassen wollen oder sollen. Zur Rechten des Präsidenten an der schmalen Wand steht ebenfalls ein Katheder; und einem Haupteingange zu seiner Linken gegenüber noch ein dritter.

Die Sitze unten an den Wänden lassen einen breiten Gang frei, auf dem vier *Huissiers* (galante Herren in schwarzen Galakleidern, hoch frisiert, *chapeau-bas*, mit vergoldeten Degen) herumgehen, und ohne Unterlaß Stillschweigen und Ruhe gebieten. Aber dessen ungeachtet laufen die Mitglieder, die großenteils in tiefem Négligé, auch wohl in Stiefeln und Sporn da sind, unaufhörlich in dem Mittelgange umher, schlagen mit ihren Röhren an die Stiefeln, husten und schneuzen sich ungebärdig, sprechen laut miteinander und oft in nicht geringe Entfernung zu ihren Bekannten hinüber. Da mag nun der Präsident mit einer ungeheuren Glocke klingeln und *Silence! en places Messieurs!* rufen, wie er will; die *Huissiers* mögen sich neben solche herumirrende oder laut redende Deputierte stellen, zischen und in die Hände klatschen, wie sie wollen: die Herren kehren sich ebensowenig daran wie ungezogene Knaben in einer Schule, die schon wissen, daß der alte Herr Rektor nicht zuschlägt. Nun mag auch reden oder vorlesen, wer da will – mehrere hundert Stimmen sprechen immer zu gleicher Zeit darein, und geben bei jedem Ausdruck laut, und hundertfach durcheinander, ihre Meinung zu erkennen; ja, oft schreien sie so ungebärdig, daß man ganz betäubt wird.

Bei diesen Umständen ist es also gar nicht leicht, das Wort zu bekommen. Heute wenigstens hatte es seine große Schwierigkeit; denn oft schrie einer dreißig, vierzig Mal, bis er ganz heiser ward: *Mr. le Président, je demande la parole*, ohne daß der Präsident es vor dem Geschrei der ihn näher Umgebenden hören konnte. Oft, besonders wenn es von der linken, sehr geringzähligen (gemäßigten) Seite kam, schien er es auch nicht hören zu *wollen*. Wer indes einmal das Wort hatte, der schrie fort, solange er konnte, wenngleich sein nächster Nachbar nicht imstande gewesen sein mag, eine einzige Periode ganz zu verstehen. Daher gab es denn auch unzählige Mißverständnisse, und sehr oft ward jemand mit entsetzlichem Ungestüm über etwas widerlegt, was er nicht gesagt zu haben behauptete; oder der Präsident wiederholte am Ende die Frage so, daß der *Motionnaire* nicht damit zufrieden sein konnte.

Vor allem andern indignierte mich die rasende Wut, womit die *Enragés* die Schließung der Diskussion zu erstürmen suchten, wenn sie glaubten, daß einer von ihnen mit seiner wütenden Rede eben Eindruck gemacht hätte; doch nicht weniger auch die höchst unanständige Art, womit die Zuhörer und die Mitglieder selbst, bei dem Stimmen durch Aufstehen und Sitzenbleiben, die Minorität jedesmal auszischten und auslachten. Dadurch wird schlechterdings alle Freiheit im Äußern seiner Meinung und im Stimmgeben aufgehoben. Auch treibt man den Tadel und das laute ungestüme Zischen über ein augenblickliches Stocken oder über die falsche Aussprache eines Wortes bis zur höchsten Ungezogenheit. Kurz, in der ganzen Form ist nicht die geringste Spur von Anstand und Würde, und du kannst denken, wie mich das beleidigt.

Doch bei dem allen hab' ich auch sehr angenehme Minuten gehabt. Unter funfzig bis sechzig Leuten, welche heute redeten, sagten wohl zwölf bis funfzehn vortreffliche Sachen; und einige sprachen mit solcher Würde und weiser Mäßigung, auch war ihre Beredsamkeit so treffend und überzeugend, daß sie den allgemeinsten Eindruck hätten machen müssen, wenn nicht die andern größtenteils darauf ausgingen, falsche oder einseitige Begriffe und Plane durchzusetzen.

Ich bin übrigens nunmehr auch sinnlich überzeugt – denn moralisch war ich es schon vorher –, daß die rechte Seite (die heute, wo die Bänke beinahe voll zu sein schienen, weit über zwei Dritteile der ganzen Versammlung ausmachte) gewisse Absichten durchsetzen will, es koste auch, was es wolle. Betrachtet man sie aus diesem Gesichtspunkte, und setzt man zum Beispiel nur den einen Plan als fest unter ihnen angenommen. voraus, die Konstitution immer mehr und mehr so zu modifizieren, daß man zu jeder Stunde den König hinausschieben oder durch Schikane hinaustreiben kann, ohne dadurch in der ganzen Maschine eine Stockung oder eine plötzliche Umänderung zu verursachen: so sieht man wohl, daß die Jakobiner sehr konsequent verfahren. Ja alles, was uns und jedem, der von besseren und praktisch richtigeren Begriffen ausgeht, unsinnig scheinen muß, ist nach jenem Plane zweckmäßig. Daß übrigens fähige Menschen von einer so eitlen, ruhmsüchtigen, enthusiastischen Nation, wie die französische, auf den Gedanken haben kommen können, einem Volke von 25 Millionen Menschen eine demokratische Verfassung geben zu wollen – ist mir gar nicht unbegreiflich. Eine solche Verfassung hatte ja noch nie ein so großes Volk!

Nimmt man nun noch überdies an, daß ein Teil der Mitglieder wirklich absichtlich für die Emigranten agiert – unter mehr als siebenhundert Menschen muß man natürlicher Weise auch solche vermuten – und gern alles befördert, was die Beendigung der Konstitution erschwert und den Genuß ihrer Vorteile verspätet: so ist es nicht anders möglich, als daß die gemäßigte Partei, die nur die Vervollkommnung der Sache sucht, immer überstimmt wird.

Sehr auffallend ist es mir gewesen, daß bei weitem die meisten Mitglieder sehr *junge* Leute sind, und zwar fast alle, die sich besonders hervortaten, sehr *wohlgebildete*, zum Teil *schöne*. Diese jungen Leute nun haben eine bewundernswürdige Kraft der Stimme und dabei eine uns bescheidenen Deutschen unbegreifliche Unverschämtheit, sobald sie sich das Wort verschaffen oder es andern verwehren wollen. Es ist also schon physisch ganz unmöglich, daß ein bescheidener, etwas ängstlicher Mann, oder auch einer, der nur eine schwache Stimme hat, zum Vortrage gelangen kann. Mehrere bejahrte, kleine Männer mit feinen Gesichtern blieben auch heute ganz unverstanden, oder mußten sogar vom Katheder wieder abtreten, ohne zum Worte kommen zu können, obgleich die Majorität es ihnen zugestanden hatte. Die heftigen Gebärden von jenen, mit beiden Händen frech vorwärts oder über den Kopf (wobei sie in der einen Hand gemeiniglich den Hut halten), und mit dem ganzen Leibe vor- oder zurückgebogen – schon diese Gebärden müssen einem sanfteren Manne die Gegenreden fürchterlich machen, eh' er noch seinen Vortrag angefangen hat.

Der größte Lärm war heute über einen Antrag, die Emigranten in Ansehung ihrer Güter mit mehr Strenge zu behandeln und das letzte Dekret auch auf solche auszudehnen, deren Kinder bei den Emigranten wären u. s. w.; ferner über eine Adresse an den König, worin der Minister der Marine, *Mr. Bertrand*, angeklagt werden sollte, daß er das Zutrauen der Nation und der Nationalversammlung verloren habe. Von einzelnen Mitgliedern schreibe ich dir künftig.

Zu Mittage gingen wir in das *Palais Royal* zu einem Traiteur; denn in andern Gegenden der Stadt bekommt man so spät gegen 4 Uhr schwerlich noch zu essen. [...]

## 47. Brief

Nach dem allen, was ich Dir bereits von dem Volke und von der Nationalversammlung geschrieben habe, wird Dir für die französische Konstitution bange, und der Hof scheint Dir seinem Triumphe nahe? Wenn Du darunter verstehst, daß es dem Hofe gelingen könne, die alte Wirtschaft wieder einzuführen, den Adel und die hohe Geistlichkeit zurückzurufen und ihnen die alten Privilegien wieder zuzuführen; dann sag' ich Dir mit voller Überzeugung: sei ruhig; das ist unmöglich. Die Majorität des Volkes will in der Tat die neue Verfassung, und haßt den König und alles, was an ihm hängt, von ganzem Herzen. Man ist auch mit dem Verkauf der geistlichen Güter viel zu weit vorgerückt, und die Assignate, welche jene repräsentieren und so leicht nicht durch etwas anderes ersetzt werden können, sind zu sehr verbreitet, als daß die Wiederherstellung des alten Unwesens möglich wäre.

Ob aber die neue Verfassung Haltbarkeit genug habe; ob es so, wie es jetzt ist, lange bleiben könne: das möcht' ich nicht behaupten. Indes glaub' ich doch fest, daß der Ungestüm, die konsequente Tätigkeit der Jakobiner, die mit jedem Tage mehr auf das Volk wirken, den feinen weit eingreifenden Machinationen des Hofes so lange Widerstand tun wird, bis man eine neue bessere Nationalversammlung zusammenberuft, welche in der mangelhaften Konstitution die notwendigen Änderungen und Verbesserungen vornimmt. [...]

# Brief an Johann Gotthard Reinhold

Paris, le 30 Décembre 1792
An I de la R[épublique]

Gott verdamme mich, wenn ich so verschiedener Meinung von Dir wäre, als Du in Deinem Briefe, den ich soeben, abends um 6 Uhr, erhalte und um 7 Uhr beantworte, zu glauben scheinst. Ja, mein Bester, man muß in meiner Lage sein, um die Verschiedenheit meiner beiden Briefe einzusehen. Stelle Dir alle die schmerzhaften Gefühle vor, die die Begebenheiten des Augusts und Septembers in mir erzeugten; stelle Dir eine gewisse Art der Verzweiflung vor, die all diese Szenen in mir hervorriefen, und Du wirst nicht zweifeln, wie unendlich begierig ich war, an dem ersten glücklich scheinenden Umstande mich festzuhalten, der sich mir darbot, und dieser Umstand, ich gestehe es, war der glückliche Fortgang der französischen Waffen und der so günstige Einfluß, den derselbe, wie ich hoffte, auf die innere Lage Frankreichs und auf die Lage Teutschlands haben sollte.

Ich vergaß auf einen Augenblick den fressenden Krebs, der den französischen Staatskörper zugrunde richtet, ich vergaß auf einen Augenblick tausend Dinge, die ich nicht hätte vergessen sollen. Auf einige Augenblicke, sage ich! – denn das Tagbuch des Nationalkonvents, die Manen der gemordeten Bürger, die grenzenlosen Betrügereien, die überall verübt wurden, die schrecklichen Wirkungen des Freiheits-Fanatismus, die überhandnehmenden Bedürfnisse des Staats und der geringe Eifer, ihm auf eine reelle Art zu Hülfe zu kommen, die überall sich äußernden Symptome der Verdorbenheit oder der Unwissenheit, jene Schwäche verratende Prahlerei und jener allzu sichtbare Mangel an Tugend rief mich frühe genug aus meinen Träumen zurück,

und statt jener wiederauflebenden Achtung, die ich übrigens
dem Eifer schuldig war, mit dem die Jugend dieser Nation
ihre Freiheit gegen Tyrannen verteidigte, statt jener Achtung
fühlte ich täglich mehr mich von einem Grad von Erbitterung
durchdrungen, der mich auf einen Gedanken führte, den nur
derjenige haben kann, der gegen französischen Fanatismus
und Verdorbenheit ebenso erbittert wie gegen teutsche Fürsten und teutsche Sklaverei ist. Ich fand, daß die Tugend der
französischen Miliz so gering, die schändlichen Handlungen, die einzelne Teile derselben ausübten, so groß waren,
daß die Anarchie, an der sie krank lag, so beträchtlich war,
daß die Beispiele, die sie gab, eher die Nationen von Verbindungen abschreckten als sie dazu einluden; was ich noch
Gutes fand, war die Übermacht der französischen Waffen. –
Ich hielt mich an diese; ich sah sie als eine Keule an, um
teutsche Fürsten niederzuschlagen und das teutsche Reichssystem in tausend Trümmer zu zerschmettern. Diese Zertrümmerung vollbracht, war mein zweiter Gedanke, die
zertrümmernde Keule gleich dem abgenutzten Meißel nach
vollbrachter Arbeit hinwegzuwerfen, die Franzosen für ihre
Mühe zu bezahlen und sie entweder heim in ihre Gegend zu
schicken oder sie zu jener Ordnung zu zwingen, ohne die
kein Völkerglück stattfindet und zu der der Teutsche von
Natur und aus Grundsätzen mehr als andre Völker geneigt
ist. – Darum sucht ich alles anzuwenden, um Teutschland,
besonders Baden, Wirttemberg und die Pfalz, zum Gegenstand der französischen Kriegsoperationen zu machen,
darum bot ich alles auf, um in meinem Vaterlande selbst
meine Freunde mit jenem edlen Hasse zu beseelen, den
schreiende Mißbräuche in dem Herzen eines jeden Freundes
der Menschheit erzeugen müssen. Mehrere Klugheit von
französischer Seite, und die Sache wäre vielleicht nicht so
sehr von ihrer Realisierung entfernt. Hätte man die bigotten
Niederlande ihrem Schicksal überlassen und sich begnügt,
diesem verworfenen Volk und besonders seinen fanatischen
Priestern mit Kontributionen heimzusuchen, hätte man sich

begnügt, von dieser Seite die französischen Grenzen zu beschützen und dafür von dem Elsaß aus in Teutschland einzudringen, hier einen Versuch zu machen und im äußersten Fall wenigstens alle Maßregeln zu nehmen, um das Vorrücken der östreichschen Truppen aus dem Innern Östreichs durch Wegnahme aller Magazine, aller entbehrlichen Lebensmittel zu verhindern, so hätte man auch bei dem geringsten Erfolg immerhin mehr als bei allen gegenwärtigen Fortschritten gewonnen. Eine baldige Organisation einer Nationalgarde in den teutschen, von Franzosen besetzten Ländern wäre ein kräftiges Mittel gewesen, diese sonderbaren Republikaner in Respekt zu erhalten und sie im Fall von Exzessen ebensosehr zum Teufel zu jagen, als im Fall eines guten Betragens als Freunde und Brüder zu behandeln.

In Teutschland, hoffte ich, sollte die Freiheit einen günstigen Boden finden, diese Freiheit, die auf immer aus Europa verbannt zu sein scheint. England allein bietet noch einigermaßen ein erfreuliches Schauspiel dar; die strenge Behauptung einer Verfassung, die selbst bei ihren Mängeln dennoch das Nationalglück befördert und persönliche und Eigentumssicherheit begünstigt, diese strenge Behauptung, die selbst sonst entgegengesetzte Parteien zu einem Zweck, zur Erhaltung der Verfassung, vereinigt, ist in der Tat ein erhebendes, ich möchte beinahe sagen, rührendes Schauspiel; die nachdrückliche Sprache Englands kann vielleicht Einfluß auf Ludwigs Schicksal haben, seine Verteidigung von Desèze, Tronchet und Malesherbes ist vortrefflich, und wäre man in den Departementen minder Ochsenkopf und minder fanatisch, so müßten ihnen endlich wohl die Augen geöffnet werden. In dem Nationalkonvent scheint die Majorität der Redner gegen die Todesstrafe und für den Appell an das Volk, andere für die Verbannung, andere für die Gefangenschaft zu sein. Robespierre ist, wie Du Dir leicht vorstellen kannst, für die Todesstrafe. Das Sonderbarste in seiner Rede ist, daß er aus dem Grundsatze, der tugendhafteste Teil der Menschheit ist immer der kleinste, den Schluß machte, daß die kannibalenartige Minorität des Konvents der bessere Teil sei.

Du fragst mich nach der Sittlichkeit mehrerer Mitglieder? Robespierre war von jeher ein Narr – Manuel, der sich den ehrenwerten Haß der Pariser Unruhköpfe zugezogen hat, war bei der ehemaligen Polizei angestellt, wo nur wenige ehrliche Leute sich gebrauchen ließen; Condorcets unedler Charakter erhellt aus seiner Undankbarkeit gegen die Familie Rochefoucauld und aus seinem Betragen bei der legislativen Versammlung – der ganze Nationalkonvent enthält nur wenige ehrliche Leute; der eine Teil predigte Unordnung und Gesetzlosigkeit, bis er seinen Zweck erreicht hatte, und predigt jetzt Ordnung und Gesetzmäßigkeit, um sich in dem errungenen Vorteil zu erhalten; der andere Teil fährt fort, die Anarchie zu begünstigen, weil ihm die gehofften Früchte nicht zuteil wurden und er noch nicht die Hoffnung, sie zu erringen, aufgegeben hat. Ich mag nicht weiter von diesen Leuten reden, die sich eher Rippenstöße als ihrem Vaterlande weise Gesetze zu geben verstehen; die kommenden Zeiten werden sie noch strenger als ihre jetzt lebenden und erbittertsten Feinde richten. Was die kommenden Begebenheiten des folgenden Jahres sein werden, so wage ich nicht irgendeine Mutmaßung mitzuteilen; die Wirkungen des Fanatismus waren von jeher fürchterlich – Krieg scheint für Frankreich, bei dem gestörten innern und äußern Handel, bei den wenigen Reizen, die Künste und Wissenschaften darbieten, und der Menge darbender Einwohner, jetzt je mehr und mehr Bedürfnis zu werden, und ich ahne noch immer, daß die französische Revolution größere Umwälzungen in Europa zur Folge haben wird. Vielleicht daß der Norden, die weitschichtigen und entvölkerten Gegenden Rußlands, vielleicht das nördliche Amerika der einzig schnell gewinnende Teil endlich sein wird. – Die Holländer rüsten sich endlich also auch, und Du, der Du besser auf einem Katheder irgendeiner teutschen Universität taugtest, willst also Dein Schwert auch umgürten. – Leider kann

ich nicht zur französischen Armee abgehen, leider Dich
nicht zum Gefangenen machen, das heißt, Dich endlich
mit Gewalt zu unsrer längst gewünschten Zusammenkunft
zwingen und an Deiner Seite alle Reize einer aufrichtigen
Freundschaft genießen . . .

Seit dem Monat August befand ich mich niemals vollkommen wohl; nach den blutigen Szenen des Septembers war ich
einige Tage krank, erholte mich, wiewohl nur unvollkommen; seit dem Monat November war ich zweimal schon sehr
krank, daß man an meiner Genesung zweifelte. Ein fürch-
terliches Fieber hatte mich zum Gerippe abgezehrt; alle
meine Geschäfte legte ich beiseite und besorgte nur die
Hamburger Korrespondenz, wobei mir einer meiner Landsleute in den heftigsten Tagen meiner Krankheit hülfreiche
Hand leistete. Ein schleichendes Fieber machte mich beinahe zu allen Geschäften unfähig, und nur die Freude, die
Dein unverhoffter Brief bei mir erregte, gibt mir hinlängliche Kraft, ihn sogleich zu beantworten.

In Rücksicht meiner bisherigen Schicksale schreibe ich
Dir noch folgendes: Am 10. August war ich auf der Wacht
in den Tuilerien – und ich weiß nicht, zu was mich das
Schicksal noch aufbehalten hat – genug, ein Wunder erhielt
mir das Leben: Ich stand in einem Seitenhofe des Schlosses
(die Posten wurden immer durch das Los ausgeteilt), als
die Gefahr dringend wurde, verließ uns die Kanone, die
wir hatten, mit den Canonniers, und mehr denn drei Vier-
teil unsrer Mannschaft, etwa zwanzig, warfen sich in das
kleine Wachthaus und erklärten, sich hier totschießen zu lassen (wohl noch zu bemerken, daß uns ein Munizipal-Offizier namens Borie vorher die Artikel des Gesetzes vorlas,
die uns zur Behauptung unsers Posten verpflichtete, eine
Compagnie Schweizer war auch gegenwärtig, man zog
aber die gleich nachher in den innern Schloßhof zurück).
Kaum brüllte der erste Donner, so nahm die zusammenge-
schmolzne Garnison Reißaus. – Ich war wie betäubt, tausend Bilder von den schrecklichen Folgen, die diese Blut-

szene haben würde, drängten sich mir nacheinander mit
Gewalt dar, ich konnte mich nicht zur Flucht entschließen –
und da saß ich allein in meiner Wachtstube – plötzlich
fliegen einige Flintenkugeln an die Fensterrahmen: vermutlich wurden sie nicht grade geflissentlich dahin abgeschickt
und sollten an den hervorragenden Teil des Schlosses gehen.
Jetzo fing ich an, an meine Selbsterhaltung zu denken und
einen Zufluchtsort zu suchen, ich fand denselben unter dem
Feldbett oder der hölzernen Bank, auf die man sich legt.
Kaum war ich unten, und alle Augenblicke glaubt ich, die
Bank stürze über mir zusammen, so drängt ein Haufen von
Leuten in die Wachtstube, an deren entblößten Füßen ich
sah, daß es keine Hofherren waren. Sie fanden einen guten
Vorrat geladner Flinten, suchten überall über mir in den
Strohsäcken und sahen zu allem Glück nicht unter das
Lager. Ich hielt in diesem Augenblick meinen Tod für
gewiß, übrigens behielt ich die größte Geistesruhe bei. –
Kaum war dieser Haufe hinaus, so verließ ich meinen Win-
kel, ging grade zum Wachthaus hinaus und geriet mitten in
einen Haufen von Sansculottes, die zum gegenüber befindlichen Tor hereinkamen; ich nahm eine Miene an, und mein
Gang war so unbekümmert, daß sie mich für einen der
Ihrigen hielten, und so gelangte ich in einem nahliegenden
Café an, nachdem ich noch vorher hart an einem gemordeten Schweizer vorübermußte. Kaum war ich in diesem Café
angelangt, so malten sich auf meinem Gesicht alle Empfindungen, die diese schreckliche Szene in mir hervorbringen mußte: Ich eilte nach Haus, wurde unterwegs zweimal angehalten, indem ich zu zweien Malen auf an mich
gemachte Fragen antworten mußte und man aus meinem
teutsch-französischen Akzent schloß, daß ich ein verkleide-
ter Schweizer sei; mein Brevet half mir glücklich durch und
bis zu der Wohnung eines Freundes. Ich hatte drei Nächte
nicht geschlafen, das erste, was ich tat, war, mich auf das
Bett zu werfen, wo ich 14 Stunden ununterbrochen fort-
schlief. – Morgens um 6 Uhr am 10. August wußt ich schon,

daß es übel mit dem Schloß aussehen würde. Die kriechende Schmeichelei einiger Nationalgarden, die den König gleichsam führten, ihr Geschrei: »Es lebe der König«, und ihr Stillschweigen, als man rief: »Es lebe die Nation«, brachte sogleich eine beträchtliche Spaltung unter der Garnison hervor; ferner gebrauchten die Feinde, um die Harmonie, die unter der Garnison herrschte, zu stören, eine Kriegslist, die mir augenblicklich von den wichtigsten Folgen zu sein schien: es langte nämlich gegen 6 Uhr ein ganzes Heer Sansculottes unter dem Vorwand, die Garnison zu verstärken, an, und das war sogleich das Signal einer gänzlichen Konfusion. Die Unentschlossenheit Ludwigs, die überhandnehmende Gefahr und seine endliche Entfernung in die Nationalversammlung brachte dieselbe auf den höchsten Grad, die Kommandanten verloren den Kopf, man gab keine Befehle, machte keine Anordnungen mehr, und der gemeine Soldat war auf diese Art ganz sich selbst überlassen. Die Menge von Chevaliers und Hof-Canaille, die die Nacht über in das Schloß kam, um vermutlich von den Fenstern aus zu schießen, hatte ebenfalls viel zum unglücklichen Ausgang dieses Tages beigetragen. – Am 21. September drohte mir ein heftiger Patriot meiner Sektion, in der ich als Royalist verschrien war, und da es in diesen Tagen der Anarchie genug war, von einem Menschen bedroht zu sein, so machte ich mich in eine andere Gegend der Stadt, blieb etwa 4 Tage bei einem guten Freunde, und kaum waren die Barrieren wieder geöffnet, so begab ich mich aufs Land, wo ich einen Monat blieb.

In meiner Sektion gebot mir die Klugheit, noch nicht wieder zu erscheinen, da sie ohnehin eine der tollsten von Paris ist. Ungeachtet aller dieser Mißgeschicke und Verfolgungen wollte ich gern mein Leben geben, wenn nur das Massacre vom 2. September nicht stattgehabt und man sich am 10. August minder kannibalisch betragen hätte. Du fragst mich, wie es mit meiner Wissenschaft geht? Ich werde vermutlich nächstens die hiesige schwedische Infirmerie übernehmen; zwar trägt sie nur 400 Livres jährlich ein, allein ich habe hier Gelegenheit, meine Wissenschaft auszuüben und dadurch vielleicht nach und nach eine kleine Praxis zu erlangen, im Falle ich hier bleibe, denn ein reizendes Anerbieten, das mir wiederholte Malen gemacht wurde, könnte mich wohl 150 Stunden weiter von Dir entfernen. Du wirst Dich aus den öffentlichen Blättern erinnern, daß an dem Tage, da man Lafayettes Sache in der Nationalversammlung diskutierte und man das vorgeschlagene Anklagedekret verwarf, mehrere Deputierte nach geendigter Sitzung von dem Pöbel verfolgt wurden. Ungefähr sechzig Nationalgarden hatten sich das Wort gegeben, in den Volksbühnen an diesem Tage zu erscheinen und durch die tiefste Ruhe das anwesende Volk zur Nachahmung zu bewegen; sechs kamen, und um nicht ohne von allen Seiten begafft zu werden, saßen wir mitten in einer der Volksbühnen. Die Sitzung war geendigt, kaum war ich unten auf der Straße, so sah ich einen der Deputierten von einigen wütenden Weibern und Kerls verfolgt – man warf ihm vor, für Lafayette gestimmt zu haben. Er ging unbekümmert seinen Gang fort, der mit jedem Augenblick gefährlicher wurde. Ich sah nicht so bald seine Gefahr, als ich mich ganz nahe hinter ihn machte und ihm zuflüsterte: »Soyez tranquil, s'il le faut, je perirai en vous defendant«; ich nahm auch meinen Säbel unter den Arm. Der zuströmende Haufen wurde jetzt immer größer, denn die Kerls riefen: »Un voleur!«, und wir konnten nicht weiter fort. Zum Glück war der Rücken des Deputierten durch eine Mauer geschützt, und ich harangierte, so gut ich konnte, das Volk, beschwor es, sich nicht an seinen Gesetzgebern zu vergreifen, unterdessen, da ich so einigermaßen Ruhe herstellte, kamen mehrere Nationalgarden, wir nahmen den Deputierten hierauf in unsere Mitte, fielen in die Hände von Marseillern, flüchteten glücklich in ein Wachthaus und wurden hier belagert; fünf Deputierte hatten sich schon früher dahin geflüchtet, unter andern Dumolard, dessen Stellung hinter einem Tisch, auf welchem eine Trommel stand, die seinen Kopf dem Auge verbarg, ich niemals vergessen werde. Die Belagerung wurde mit jeder Minute ernstlicher, die Wache war auf dem Punkt, forciert zu werden – ich stand mit bloßem Säbel unter der Tür – als ich plötzlich niemand mehr in der Stube gewahr wurde; alle hatten durch ein hinteres Fenster salus in fuga gesucht.

Jetzt lag mir nichts mehr an den Stürmern, sie konnten jetzt wohl eindringen, ich eilte durch die nämliche Öffnung den Deputierten nach, von denen Dumolard noch einmal in Feindes Gewalt geriet, woraus ich ihn wieder befreien half. Der erste Deputierte heißt Fournier, aus dem Departement Hautes Pyrenées, wir sind jetzt die besten Freunde, und seine Freundschaft ist mir um so schätzbarer, da er ein edler, aufgeklärter Mann ist. Er kehrt zu Ende des folgenden Monats in sein Departement zurück und schlägt mir vor, bei ihm als Freund und Bruder zu leben. Ich habe mich nicht entschließen können aus Gründen, die Du Dir einbilden kannst, jedoch bin ich im ganzen genommen noch unschlüssig. Lailhasson, den Du aus den öffentlichen Blättern kennen wirst und der auch Mitglied der Nationalversammlung war und aus Toulouse ist, hat mich ebenfalls eingeladen; ich hatte auf dieser Reise das Glück, diesen würdigen Mann wieder umarmen zu können.

Vor einigen Tagen ist Wolzogen hier angekommen, ich glaube, er hat Aufträge an das hiesige Gouvernement von dem Herzog. Daß Du Marschall gesprochen hast, freut mich – ich beneide ihn in der Tat wegen diesem Glück – Du hättest mir ausführlicher schreiben sollen. Grüße mir ihn tausendmal und sage ihm, daß ich ihm verzeihen wolle, Fürstendiener zu sein, wenn er seinen Einfluß auf seinen Fürsten dazu anwenden werde, die kleine Zahl der Untertanen desselben glücklich zu machen: Man hat diesen kleinen Reichsteufel beinahe zu hart mitgenommen. Du schreibst mir: von allen Seiten rücken Teutsche herbei, die National-ehre zu rächen; sind es Kroaten oder Tolpaten? – Auch Du, mein kaltblütiger Freund, bist der Überspannung fähig, Du

siehst Teutsche, wo ich nur gedungen Gesindel blicke, das
weder Begriffe von Vaterland noch Freiheit hat und das man
wie Negersklaven behandelt. Wenn man teutsche Ehre
rächen wollte, so sollte man mit der Vernichtung der Mörder der Stadt Frankfurt anfangen!!

Deine Nachricht von Saint-Sernin freut mich. Du scheinst
mir das Mitleiden, das ich über ihn äußerte, übelgenommen
zu haben – es tut mir leid – mein Mitleid erstreckt sich aber
auf alle Emigrierten, die nicht feindlich gegen ihr Vaterland
gehandelt haben – die übrigen verdienen alle den Galgen.
Die französischen Prinzen handeln schändlich, das Schicksal
des unglücklichen Königs ist besonders ihnen zuzuschrei-
ben. Einige Sektionen, namentlich die von Luxembourg,
und Théâtre-Français oder jetzt Marseille, und die Section
de l'Abbaye (die meinige) haben einen Eid geschworen, daß,
im Fall der Konvent den unglücklichen Monarchen nicht
zum Tode verdammen sollte, sie ihn selbst daniederstechen
würden. So sehr groß ist die Anarchie, daß ein Haufe
verrückter Kerls im Angesicht der Gesetzgeber sich über alle
Gesetze erhebt. Sie träumen, eine unsterbliche Handlung zu
begehen, sie sprechen von Brutus und Cäsar – gleich als
fände eine Ähnlichkeit zwischen Ludwig und Cäsar statt,
wovon jener in einer drückenden Gefangenschaft schmach-
tet, während dieser am Morgen seines Todestages mit einem
Wort noch eine halbe Welt zittern machen konnte! Der
Unterschied ist unendlich, und diese Elenden, statt an die
Seite eines Brutus sich zu schwingen, werden unter die
unterste Klasse gemeiner Mörder zurücksinken. Allein diese
Leute sind der Überlegung unfähig, durch ihre Leidenschaften verblendet, glauben sie in die Fußstapfen der größten
Söhne Roms zu treten und gehen den Weg gewöhnlicher
Banditen – adieu Republik, adieu Freiheit! –, wenn diese
Leute nicht bald als Narren erklärt werden. Vorgestern
wollte man eine kleine Wiederholung der Szene vom 2. September machen, allein man traf die nötigen Anstalten, um
den teuflischen Projekten dieser Republikaner zuvorzukom-

men. Sie wollten die Sturmglocke läuten, Santerre und der Kommandant des hier befindlichen Marseiller Bataillons rüsteten sich aber zum Widerstand. Einige Sektionen, besonders die der Gardes français, haben diesen Entschluß laut mißbilligt; der Gemeinderat scheint aber nicht mit dieser Mißbilligung zufrieden zu sein; derselbe hat auch gestern den Schluß gefaßt, daß die Temple-Kommissärs nichts mehr in ihren Berichten von der königlichen Familie erwähnen sollten, insofern es das öffentliche Mitleiden erregen könnte.

Schreibe Marschall, daß ich oft an ihn denke und er mir doch auch einmal einige Linien schicken soll. Er wird darüber nicht in Ungnade fallen, wenn er nach Paris einen Brief schickt. Gib ihm so einen kleinen Auszug aus meinem Brief und versichere ihn meiner aufrichtigen Freundschaft.

Jetzt adieu! mein liebster, mein bester Reinhold! Ich hoffe, Dir in meinem nächsten Brief bessere Nachrichten von meiner Gesundheit geben zu können, die jedoch bei meinen tausend Bedrängnissen nicht so bald vollkommen hergestellt sein wird.

Weißt Du nichts von Vandevelden? Grüße mir Saint-Sernin, wenn er bei Dir ist, unbekannterweise. Petif, Vellnagel, Dertinger, was machen sie? Lebe wohl! Ewig Dein Freund

G. Kerner

# Friedrich Christian Laukhard

## Leben und Schicksale

[September 1793]

[...] Kaum war ich dreißig Schritte vorwärts gegangen, als eine französische Patrouille von drei Dragonern auf mich zukam, und mir ihr »Qui vive?« (»Wer da?«) zurief. Ich gab mich sofort für einen preußischen Deserteur an. Sois le bien venu! rief ein Dragoner: komm näher! Aber Kerl, du sprichst französisch: bist wohl gar ein Franzose?

I c h : Warum nicht gar: ich bin ein Deutscher!

D r a g : Aber sacré mâtin,* du sprichst ja französisch: wo hast du das gelernt?

I c h : Meint Ihr denn, daß die Deutschen nicht auch französisch können?

D r a g : Vive la Nation! Kamerad, du mußt *du* sagen! Foutre! du bist bei Republikanern; die sagen alle du. Also du bist kein Franzos?

I c h : Nein! ich hab's ja schon gesagt.

D r a g : Gut! Du bist ein braver Junge, daß du deinen Tyrannen verlassen hast. (d'avoir foutu le camp à ton tyran.) Aber wo sind denn deine Kameraden?

I c h : Was für Kameraden?

D r a g : Sacré mâtin, ich habe doch welche sprechen hören!

I c h : Ich habe so für mich getrallert.

D r a g : Nein: es waren mehrere Stimmen. Ich muß wohl nachsuchen.

---

* »Sacrée mâtin«, »chien«, »sacrée garce«, »sacripie«, »sacré foutage«, »sacré merderie« und tausend andere Floskeln sind die Würze für die republikanische Sprache des gemeinen Volks in Frankreich. Im Jahr 1793 und 1794 waren diese Floskeln mit ein Beweis des echten robespierrischen Patriotismus. Ich liefre weiterhin über diese unanständige Verbrämung der französischen Sprache ein eignes Kapitel.

Zwei Dragoner sprengten wirklich fort, und suchten, ob
noch jemand in der Nähe wäre. Man stelle sich meine Angst
vor: denn es war ja leicht, sehr leicht möglich, daß mein
Hauptmann und der Major erhascht und eingebracht wurden, und dann – war Laukhard geliefert. Ein Dragoner blieb
inzwischen bei mir, und sprach sehr freundlich. Endlich
nach langem Hin- und Hersuchen kamen die beiden andern
zurück, und versicherten, daß doch nichts da wäre: es müßte vielleicht eine feindliche Patrouille gewesen sein. Nach
meiner Zurückkunft nach Halle erfuhr ich von dem Hn.
Hauptm. von *Mandelsloh*, daß ihnen die Dragoner wirklich
auf den Hals gekommen wären, daß sie sich aber in die
Weinberge versteckt hätten, um nicht entdeckt zu werden.
Sie waren beide unbewaffnet, hatten nichts als ihre Degen,
und wären da ohne Umstände gezwungen gewesen, sich
nach Landau führen zu lassen. Gut nur, daß dieses nicht
geschehen ist!

Meine Dragoner führten mich auf die kleine Schanze vor
dem deutschen Tore, wo ein Hauptmann und ein Leutnant
das Kommando hatten, und wo 50 Mann zur Wache waren.
Der Hauptmann war froh, daß ich mit ihm reden konnte –
er war vom zweiten Bataillon La Corrèze – und unterhielt
sich mit mir die ganze Nacht. Der Leutnant saß da, und las
in der französischen Übersetzung des Fräuleins von Sternheim. Die Soldaten legten mir hundert Fragen vor, welche
ich beantworten mußte, die ich aber so beantwortete, wie es
mir zuträglich schien. Ich bediente mich hier der Ausdrücke
»Monsieur, Messieurs, avoir la grâce, la bonté, de permettre« u. dgl., aber der Hauptmann bat mich, alle freiheit-
tötende Ausdrücke (termes liberticides) nicht mehr zu gebrauchen. »Du bist jetzt«, sagte er, »im Lande der Freiheit,
mußt also auch reden wie ein freier Mann.«

I c h : Das ist wohl wahr: aber dir z. B. bin ich doch
Respekt schuldig.

E r : Gerade so viel als ich dir. Bin ich dein Herr? Oder
hab' ich dir zu befehlen?

Ich: Du bist aber doch Hauptmann!

Er: Und du bist Mensch, und das ist hinlänglich, um frei zu sein, und von niemanden abzuhängen. Aber ich merke, lieber Freund, du hast noch keinen Begriff von der Freiheit. Wenn dir's nicht zuwider ist, so will ich dir hierüber einige Auskunft geben. Sag mir einmal, darfst du stehlen?

Ich: Bewahre! Stehlen darf niemand.

Er: Warum nicht?

Ich: Weil's nicht recht ist.

Er: Gut: woher weißt du, daß es nicht recht ist?

Ich: Weil es der Vernunft und dem natürlichen Gesetz zuwider ist.

Er: Das ist nicht richtig gesprochen: Es muß heißen: weil es dem geschriebnen Gesetz zuwider ist. Verstehst du mich?

Ich: O ja, aber das Naturgesetz muß doch die Grundlage aller geschriebnen Gesetze sein.

Er: Das gehört alleweile nicht hieher, so wahr es sonst ist. Das Naturrecht bildet keine Gesellschaft: wo aber Gesellschaft ist, da gibt es positive Gesetze, und es muß sie geben: und was diese befehlen, das ist recht und erlaubt, und was sie verbieten, ist unrecht, und nicht erlaubt. Jetzt will ich dir auch sagen, was Freiheit ist. Freiheit heißt das Vermögen, bloß nach solchen Gesetzen zu leben, welche vernünftig und dem gemeinen Wesen nützlich sind. Sklaverei hingegen heißt von Gesetzen abhängen, welche absurd, unbillig, ungerecht u. s. w. sind. Hast du mich verstanden?

Ich: O ja, ich bitte, nur fortzufahren.

Er: Du siehst also, daß Freiheit keine Gesetzlosigkeit ist, und nichts weniger mit sich bringt als das Vermögen, willkürlich zu handeln, oder seinen besondern Willen dem allgemeinen Willen vorzuziehen: jeder muß sich dem allgemeinen Willen unterwerfen.

Ich: Was verstehst du unter allgemeinem Willen?

Er: Darunter verstehe ich den Willen der Nation, auf diese oder jene Art als Nation zu existieren. Die Modifikation dieser Existenz macht den Grund aller Gesetze aus: sie ist die Grundlage der öffentlichen Ruhe, und darf folglich von keinem einzelnen Mitgliede übertreten, verändert, oder verdreht werden. Nun glaube ich, hast du einigen Begriff von der Freiheit, welche die Franzosen einführen wollen.

Ich: Aber seid ihr denn jetzt frei?

Er: Wie man es nehmen will. Unsre gesetzgebende Macht hat die Notwendigkeit eingesehen, Gesetze und Verordnungen zu machen, welche mit der vernünftigen Freiheit der Bürger nicht bestehen können. Dergleichen Verordnungen haben wir viele.

Ich: Also seid ihr ja nicht frei!

Er: Höre, Freund, wenn du das Fieber hast, und wirklich König bist: bist du da frei? Antwort: nein! Frankreich hat jetzt das Fieber: Frankreich liegt im schrecklichsten Paroxysmus, dessen Krisis sich fürchterlich äußert: und nun überlege, ob da die friedliche Lage der Freiheit in vollem Maße, so wie wir sie wünschen, und mit der Zeit haben werden, jetzt schon statthaben könne?

Ich: Da ihr aber diese schreckliche Krisen, diesen Paroxysmus zum voraus sehen konntet, warum finget ihr eure Revolution an?

Er: Dieser Paroxysmus ist nicht ganz Folge der Revolution. Warum kamen eure Fürsten, uns zu stören, und dadurch unsern Zustand zu verschlimmern und zu verlängern? Warum mußten unsre Großen, unser Capet, unsre Adlichen, unsre Pfaffen Rebellion und Blutvergießen stiften, unter der Hand unterhalten und dadurch die Revolutionsgesetze, die tribunaux révolutionnaires, die Guillotine, die Füseliaden und andre scheußliche Auftritte notwendig machen? Die Revolution an sich war an dem großen Unglück, das unser Land betroffen hat, und das wahrscheinlich noch einen großen Teil von Europa niederdrücken wird, nicht allein schuld.

Ich: Du bekennst also doch, daß die Revolution gelegentlich großes Unglück über Frankreich gebracht hat: also ist sie gegen eure Erwartung anders ausgefallen, als sie sollte.

E r : Ganz und gar nicht. Man hat, wenigstens haben gescheite Köpfe, diese Folgen größtenteils vorausgesehn. Aber es mußte einmal brechen. Wir sind nicht allein für uns da; wir müssen auch auf unsre Nachkommen bedacht sein. Ein Volk ist anzusehen wie *Ein Körper*, der viele Jahrhunderte lebt. Wenn daher an diesem Körper brandartige Glieder sind, so muß man diese wegschaffen, gesetzt auch, es müsse frisches Fleisch mit abgeschnitten werden.

I c h : Ich verstehe dich: Du meinst den Adel –

E r : Nicht den Adel allein; ich meine alle die, welche an der unrechtmäßigen Obergewalt unsrer Tyrannen Teil hatten, und ihre Bübereien unter dem Schutz der willkürlichen Einrichtung eines Einzigen verübten. Und diese waren vorzüglich die Pfaffen, die Edelleute, die Pächter, die Monopolisten und anderes unzähliges Gesindel, welches nun zerstört und zertrümmert ist.

I c h : Und ihr fürchtet euch nicht, daß alles dieses wieder hergestellt werden könne? Ihr bedenkt nicht, daß ihr alsdann noch weit mehr gedrückt sein werdet, als ihr es jemals unter euren Ludwigen waret?

E r : Eben weil wir dieses denken, bieten wir alles auf, um jenem vorzubeugen, fest entschlossen, entweder alles zu verlieren oder alles zu gewinnen: ein Mittelweg ist für uns schon unmöglich geworden, und dies vorzüglich durch das Versehen eurer Fürsten. Dies sieht der größere und edlere Teil unserer Nation lange ein; und darum bemühen sich eure Fürsten zu ihrem eignen Ruin sehr töricht, uns wieder zu irgend einer Art von willkürlicher Tyrannei zurückzubringen.

I c h : Man ist aber im Kriege niemals wegen des Erfolges sicher: es könnte doch geschehen, daß die vereinigte Macht so vieler Fürsten endlich eine allgemeine Veränderung in eurem jetzigen Systeme hervorbrächten. Denn erstlich –

Bisher hatten alle Soldaten geschwiegen, und aufmerksam zugehört; aber bei meiner letzten Äußerung fingen alle an zu murren, und ein ganz junger Volontär sagte mir in recht barschem Ton: »Du sollst sehen, Citoyen, daß alle Könige und alle Pfaffen und alle Edelleute nicht imstande sein werden, uns zu besiegen. Frei wollen wir bleiben, oder sterben.« Ja das wollen wir, riefen alle. – Wer uns besiegen will, fuhr der Volontär fort, muß unser ganzes Volk ausrotten, aber das soll und kann weder der Teufel, noch der Papst, noch sonst ein Tyrann! Ich fand nicht für gut, den Volontärs die Möglichkeit einer gänzlichen Niederlage von ihrer Seite weiter zu zeigen, und versicherte sie, daß ich selbst nichts sehnlicher wünschte, als daß das angefangne gute Werk Bestand haben und alle seligen Früchte bringen möchte, welche Frankreich davon erwartete. Ich nehme dir's nicht übel, versetzte der Volontär, daß du so sprichst, wie du gesprochen hast: Du kommst von den Tyrannen her, und wie kann man in der Sklaverei lernen, vernünftig und frei zu denken!

Der Hauptmann fragte mich, ob ich Hunger hätte. Ich verneinte es. Nun, trinken wirst du doch eins, nicht wahr? Kameraden, fuhr er fort, indem er sich zu den Soldaten wendete, geh doch einer, wer will, hin und hole eine Feldflasche voll Wein!  [...]

JACOB CHRISTIAN GOTTLIEB SCHÄFFER

## Briefe auf einer Reise durch Frankreich 1787

### Vorrede (1793)

[...] Wenn einmal bei einer aufgeklärten Nation auf einer Seite der gemeine Mann unter der kümmerlichsten Armut und dem drückendsten Despotismus schmachten muß, und auf der andern der Begüterte in der ausschweifendsten

Schwelgerei und Irreligiosität sein Leben dahinträumet, da entstehen gewiß über kurz oder lang Aufstände und Empörungen, die desto rachgieriger und blutvergießender werden, je länger und schwerer die Hand des Unterdrückers auf dem Nacken des Untertans lag. Daher die schrecklichen Verfolgungen gegen die Güterbesitzer und Adelichen bei dieser Revolution in Frankreich. Die häufigen und schaudervollsten Mordszenen, die die Neu-Franken vorzüglich zu Paris bisher ausübten, waren mir gar nicht unerwartet, weil ich immer das Gefühl der Menschlichkeit einer Nation nach ihren Armen- und Kranken-Anstalten beurteile, nirgends aber der Kranke und Arme hartherziger und unmenschlicher behandelt wurde als in Paris. Was Wunder also, wenn kannibalische Grausamkeit da eintritt, wo brüderliche Teilnahme an Menschenleiden längst nicht mehr existierte! –

Daß das bisher Gesagte nur dem Geist der Nation und nicht jedem einzelnen Individuum gilt, versteht sich von selbst. Denn ich traf viele wackere Männer von echtem Schrot und Korn, besonders unter dem Bürger- und Landstand, die wenigsten aber in und um Paris, sondern mehr in den Provinzen an, und diese um so häufiger und braver, je weiter sie von der Hauptstadt entfernt waren. [...]

Johann Georg Forster

## Brief an Therese Forster

Paris, 27. November 1793

Ich bin erst gestern abend spät angekommen, meine lieben Kinder, der Weg war zum Teil nicht der beste, man mußte auf Pferde warten, die Tage waren kurz, und ich befand

mich von der ersten durchfahrnen Nacht so übel, daß ich die
folgenden Nachtlager hielt. Ich spürte einen fatalen rheuma-
tischen Krampf in der Brust, der mich begreifen macht, was
Du so oft gelitten hast. Gleich wie ich hier ankam in mein
altes Nest, befand ich mich besser, brauchte flüchtige Salbe
auf Flanell gestrichen und bin nun schon wieder den ganzen
Tag umhergelaufen in Wind und Wetter. – Hier sind indessen allerlei Dinge vorgefallen, die Ihr schon aus den Zeitungen wissen müßt. Die Verhaftung Chabots und Bazires ist
sehr auffallend; Danton erscheint seitdem wieder im Konvent, und spricht, aber mit viel Klugheit. Ich fürchte, die
auswärtigen Mächte bedienen sich einer sehr ränkevollen
Politik; ich fürchte, daß etwas, das ich schon längst versi-
chern gehört habe, auf dem Punkte ist, sich zu bestätigen,
daß nämlich ein Plan tief angelegt sei, vermöge dessen alle
Umänderungen bei uns, die wie aus den Wolken zu fallen
scheinen, von dieser Politik kombiniert waren und fortan
immer eine Partei das Opfer der Anklage der andern werden
soll, bis endlich die Übriggebliebenen von den auswärtigen
Mächten verschlungen werden können. Wäre das, so klärte
sich manches auf, was bisher unerklärlich blieb. So viel ist
gewiß, kommt es dieses Mal nicht an den Tag, wo die
geheimen Triebfedern der Feinde eigentlich liegen, so kann
noch viel Schreckliches geschehen, obschon ich nicht
glaube, daß wir unterliegen können, und sollten dem Volk
auch noch so spät die Augen aufgehn. Leiden, Druck und
Not sind noch nicht Unterjochung, und diese, hoffe ich,
wird dem Feind unmöglich sein, wenn ihm auch noch so viel
glücken sollte. Der Rapport von Robespierre über unsere
auswärtigen Verhältnisse ist sehr anziehend. Im »Moniteur«
steht er nicht vollständig, ich will trachten, ihn Euch zu
schicken, denn er verdient als Aktenstück einen Platz in
Hubers Journal. Dorsch ist nach der Schweiz geschickt, und
Schweizer (ein Züricher) ebenfalls, um die bei Gelegenheit
jenes Rapports dekretierten Freundschaftsversicherungen
brühwarm zu überbringen.

Je mehr ich mich hier wieder mit sachkundigen, ruhigen, vorurteilsfreien Beobachtern bespreche, je vollkommener bestärke ich mich in der Überzeugung, daß unsere Lage bei weitem vorteilhafter als die der Feinde ist, und daß die Revolution gegen alle mögliche Erschütterungen bestehen wird. Tausend und abertausend Familien können zugrunde gehen, aber das große Werk geht nicht mehr zurück. Es könnt' es auch nicht, ohne den Untergang einer weit größern Anzahl Menschen und ein Elend, das nicht zu ermessen ist, hervorzubringen.

Vor lauter Eile, die Feinde aus dem Elsaß zu jagen, haben wir die Gelegenheit versäumt, sie à la manière de Bourgogne einzufangen. Wie es nun steht, werden sie mit ziemlich heiler Haut abziehen. Seid versichert, daß man uns nichts anhaben kann, und daß unsere Tollköpfe vernünftiger sind, als man es denkt. Die Lebensmittel sind jetzt unsere größte Sorge – doch können wir schon mit ziemlicher Sicherheit voraussehen, daß wir ausreichen werden. Man ökonomisiert überall auf das äußerste; aller Luxus ist verschwunden, und eben weil es jetzt knapp hergeht, wird man gegen das Ende genug haben. Wenn ich mich nicht ungeheuer irre, sind wir jetzt schon die reichste Nation in Europa an barem Gelde!!! Dieser Schlag unserer politischen Zauberrute wird unsre Gegner gänzlich zu Boden werfen. Robespierres Rapport muß, wenn er recht verstanden wird, die Koalition sehr inkommodieren; er muß die Augen über unsere Verhältnisse öffnen, und manche falsche Ansicht im großen Publikum – aller westlichen Völker vertilgen.

Die Bibliothekarstelle hat H. Febvre de Villebrune, ein gelehrter Übersetzer der griechischen Autoren, erhalten; eine der subalternen Stellen soll, sagt man,* * bestimmt sein. Wohl bekomme es ihm! Chamfort, der nebst den Unterbibliothekaren eine Wache bei sich hatte, sollte endlich doch ins Luxemburg gebracht werden; als er es hörte, schoß er sich mit einem Pistol durch die Gurgel; der Schuß streifte nur, hierauf gab er sich einige Schnitte mit einem Schermesser, ohne seinen Zweck besser zu erreichen. Jetzt ist er in der Besserung, wenn das Besserung heißen kann, in ein Leben zurückzukehren, das man zu verlassen gesonnen war. Lux soll sehr unbefangen vor dem Tribunal gewesen sein und gesagt haben: er wisse, er sei nach den Gesetzen des Todes schuldig, und das sei ihm lieb. Er ist auf das Schafott gesprungen. Jetzt steht Barnave vor dem Tribunal, spricht mit unvergleichlicher Geläufigkeit und Rednerkunst und mit einer Unbefangenheit, der nichts gleicht. Natürlich wird auch er den Weg alles revolutionären Fleisches gehn, da man ihm den Verlust und die Verheerung der Kolonien schuld gibt. Manuel ist zitternd zum Tode gegangen; Bailly hingegen mit einer Entschlossenheit, die durch die Äußerung des ungekünsteltsten Gefühls höher als Stoizismus steht. Orléans ist herzhafter gestorben, als man es vermutete. Ich für mein Teil denke, ein Mensch, der so für allen Genuß abgestumpft ist, kann auch wohl einmal zur Abwechslung das Sterben versuchen wollen. Weil er sich Egalité genannt hatte, oder vielleicht auch zufällig, wurden ein paar Handwerker mit ihm auf das Blutgerüste geführt. Er sollte der Nummer nach zuletzt gerichtet werden, die beiden Teufelskerle komplimentierten aber beim Absteigen vom Karren mit ihm, das Sprichwort geltend machend: à tout Seigneur, tout honneur (so der Mann, so der Quast). Ich gebe die Anekdote so wie ich sie erhalten habe; obschon man auf die Scherzlust dieses Volks selbst unter dem Richtschwert noch rechnen kann.

Noch habe ich nicht Zeit gehabt, mich nur einigermaßen einzurichten, daß ich meine Zeit ökonomisierte. Ich werde des Morgens sehr früh aufstehn, denn ich habe mit einem Menschen die Abrede genommen, daß er mir *früh* mein Feuer anmacht. Dies ist unentbehrliche Bedingnis, zumal bei Kaminfeuer. Kann ich ein wohlfeileres Nest finden, werde ich bald ausziehen, fürs erste bleibt es Hôtel des patriotes hollandois u. s. w. Die Mainzer Emigrierten überlaufen mich weidlich, aber das wird auch ein Ende nehmen.

An literarische Arbeit für das hiesige Publikum ist jetzt noch nicht zu denken, bis zum Frieden. Mittlerweile will ich mich beim Minister gar nicht um Bedienung drängen; meine achtzehn Livres täglich müssen mir genügen, und wenn ich von Wenner allenfalls die geretteten Schriften, um die er sehr gedrillt werden muß, bekomme, habe ich zu arbeiten genug. An meinen mainzischen Darstellungen werde ich allmählich fortarbeiten, auch sollen von Zeit zu Zeit die »Umrisse« weiter folgen, der fünfte ist unter den Händen. Meine Brust ist so gut als kuriert, mein Rheumatismus zieht jetzt wie die Rebellen, die aus der Vendée vertrieben worden sind, in den benachbarten Departements herum, aber er hat seinen Stachel verloren.

Gott gebe Euch Freude und Gesundheit! werdet jedes Augenblicks froh, wo Ihr froh sein könnt! Hüten Sie sich, lieber Huber, vor verdorbnem Magen, den man trotz unserer Hungersnot noch gar gut in Paris haben kann. Heute hab' ich gepraßt, dafür war gestern mein ganzes Mittagsessen ein Viertelpfund Brot, weil ich mich unterwegs nicht aufhalten wollte. »Arétophile«, das neue Trauerspiel von dem Revolutionsarmeegeneral Ronsin, soll nächstens erscheinen. Hier eine Kleinigkeit vom Cousin Jacques, die wohl kaum des Sendens wert wäre, wenn Ihr sie nicht frei erhieltet. Barnave und Duport du Tertre starben heut früh, den 29. November.

Anonymus

# Schreiben eines reisenden Deutschen, daß die Neufranken noch die alten Franzosen sind

1794

Ich bin, wie Sie wissen, mit großen Erwartungen nach Frankreich gegangen. Ich habe geglaubt, die Revolution müßte auf den Charakter der Einwohner einen sehr auffallenden Einfluß gehabt haben. Ich vermutete an jedem, wenigstens an den meisten derselben, die Würde eines freien Bürgers eingedrückt zu sehen. Der mir so widerliche französische Kleingeist sollte, wie ich hoffte, verschwunden und Solidität an seine Stelle getreten sein. Der freie Franke würde, nach meiner Meinung, nicht mehr wie ehedem an der äußeren Schale hängen, sondern das Wesen der Dinge zum Augenmerk haben. Taten und nicht bloß schöne Phrasen und leeres Geklimper erwartete ich zu vernehmen. Ich glaubte nicht, daß dieses wiedergeborne Volk mit dem ehemaligen Leichtsinn eben den Menschen jetzt vergöttern und in einigen Wochen verabscheuen würde. Reifliche Prüfung und Gründe, meinte ich, würden sein Urteil, sein Lob und seinen Tadel, bestimmen; sein Vertrauen und sein Mißtrauen leiten; einmal von ihm bewährt befunden, wäre hinlänglicher Beweis der Würdigung. Ich glaubte, der freie Franke würde überall offen handeln und sich nie zu den Intriken und heimlichen Machinationen des ehemaligen Franzosen erniedrigen. Ein freundliches Gesicht und Tücke im Herzen (ein eines biederen freien Mannes so unwürdiges Betragen) ahndete ich nicht zu finden. Jeder, wenigstens die meisten, meinte ich, würden, von Gemeingeist beseelt, das Wohl des Staats wo nicht zu dem einzigen, doch zu dem ersten Zweck ihrer Handlungen setzen. Nichts mehr von

der ehemaligen französischen Indolenz in ihrem Ruhe-
stande, und nichts von ihrer ehemaligen Blutgierigkeit,
wenn sie einmal aufgereizt sind, hoffte ich zu finden. Großmut hielt ich für die erste Eigenschaft eines freien Mannes;
Achtung gegen jedes Eigentum, Hochschätzung jedes
Zweigs der Industrie für die erste Pflicht eines freien Bürgers; Freiheit im Reden und Schreiben für das erste Gesetz
in einem Freistaat; Duldung jeder Verschiedenheit der Meinungen und schonende Rücksicht gegen jeden andersden-
kenden Mitbürger für den ersten Satz der freibürgerlichen
Moral; Gerechtigkeit für den Grundstein der Freiheit. Ich
glaubte, die Retter der Rechte der Menschheit würden ihren
ehemaligen Dünkel, ihre unwissende Geringschätzung andrer Nationen abgelegt haben. Und wie konnte ich glauben,
daß altfranzösische Eroberungssucht den Neufranken ent-
flammen würde, der feierlich allen Eroberungen entsagt und
erklärt hat, daß er bloß damit beschäftigt sei, sein bürger-
liches Glück zu erschaffen? –

Aber was fand ich? Etwas weniger, als ich erwartete?
Dieses wäre bei den hohen Ideen, die ich mir von dem
Neufranken machte, ziemlich natürlich gewesen. Aber ich
fand just das Gegenteil von allem; ganz die alten Franzosen;
überall faselnde Gecken, auf der Rednerbühne der Jakobiner
und auf der Kanzel der Volksrepräsentanten (einige Dut-
zend der Mitglieder der konstituierenden Nationalversammlung nehme ich aus); nirgends die Würde eines freien Volks.
Ich sahe die Harlekinade des Tollhäusler Cloots in dem
Volkssenat. Ich sahe, wie ein Bonmot, ein leeres Wortspiel
den Schluß dieses Senats bestimmte und alle gegenseitige
Gründe auf einmal niederschlug. Leere Deklamationen und
schön gesagte Sentiments, wovon ihre heroischen Schauspiele von jeher strotzten, sind auch jetzt und mehr als
jemals im Umlauf; aber von großen Taten, von edlen Bürgertugenden habe ich nur wenige Beispiele vernommen.
Gassenhauer, Bäumchen, bunte Bänder, rote Kappen und
dergleichen elende Spielereien haben mehr Wert als die gute

Sache der Freiheit, von welchen nur wenige einen nur
einigermaßen erträglichen Begriff haben. Mit wahrem alt-
französischen Leichtsinn haben sie Necker, haben sie
Fayette und andre der vorzüglichen Mitglieder der ersten
Nationalversammlung zum Himmel erhoben und bald darauf mißhandelt. Wo ist Luckner? Wo ist Montesquieu? Ich
habe Mirabeaus Bildsäule im Jakobinersaal von den nämlichen Händen zertrümmern sehen, welche sie aufgestellt
hatten. Intrike war die Seele aller Volksversammlungen,
aller Verhandlungen mit dem Hof. Ist es nicht weltbekannt,
daß die Intrike und die Machinationen der Jakobiner Ministerium, Volkssenat, Munizipalitäten, kurz alle Staats-Ge-
walten fast ausschließend besetzt haben? Haben nicht die
Comités und der vollziehende Rat noch kürzlich eingestan-
den, daß sie ein Heer von heimlichen Emissärs über Europa
verbreitet haben, welche in Lebensgefahr kommen würden,
wenn man sie nennen wollte? Die Wahlversammlungen sind
leer von rechtlichen Bürgern und größtenteils einem Haufen
Gesindel überlassen. Der Pöbel in der Halle tyrannisiert
jetzt ebenso despotisch wie vorher der Pöbel in den Palästen, und man erträgt es mit eben der Indolenz. Die vorigen Polizeispionen sind in den Dienst der Jakobiner und
der Kommune von Paris übergegangen. Verhaftnehmungen
ohne Klage, ohne Verhör sind, auch ohne die königlichen
Lettres de cachet, noch immer gewöhnlich, und an Gefäng-
nissen fehlt es, auch nach der Zerstörung der Bastille, nicht.
Ich habe die Greuel des 20. Junius, des 10. Augusts und der
ersten Tage des Septembers gesehen, und wer hat den
6. Oktober 1789 vergessen? Aber schauderhafter als alles
dieses war mir, daß eine große Menge freier französischer
Bürger an jenen Blutseelen vorüberging und sich in Possen-
spielen und Komödien amüsierte. Welcher Gemeingeist
belebt die Lieferanten der für das Vaterland streitenden
Armeen? Wie werden die öffentlichen Gelder verwaltet?
Selbst die eifrigsten Apostel der Freiheit haben sich durch
Assignatenhandel bereichert. Die erzpatriotischen Mitglie-

der des Pariser Kommunenrats sind des Diebstahls über-
führt, und die Kriegslieferanten und Kommissärs als Betrie-
ger öffentlich aufgestellt worden. Die Gerichte sind gierig
nach Sporteln wie ehedem, und noch gieriger, weil ihre
Ernte vorübergehend ist. Kurz, überall finde ich den alten
französischen Prellgeist, den alten Generalpachters-Sinn.
Wie schnöde hat man das wohlerworbene Eigentum eines
ansehnlichen Teils der Staatsbürger einer philosophischen
Grille aufgeopfert? Unzählige Fabriken stehen still, und
Hunderttausende sind durch die Vernachlässigung der
Staatsgewalten zu Bettlern geworden. Nur ein Wort gegen
die gegenwärtig herrschenden Ideen – und die Laterne droht
mir. Hat man sich nicht selbst im Volkssenat darüber belu-
stigt, daß das Volk in die Klöster drang und die Nonnen
mißhandelte, die stillen vom Staat garantierten Versammlungen der ungeschwornen Geistlichen mit wilder Wut aus-
einandertrieb und die Tempel zerstörte? Der Volksrepräsen-
tant Manuel hatte die Unverschämtheit, öffentlich das, was
noch dem größten Teil der Nation ehrwürdig ist, die Religion, zu verspotten, und ihre Diener, bei welchen noch
Millionen seiner Mitbürger Trost und Beruhigung suchen
und finden, zu pasquillisieren. Wo kann da nur einiges
Gefühl von Gerechtigkeit sein, wo die Schurken Marat,
Carra und Robespierre die Mehrheit für sich haben; wo
man, um den Staatsverlegenheiten einigermaßen abzuhelfen,
mit räuberischen Händen selbst die Güter derjenigen weg-
nimmt, welche die Greuelszenen des Septembers über die
Grenze scheuchten, und wo noch öffentliche heftige Debatten über die Frage stattfinden konnten, ob der König gerichtet oder ungerichtet verdammt werden, ob er einen Verteidiger, einen Rechtsfreund erhalten solle oder nicht? Der Dünkel, mit welchem jedes französische Blatt, jeder Volksredner
der französischen Nation Weihrauch streuet und andere
Nationen wegwirft, sobald sie es wagen, anders zu denken
als diese, ist zu auffallend, zu lächerlich, als daß er noch
gerügt zu werden verdiente. Sobald wir nicht ihre roten

Kappen aufsetzen, sind wir, in ihren Augen, noch ebendas
Vieh in dem Norden wie ehemals. Sie finden jeden Zuschnitt
von Konstitution, wie sonst jeden Zuschnitt von Rock,
abscheulich, der nicht von Pariser Meistern herrührt. Der
umgeworfene Mantel der Freiheitsliebe bedeckt ihre Eroberungssucht so wenig, daß sie wohl von niemanden verkannt
werden wird. Ihr Volkssenat, ihr Ministerium, ihre Konsti-
tutionsgesellschaften atmen ganz den Geist der ehemaligen
Reunionskammern. Auf welche schändliche, blutige Weise
haben sie Avignon an sich gerissen? Wie schnöde haben sie
die deutschen Fürsten aus ihren Besitzungen verdrängt? In
diesem Punkt stimmen alle Parteien, Aristokraten, Demokraten, Konstitutionisten überein. Es ist bekannt, daß Emigranten selbst den Fürsten, unter deren Schutz sie flohen,
deren Gastfreiheit sie mißbrauchten, nicht verhehlten, sie
würden keine Erdscholle ihres geraubten Landes zurücker-
halten, es möchte auch eine Partie, welche wolle, die Ober-
hand behalten. Ganz dieselbe Sprache, welche die Abge-
sandten der demokratischen Partie führten. Wer kann es
verkennen, daß sie sich der Freiheitsraserei bedienen, um die
anliegenden Länder Frankreich einzuverleiben? Sie wollen
die ganze Welt nach ihrer Art frei machen, um über die
ganze Welt zu herrschen. Kurz, wertester Freund! die so
sehr (freilich am meisten von sich selbst) gepriesenen Neu-
franken sind ganz die alten Franzosen. Ich bin geheilt von
der übereilten Verehrung dieser leichtfertigen, unzuverlässi-
gen Nation, seitdem ich mitten unter ihr lebe. Sein Sie
unbesorgt, daß, wenn die französische Armee auch bis in
Ihre Gegend vordringen sollte, sie die Einwohner irre
machen, durch französische Grundsätze ihre Ruhe stören
und ihr auf die dermalige Verfassung gegründetes Etablisse-
ment zernichten würde. In der Nähe kann dieses Volk auf
solidere Deutsche unmöglich wirken. Ihre schönen Deklamationen haben wohl manchen in der Ferne den Kopf
verrückt; allein lassen sie diese Freiheitsprediger nur näher
kommen – der Nimbus verschwindet, und der Deutsche

sieht den Franzosen in seiner ganzen Blöße, belächelt ihn,
wie immer, und bleibt ein Deutscher. Ich habe zuverlässige
Nachricht, daß die Rheinbewohner, die Mainzer, Pfälzer,
Wormser, Speyerer von ihrem Freiheitsfieber kuriert sind,
seitdem sich Franzosen in der Nähe befinden. In Brabant
brauchten sie sich nur zu zeigen, um die Einwohner von
ihrem Wahn zurückzubringen. Ich schließe endlich meinen
langen Brief, und brauche Ihnen wohl nicht hinzuzufügen,
daß ich durch meine Reflexionen den einzelnen großen,
guten, würdigen Bewohnern Frankreichs nicht zu nahe treten will. Diese seufzen selbst über den Charakter ihrer
Nation, wodurch Unglück aller Art über eins der besten
Länder der Erde gebracht, ja sogar die lachendsten Aussichten in eine glückliche Zukunft zernichtet worden sind.

Friedrich Christian Laukhard

## Leben und Schicksale

[Januar 1794]

[...] *Robespierre*, welcher um diese Zeit in Frankreich das
höchste Ansehn, sowohl im Konvent als unter den Jakobinern hatte, wollte doch dem Volke, das einmal an Versammlungen zu gewisser Zeit gewöhnt war, ein Etwas
geben, das anstatt der Religion die öffentliche Meinung
leiten sollte: aber nun fragte sich: was?

Sollte man einen neuen Gottesdienst einführen? Das wäre
höchst inkonsequent gewesen! Nein, es mußte, so zu sagen,
eine Anarchie in der Religion entstehen, und um diese
Anarchie herbeizuführen, beschloß der Konvent, daß in
jeder Stadt, auch in jedem Dorfe, ein Tempel der Vernunft

sein *könnte*, nicht sein *müßte*. In diesem Tempel der Vernunft sollten alle zehn Tage Reden gehalten werden *können* zur Begründung der echten Bürgertugenden, und der Ausrottung des Aberglaubens, d. i. der bisherigen öffentlichen Religion.

Die Jakobiner, deren Namen damals Legion hieß, bemeisterten sich sofort dieses Tempels, und nur echte Jakobiner hielten die Reden darin. Gewöhnlich waren die Kathedralkirchen oder sonst die vornehmsten dazu ausersehen, und der Redner bestieg an den festgesetzten Tagen die Kanzel. Weil aber auch diese, als ein schädliches und verhaßtes Erinnerungsmittel, den Jakobinern ein Dorn in den Augen war, so riß man sie überall ein, und errichtete für den Redner eine eigne Bühne.

Die Reden mußte jedesmal zuvor im Jakobinerklub vorgelegt und geprüft werden, damit ja nichts darin vorkäme, was nur von weitem nach Royalismus oder Christentum schmeckte. Sogar durfte von Gott, dessen Regierung, und von der Unsterblichkeit der Seele nicht ein Wort einfließen: Auch die Begriffe über diese Dinge sollten durch eine Art von Anarchie geläutert werden. Kam so etwas vor, so wurde es gestrichen; und hatte der Verfasser gar einiges zugunsten der Bibel u. s. w. gesagt, so ward er obendrein deshalb noch verantwortlich.

Den Inhalt dieser Reden können meine Leser schon erraten. Sie rollierten meistens über Freiheit, Gleichheit und Vaterlandsliebe; über Haß und Vernichtung der Tyrannei und der Pfaffen, und mitunter kamen derbe Ausfälle auf den Stifter der christlichen Lehre, auf seine Mutter und seine Apostel vor. Der Vater Papst wurde vollends nicht geschont, und die sonst ehrwürdigen Gebräuche der Religion in Frankreich, die Messe, Sakramente, Fegfeuer u. dgl. fertigte man mit derben Sarkasmen ab. Beiher wurden auch die Gesetze erklärt, und das Volk zur Befolgung derselben aufgemuntert.

In Colmar hörte ich die erste Rede im Tempel der Vernunft. Der Prokurator *Glocsin* – von dem man bald mehr lesen wird – hielt sie mit allem Pathos über das Recht der Völker, ihre Tyrannen zu richten, wenn sie das Volk drükken, und die Gesetze nach Belieben beleidigen. Er bemühte sich, besonders darzutun, daß der Satz: »Die Obrigkeit ist von Gott« grundfalsch sei, indem Gott, man möge sich dieses Wesen denken, wie man wolle, unmöglich die Wege billigen könne, auf welchen die ersten Regenten zur Herrschaft gekommen wären. Hat etwan, sagte er, Gott den ersten Franken-Herzog zum Könige in Gallien gemacht? *Clovis* war ein Ruchloser, ein Erzräuber! Sein Recht auf Gallien war das Recht des Räubers auf das Gut des unbewaffneten Wanderers, oder das Recht der Sklavenhändler auf die Freiheit der armen Afrikaner. Aber, fuhr er fort, wenn Gott dem *Clovis* das Recht über Gallien gegeben hat, wenn Gallien demnach rechtmäßig auf *Clovis'* Nachkommen fortgeerbt ist: wer gab dann dem *Pipin* das Recht, die Herrschaft dem Stamme des *Clovis* zu entreißen, und auf seine Familie zu bringen? Und wie ist hernach dieses Recht auf die *kapet*ingische Familie gekommen, woraus unsre letzten Tyrannen gewesen sind? Lauter Widersprüche! Wenn Gott die Menschen erschaffen hat, so hat er sie frei erschaffen: das Recht der Fürsten hat seinen Ursprung nicht in der göttlichen Regierung, sondern in der Dummheit der Menschen, und in ihrem Sklavensinn. – Die Völker Europens, fügte er hinzu, werden uns jetzt hassen, weil wir dem *Ludwig Capet* die Gewalt, uns zu tyrannisieren, genommen, und ihn für seine Bosheit bestraft haben. Aber die Zeit wird kommen, wo eben diese Völker unserm Beispiele folgen werden.

Reden von dieser und ähnlicher Art habe ich viele gehört, und mitunter einige, die allerdings verdienten, gehört, gelesen und beherzigt zu werden. Da sie allemal höchstwichtige Gegenstände abhandelten, und der Redner frei untersuchen und sprechen durfte, so fehlte es selten an Gründlichkeit und Stärke. Vorzüglich gute Reden wurden gedruckt, herumgeschickt, und hernach in allen Weinhäusern und Gesellschaften vorgelesen, bekommentiert und beexegesiert, und so wurde deren Inhalt immer mehr wirksam gemacht. Es würde mich zu weit führen, wenn ich Proben davon hier liefern wollte: aber nur noch etwas Geduld, und man erhält aus meinem reichen Vorrat: *Laukhards Ausbeute in Frankreich für Theologen, Politiker und Kosmopoliten.*

Es stand jedermann frei, an der Zusammenkunft im Tempel der Vernunft teilzunehmen. Jeder gute Patriot fand sich ein, die Neugierigen auch, und so war die Versammlung immer sehr ansehnlich und zahlreich. Die Worte *Tempel der Vernunft* standen mit großen goldenen Buchstaben über den Türen der ehemaligen Tempel des Aberglaubens. Oft wurden drei, vier und mehrere Reden an einer Dekade gehalten, und man kam oft erst abends um zehn, elf Uhr aus der letzten. Zum Einschläfern war keine. –

Das Zeichen zum Anfang jeder Versammlung wurde mit Läuten einer Glocke gegeben, aber auf ganz andere Art wie zu dem Gottesdienste bei uns: die Glocke wurde bloß einseitig angeschlagen. Der Anfang dieses Vernunft-Dienstes, oder dieser Vernunft-Huldigung, wenn man so sagen darf, wurde mit Absingung gewisser Lieder gemacht, wozu auch Instrumente gespielt wurden. Die Lieder waren aus den Sammlungen republikanischer Gesänge, welche man jetzt in Frankreich sehr häufig, gut und enthusiastisch-belebend hat. Vorzüglich wurde der Marseiller Marsch musiziert und gesungen. Der Beschluß geschah wieder mit einem republikanischen Liede.

So hatte denn Frankreich am Ende des Jahres 1793 bis in den Sommer 1794 gar keine eigentliche Religion, welche öffentlich wäre geübt worden. [...]

GEORG KERNER

## Brief aus Paris

2. März 1795

Ich verließ das Café de Chartres, um in den Konvent zu gehen. Die Tribunen waren von Menschen vollgepfropft – ich blieb also in einem der Korridors, um einen günstigen Augenblick abzupassen und den Platz eines der Austretenden einzunehmen. Ich war nicht der einzige Harrende, ihrer waren viele, und ihre widrige verzerrte Physiognomie sagte mir sogleich, welcher Natur sie wären. Meine Zweifel hierüber verschwanden gänzlich, als ich unter der Zahl dieser Leute mehrere Mitglieder des ehemaligen Revolutionsausschusses meiner Sektion erblickte. – Die Sitzung war gerade sehr interessant. – Der Aufstand, den die von allen Punkten Frankreichs nach Paris geflüchteten Mörder und Räuber in den Vorstädten zu erzeugen suchten, war mißglückt – das Gouvernement ließ den Sektionsklub von Quinzevingt von der bewaffneten Macht umringen – die wildesten Blut- und Aufruhrprediger in Verhaft nehmen, während daß die Bürger an dem nämlichen Tag, wo die Unruhen losbrechen sollten, in die Sektionen eilten, um dort die gute Sache, die Sache der Freiheit und der Ordnung zu verteidigen. In einigen Sektionen kam es zum Faustkampf, wobei die ehrlichen Leute den Schurken es fühlen ließen, daß sie ebenfalls Blei in den Knochen haben. Das Resultat war, daß die meisten Sektionsversammlungen die Büste Marats aus dem Ort ihrer Sitzungen entfernten, Adressen an den Konvent vortaten, worin sie ihm für die Depantheonisierung des ehemaligen Dieners des Grafen von Artois dankten – ihn zu strengen Maßregeln gegen die Terroristen, die Jakobiner vom 9. Thermidor, die Mitglieder der ehemaligen Revolu-

tionsausschüsse, zu endlicher Bestrafung der Barère, Collot,
Billaud u. s. w. aufriefen.

Eine dieser an den Schranken des Konvents erscheinende
Sektionen nannte sogar in ihrer Adresse die bekannten 72
ehemals als Girondisten verhafteten Mitglieder die getreuesten Diener der Republik. Das Resultat dieser Sitzung ist
aus den öffentlichen Blättern bekannt. – Ich schreibe hiermit
bloß einige andere Beobachtungen nieder, die ich zu machen
Gelegenheit hatte. Die Volksbühnen waren angefüllt. Aller
Aufmerksamkeit war auf die Sektionsdeputationen gerichtet. Während die Majorität des Konvents und ein Teil der
Volksbühnen den lebhaftesten Beifall bezeugten, blieb der
andere ohne sich zu bewegen: ich sah in einer großen
Volksbühne, die etwa 3 bis 500 Personen enthielt, bloß
einen Mann in der Mitte dieser Menge mit Händeklatschen
eine Zufriedenheit ausdrücken, die mir um so mehr gefiel,
da er sich durch den stummen Grimm derer, die ihn umring-
ten, nicht nur nicht abschrecken, sondern eher noch auf-
muntern ließ. – Der Zufall brachte mich neben ein Weib,
das, wiewohl jetzo etwas besser gekleidet, mir vor etwa
2 Jahren, in schmutzigen Lumpen gehüllt, öfters zu Gesicht
gekommen war. Ich bot meine ganze Erinnerungskraft auf,
und entdeckte endlich, daß diese Furie, die neben mir stand,
das nämliche weibliche Ungeheuer war, das ich am 1. Juni
1793 in dem untern Vestibül des Konventspalasts halb besof-
fen und von Schweiß triefend die abscheulichsten Reden
gegen den Konvent und besonders die damalige rechte Seite
ausstoßen hörte. Sie rühmte sich damals laut, schon 2 Tage
anhaltend in den Volksbühnen mit einem Laib Brot und
einer Flasche Wein zugebracht zu haben. Wir haben sie –
rief diese weibliche Furie, indem sie von den Deputierten
sprach – dekretieren gemacht – »Die Girondistenhunde
müssen sterben.« Ich kann Ihnen unmöglich die Empfindung beschreiben, die Schlag auf Schlag mein Innerstes
bestürmten. Das Weib merkte, daß mein Auge starr auf sie
geheftet war, sie kehrte ihr Gesicht auf eine andere Seite: ich

sah nicht ohne Vergnügen, daß jedes von den Sektionsrednern an den Schranken ausgesprochene Wort ihr einen Dolchstich versetzte – sie gab ihr Mißvergnügen durch unaufhörliche Zeichen einigen Weibern zu erkennen, die teils vor ihr, teils in der großen Volksbühne saßen, von der ich eben gesprochen habe. Der zwar nur selten, allein desto lauter schallende Beifall, den ich von Zeit zu Zeit gab, machte diese Harpyien beinahe wütend. [...]

ANDREAS GEORG FRIEDRICH REBMANN

## Briefe aus Paris

### 12. Brief

Paris, den 30. Fructidor 1796.

[...] Zur rechten Seite des Louvres, hart an dem Gebäude, worin die beiden Räte ihre Sitzungen halten, trifft man den merkwürdigen Platz, auf welchem der zehnte August vorfiel. Eine dreifarbige Fahne weht auf einer Säule, und darunter stehn die Worte: »Das Königtum in Frankreich ist abgeschafft, nie wird es sich wieder erheben!« Geht man durch das Portal dieses Gebäudes, so befindet man sich in dem Garten der Tuilerien, zwischen welchem und den bekannten Elysäischen Feldern der Revolutionsplatz liegt. Mitten auf demselben steht die große Statue der Freiheit und weiter hin die zwei marmornen Pferde, zwischen welchen das Schafott für Ludwig Capet errichtet war. Hier war es, wo die Freiheit der Welt begründet wurde, hier war es aber auch, wo Brissot, Camille Desmoulins und die ersten Gründer und Stifter der Republik ihre Liebe zur Freiheit mit dem Tode besiegelten.

Ich habe diesen Platz, um ungestört meinen Betrachtungen nachhängen zu können, in einer der hellsten Nächte um halb ein Uhr ganz allein besucht. Alles Geräusch hatte sich verloren, nur das Rufen der Grenadierwache und das Rauschen der Seine war noch zu hören. Den Platz, einen der schönsten in der Welt, beleuchtete zauberisch der Mond, dessen Strahlen den Helm auf der Bildsäule wie [mit] einer Glorie umgaben. Links liegt der große Quai und die Vorstadt St-Germain, rechts zwei prächtige Gebäude, zwischen welchen der Magdalenen-Kirchhof mit seinen Säulen die Aussicht schließt, dieser Kirchhof, wo Tausende der Geopferten schlummern, Volksfeinde und Republikaner in einer Grube. Der Boden, auf welchem ich stund, war mit heiligem Blute benetzt [...]

[...] Wer der Revolution und der Republik vorher Dienste geleistet hat, ist arm und verfolgt; die Direktoren fahren in einer einfachen Kutsche, und Letourneurs und Reubells Tafeln sind bloß so beschaffen wie die Tafeln eines guten Bürgerhauses, aber die Konventsdeputierten, welche mit den Agioteurs unter einer Decke stecken, die treuen Wächter der Konstitution von [17]95, welche die Emigrierten beschützen; die Polizei-Kommis, welche ihren Anteil an den geduldeten Pharao-Bänken und öffentlichen Häusern haben, sind reich geworden, fahren mit vieren, und ihre Mätressen prunken mit Diamanten bedeckt in der Oper, während sich der Rentier, dem der Staat bares Geld schuldig ist, ins Wasser stürzt. Das Volk, welches gelitten, gekämpft, gearbeitet, gefochten, gehungert hat, zahlt sein Brot um ein Drittel teurer in barem Gelde als im Jahr 1792 unter Robespierren in Papier, und um ein Viertel teurer als unter der alten Regierung. Die Royalisten lassen es sich gefallen, einige republikanische Formen zu affektieren, wenn man ihnen nur große und einträgliche Stellen gibt, wenn man sie stehlen läßt, und sie nicht Citoyens, sondern Messieurs nennt. Die Patrioten leiden und harren; die Jakobiner machen dumme Streiche, lassen sich von den Royalisten aufhetzen und dann abschlachten. Die Regierung will gerade durchgehen, wird aber gehemmt und entkräftet, und vergleicht sich, inzwischen die beiden Parteien eine fürchterliche Explosion bereiten. [...]

## 13. Brief

[...] Sie werden wohl glauben, teuerster Freund! daß ich nicht versäumt habe, die Sitzungen der beiden Räte zu besuchen. Ich habe es mir gefallen lassen, mehreremal umsonst zu laufen, da die Tribunen immer sehr besetzt sind, ohnerachtet man im Rat der Fünfhundert bloß dann zugelassen wird, wenn man ein Billet von einem Volksrepräsentanten vorzeigen kann. Mit Ehrfurcht betrat ich die beiden Säle, und einen höchst widrigen Eindruck brachte ich wieder mit mir zurück. Ich dachte mir jedes Individuum mit dem großen Gedanken beschäftigt, daß das Wohl von 25 Millionen Menschen diesen Versammlungen anvertraut sei; ich glaubte, daß jedem bei allen Vorschlägen die Wahrheit gegenwärtig sein müsse, daß ein übereiltes Gesetz oder ein nicht genug geprüfter Vorschlag die traurigsten Folgen für die Freiheit und das Glück Frankreichs nach sich ziehen könne; ich dachte mir eine ehrwürdige Versammlung, wo Würde und Ernst überall herrschen müsse. Meine Erwartung ist sehr getäuscht worden. Ich will auf den Umstand kein Gewicht legen, daß die Mitglieder der Räte in ihrer Alltagskleidung und mit der nämlichen Nachlässigkeit erscheinen, womit sie sich allenfalls auch in einem Koffeehause einfinden. Aber daß sie erst um 1 oder 2 Uhr nachmittags in die Versammlung kommen, statt zu rechter Zeit an Ort und Stelle zu sein; daß sie bei den ernsthaftesten Angelegenheiten gar nicht auf die Verhandlungen acht haben, sondern im »Journal du Soir« oder gar in den »Rapsodies du Jour« lesen, das ist ein Verbrechen, welches sie gegen die Nation begehn, die sie dafür bezahlt, ihr Wohl zu besorgen.

Wenn die Menschen, welche aus Zaghaftigkeit oder aus Leichtsinn ihrer Überzeugung kein Opfer bringen, und, aus Furcht, falsch beurteilt zu werden, mit einer trägen Indolenz lieber den Schreiern huldigen wollen, die nur zu leicht die Menge hinreißen, nur bedächten, daß ihre Erhaltung mit der Erhaltung der Republik unzertrennlich verknüpft ist; so würden sie hoffentlich endlich dahin gebracht werden, einmal selbst zu handeln. Auf eben diesen Bänken saßen einst die Girondisten und die Anhänger des Mannes, der immer zu den Tribünen sprach; hätten die Freunde und Verteidiger der wahren Freiheit nicht aus Furcht geschwiegen; hätten, ohne Rücksicht auf den jedesmaligen Götzen des Tages, die *ehrlichen Bergmänner* (denn auch auf dem Berge saßen brave Republikaner) und die echten Republikaner sich zu nähern gesucht, und hätten dann beide gemeinschaftlich die Schwächlinge der einen und die Bösewichter der andern Partei angegriffen; so würden Marat und Robespierre nie das Gewicht und den Einfluß erlangt haben, welches ihnen teils die ungerechten Angriffe der Royalisten, teils die Schafsgelassenheit der Männer gaben, die ohne irgend einige Selbstständigkeit bloß gewohnt sind, sich in allen und jeden Fällen an die siegende Majorität anzuschließen. So kabelierte man im einzelnen, spielte jämmerliche Intrigen, und schwieg zu den Usurpationen, durch deren kräftige Bekämpfung man sich Unannehmlichkeiten auszusetzen glaubte. Marat und Robespierre benutzten alle Fehler ihrer Gegner, oder vielmehr, sie erlangten dadurch, ohne selbst zu wissen wie, ein Gewicht, das sie außer dem nie erlangt haben würden, und die geduldigen Schweiger wurden nacheinander erwürgt.

Robespierre, der angestaunte Tyrann unsrer Tage, war eigentlich ein elendes, feiges, unbedeutendes Geschöpf. Ein hier lebender in Deutschland ehedem bekannter Gelehrter verglich ihn einst mit Lavater. Ohne diese Vergleichung übrigens zu weit ausdehnen zu wollen, hat sie dennoch viel Wahres. Lavater erlangte Zelebrität, ohne zu wissen wie, weil seine Gegner ihm Wichtigkeit gaben; Lavaters Eitelkeit machte ihn fähig, alle zu verfolgen, welche in ihm nicht mehr sehen wollten, als er würklich war; Lavater diente, ohne es zu wissen, zur Maschine einer gefährlichen Partei, und glaubte nur Gutes zu tun; Lavater wurde endlich aus Eitelkeit unfähig, zurückzukehren. Alles dieses gilt auch von Robespierren, von dem jetzt der aufgeklärtere Teil von Paris weiß, daß er nichts war als das einfältige Werkzeug des Wohlfahrtsausschusses, und daß er bloß zuletzt mordete, weil er glaubte, daß der Himmel ihn berufen habe, ein goldnes Zeitalter herzustellen.

Daß aber ein solches Geschöpf fünfundzwanzig Millionen Menschen tyrannisieren konnte, das wird einen ewigen Flecken auf alle die Menschen werfen, welche als Stellvertreter des Volks, aus Mutlosigkeit, sich vor ihm schmiegten; ja, mit Wehmut sage ich es, es wird der Nachwelt beweisen, welche elende Geschöpfe ein Teil dieser modernen Republikaner waren, welche, *ohne zu wissen wie*, den fränkischen Freistaat gründeten. Das Volk, feiner fühlend durch richtigen Instinkt als seine Führer durch Sophismen, fühlt auch ihre Schuld und verachtet sie. Wer zur Tyrannei schwieg, und sich nicht gegen sie erhob, ist strafbar. Umsonst wenden die kriechenden Schmeichler des Blutausschusses ein, daß ihr Widerstand sie erwürgt haben würde. Sie standen auf dem Posten, wohin sie das Vaterland gestellt hatte, wie der Soldat auf dem seinigen. Was würde man zu dem Krieger sagen, der sich weigern wollte, gegen eine feindliche Batterie anzumarschieren, weil Kanonen darauf stehn, die ihn treffen könnten? [...]

## 16. Brief

[...] Ich überzeuge mich immer mehr, daß die Revolution in Frankreich noch ganz und gar nicht geendigt ist, und daß uns, vielleicht eher, als wir es glauben, neue Stürme bevorstehen. Ein Hauptfehler der Konstitution von 1795 scheint mir darinnen zu liegen, daß kein Medium der Kommunikation zwischen der Regierung und dem Volke vorhanden ist, so wie auf der andern Seite die allzugroße Wandelbarkeit der öffentlichen Ämter eine Klippe wird, woran auch der beste Mensch scheitert. Wenn die fünf Direktoren ihre Stellen *auf lebenslang* behielten, aber alle fünf Jahr im Konvent, vor einer eignen Kommission, und in Volksgesellschaften ihr Betragen streng untersucht würde; wenn das Volk den Minister der Polizei, die Armee den Kriegsminister, das Direktorium den Minister der auswärtigen Angelegenheiten wählte, der Konvent und die Volksgesellschaften alle Auktoritäten beobachteten, vernünftige Journale sie nicht pasquillierten, sondern zensurierten; müßten diese Männer, gewiß, ihre Stellen so lange zu behalten, als sie die öffentliche Meinung für sich zu gewinnen wüßten, nicht strenger ihre Pflichten erfüllen, nicht das Beste des Volks eifriger besorgen als jetzt, da z. B. ein immoralischer Mann im Direktorium gewiß weiß, daß sein Amt nur fünf Jahre in seinen Händen bleibt? Wird, abstrahiert von allen gegenwärtig erkornen Individuen, ein eigennütziger, egoistischer Mensch nicht darauf bedacht sein, in diesen fünf Jahren zu sammeln, was er sammeln kann? Wird das jedesmalige Direktorium einige Rücksicht auf das nachfolgende nehmen, oder wird es vielmehr gerne sehen, wenn seine Nachfolger in Verlegenheit geraten? Werden Männer von schwächerem Geiste in die Entwürfe ihrer stärkeren Vorgänger einzugreifen wissen? Keine Stelle im Staate darf *erblich*, und jede muß *verantwortlich* dem ganzen Volke und der öffentlichen Meinung unterworfen sein; dies ist meiner Meinung nach das große

Axiom, worauf politische und bürgerliche Freiheit beruht,
aber die Ämter müssen auch nicht, wie Kleider, von einem
zum andern übergehen. [...]

HEINRICH VON KLEIST

Briefe aus Paris

An Karoline von Schlieben

18. Juli 1801

[...] Seit 8 Tagen sind wir nun hier in Paris, und wenn ich
Ihnen alles schreiben wollte, was ich in diesen Tagen sah und
hörte und dachte und empfand, so würde das Papier nicht
hinreichen, das auf meinem Tische liegt. Ich habe dem
14. Juli, dem Jahrestage der Zerstörung der Bastille, beige-
wohnt, an welchem zugleich das Fest der wiedererrungenen
Freiheit und das Friedensfest gefeiert ward. Wie solche Tage
würdig begangen werden könnten, weiß ich nicht bestimmt;
doch dies weiß ich, daß sie fast nicht unwürdiger begangen
werden können, als dieser. Nicht als ob es an Obelisken und
Triumphbogen und Dekorationen, und Illuminationen, und
Feuerwerken und Luftbällen und Kanonaden gefehlt hätte,
o behüte. Aber keine von allen Anstalten erinnerte an die
Hauptgedanken, die Absicht, den Geist des Volks durch
eine bis zum Ekel gehäufte Menge von Vergnügen zu *zerstreuen*, war überall herrschend, und wenn die Regierung
einem Manne von Ehre hätte zumuten wollen, durch die
mâts de cocagne, und die jeux de carousels, und die théâtres
forains und die escamoteurs, und die danseurs de corde mit
Heiligkeit an die Göttergaben Freiheit und Frieden erinnert

zu werden, so wäre dies beleidigender, als ein Faustschlag in
sein Antlitz. – »Rousseau« ist immer das 4. Wort der Franzosen; und wie würde er sich schämen, wenn man ihm sagte,
daß dies *sein* Werk sei? –   [...]


### An Wilhelmine von Zenge

15. August 1801

[...] Wohin das Schicksal diese Nation führen wird –?
Gott weiß es. Sie ist reifer zum Untergange als irgend eine
andere europäische Nation. Zuweilen, wenn ich die Biblio-
theken ansehe, wo in prächtigen Sälen und in prächtigen
Bänden die Werke Rousseaus, Helvetius', Voltaires stehen,
so denke ich, was haben sie genutzt? Hat ein einziges seinen
Zweck erreicht? Haben sie das Rad aufhalten können, das
unaufhaltsam stürzend seinem Abgrund entgegeneilt? O
hätten alle, die gute Werke *geschrieben* haben, die Hälfte
von diesem Guten *getan*, es stünde besser um die Welt. Ja
selbst dieses Studium der Naturwissenschaft, auf welches
der ganze Geist der französischen Nation mit fast vereinten
Kräften gefallen ist, wohin wird es führen? Warum verschwendet der Staat Millionen an alle diese Anstalten zur
Ausbreitung der Gelehrsamkeit? Ist es ihm um *Wahrheit* zu
tun? Dem *Staate*? Ein Staat kennt keinen andern Vorteil, als
den er nach Prozenten berechnen kann. Er will die Wahrheit
*anwenden* – Und worauf? Auf Künste und Gewerbe. Er will
das Bequeme noch bequemer machen, das Sinnliche noch
versinnlichen, den raffiniertesten Luxus noch raffinieren. –
Und wenn am Ende auch das üppigste und verwöhnteste
Bedürfnis keinen Wunsch mehr ersinnen kann, was ist
dann –? O wie unbegreiflich ist der Wille, der über die Menschengattung waltet! Ohne Wissenschaft zittern wir vor
jeder Lufterscheinung, unser Leben ist jedem Raubtier aus-

gesetzt, eine Giftpflanze kann uns töten – und sobald wir in das Reich des Wissens treten, sobald wir unsre Kenntnisse anwenden, uns zu sichern und zu schützen, gleich ist der erste Schritt zu dem Luxus und mit ihm zu allen Lastern der Sinnlichkeit getan. Denn wenn wir zum Beispiel die Wissenschaften nutzen, uns vor dem Genuß giftiger Pflanzen zu hüten, warum sollen wir sie nicht auch nutzen, wohlschmeckende zu sammeln, und wo ist nun die Grenze, hinter welcher die Poulets à la suprême und alle diese Raffinements der französischen Kochkunst liegen? Und doch – gesetzt, Rousseau hätte in der Beantwortung der Frage, ob die Wissenschaften den Menschen glücklicher gemacht haben, recht, wenn er sie mit *Nein* beantwortet, welche seltsamen Widersprüche würden aus dieser Wahrheit folgen! Denn es mußten viele Jahrtausende vergehen, ehe so viele Kenntnisse gesammelt werden konnten, wie nötig waren, einzusehen, daß man keine haben müßte. Nun also müßte man alle Kenntnisse vergessen, den Fehler wieder gut zu machen; und somit finge das Elend wieder von vorn an. Denn der Mensch hat ein unwidersprechliches Bedürfnis, sich aufzuklären. Ohne Aufklärung ist er nicht viel mehr als ein Tier. Sein moralisches Bedürfnis treibt ihn zu den Wissenschaften an, wenn dies auch kein physisches täte. Er wäre also, wie Ixion, verdammt, ein Rad auf einen Berg zu wälzen, das halb erhoben, immer wieder in den Abgrund stürzt. Auch ist immer Licht, wo Schatten ist, und umgekehrt. Wenn die Unwissenheit unsre Einfalt, unsre Unschuld und alle Genüsse der friedlichen Natur sichert, so öffnet sie dagegen allen Greueln des Aberglaubens die Tore – Wenn dagegen die Wissenschaften uns in das Labyrinth des Luxus führen, so schützen sie uns vor allen Greueln des Aberglaubens. Jede reicht uns Tugenden und Laster, und wir mögen am Ende aufgeklärt oder unwissend sein, so haben wir dabei so viel verloren, als gewonnen. – Und so mögen wir denn vielleicht am Ende tun, was wir wollen, wir tun recht – [...]

# II
# Pamphlete · Propaganda

Andreas Riedel

# Aufruf an alle Deutsche zu einem antiaristokratischen Gleichheitsbund

1792

Die Menschenfreunde deutscher Nation, allen ihren Brüdern, welche die Wahrheit lieben und die Glückseligkeit ihrer Nebengeschöpfe wollen, den Kuß der Freundschaft und ihre brüderliche Liebe.

Nachdem nichts gewisser ist, als daß ohne der gesetzlichen Gleichheit die Ursachen, welche die Menschen haben, böse zu sein, niemals aus dem Grunde können weggeschaffet werden, daß folglich ohne der politischen Gleichheit unter den Menschen keine Redlichkeit, keine Offenherzigkeit und Freundschaft, keine Vaterlandsliebe, keine Tugend, kurz keine von allen den sanften Gemütsstimmungen möglich ist, ohne welchen die Glückseligkeit der Menschen nicht bestehen kann; in Erwägung, daß die Könige weiter nichts sind als der Vorwand, unter welchem die Aristokraten (das ist jene Menschen, die aus dem Grunde der Geburt und der Ahnen verschiedene Vorzüglichkeiten an sich gerissen haben) und diejenigen, die sich der Aristokraten bemächtiget haben, um von ihnen zu leben, mit der Menschheit ihr Spiel treiben, die Nationen unterdrücken, in der Dürftigkeit und in der Verwilderung halten und sich ihrer wie der Maschinen zu ihren Lüsten bedienen.

In Erwägung, daß es schändlich ist, untätig zuzusehen, wie barbarische Aristokraten, nämlich die Russen, der guten Sache, wo sie nur immer aufkeimen will, entgegenarbeiten, und wie sie die kurzsichtigen, obschon etwas minder barbarische Aristokraten des österreichischen Kabinettes und anderer nach ihrem Willen lenken, mit den feinsten Ränken sowohl als mit den unerhörtesten Grausamkeiten ihr Unterdrückungssystem unterstützen und verbreiten.

In Erwägung, daß es billig ist, die Last einmal von sich zu
wälzen, welche die Aristokraten seit den Zeiten der Eroberungen und des Faustrechtes auf die unterjochte Nationen
geladen haben, wodurch selbe alles Ungemach, Not, Elend,
harte Arbeit und Verachtung, Abwürdigungen, Ungerechtigkeiten und Erpressungen unaufhörlich allein tragen müssen, damit einige Aristokraten in Schwelgerei und Wollust
zum Überdruß leben, allen ersinnlichen Übermut auslassen,
und den Nationen, die ihnen die Mittel dazu hervorbringen,
mit der äußersten Härte mitfahren mögen.

In Erwägung, daß die Greuel und Jammer der unbesonnensten Kriege nie ein End nehmen werden, solange Aristokraten sind, welche Menschen finden, die für sie, für ihre
Sache, damit es ihnen allein wohlergehe und damit sie nach
den Kriegen eben diese Menschen desto gewaltsamer unterdrücken mögen, zu Felde ziehen, auf der einen Seite Hitz
und Kälte, Hunger und Durst, Krankheiten, Beschwerlichkeiten, Verstimmelungen und den Tod, auf der anderen
Seite die grausamste willkürliche Behandlungen, die rauhesten Begegnungen, Undank, das elendeste Leben und unter
dem Namen des Ehrenstandes die schmählichste Knechtschaft erdulden, ohne daß daraus jemals wem andern als den
Aristokraten Gutes und Vergnügliches zuwachse.

In Erwägung, daß viele Hunderttausende solcher unglücklicher verwilderter und unterdrückter Menschen, ohne
zu wissen warum, unter dem kühlen Vorwande der Sache
der Könige oder des Vaterlandes, im Grunde aber eigentlich für die Sache der Aristokraten, ihrer Unterdrücker, in
solchen törichten Kriegen den grausamsten Tod finden,
und wiederum in ihrer wilden Dummheit, worin sie von den
Aristokraten sorgfältig erhalten werden, mit Feuer und
Schwert den Tod und die Verheerung geben, ohne daß man
auf Millionen solcher unglücklicher Schlachtopfer so viel
achte als auf wenige tausend Aristokraten oder feile und

niederträchtige Aristokratenknechte, die man nach der reifsten Überlegung und mit dem besten Geiste der guten Sache nachsetzet.

In der Erwägung, daß es keine andere gute Sache gebe als die Erzielung der Gleichheit und der Freiheit, und daß dieser Gegenstand einzig und allein die Vergießung aller Strömen von Blut zusammen wert sei, die seit dem Ursprunge der Unterdrückung jemals in den unvernünftigen und heillosen Kriegen für nichts anderes als für die Aristokraten geflossen sind. In Erwägung, daß ohne alle Ausnahme kein Mittel ungebraucht bleiben soll, um diese Gleichheit und Freiheit herzustellen und dann durch weise Gesetze für ewige Zeiten zu befestigen.

In fernerer Erwägung, daß zur ersten Herstellung der wahren Ordnung, die in der Gleichheit und in der Freiheit bestehet, Anstrengung, Gewalt, Mut, Einigkeit, Entschlossenheit, Selbstverleugnung und Aufopferungen erforderet werden, und daß zur Gewalt und Macht die Menge und die Verbindungen nötig sind, wegen der Einigkeit im Wirken aber irgend eine allgemeine Vorschrift den Anfang machen muß.

In Erwägung endlich, daß eine aufgeklärte Nation, die ein Beispiel vor sich sieht, die Nachahmung des Guten eines einfältigen Nationalstolzes wegen nicht scheuen kann, weil mit einer solchen Denkart gar kein Vorschritt gegen die allgemeine Glückseligkeit kann gedacht werden; – beschließen die Menschenfreunde deutscher Nation, und empfehlen allen, denen daran gelegen ist, die genaue Ausführung folgender Artikel:

I. Den ersten November dieses 1792. Jahres, des Morgens früh um sieben Uhr, sollen in allen Städten Deutschlands, wer immer das Joch der aristokratischen Unterdrückung abschütteln und die Gleichheit und Freiheit unter dem Schutze weiser Gesetze eingeführt wissen will, mit einer Masche von den drei Farben rot, blau und weiß auf dem Hute, sie sei von Papier, von Seide, von Leinwand, wenn nur groß und sichtbar ist, sich auf einen dazu bestimmten großen Platze inner oder außer dem Umfange seiner Stadt einfinden.

II. Jeder Bündner, der die Masche aufsteckt, soll mit irgend einer Gattung von Waffen versehen erscheinen, wenn es auch nur ein oder mehrere Messer wären, indem der Zenturionenrat oder ein anderer von selbem ernannter Befehlshaber immer an der Zeit sind, im nötigen Falle die ähnlich bewaffnete Bündner zusammenzuordnen. In seinem Herzen soll jeder Bündner den Vorsatz mitbringen, bis zum letzten Lebenshauch mit Würde und Standhaftigkeit denjenigen zu widerstehen, die sich beigehen ließen, dieser allerhöchsten Versammlung der Nation gewaltsame Hindernisse in den Weg zu legen.

III. Das Volk jeder Stadt soll den eigentlichen Ort seiner Versammlung durch mehrere und oft wiederholte Anschlagzettel an den Gassenecken vorhinein bestimmen. Auf diesen Anschlagszetteln soll man nichts anderes lesen als: »Auf dem Platze N. den 1. November 1792 um sieben Uhr früh, alle gute Menschen und Brüder Bündner«.

IV. Nach Maß als die Bündner auf den bestimmten Platze in ihrer Stadt ankommen, sollen sie sich untereinander den Kuß der Freundschaft geben, dann in lauter abgesonderte Haufen von Hunderten rotten; wo schon hundert stehen, sollen sie niemanden mehr zulassen, und wo nicht hundert beisammen sind, sollen sie andere herbeirufen. Diejenigen, so unter hundert an der Zahl übrig bleiben, sollen sich beisammenhalten, bis der nachmalige Präsident des provisorischen Zent[urionen-]R[a]ts sie nach seinem Gutbefinden zu andern Rotten zuteilen wird.

V. Wie eine Rotte von hunderten formiert ist, soll sie, ohne auf andere zu warten, alsogleich aus ihrem Mittel einen Zenturion wählen. Dieses geschieht indem diejenigen, die ihre Stimmen jemanden geben, ihn in ihre Mitte nehmen, und sich um ihn herumstellen. Wer die meisten Stimmen oder den größesten Haufen um sich hat, ist Zenturion.

Hätten aber zwei Bündner der nämlichen Rotte 49 Freunde für sich; so ist derjenige aus beiden Zenturion, der an Jahren älter ist. Bei gleichen Jahren soll das Los den Ausschlag geben. Durch das Los verstehen wir hier allezeit die Geschlechtsnamen nach der Ordnung gereihet, wie sie in einem gewöhnlichen Wörterbuche stehen würden, so daß der, dessen Name mit einem A anfinge, dem vorginge, der sich mit einem B schriebe.

VI. Die Wahl der Zenturionen soll mit der möglichsten Geschwindigkeit vorgenommen werden, und sobald einer gemacht ist, soll er sich augenblicklich durch einen runden Hut auszeichnen, um welchen nebst der gewöhnlichen Masche, die vorne sitzen soll, ringsherum ein dreifärbiges Band gewunden ist, das in Eile auch von Papier sein kann.

VII. Jeder Zt. regiert seine Rotte, hält sie beisammen in Ordnung, ernennt sich auch selber zwei Gehülfen für die geschwindesten Fälle und tritt dann an einem besondern Orte mit allen andern Zenturionen zusammen. Wenn es möglich ist, muß man diesen Ort so wählen, daß das versammelte Volk alle Zent. vereinigt sehen könne.

VIII. Sobald der Zent. genug beisammen sind, formieren sie sich alsogleich vor den Augen der Nation in einen Präsidenten, zwei oder mehrere Sekretäre, und die Räte. Der älteste Zent. an Jahren ist Präsident; im Verweigerungsfalle oder bei andern Untunlichkeiten, wer im Alter nach ihm ist. Die jüngsten Zent. an Jahren sind Sekr., die übrigen Räte, und diese nehmen den Rang nach dem Lose oder alphab. Ord. ihrer Geschlechtsnamen; wo diese gleich sind, sieht man auf das Alter an Jahren. Sind sie organisiert, so ersetzen die Räte nach dem Range, den sie vom Lose haben, den Präsidenten und die Sekretäre, sooft es nötig ist. Die Zent. müssen sich organisieren, wenn auch einige wenige noch nicht eingetroffen sind, und diejenigen, die nach der Organisierung eintreten, nehmen die Stelle unter den Räten ein, die ihnen nach dem Lose zukömmt.

IX. Die Organisierung des Z. Rts. muß ebenfalls mit der
möglichsten Geschwindigkeit vor sich gehen. Der Präsident
soll nebst der Masche, die jeder Zent. vorne auf dem Hute
trägt, noch zwei andere zu beiden Seiten aufstecken; die
Sekr. sollen nur eine Masche mehr auf der rechten Seite
tragen.

X. Der Präsident ist nur der erste unter seinesgleichen,
und befiehlt nur in Sachen, die innere Ordnung des Z. Rts.
betreffend; in öffentlichen Angelegenheiten aber und in allen
Geschäften befiehlt der Rat, durch die absolute Mehrheit der
Stimmen, wobei jeder Zent. ebensogut als der Präsident und
die Sekr. seine Stimme gibt.

XI. Kein Rat soll aus weniger als acht Zent. und keiner
aus mehr als hunderten bestehen. Wo deren welche fehlen,
organisieren sie sich erst, dann bestimmt der Präsid. eine
Rotte, die noch einen Zent. wählen soll; nach dem Präs.
bestimmen die Räte nach ihrem Range des Loses jeder noch
eine Rotte, bis die Zahl der Zent. voll ist. Sind der Räten zu
viele, so organisieren sie sich erst, dann treten von den Räten
nach der alphab. Ordnung ihrer Geschlechtsnamen so viele
aus, daß in allem nur hundert übrig bleiben. Die ausgetre-
tene Zent. sind Suppleanten und können auch vorzüglich als
Anführer bei den ersten und wichtigsten Geschäften als
Bündner gebraucht werden.

XII. Sobald der Z. Rt. organisiert ist, bemächtigt er sich
mittelst bewaffneter Rotten unter der Anführung der Zent.
oder der Zent.-Gehülfen aller öffentlichen Zeughäuser,
Waffenbehältnisse, Pulvermagazine u. d., besetzt mit Bündnern alle Posten und Wachen der Stadt, wo vormals Soldaten
waren, und stellt, wo es nötig ist, neue Wachen von Bündnern aus.

XIII. Diejenige Stadtsoldaten oder andere Truppen, die
selbsten Bündner werden und die Masche aufstecken, sollen
unter den obersten Befehlen des Z. Rts. mit allen ihren
Offizieren und Unteroffizieren fortfahren, ihre Dienste zur
Aufrechterhaltung der guten Ordnung nach wie vor zu tun,

und dabei gelassen werden. Ein gleiches verstehet sich von allen den angestellten Leuten bei den Zeughäusern, Pulvermühlen, Magazinen von Lebensmitteln u. d., welche alle als gute und nützliche Leute bei ihren Ämtern zu lassen sind, wenn sie dem Bündnisse beitreten.

XIV. Mit gleicher Geschwindigkeit wird der Z. R. sorgen, alle öffentliche Gelder in Sicherheit zu bringen und sorgfältig verwahren zu lassen. Das auf was immer für eine Art bei öffentlichen Kassen angestellte Personale soll ebenfalls unter der Oberaufsicht des Z. Rts. ruhig bei seiner Amtierung gelassen werden.

XV. Überhaupt sollen die öffentl. Beamten unter den obersten Befehlen des provisorischen Z. Rts. in ihren Stellen verbleiben und fortfahren, ihre Dienste wie zuvor zu versehen; diejenigen allein ausgenommen, die dem Gleichheitsbündnis nicht beitreten wollen.

XVI. Die Geschäfte dieser letztern soll der Z. R. indessen durch Bündner, die er eigens dazu benennt, versehen lassen, welche vom Tage ihres Antrittes der öffentl. Dienste die Hälfte des Gehaltes der ausgetretenen Beamten einziehen.

XVII. Hält sich ein solicher ruhig, so fährt er fort, bis zur Entscheidung des Gesetzes die Hälfte seines Gehalts zu genießen, und ist dafür schuldig, den amtierenden Bündner in allen nötigen Fällen Hilfe zu leisten und Unterricht zu geben. Unruhige, Aufwiegler und Aufrührer wird der Z. R. durch alle tunliche Mittel ohne Ausnahme und Rücksicht in Zaume halten, und in die Unmöglichkeit versetzen, schädlich zu sein.

XVIII. Die versammelte Rotten dürfen vor den ausdrücklichen Befehle des Z. Rts. sich nicht wieder auseinander begeben, worauf die Gehülfen der Zent. sehen müssen, welche nur wenigen zugleich erlauben sollen, sich zu entfernen, unter der Bedingung, bald wieder bei ihren Rotten einzufinden.

XIX. Nachdem der Z. R. alle Anstalten zur öffentl. Ruhe und Sicherheit getroffen, die Übermacht in seinen Händen hat, und die versammelten Bündner kann ruhig auseinander und nach Hause gehen lassen, möge er 24 Stunden ruhen, oder sich mit ferneren nötigen Anstalten beschäftigen.

XX. Nicht später als den vierten November soll sich der ganze Z. R. in einem großen Saale, in einer Kirche, oder in einem andern öffentl. Gebäude versammeln, und nachdem er um 8 Uhr morgens seine Sitze in Ordnung eingenommen, soll das gesamte Volk zur Eidesleistung zugelassen werden. Der Präsident hält dieserwegen eine kurze Rede, nach deren Ende er mit bedecktem Haupte stehend ausruft: »Brüder, wir sind gleich und frei, laßt uns schwören, so zu leben und zu sterben.« Dieser Ausruf des Präsidenten soll von Schüssen aus Kanonen oder Böllern etc., der Läutung aller Glocken oder von was immer für feierlichen Freudenzeichen begleitet sein, wodurch die Nachricht auf das geschwindeste an die umliegenden Ortschaften gelange. Hierauf ergreift der Präsident mit seiner Rechten die Rechte des rechts neben ihm sitzenden Rates, der bei dieser Gelegenheit aufstehet, und sagt mit lauter Stimme, indem er die linke Hand auf die Brust legt: »Ich, N. N., verpfände euch Brüdern meine Ehre, mein Leben, mein Hab und Gut dafür, daß ich Gleichheit und Freiheit handhaben, und den Gesetzen der Nation gehorchen will.« Nach den Präsidenten leisten alle Räte in der Ordnung eben diesen Eid in die Hände des Präsidenten, das ist, jeder Rat tritt mit bedeckten Haupte zu ihm hin, der ihn stehend und ebenfalls mit bedeckten Haupte empfängt, faßt ihn bei der rechten Hand, hält die linke Hand auf die Brust, und sagt: »Ich, N. N., verpfände euch Brüdern« etc. etc. Die Sekr., die aus allen Räten am letzten schwören, tragen die Namen aller derjenigen, die den Eid geleistet haben, in ein Protokoll ein, welches das Bündnerbuch genannt wird. Nach den Räten kommt die Reihe zu schwören an die Bündner alle; ein jeglicher tritt mit bedeckten Haupte, die linke Hand auf der Brust haltend, und mit seiner Rechten die Rechte des Präsidenten fassend, hinzu und spricht in dieser Stellung nur seinen Namen aus, damit er von den Sekr. beschrieben werde; welches anstatt des Schwörens gilt.

XXI. Der ganze Z. R. soll solange beisammen bleiben, bis der Präsident auf solche Art hundert Bündner aufgenommen hat, dann soll er abtreten, um seinen übrigen Geschäften nachzugehen; bei den Eidesleistungen der Bündner aber sollen zwei Räte und ein Sekretär zugegen bleiben. Einer der ersteren empfängt den Schwur oder den Handschlag, indes der andere neben dem Sekretär sitzt, um Zeuge der genauen Verfertigung des Bündnerbuches zu sein. Diese Eidesleistungen sollen täglich zu gewissen Stunden so lange fortgesetzt werden, als es der Z. R. für gut befindet und Leute aus der Stadt und umliegenden Gegenden dazu herbeikommen.

XXII. Der Z. R. muß sich indessen vom vierten an damit beschäftigen, den Bündnern Vorschriften hinauszugeben, wie von ihnen den zehenten November freie Wahlen sollen gehalten werden. Es wäre gut, hierüber und über mehrere Gegenstände der Gesetzgebung und der freien Staatskunst unter geschickten Männern ordentliche Aufklärungsschulen aufzurichten. Den Vorschriften gemäß werden sich die Bündner wirklich den zehenten November an dem angewiesenen Orte versammeln, um daselbst nach den Muster der französischen Primarversammlungen frei Wahlen zu halten.

XXIII. In diesen Versammlungen soll ein neuer Z. R. gewählet werden, der aus ebenso vielen Gliedern bestehen muß, als deren in provisorischen waren. Nebst dieser Anzahl Zent. wählt man noch halb so viele Suppleanten, die nur in den Rat kommen, wenn einer von der vollen Zahl fehlt.

XXIV. Es können auch die Glieder des provisorischen Z. Rts. neuerdings gewählt werden; diejenigen aber, die nicht sind durch eine neue Wahl bestätigt worden, legen alle unterscheidende Zeichen ab und übergeben ihre Geschäfte dem neugewählten Rate.

XXV. Nachdem sich der neue Z. R. organisiert hat, schwört er öffentlich die linke Hand auf die Brust und die rechte auf das Bündnerbuch haltend: »Ich, Bündner N. N., verspreche meinen Brüdern, im Zent.-Rate wohin sie mich berufen haben, treu und redlich zu dienen und zu beraten, so lange, bis das Gesetz unser Heil fest gründet.«

XXVI. Nicht später als den 15. November muß der neugewählte Z. R. die Deputierten zur Nationalversammlung oder den Volksrat wählen, nach der Mehrheit der Stimmen, wie man in den französischen Munizipalitäten den Maire wählet. Für eine Anzahl von einem bis auf 2000 Bündner soll ein Deputierter gewählet werden. Enthielte z. B. ein Bündnerbuch 8640 Namen, so müßte der Z. R. fünf Deputierte wählen.

XXVII. Jedes Bündnerbuch wird seine Deputierte aus seinen öffentlichen Geldern mit Reisekösten und Subsistenz versorgen, jedoch allen Überfluß oder Verschwendung sorgfältig vermeiden.

XXVIII. Die Deputierten sollen sich alle unverzüglich nach Nürnberg begeben, und diese Stadt soll zum Empfang derselben und wegen eines geschickten Versammlungsortes die nötigen Anstalten treffen. Sobald sie sich organisiert haben, welches in Aufstellung eines Präsidenten, zweier Vizepräsidenten und sechs Sekretären bestehet, sollen sie nicht mehr als tausend an der Zahl sein; die mehreren, welche nach und nach ankommen, nehmen zwar nach anerkannten Kreditiven oder Sendungsscheinen ihre Sitze in der alphab. Ordnung ein; allein drei Tage längstens nach der Ankunft eines überzähligen Deputierten, muß für ihn ein anderer entweder freiwillig oder nach dem Lose austreten, das ist jener, dessen Geschlechtsnamen der erste unter denjenigen ist, die mit A anfangen. Ein solcher kehrt nach seinen Gegenden zurück, und wird als Suppleant betrachtet.

XXIX. Wenn 400 Deputierte beisammen sind, möge sich die Nationalversammlung oder der Volksrat organisieren und die Gesetzgebung vornehmen; auch alsogleich Kommissäre an die französische Nationalversammlung abschikken, um durch brüderliche Verbindung mit selbiger sich gegenseitig zu verstärken. Ihr ist es nunmehr überlassen, alle Gesetze und Einrichtungen zu machen, die sie für die Glückseligkeit der Menschen zuträglich glauben wird; und bis sie nichts Neues verordnet, sollen in Deutschland alle Dinge ihren bisherigen Gang gehen. Vom Tage der Organisierung des Volksrates sollen die Deputierten zwei Jahre unabgeändert bleiben.

XXX. Wer immer den Menschen aus ihrem Elende und aus der Unterdrückung zu helfen wünschet, sich selbst und seinen Mitgeschöpfen die Glückseligkeit verschaffen will, soll sich angelegen sein lassen, durch alle mögliche Wege der Abschriften und des Abdruckes den gegenwärtigen Aufruf auf das schleunigste durch ganz Deutschland zu verbreiten.

FRIEDRICH VON DER TRENCK

## Fragen, die ich der Beurteilung meiner Leser überlasse

1792

1. Woraus ist die jetzige Anarchie in Frankreich entstanden? Gewiß durch die eigene Schuld des Monarchen und der alles verschlingenden Aristokraten.

2. War die *neue* Konstitution nicht vernünftiger, auch dem Völkerrechte und Menschenglücke angemessen?

3. Wer hat sie zerstöret und Volkswut empöret? Ohnfehlbar die in ihre vaterländischen Pflichten zurückgewiesene Priesterschaft; die römische Politik; die geflüchteten Prinzen und Saug-Igel des Staats; die mit vollem Rechte, ihrem Betragen gemäß, herabgesetzten und entflohenen Aristokraten; – und der König selbst, welcher die Konstitution be-

schwören hatte und, mit ihnen verbunden, innere Zwietracht beförderte, fremde Feinde zu Mord und Verwüstung herbeirief, und im Trüben fischen wollte, um den ehemaligen Despotismus zu behaupten.

4. Wer ist also Ursache an dem Mordbrennen, wo das verratene und verkaufte Volk mißtrauisch zu sein Ursach hat?

5. Darf sich nicht jedes Volk, ohne ein anderes zu fragen, eine eigene Konstitution machen?

6. Hat der römische Kaiser das Recht, wegen seiner Tante eingeschränkter Majestätsrechte seine Untertanen in Frankreich bluten zu lassen, um den verschwenderischen Prinzen und einem zur Regierung unfähigen König wieder *neue* Gewalt zu schaffen? 24 Millionen Menschen unglücklich zu machen?

7. Da das Braunschweigische Manifest sagt, daß die Preußen für den Papst und seine Rechte fechten: was urteilen die protestantischen Orthodoxen von der Ursache dieser Kriegserklärung?

8. Ist dieses Mord und Verheerung drohende Manifest den Völkerrechten angemessen?

9. Welche Rechte sind älter und ehrwürdiger: die usurpierten Rechte der Könige und ihrer Familien; oder die Rechte aller Völker auf Erden? Wer die Geschichte gelesen hat, und unsre Staaten kennt, der sieht, was für traurige Folgen die ungezäumte Eigenmacht verursacht hat. Nun will sich diese mit der abscheulichen Hierarchie vereinigen, und Völker in die alten Zeiten der groben Unwissenheit herabsenken, um für etliche Geschlechter die willkürliche Tyrannei zu behaupten.

10. Ist bischöfliche mit souveräner Fürstenmacht verbunden wohl von vernünftigen Völkern zu dulden? Was sind die Folgen? Seelen-Entkräftung, Niederträchtigkeit, allgemeines Elend und alle Wirkungen des vom Szepter genährten Aberglaubens, Unwissenheit, Laster und Verscheuchung aller gesellschaftlichen Tugenden und Wohlfahrt. Und

dennoch bluten die Deutschen für das elsassische und lothringische Ius canonicum.

Was wird das Ende dieser Mordszenen sein? ... Ich schaudre aus meinem Gesichtspunkte zurück!

Gott bahne einen vernünftigen Mittelweg! [...]

CARL AUGUST VON WEIMAR

## Brief an Christian Gottlob Voigt

8. Februar 1793

[...] Ihre Urteile über die neuen Greuel in Frankreich habe ich sehr richtig gefunden und glaube nicht, daß die Anarchie und der schändliche Königsmord irgend noch einen unparteiischen, menschlich fühlenden Verteidiger haben können. Denn auch diejenigen Demokraten im Auslande, die mit vermeinter Philosophie sich der Sache der Franken angenommen haben, müssen, wenn sie nicht wollen zu den Enragés gerechnet werden, jetzt notwendig eine dritte Partei errichten, die ihren Herzen Ehre und ihren Köpfen weniger Schande mache .. Ich hoffe zur Ehre der Franken, daß eine solche dritte Partei auch in Frankreich selbst nicht ausbleiben wird und daß vielleicht unsere Kriegsoperationen sehr dadurch gewinnen werden ... [...]

## Johann Georg Forster

## Rede im Mainzer Konvent

1793

Mitbürger!

Je unbeschränkter die Vollmacht ist, womit wir hier die Stelle unserer Brüder vertreten, um so wichtiger und ernsthafter ist unsere Pflicht. Die Schicksale dieses ganzen Landstriches sind uns anvertraut, und von den Beschlüssen, die wir hier fassen, hängt das Glück vieler tausend Menschen ab, die ihre besten Hoffnungen voll Vertrauen in unsere Hände legten. »Gehet hin«, sagten sie uns, »und entscheidet in unserm Namen, was künftighin Gesetz in unsern Dörfern und Städten heißen soll; Euch wählen wir, weil unser Herz uns sagt, daß Ihr unsere Erwartungen nicht täuschen werdet; Euer Gewissen wird Euch den Weg vorzeichnen, den Ihr wandeln müsset. Wir können Euch nur *eine* Bedingnis zur Richtschnur vorlegen, nur den heiligen unverletzlichen Schwur, dem Volk und seiner Freiheit treu zu sein. Alles, was dieser Eid in sich faßt, alles, was sich auf die ewige, unerschütterliche Grundfeste der *Gleichheit* für uns und unsere Kinder Glückbringendes bauen läßt, überlassen wir Eurer Einsicht und Eurer Redlichkeit. Segen über Euch, Brüder und Väter des Volks! wenn Ihr sein wahres, dauerndes Glück begründet und ihm eine Verfassung schafft, unter deren wohltätigem Einfluß die Menschheit sich in ihrer Gott ähnlichen Größe zeigen und zur moralischen und vernünftigen Vollkommenheit entwickeln kann; aber auch bitterer, zur Hölle hinunterschleudernder Fluch der gegenwärtigen und der künftigen Geschlechter, wenn Ihr, Eurer heiligen Pflicht uneingedenk, Verräter an Euren Brüdern werdet und den großen Augenblick verkennt oder versäumt, in dessen unbegreiflichen Verhängnissen das Heil der Völker beschlossen liegt.«

So redet der Geist des deutschen Volkes, das uns hieher gesandt hat, mit uns, mit seinen Stellvertretern. Ha! vernehmen wir wohl das große erschütternde Wort: *Stellvertreter des freien deutschen Volkes?* – Im Namen einer unendlich gekränkten, um ihre Rechte betrogenen Völkerschaft stehen wir da! Durch zwölf Jahrhunderte und länger banden uns unwürdige Ketten, und jedes neue Geschlecht unserer Tyrannen vermehrte ihre drückende Last, zog sie fester an um unsere Glieder, preßte mehr Blut aus dem verwundeten Körper, und beugte tief zur Erde das Ebenbild Gottes zur entehrten Sklavengestalt. Frei waren unsere Voreltern; das Altertum erkannte in ihnen das freieste Volk unter der Sonne, und der Ruf ihrer Freiheit ist unversehrt geblieben im Gedächtnis des Menschengeschlechts. Wie das Wild in ihrem Walde kämpften sie mit Löwenkühnheit für Unabhängigkeit und heiliges Recht der Menschennatur, die Legionen der Weltbezwinger sanken vor ihrem unüberwindlichen Arm in den Staub; denn Deutschlands Söhne waren freier als Varus und seine Römer. Allein Übermut der Kräfte und Üppigkeit des Genusses verwandelten die Helden in Räuber, die Räuber in gewaltige Fürsten und Herrscher; besiegte Stämme frönten dem wilden Menschenjäger und baueten in friedlicher Unterwürfigkeit seinen Acker, schlaue Wollüstlinge benutzten die Gewalt, welche die neue Religion, welche Gehorsam, Geduld, unkriegerische Ergebung und Aufopferung der Gegenwärtigen für eine durch unbegreifliche Verheißungen beglaubigte Hoffnung des Zukünftigen predigte, um Herrschaft und Eigentum an sich zu reißen. So ward die Menge unterjocht von wenigen; so gelang es dem Stärkern, die Rechte seines Mitmenschen an sich zu reißen; so hielt der Priester seine unwissenden, leichtgläubigen Brüder gefangen in den Irrgängen des Vorurteils.

Ewiger Richter des Menschengeschlechts! gerechte Vorsehung! mußte denn so lange das Volk die Sünden seiner Widersacher büßen? War es nicht möglich, zwölfhundertjährige Knechtschaft um einige Menschenalter abzukürzen? Stumpf und mutlos mußte die Last des immerwährenden Drucks die Völker machen, der göttliche Funke des selbsttätigen Strebens mußte schier verglimmen in der Pestluft der Tyrannei. Wer begreift des Schicksals eherne Gesetze? Bürger und Brüder! ja, ich ahnde, daß der Mißbrauch der Gewalt den höchsten Gipfel erreichen mußte, damit er samt der Wurzel ausgerottet würde. Immer frischer, immer üppiger grünt der Baum hervor, dem man die kleinen Zweige beschneidet, und immer stolzer hob die Tyrannei das Haupt bei jedem schwachen Versuche, ihr kleine Auswüchse der Macht zu benehmen. Umsonst kehrten unsere betrogenen Voreltern nach manchem blutigen Kampf unter der Fahne der Schwärmerei, aus den Ebenen Ägyptens, aus den Wüsteneien von Palästina, von manchem Irrwahn geheilt, ins Vaterland zurück; umsonst warfen die Schweizer das Joch des Habsburgers ab; umsonst erschütterte ein Mönch den Stuhl der geistlichen Tyrannei; umsonst erfanden deutsche Rheinbewohner die unsterbliche Buchdruckerkunst; umsonst fuhr der Schwede Gustav Adolf wie ein leuchtender Blitz durch diese verfinsterte Gegend. Der Trotz der Wütriche, die Heimtücke der Heuchler, die Ränke der Volksbedrücker gewannen neue Stärke durch jeden Widerstand, und sie bedienten sich der Fortschritte selbst des menschlichen Verstandes, um uns in immer schwerere Ketten einzuschmieden. Zugleich mit äußerlicher Freiheit raubten diese Seelenmörder unsern Vätern und uns die innere Freiheit und mit ihr den Zweck und die ganze Bestimmung unseres irdischen Daseins. Sie raubten uns das köstliche Geschenk der Natur, die Fähigkeit, uns selbst nach Gründen der Vernunft zu bestimmen; diesen heiligen Funken, unseres göttlichen Abstammes unverwerflichen Beweis, suchten sie uns zu ersticken; lebendiges Gefühl der Wahrheit, Schönheit

und Güte sollte nicht aufkommen in der Seele des Sklaven,
sollte nicht zu eigenem Wirken des freien Willens Entschei-
dungen lenken; sie hemmten die Hauptfeder aller moralischen Bewegung und verwandelten das Meisterstück der
Schöpfung, den vernünftigen, durch sich selbst wirkenden
Menschen, in ein blindes lebloses Werkzeug ihrer Launen
und Lüste. Das ist die Schuld, welche sich auf allen Despoten, auf allen Herrschern und ihren kleinen Mitgehilfen
durch jenen langen Zeitraum häufte. Millionen Menschen
verfehlten ihre Bestimmung, weil sie das Joch der Knechtschaft tragen mußten. Rache! Rache! schreien seit zwölf
Jahrhunderten alle deutsche Geschlechter; Rache über die
Mörder unserer Seelen; Rache über die Todfeinde der
menschlichen Vervollkommnung!

Mitbürger! der schreckliche Tag des Gerichts ist gekommen; die letzte Stunde der Tyrannei hat geschlagen; Ver-
stockung, blinde Wut und ohnmächtige Überspannung ihrer
letzten Kräfte sind die Zeichen des scheußlichen Todes-
krampfes, in welchem sich jetzt das sterbende Ungeheuer zu
unsern Füßen windet. Ja! gerecht ist Gott! Der Sieg der
Vernunft ist vollkommen; die beleidigte Menschheit tritt in
den vollen Besitz ihrer Rechte; kein Vertrag, keine Ausglei-
chung findet mehr statt zwischen dem lang gepeinigten Volk
und seinen mit Schuld belasteten Mördern!

Erkennet, Freunde, den Unterschied zwischen den
menschlichen Gerichten und göttlicher Vergeltung. Nicht
gegen einzelne Despoten flammt die aufgehobene Rechte des
Herrn; das Maß der Ungerechtigkeit ist voll; darum wird
auch die Schale des göttlichen Zorns ausgegossen über die
ganze Erde und schwemmt bis auf die letzte Spur die
Tyrannei hinunter bis in den Abgrund des Verderbens und
ewiger Vergessenheit. Denn lange hatte schon die Axt am
giftigen Stamme der Herrschergewalt gelegen. Erkennet,
Freunde, daß ein neuer Abschnitt in der Geschichte unserer
Gattung beginnt; erkennet, daß die Epoche der Befreiung
des Menschengeschlechtes so wichtig ist als jene, von wel-

cher vor achtzehnhundert Jahren unsere Zeitrechnung anfing.

Stellvertreter des freien deutschen Volks! Ihr habt der
Welt, die Euch beobachtet und die Euch richten wird,
bereits einen Beweis gegeben, daß Ihr Euch zur ganzen
Höhe Eurer Pflichten, zur Höhe Eurer Würde hinaufzu-
schwingen wißt. Ihr habt die ganze Tyrannei im rheinisch-
deutschen Volke mit einem mächtigen Schlage zu Boden
gestreckt, und die Fahne der Volkssouveränität an dem
befreiten Rheinufer aufgepflanzt.

Männer! der erste Schritt ist getan; aber der zweite muß
folgen, oder was Ihr tatet, wird die Nachwelt als ein Possen-
spiel, als ein kindisches Beginnen verachten! Sprecht Ihr die
Freiheit Eurer Mitbürger aus: wohlan, so reichet ihnen
heute den undurchdringlichen Schild, der ihnen den Genuß
der Freiheit unter seinem Schatten sichert. Schauet umher;
Eurer jungen Freiheit drohen die Myrmidonen der Despoten; jenseits stehen sie in Eisen geharnischt, und diesseits
drängen sich ihre Scharen durch die Gebirgstäler in Eure
fruchtbaren, friedlichen Gefilde. Wo ist das Heer, das Ihr
dem Feinde entgegenstellet, wo die Schätze, die der Krieg
verschlingt, wo der Mut, der alle Hindernisse besiegt, der
lieber in gewissen Tod stürzen als das Grab der Freiheit
erleben will? Ist nicht die Menge Eures Volks unbedeutend;
hat nicht der lange, entnervende Druck seinen Geist gedämpft, haben seine Fürsten und Fürstenknechte nicht alle
seine Habe verpraßt?

Ihr zeiget mir die beherzten Scharen Eurer Befreier; das
edle Volk der Franken steht auf in den Waffen und breitet
seinen schutzreichen Flügel aus über die schwächeren, un-
kriegerischen Völker, die es dem Despotismus abgewann.
Ich sehe und staune mit Euch; freie Krieger sehe ich mit
beispielloser Großmut ihr Leben opfern für fremder Menschen Glück; Franken erkämpfen den Deutschen die Freiheit. Ich sehe sie stürzen in Schlachtgewühl; ihre Blitze
zerschmettern die Horden der Knechte; sie fällen ihre Bajo-

nette; sie dringen ein; Sieg! und Sieg auf Sieg! die gedemütigten Feinde flehen um Gnade und Eure Freiheitsfahne weht!

Männer! Vertraute des deutschen Volks! Aufbewahrer seiner besten Hoffnungen! Ich beschwöre Euch, blicket über den gegenwärtigen Augenblick hinweg in die Zukunft. Der Haß und Groll der Tyrannen stirbt nur mit ihnen aus. Wenn ihre Wunden geheilt, wenn ihre zerhackten Schwerter neu gewetzt sein werden, sehe ich den Augenblick, wo sie noch einen Versuch wagen, die deutsche Freiheit im Aufsprossen niederzutreten. Plötzlich und unerwartet überfallen sie dann Eure ruhigen Wohnorte; Eure Beschützer sind fern, sie morden Euch und Eure schuldlosen Gehülfinnen; die Ungeheuer morden die frohen Geschöpfe Eurer seligsten Augenblicke, die um die Knie Eurer Greise spielen, sie morden die ehrwürdigen Alten; Eure Hütten verzehrt ein allgemeiner Brand; Schutt und Asche bezeichnen den Ort, wo Freiheit und Unschuld, wo Glück und Liebe mit den Menschen einst wohnten!

Schaudert Ihr zurück vor diesem grausenvollen Bilde? O rettet, rettet schnell, durch einen weisen Entschluß, das Leben, das Glück, die Freiheit derer, die Euch sandten; sichert auf ewig gegen alle Hinterlist und Mordlust der Feinde ein gutes Volk, das sich nicht selbst beschützen kann. Behaltet Eure Befreier, Eure Beschützer im Lande; schließet Euch fest an sie an, entlasset sie nicht aus Euren Armen, schwöret ihnen den ewigen Bruderbund, und empfanget ihn wieder von ihnen; sprechet das große entscheidende Wort: *Die freien Deutschen und die freien Franken sind hinfüro ein unzertrennliches Volk!*

FRIEDRICH VON DER TRENCK

# Gebet

1793

Allwissender Gott! du hast zugesehen und gestattet, daß unsre sorgenlose Könige im Schlummer der Wollüste eingewiegt, oder, von ihren Lieblingsleidenschaften verleitet, ihre Herrschaft vergessen, uns gutherzige Leibeigene in die tiefmöglichste Knechtschaft und in eine endlich unerträgliche Lage versetzten, daß endlich Notzwang und Selbsterhaltung unsre allgemeine große Revolution verursachen mußte, in welcher uns Anarchie und Bürgerkrieg Zerstörung droht. Du kennest die wahre Quellen dieser Zerrüttung; bösartige Priester, welche ihr heiliges Amt für Hab- und Herrschsucht mißbrauchen, und für ihre Privatabsichten Unwissenheit, Laster und Fanatismus im Volksklumpen nähren, Tugend, Wißbegierde und Bürgerpflicht verscheuchen: Aristokraten, Menschen der unedelsten Art, Menschen, die aus dem bloßen Geburtszufalle sich zur Obergewalt berechtigt glauben, benutzten dieses Vorurteil, umschwärmten, fesselten den Thron, verleiteten den Fürsten zur Untätigkeit, zur Verschwendung oder zur Eroberungssucht, fischten für sich selbst im Trüben, teilten die Einkünfte des Staats unter ihre Geschlechter, verdrängten gute Vaterlandssöhne von allen Geschäften und Ehrenämtern; unterwarfen Wohlfahrt, Belohnung, Gerechtigkeit so vieler Millionen Menschen den unumschränkten Wirkkreise ihrer erschlichenen Obergewalt, und bildeten nach Grundsätzen aus Königen Tyrannen, die im verschlossenen Versaille nur eigentliche Pagoden waren, deren Priester dem Zuflucht suchenden Volke die Nase willkürlich drehten, und ihre Göttersprüche in der Bastille gelten machten.

Gerechter Gott! du weißt demnach am besten, daß unsere

Empörung notgedrungen war. Wir vertrieben unsre innern
Staatsfeinde ... und da unsrer Vorfahren Unvorsichtigkeit
unsern Königen zu viel Gewalt einräumte, und verjährte
Vorurteile den landverderblichen Adel hervorbrachte, der
alle bürgerliche Wohlfahrt zerstörte; so verabscheuen wir
mit vollem Rechte den Thron, die Eigenmacht der Könige,
wir haben unsre geist- und weltliche Saug-Igel über die
Grenzen getrieben, unsern König auf das Blutgerüste
geführt, innere Zwietracht war die Folge ihrer Bemühungen,
und Bürgerblut besudelte unsre vaterländische Erde.  [...]

Herr! der vom Joche frei gewordene Franke, der bereits
den Unwert der Sklaverei empfunden hat, leget seinen Mitbrüdern keine Gebetsformel vor, nur die Preußen beten
par ordre, ohne zu überlegen noch zu wissen, was sie von
einem guten Gott, vom allgemeinen Menschenvater fordern.
Solche Gebete beleidigen, schänden die Begriffe von der
Gottheit ... Unser Gebet ist die Sprache des Herzens;
unsere Greise kennen die Quelle desselben aus trauriger
Erfahrung; unserer Ahnen Schatten, die in der Bastille ver-
schmachteten, die schmählichen Opfer der mißbrauchten
Königswürde [...]. Amen!


JOHANN NIKOLAUS BISCHOFF

## Neu-Frankreich und Alt-Teutschland

1794


[...] Doch mein betränter Blick wendet sich weg von
diesen die Menschheit entehrenden und tiefbeugenden Szenen – Sei mir gesegnet, o du mein altes teutsches Vaterland!
erschrocken fliehe ich vor den neufranzösischen Kanniba-

len-Rechten, vor jener zügellosen Freiheit und Gleichheit in
deine friedlichen Gefilde, zu deinen ehrwürdigen Eichenhai-
nen. Wie erhebt sich nicht Geist und Herz des Menschen-
freundes, wenn er unsre aus dem grauen Lehensystem
erwachsne Staatsverfassung betrachtet, wo Monarchie, Aristokratie und Demokratie ihre nachteiligen Eigenschaften
abgelegt haben und in schwesterlicher Eintracht beieinander
wohnen. Von den ältesten Zeiten her war Selbstständigkeit
und Freiheitsliebe der auszeichnende Charakter des Teutschen, und daß er dieses teure Kleinod gegen Verletzungen
eroberungssüchtiger Nationen oder tyrannischer Könige mit
kräftigem Arme zu behaupten wisse, lehrt die Geschichte.
Daher ist auch unter allen bekannten Staatsverfassungen
keine so sorgfältig auf Bewahrung der Freiheit berechnet als
die teutsche, und ihr graues Alter, welches sie unter so
manchen furchtbaren Stürmen von außen und innen erlebt
hat, ist ein Beweis, wie genau sie mit der Denkungsart, dem
Klima, dem Boden Teutschlands übereinstimmt. Ein selbst-
gewähltes, durch weise Grundgesetze beschränktes Ober-
haupt verbindet über dreihundert voneinander unabhängige
Staaten zu einem Ganzen; ein immerwährender Reichstag
wacht über die vollziehende Gewalt, und besorgt die allgemeine Gesetzgebung nebst dem gemeinschaftlichen Besten;
zwei ehrwürdige Reichsgerichte verwalten die Rechtspflege,
wodurch die Freiheit und die Gerechtsame des einen Staats
gegen den andern, des geringsten Privatmanns gegen jeden
willkürlichen Eingriff der Landesregierungen gesichert werden, wo aber auch diese nachdrücklichen Beistand gegen
Aufruhr und Störung bürgerlicher Ordnung zu erwarten
haben. Außer diesem allgemeinen Reichsverbande macht
jeder besondre Staat wieder für sich ein selbstständiges
Ganzes aus, hat seine eigne Grundverfassung, seine Landes-
gesetze, seine Rechtspflege, und in denjenigen Ländern,
welche eine monarchische Form haben, treten gewöhnlich
Landstände, bald mit mehr, bald mit weniger Vorrechten
ausgerüstet, zwischen Regenten und Untertanen in die

Mitte. Auf solche Weise steht der mittelbare teutsche Bürger durch seine Landstände mit der Regierung, durch diese mit dem Reichstage, durch diesen mit dem Kaiser in Verbindung; so wie vom Oberhaupte zu den Reichsständen, von diesen bis zum ärmsten Bürger, ein vielfach geschlungnes Band herniederläuft.

Freilich fehlt es auch in Teutschland nicht an Mängeln und Gebrechen, die teils aus der Staatsverfassung selbst, teils aus dem überall eintretenden Grunde, daß es Menschen und nicht Engel sind, welche regieren und regiert werden, entspringen, und ich bin kein so blinder Verehrer alles dessen, was teutsch heißt, daß ich nicht auch die Fehler einsehen und offenherzig bekennen sollte. Doch alle diese Nachteile, so erheblich sie auch sind, werden nicht nur durch das vielfache Gute der Konstitution weit überwogen; sondern wir haben auch die sicherste Hoffnung, dieselben nach und nach gemildert oder gänzlich verschwinden zu sehen.

Friedrichs des Einzigen Beispiel und Lehren wirken auch noch nach seinem Tode wohltätig und kraftvoll in den Herzen der teutschen Regenten, unter denen wir jetzt so manchen edlen, seinem Berufe treu nachstrebenden Vater seines Landes erblicken, der Denk- und Preßfreiheit schützt, bescheidne Wahrheit achtet und Staatswirtschaft, Gesetzgebung und Gerechtigkeitspflege mit dem allgemeinen Besten seines Landes immer mehr zu vereinigen strebt. Keine ungeheure Hauptstadt lockt durch ihren blendenden Glanz, durch ihren verfeinerten Lebensgenuß die verschwenderische Neugier, und zieht, wie ein Magnetengebirge das Eisen, den Reichtum und den Adel aus den Provinzen, nebst den Wissenschaften und Künsten, auf einen Mittelpunkt zusammen; aber dagegen sind wir auch vor tyrannischen Generalpachtern, entnervender Überfeinerung, allgemeinem Sittenverderb und kannibalischen Septemberszenen sicher. Wenn es in den übrigen europäischen Staaten zwischen drückender Übermacht und hülfloser Entkräftung, zwischen höchstem Luxus und dem äußersten

Mangel, zwischen üppiger Verfeinerung und tierischer Ro-
heit nur wenig Mittelstufen gibt; so sehen wir dagegen in
Teutschland die Staatsgewalt durch weise Verteilung unter
mehrere gegen Mißbräuche gesichert, Reichtum und Aufklärung halten die goldne Mittelstraße, und verbreiten sich
in unzähligen Abstufungen über die ganze Volksmasse. Die
Fürsten sehen ein, daß ohne Tugend und Volksbildung kein
Staatsglück gedacht werden kann; Minister und Volksvor-
steher lernen Menschenwürde schätzen; die Scheidewand,
welche der Ahnenstolz zwischen Adel und Bürger erbaute,
sinkt immer tiefer; durch Erziehung und Volksschriften
wird überdachte praktische Religiosität, Bildung des Verstandes, Sittlichkeit, Fleiß und Teilnahme an vaterländischen
Angelegenheiten auch bei den niedern Volksklassen allgemeiner. Alles dieses wirkt wieder wohltätig aufwärts.  [. . .]

ANONYMUS

## Aufruf an alle Völker Europens

1794

*Und ihr zaudert noch, Völker, alle Europens, den Stahl in die
Brust der Gottesleugner zu stoßen!* – Hört ihr den Bund der
Hölle-Verschwornen, die euren GOtt, unser aller GOtt,
euch, uns allen entreißen wollen! Hört ihr den Bund der
Hölle-Verschwornen, die euch den letzten Trost in eurer
Sterbstunde rauben wollen! Hört ihr *Frankreichs Tribunen*,
wie sie den allmächtigen, barmherzigen, gerechtesten GOtt
von den Altären wegfluchen? seht ihr, wie sie eine *feile
Dirne* an dessen Stelle über den Tabernakel hinheben, und
ihr göttliche Ehre erweisen! Seht ihr, wie die Höllenbrut

endlich zu täuschen aufhört, und ganz, ganz als Hölle euch
entgegenzieht! Seht ihr, wie Satan die Larve nun wegreißt,
und das Gift seines Unglaubens auf euch aussprüht! – Vorüber ist die Stunde des Wahns, der *politischen* Heuchelei,
der boshaften Zurückhaltung! – Aber es ist auch vorüber die
Stunde der großen Barmherzigkeit! – Das Maß des Greuels
ist erfüllt! Der Kelch des Leidens umgestürzt! Die darge-
botne Hand des Mittlers zurückgestoßen, verschmäht, verhöhnt, verflucht! – Doch der Stab des ewigen Richters ist
auch gebrochen; – GOttes Wort ist nicht mehr für sie das
*Wort*, nicht mehr für Frankreich das *Wort*, *das Fleisch
geworden*, und auf jeder Stirn Frankreichs lodert ein Tropfen Blut des ewigen Richters, der ewige Verdammnis in ihre
Seelen blitzt! – Mir zittert die Hand, dann das *Ewig* ist
schrecklich! – *Ewig* – *Ewig!* – Oh barmherzig großer GOtt!
Barmherzig und milde! – Denk, wie viele Verführte! –
Denk, wie viele kaum mächtig des Denkens! – Denk, wie
viele hingerissen mit dem Chaos der Bösewichter, ohne zu
wissen, was sie tun! Denk der unendlich vielen, die aus
Angst für den Tod mit dem großen Haufen schrien: *Kreuzige ihn! Kreuzige ihn!* – Und endlich, Allmächtiger, denke
deines großen Worts: *»Um eines einzigen Gerechten willen
will ich ihrer verschonen«!* – Aber auch dieser fand sich
nicht! – Sollt' es möglich sein, Allmächtiger! *Nicht ein
Einziger!* – Ich zittere für die Wahrheit deines Worts, und
zittere noch mehr für diese deine Wahrheit, wenn ich hin auf
Frankreich blicke! – Wo soll er sich da finden, *der Gerechte!*
. . . Wie finden in einem Land, wo Moral und Religion mit
Füßen getreten wird! – »In einem Land, wo der Eid des
Untertans zum Phantom worden ist, wo sein Arm vom
Königsmord rauchet, wo Rache schäumend der Vater den
Sohn aufs Schafott führet, und der Sohn beim Röcheln des
sterbenden Vaters lächelnd vorübergehet! wo Ehre und
Scham entflohen ist, und Blutschande als Scherz gilt, wo die
Nächstenliebe nur in bunten Worten lärmt, und ihr Dasein
ganz vermißt wird! wo uralte Rechte nichts mehr gelten,

und Raub der heiligen Gefäße zu jedem Tagwerk wird! wo
das Gift aller Laster um sich greift, und der Wurm der
Empörung durch das Mark der ganzen Nation schon hin-
durchgefressen hat! wo in jedem Dörfchen das Blut der
Unschuldigen um Rache schreit, und wo – (o dürfte ich es
doch nicht sagen, und mein Wort würde zur Lüge) *und wo
GOtt*, sage ich, *der Allmächtige verflucht und verleugnet
ist!«* – Wie lange, wie lange, ihr Menschen! war ich der gu-
ten Hoffnung: *Ein GOttesleugner wäre eine Chimäre, ein
Ideom*, um GOttes Dasein nur dadurch mehr zu bestätigen?
Kurz, *ein GOttesleugner könnte nicht dasein!* – Auch hier
will ich noch zur Ehre der Menschheit es glauben, *er wäre
nicht!* – ! – Allein leider! *Er ist!* »Ganz Paris schwur am
Festtag der Verleugnung GOttes: *Es erkenne keinen
GOtt als Freiheit, Gleichheit und Vernunft!*
Sie rissen die Denkbilder des Erlösers und Mittlers von den
Altären, vermaledeiten die Kirchen der Christen, tauften sie
um in Tempels der Vernunft, zerschmelzten die heiligen
Gefäße zum Schwelgen und Verprassen, beugten die Knie
vor einer Dirne und stellten sie statt dem *Heiligsten* auf
die Zinne des Tabernakels; Die Ersten des Volks, die Gesetzgeber der Nation, Bischöfe und Priester heiligten ihr,
erwiesen ihr göttliche Ehre, beugten ihre Knie vor ihr, und
der *Bube* (träfe ich es nicht wahrer mit – *Teufel*), der *Teufel*
Chaumette also sagte in der öffentlichen, entheiligten Kirche: *Seht, wie wir heute ganz Europa ein Beispiel der
Vernunft geben?«* – In diesem Augenblick, da ich dieses
schreibe, verabscheue ich, daß diese Abschwörung der
christlichen Religion, diese Entheiligung der Kirchen, diese
Verleugnung GOttes auch in mehreren Städten der Provinzen, selbst in Straßburg vorgegangen ist. – Und wem
steht bei solchem Greuel die wahre Vernunft nicht still?
Wer schaudert nicht für die Folgen, und wer bebet nicht
für die Zukunft, wenn ein solches Gift ansteckte und um
sich fräße! –

Ich suchte im ersten Augenblick, da ich diesen Greuel hörte, allerlei Christen auf! fragte sie ihrer Meinung, *und alle bebten! –* Fragte sie ihrer Meinung, *und alle trauerten! –* Fragte sie ihrer Meinung, *und alle schrien: HErr, verzeihe ihnen, dann sie wissen nicht, was sie tun! –* Und hierin bemerkte ich, daß alle – *wahre* Christen sind, ohne Bezug auf *Namen* noch *Gebräuche,* daß jeder von ihnen in der *Liebe* und dem *Verzeihen* das Grundgesetz seiner Religion fühle und habe! – Aber wie nun mit Frankreich? – Ist hier auch Liebe und Verzeihen das Grundgesetz der neuen Gottheit? – Steht nicht hier *ewige Nacht* und *ewiger Tod* vor uns? – Ist hier nicht Gefahr für alles? Gefahr für jeden? – Führt hier nicht Gefahr für die Zukunft *alle Christen ohne Ausnahme näher?* Wird nicht ihr *Band und künftige Aussicht hier gemeinschaftlicher? Im Sieg oder Tod gemeinschaftlicher?*

Fühlt nicht jeder, daß sich sein Blut gegen diese Bosheit erzürnt, sieht nicht jeder ein, daß die GOttes-Vergessenheit der Königsmörder und Barbaren so hoch gestiegen sei, daß sie nun an GOttes Barmherzigkeit verzweifeln, und, um für ihre Greuel nicht jede Minute zurückzubeben, ganz das Andenken des ewigen GOttes durch öffentliche Verleugnung aus ihrer Seele herausreißen, und dies – *zum Beispiel für Europa. – –* Was sagt ihr hierzu? Völker Europens! Ist es hier noch Zeit zuzusehen? Still zu stehen, und, der Politik zulieb, abzuwarten, »bis auch euer Haus brenne, bis der Abschaum und Auswurf eures Pöbels eure Vorgesetzten auch erwürge? bis eure Kirchen zu Schandsälen und Mördergruben auch werden! bis eure Kinder der sterbenden Eltern auch lachen? bis euch der Dolch und das Schwert zum Fluch und Verleugnung GOttes auch zwinge, und endlich statt Gebet und Trost in eurer Sterbstunde die Verzweiflung euer Anteil auch werde?« – Wollt ihr dieses, oder wollt ihr es nicht? – *Und warum zaudert ihr, Völker alle Europens, den Stahl in die Brust Frankreichs, den Stahl in die Brust der GOttesleugner zu stoßen?* – Auf, ihr Brüder!

Auf, ihr Christen alle! Auf gegen Frankreich, der GOttes-Leugnerin! – Nicht umsonst schwuren die Gastonen, bei ihrem Kreuz zu sterben oder zu siegen, dann sie wußten, daß Religion in Gefahr war. – Aber nicht nur Religion, alles, alles, was gut und heilig ist, ist in Gefahr. GOttes-, Vater- und Menschenliebe, Trost und Ewigkeit geht zugrund, wenn hier nicht schnelle Hilfe, rasches Unternehmen wider die Barbaren handelt, mit vollem Ernst und Rache handelt! *Rache*, sag' ich! als Christ, sag' ich, *Rache!* dann es gilt die Ehre GOttes, und hier ist *Rache* Christenpflicht, Pflicht für unsre und all der Unsrigen zukünftige Ruhe und Glückseligkeit. [...]

FRANZ THEODOR BIERGANS

## Gebet für Republikaner

1795

Ewiger, unbegreiflicher, namenloser Gründer und Nährer der Welten, Beschützer der ländlichen Tugend, und Rächer des städtlichen Lasters! Dir Ehre, dir Lob und Preis. Gott allmächtiger! auf dessen Wink Berge versinken, und Täler sich ebnen: Du, der den Winden und dem Donner gebietest, Du, der dem Gefährte des Tags seine Laufbahn bezeichnest, und dem Ozean sein *Bis hiehin* anwies'st. Vater der Waisen, Retter der Unschuld, Schrecken der Tyrannen, und Stifter unsrer Freiheit, Frankreich, das freie Frankreich beuget dir seine Knie, opfert einzig dir Weihrauch, und nennet dich Retter. Ewiger nicht um Gold, nicht um schnöde Gelüsten, nicht um zergängliche Schätze, nicht um faule Tage, um Tugend, um Weisheit, um Gerechtigkeit und Stärke, um

Güte und Milde flehen wir zu dir. Erleuchte unsre Gesetzgeber mit Weisheit, unsre Richter lehre die Gerechtigkeit, gib Biedersinn und Treue den Männern, mach tugendhaft und milde unsre Weiber, stähle den Arm unsrer Jünglinge mit Kraft, und panzere ihre Brust mit Mut, bringe unsrer Jugend einen Abscheu fürs Laster bei, lehre unsre Mädchen keusch und zärtlich sein, erhalte unsren Patriotism, und knüpfe uns durchs Band der Liebe enger zusammen. Verbanne den Aberglauben aus unsrer Mitte, verscheuche von uns die Heuchlei, und ihre Mutter, die Bosheit; zermalme durch deinen Donner den Frevler, der uns entzweien will, und den Bösewicht, der uns zu unterjochen nur träumt, schleudre im Abyssus hinunter. Dein Arm sei mit und über unser Heer, dein Schild bedecke unsern Konvent, und deine Wolken regnen Segen über Frankreich herab.

ASPASIA

## Beweis, daß die eifrigsten Verteidiger der Freiheit und Gleichheit die größten Despoten sind

### Rede in einem weiblichen Jakobinerklub

1797

Man sagt, Bürgerinnen, es sei kühn gewesen, der öffentlichen Meinung zuerst entgegen zu behaupten, daß die Sonne sich nicht um die Erde, sondern diese um jene sich drehe; kühn, eine Republik zu einer Zeit zu gründen, wo über den ganzen Erdboden sich nichts als Monarchien verbreitet hatten; kühn endlich, eine Kaste – die durch die Gewohnheit aller Völker gewissermaßen geheiligt war, zu vernichten: –

war das; so ist es gewiß ein weit kühneres Unterfangen, ein
Vorurteil angreifen zu wollen, das durch sein tausendjähri-
ges Alter ein ewiges Stillschweigen aufzuerlegen scheint.
Dessen ungeachtet beginne ich dieses Wagstück. Dieser
Augenblick, wo ich die Rechte meines Geschlechts verteidigen und den gleisnerischen Unterdrückern, die immer von
Freiheit und Gleichheit sprechen, die Larve abziehen will –
ist der erste wichtige Moment meines Lebens, wo ich mich
glücklich schätze, ein Frauenzimmer zu sein. Wäre ich jetzt
ein Mann, und ich wagte es, die allgemeinen Menschenrechte auch auf das weibliche Geschlecht ausdehnen zu
wollen; so würde ich entweder kniend, wie Galilei, diese
verruchte Tat abschwören müssen, oder ich würde dem
Hohngelächter der ganzen Welt preisgegeben werden. Jetzt
aber hoffe ich nicht nur unangefochten durchzukommen;
sondern ich rechne auch auf den kräftigsten Erfolg, mit einer
Zuversicht, die meinen Busen höher hebt als je ein Gefühl.
Ich rechne auf Eure Erkenntnis der Menschenrechte; auf den
Gemeingeist, der unsern Bund knüpfte; und auf die Kraft
der Natur und Wahrheit, die auch die wildesten Barbaren zähmt, und welchen das Männergeschlecht nicht länger
Trotz bieten soll.

Mit Posaunenton schallt’ es über die ganze Erde: Ihr
Völker erwacht! Erobert eure unverlierbaren Menschenrechte wieder! Gebt euch eine Konstitution, die auf Freiheit
und Gleichheit gebauet ist; wo jeder seine Talente und
Fähigkeiten ungehindert entwickeln und zu den höchsten
Stufen des Staats emporsteigen kann! Gehorcht keinem
Gesetze als nur dem, welches man als den Ausdruck des
Willens aller ansehen kann! Wählt euch daher Repräsentanten, – Männer, die als eure Bevollmächtigte in euerm Namen
eure Gesinnungen ausdrucken. Durchgängig herrsche die
vollkommenste Gleichheit! Keiner sei durch Geburt zu
gewissen Ehrenstellen bestimmt, oder darum ausgeschlossen. Alle treffe mit gleicher Strenge das Schwert der Gerechtigkeit. Nur außerordentliche Talente, erhabene Charaktere,

seltene Fähigkeiten, Mut, Tapferkeit und Tugend sollen
künftig allein die Ungleichheit hervorbringen und die
Unterschiede der Menschen bestimmen. – Wie schön das
klingt! und wie kleinlich ist die bisherige Ausführung dieser
Floskeln ausgefallen! Freiheit und Gleichheit – ihr heiligen
Namen, wie sehr hat man euch hier gemißbraucht! – Laßt
doch sehen, wie ihr eure Versprechungen gehalten habt! –
Die Freiheit soll ein unverlierbares Recht aller Menschen
sein? – Wie kommt es denn, daß von euern heftigsten
Verteidigern der Freiheit bis jetzt noch keiner daran gedacht
hat, unsre Ketten zu lösen und uns wieder in die Reihe der
Menschen zu stellen? – Hat uns die Natur nicht mit gleicher
Liebe umfangen? – Waret ihr allein zu Herren der Erde, und
wir zu euren Sklavinnen bestimmt? – oder habt ihr wohl gar
Vorrechte von der Natur erhalten, die uns eure angemaßte
Oberherrschaft anzuerkennen verbinden? – Laßt sehen,
welchen Titel euch dieselbe dazu gegeben.

»Erfahrung lehrt, daß selbst unter den Tieren das Weib-
chen lediglich dazu bestimmt ist, die –«

Oh, schweigt! im Namen der Freiheit und Gleichheit
gebiete ich euch: schweigt! Wollt ihr uns, die wir euresglei-
chen sind, zu den Tieren erniedrigen? Das wäre die Galante-
rie zu weit aus den Augen gesetzt, und der Verstoß gegen die
angenommenen Grundsätze eurer saubern Politik zu groß! –
Unterdrücken kann man uns und uns unsrer Rechte berauben; – dies verträgt sich noch mit eurer Staatsklugheit: – aber
uns durch solche schimpfliche Vergleichungen aufmerksam
auf unsern bejammernswerten Zustand zu machen; dies tut
kein Anfänger in der Politik! – [...]

In der Philosophie habt ihr jetzt unendliche Fortschritte
gemacht. Seit fünf Jahren hat es Naturrechte und allgemeine
Staatsrechte geschneit; die so tief durchdacht sind, daß die
Verfasser die Rechte der größern Hälfte des Menschengeschlechts gar nicht berührt haben. Ein Mann, – der wie ein
Koloß unter Pygmäen dastehen, mit Riesenkraft die Grund-
festen der bisherigen Philosophie erschüttert, der Vernunft

den einzigen sichern Weg gezeigt, und andere Wunderdinge
mehr getan haben soll, hat, um unsern ganzen Haß zu
verdienen, – die Dreistigkeit gehabt, zu behaupten, daß, um
ein selbstständiges Wesen, um ein Bürger zu sein, man *kein
Weib* und *kein Kind* sein müsse!! Diese negative Eigenschaft
eines Bürgers nennt er noch dazu: *eine natürliche!* Ja, er
setzt noch hinzu, daß das Weib dem Manne ebenso als wie
das Kind seinen Eltern gehorchen müsse! – Wäre dies wahr,
m[eine] Schw[estern], so würde der Unterschied auf der
einen Seite zwischen den Männern und den Weibern unendlich groß, und auf der andern zwischen den Haustieren und
den letztern sehr klein sein. Unmöglich kann ich mir denken, daß dieser große Mann, (den ich lieben würde, wenn
ich ihn nicht hassen müßte,) so schlimm gemeint habe.
Auf diese Art ginge ja unsre Freiheit, die doch, (wie er selbst
sagt,) einem jeden Menschen als einem der Rechte fähigen
Wesen zukommt, ganz und gar verloren. Hätten wir aber
keine Freiheit, so wären wir auch keine Menschen. Wären
wir keine Menschen, so gäbe es keine Menschen-, sondern
*Männerrechte.* Gäbe es aber keine Menschenrechte, so
stürzten alle jene schön geträumten Systeme zusammen, und
alle Freiheit und Gleichheit würde unter den Trümmern der
unsrigen mit begraben. – Dies hat nun der gute Mann gewiß
nicht gewollt. Ich vermute daher mit Recht, daß er es bloß
aus einer kleinen Rache geschrieben hat; weil kein schönes
holdes Weib ihm die Wangen streichelt und in seinem
Alter pflegt. Denn daß er unbeweibt ist, kann man schon
daraus deutlich sehen, daß ihm, nach einem solchen Vergehen, noch beide Augen übrig geblieben sind. Wäre er mein
Mann gewesen, so hätte er entweder öffentlich seinen Irrtum
in den demütigsten Ausdrücken bekennen, und das durch
sein respekts- und subordinationswidriges Betragen äußerst
beleidigte weibliche Geschlecht feierlichst um Verzeihung
bitten müssen, oder ich hätte, – was mehr als Vernichtung
ist, – ihn durch gänzliche Entfernung gezüchtigt. Und so
solltet es Ihr und alle vernünftige Weiber mit ihren Männern

machen. In vier Wochen wäre, ohne den mindesten Tropfen Bluts zu vergießen, unsre Revolution zustande. Die gebändigten Löwen kröchen zu unsern Füßen, und wir – wir würden nach Wiedereroberung unsrer Menschenrechte unsern Sklaven mildiglichst die Freiheit schenken. Doch die Menschen verlieren in dem Zustande der Unterdrückung selbst den Mut, etwas Besseres zu werden, als was sie jetzt sind. In das Zimmer eingekerkert und zu den niedrigsten Arbeiten verdammt, halten es die meisten von uns für ein Glück, wenn sich eine Mannsperson ihrer erbarmt, um ihre Fesseln in etwas zu erleichtern. Auch diese Erleichterung erhalten wir nicht mit gutem Willen. Wir müssen uns dieselbe durch unsre Überlegenheit des Geistes, verbunden mit der Allmacht unsrer Reize, verschaffen. Ich möchte den Mann sehen, der uns widerstehen könnte. Und doch nennen sich die lächerlichen Geschöpfe Herren der Welt! [. . .]

JOHANN MICHAEL ARMBRUSTER

## Die zehen Plagen Ägyptenlandes

1799

Las neulich in der Bibel von den großen und schrecklichen *Plagen*, die über die armen Leute in *Ägyptenland* kamen, weil *Pharao*, ihr König, einen eigensinnigen Kopf und ein verstocktes Herz hatte, und nicht glauben wollte, bis er Zeichen und Wunder vollauf sah und mit seinem ganzen Volke im Elend stand bis über die Ohren.

Und als ich diese Historie las, da dachte ich an mein liebes deutsches Vaterland und an manche Stände darinnen, die, wenn unser guter Kaiser die Lage Deutschlands ganz natür-

lich hinmalte, und gegen eine außerordentliche Gefahr
außerordentliche Hilfe foderte, auch so schnippisch, wie
weiland Pharao, sagten: »*Wer ist der Herr, des Stimme ich
hören müsse?*« So sollt' es freilich nicht sein, sintemalen auf
solche Verstocktheit gemeiniglich großes Unglück erfolgt,
für Herren und Land. Denn *wer das Wasser für eine Land-
straße ansieht und sich's nicht nehmen läßt, er sehe recht, der
wird im Wasser umkommen;* so sagt das Sprichwort.

Ist doch wahrlich eine gar große Ähnlichkeit zwischen
den Plagen, die auf die Leute in *Ägyptenland* fielen, und den
Plagen, die mit den *Franzosen* über ein Land kommen. Hört
einmal:

In *Ägyptenland* wurden die *Wasser der Ströme* in *Blut*
verwandelt. Und ist *in allen Ländern*, wohin die Franzosen
drangen, ein Strom, der nicht rotgefärbt wurde von dem
Blute der Erschlagenen im Schlachtfelde? Von dem Blute der
edlern und bessern Menschen, die man schlachtete, weil
sie vor Frankreichs Götzen nicht die Knie biegen, sondern
ihrem Gott, ihrem Monarchen und ihrem Vaterlande treu
bleiben wollten? Denkt nur an das gute und fromme Held-
envolk *in Unterwalden* im Schweizerlande! Ward dort von
den Franzosen nicht so viel unschuldiges Blut vergossen,
daß es gleich einem Strome den Brand der Häuser löschte,
welche sie mit grausamer Hand angezündet hatten?

Den Leuten in Ägyptenland ward freilich sogar das Wasser in den Kochgeschirren zu Blute, aber wo die Franzosen
hinkommen, da ruhen sie nicht, bis der Bürger und Landmann gar nichts mehr in den Kochhafen zu stecken hat als
seine eigenen Hände, und das ist doch gerade so arg, als
wenn ihm sein Kochwasser zu Blut würde.

*Wein und Branntwein*, so viel das Land vermag! schreit
der *französische General*, wenn er in ein Land kommt. *Wein
und Branntwein*, so viel der Keller vermag, schreit der
*französische Soldat*, wenn er in ein Haus tritt. Die Habgier
des Generals ist unersättlich, wie das Grab, und der Durst
des *Soldaten* brennt ewig, wie die Hölle. Am Ende verheert

*jener* die Weinberge und *dieser* schlägt den Fässern den Boden ein, und badet die Füße in der herrlichen Gottesgabe. Der Bürger und Landmann aber, dem die Unersättlichen den Segen des Herbstes und des Kellers stahlen, muß mit den *Fröschen* aus einer Quelle trinken und bei *diesen* sich zu Gaste laden, wie einst die *Frösche* bei den Leuten in Ägyptenland *sich* zu Tische luden.

*Moses* schlug mit seinem Stabe in den *Staub*, und mit Reverenz zu melden, eine ganze Kolonie von Läusen ließ sich nieder auf die armen Leute in Ägyptenland. Nun wissen alle und jede, die jemals französische Armeen in der Nähe zu sehen das Unglück hatten, daß die Helden des Direktoriums sich um die Fortpflanzung jener ägyptischen Kolonie weit mehr verdient gemacht haben als um ihr Vaterland. Und wenn man sagt: sie haben nirgends etwas zurückgelassen als Mühlsteine und glühendes Eisen, so muß man um der lieben Wahrheit willen noch hinzusetzen, auch – *Läuse und Schandtaten!*

Aber der *Staub* allein schon, den sie und ihre gedungenen Boten den Leuten in die Augen und in den Mund werfen, ist so beschwerlich als die Kolonie von Plaggeistern, die auf Mosis Befehl aus dem Staube hervorkrochen. Wie mancher, der sich dadurch *blenden* ließ, raufte sich schon aus Verzweiflung und Reue die Haare aus dem Kopfe? Wie mancher *wird* sich noch die Haare aus dem Kopfe raufen?

Als die Läuse vorüber waren, kam anderes *Ungeziefer* über die armen Leute in Ägyptenland ... Aber die armen Leute in Ägyptenland waren bei all ihrem Unglücke doch noch glücklich. Denn das schrecklichste, das abscheulichste, das verächtlichste, das verheerendste, das unersättlichste und unerbittlichste von allem *Ungeziefer* kannten sie nicht, und dieses sind ... *französische Kommissäre!*

*Pest* unter Menschen und Vieh entstand in Ägyptenland. Aber brachten die Franzosen nicht gleichermaßen eine verheerende Pest unter das *Vieh*, den Reichtum so mancher Länder? Und sind die mordbrennerischen Grundsätze, welche sie verkünden und verkünden lassen, weniger als eine Pest für die Menschheit? Und sind die *schrecklichen Krankheiten*, die ihre oft mehr als tierische Wollust verbreitete, weniger als die *giftigen Blattern*, mit welchen die Leute im Lande Ägypten heimgesucht wurden?

Der Hagel zerschlug die Felder in Ägypten. Aber wo die Franzosen sich niederlassen, da zerstören sie gewöhnlich in einem Tage mehr, als der *Hagel* in zehen Jahren zerschlagen könnte, und was der Hagel verschont hat, wird von den *Heuschrecken* verschlungen, die das Direktorium mit eisernen Privilegien versieht, freie Leute zu Sklaven, Gauner zu Volksregenten, Narren zu Gesetzgebern, blühende Provinzen zu Wüsteneien, wohlhabende Bürger zu Bettlern, und den Glauben an Gott und Vorsicht zum Gespötte zu machen, das heißt auf gut französisch, das Land zu revolutionieren.

Nun kommt die *Finsternis*! Das arme betrogne, ausgeplünderte Volk tappt herum und bemüht sich vergebens nach einem Ausweg aus dem Elende! Man kann keinen Gegenstand vor dem anderen mehr recht unterscheiden; man sucht Geld und erhascht eine Handvoll Assignaten zu Haarwickeln; man sucht einen Ochsen, und tappt auf einen neuen Gesetzgeber; man sucht einen Esel und erwischt einen Freiheits- und Gleichheits-Prediger beim Ohr; man sucht Haus und Hof, und findet eine Brandstätte; man greift nach Brot und husch . . . hat man ein paar Proklamationen in der Hand; man sucht Freiheit, und findet . . . Ketten und Prügel! Oh! es ist etwas Trauriges um eine *Finsternis*!

Der *Würgengel*, der um Mitternacht ausging und alle *Erstgeburt* in Ägypten schlug, wird von den Franzosen wahrlich tausendfach übertroffen. »Wer vermag sie alle zu zählen, die der Würgengel der *Revolution* erschlug, und noch täglich erschlägt? . . . Ergänzt aus dem *»Metzger-Büchlein«* der Revolution, was ich hier noch sagen könnte.

Nun mein' ich, Landsleute, solltet Ihr an den Fingern abzählen können, daß die *ägyptischen Landplagen*, von denen man schon ein paar tausend Jahre mit Schrecken spricht, kaum so arg und so fürchterlich waren als die Landplagen, die gewöhnlich mit den Franzosen kommen, wie's denn kein Beispiel gibt, daß irgend ein Land damit verschont geblieben wäre. Das, denk' ich, sollten dann besonders die *Pharaos* beherzigen, die so verstockten Herzens sind, daß es einem oft die hellen Tränen abpreßt. Und wenn sie bisher verstockt waren und die Hände in den Schoß legten, so sollten sie itzt sich aufraffen und in *Eintracht* an den Kaiser sich anschließen und eine furchtbare Macht bilden, itzt, wo die neuen Gewaltigen des Franzosenlandes ihrem Volke einen *schnellen und dauerhaften Frieden* versprechen, und denselben zu suchen scheinen. So eine *Macht* und *Eintracht* würde für das ganze heil. röm. Reich und die Verfassung desselben und die Ergänzung dessen, was man davon abriß, ein sehr geschickter und glücklicher Unterhändler sein, der am Ende *diktieren* würde, statt zu schreiben, was man ihm diktiert!

Nichts für ungut!

ANDREAS GEORG FRIEDRICH REBMANN

## Rede aus einem Traum

1805

Meine Herren!

Die Erfahrung mehrerer Jahrzehende hat uns belehrt, wie richtig die Mittel berechnet waren, welche wir anwandten, um das Glück unsers Staates, die echte Freiheit und Gleichheit seiner Einwohner, und das Wohl und Ruhe unsers Weltteils zu sichern. Zurückgekommen von jenen unaus-

führbaren und schädlichen Theorien, welche unsre Väter ins
größte Elend stürzten, und die nur als eine Verirrung einiger
ehrgeizigen Köpfe betrachtet werden können, haben wir
allen falschen Ideen den Abschied gegeben, vermöge deren
man allen Bürgern des Staats gleiche Rechte, gleiche
Ansprüche auf den Schutz der Gesetze, und sogar gleiche
Ansprüche auf Glückseligkeit und Bildung zugestehen
wollte. Wir haben nach und nach jene die Ruhe der Welt
verwirrenden Sätze: daß die Regierung um des Volkes und
das Volk nicht um der Regierung willen da sei, daß man das
Volk über seine Rechte und Pflichten aufklären müsse, daß
Trug und Aberglauben durch zweckmäßigen Unterricht zu
verbannen seien, und mehrere dergleichen Irrtümer des
achtzehnten Jahrhunderts unterdrückt, und die Nachwelt
wird die Kunst bewundern, mit welcher wir im Anfange
diese Grundsätze anzunehmen schienen, indes wir weislich
die nämlichen Folgerungen daraus zogen, welche ehedem
die ungeschickten Verteidiger der Willkür mit Bajonetten
vergebens durchzusetzen suchten. Erlauben Sie mir, meine
Herren, Ihnen das Gemälde unsers Staates, wie er jetzt ist,
in einigen Hauptzügen vor Augen zu legen.

Gemäß den Gesetzen des ursprünglichen Naturzustandes,
in welchem der Stärkere den Schwächern als Mittel zu seinen
Zwecken braucht, zerfällt unser Staat in zwei Kasten, in die
privilegierte und in die nichtprivilegierte, oder, wenn man
will, in die reiche und in die arme. Jene hat, wie billig, das
ausschließliche Recht zur Regierung der Masse, welche
jedoch mit so vieler Kunst organisiert und verteilt ist, daß,
indem jedem freie Willkür über die Niedern übertragen
ist, dennoch auch jeder in der größten Abhängigkeit von
den Höhern bleibt. Jedem wird, durch zweckmäßige Er-
ziehungs-Anstalten, Geschäftskenntnis und Tugend oder
Moral, das heißt: Geschicklichkeit in Beobachtung der Formen, deren man sich bedienen muß, um seinen Zweck zu
erreichen, und die Wissenschaft beigebracht, nicht mehr
Böses zu tun, als man zu seinem Vorteil nötig hat, und tun

kann, ohne das Interesse eines Höhern zu verletzen. Die arme, oder nicht privilegierte Kaste muß gerade denjenigen Grad von Ausbildung bekommen, der ihr unentbehrlich ist, um zu guten Maschinen dienen zu können, d. h. ihr Körper muß abgehärtet, und ihr Geist mit einer ehrfurchtvollen Ergebung in ihr Schicksal erfüllt werden. Nur wenige Ideen sind ihr notwendig, diese muß sie unter der Leitung der Höhern und durch eigene Lehrer erhalten, welche durchaus verhindern müssen, daß andre Begriffe bei ihr in Umlauf kommen als diejenigen, welche, so zu sagen, gestempelt sind; denn selbst die wenige Wahrheit, deren Kenntnis ihr gestattet werden kann, darf durchaus keine selbstgefundne, sondern höchstens eine erlernte sein. Da diese Kaste zu einer tierischen Existenz verurteilt, und doch mit einiger Empfänglichkeit für geistige Bildung versehen ist; so muß sorgfältig darauf gesehen werden, daß der gesunde Menschenverstand, der sie später oder früher zu Entdeckungen führen würde, welche ihr den unglücklichen Zustand, zu welchem sie verurteilt ist, fühlbar machen könnten, bei guter Zeit verschoben und unterdrückt werde, indem man ihn mit einem Gemisch von Wahrheit und Betrug beschäftigt, an dem er sich gleichsam abarbeiten kann, und welches durch eigne Lehrer seinem Geist beigebracht werden muß.

Sie begreifen, meine Herren! daß ich hier von einem Stande spreche, den wir nicht entbehren können, und den wir, durch eine glückliche Wiederherstellung der Begriffe, zu dem gemacht haben, was er eigentlich sein soll, zu einem Werkzeuge in den Händen der privilegierten Klasse, welche durch ihn die Geister beherrschen muß, wie sie die Körper durch Bajonette bändigt. Die Dienste, welche uns dieser Stand leistet, sind so groß, und seine Unentbehrlichkeit ist so sehr erwiesen, daß die Dankbarkeit, das heißt, unser mit den seinigen verbundenes Interesse erfordert, den Mitgliedern desselben alle Vorteile zu gestatten, welche wir ihnen gewähren können, ohne uns selbst dabei zu bevorteilen, und ohne uns ganz in seine Gewalt zu geben. Die Mitglieder dieses Standes wissen, daß wir ohne ihre Hülfe die Masse nicht im Zaum zu halten vermögen; sie wissen, daß wir ohne sie jene Freiheit, alles zu tun, was in einer herkömmlichen Form geschieht, jene Gleichheit, vermöge deren die Beute in verhältnismäßige Teile verteilt wird, nicht lange würden erhalten können; sie wissen, daß ohne die Anweisung, welche sie der Masse auf ein anderes Leben geben, diese uns bald die Genüsse der gegenwärtigen streitig machen möchte; sie haben also auch das Recht, von uns zu fordern, daß wir ihr uns so nützliches Werk nicht zerstören; daß wir ihnen die Erlaubnis geben, ihr eigenes Interesse nicht zu vergessen, und daß wir, dem Scheine nach, den Glauben der Menge zu teilen scheinen. Verhehlen wir uns doch nicht länger, meine Herren, (was einzelne große Denker aus falscher Scham nur anzudeuten wagten) daß nichts die ehemaligen Machthaber im vorigen Jahrhundert zugrunde gerichtet hat als ihre Inkonsequenz, einzelne Sätze eines falschen philosophischen Systems anzuerkennen, und sogar auf den Dächern predigen zu lassen, das sie doch unmöglich in Ausführung setzen zu lassen gesonnen sein konnten, da es die Grundpfeiler ihres Daseins untergrub, ihre Torheit, hie und da einer andern Wahrheit und Tugend huldigen zu wollen als derjenigen, welche sie selbst erfunden und mit diesem Namen belegt hatten. Aus einer falschen Sicherheit, aus einem unüberlegten Stolz trennten sie sich von ihren nützlichsten und unentbehrlichsten Verteidigern, und es ist ein Glück für das Menschengeschlecht, daß ihre Gegner, sobald sie an ihre Stelle getreten waren, mit mehr Überlegtheit und Festigkeit ein System wiedererbauten, welches sie nur so lange bekämpft hatten, bis die notwendigen *Personenwechsel* vollendet waren. Heil uns, meine Herren! die Schwärmer für irgend eine Tugend, für irgend eine Wahrheit, die nicht bloß konventionell ist, haben entweder ausgeblutet, oder sie haben ihre undankbare Arbeit gänzlich aufgegeben, und sich von uns abfinden lassen! Nichts bleibt uns übrig, als dafür zu sorgen, daß sie sich nicht wieder bilden können, und der erste Schritt dagegen ist getan. Unsre Erziehung ist so eingerichtet, daß nur die Reichen, und auch diese nur in der von uns vorgeschriebenen Form sich die nötigen Kenntnisse verschaffen können, und das Volk bleibt in jener patriarchalischen Geistesarmut, die ihm den Abgang seiner Rechte nicht fühlen läßt. In den Händen der Geistlichkeit, welche eine traurige Erfahrung aufmerksamer und schlauer gemacht hat, erfüllt es seine Bestimmung, für uns die Erde zu bauen, und beschäftigt sich in seinen Ruhestunden, entfernt von unnützen Grübeleien, mit seinem Seelenheil und mit zeitvertreibenden Zeremonien.

Unsre Pflicht, diesen glücklichen Zustand zu erhalten, fordert uns aber auf, meine Herren! eine Anstalt, welche der tiefen Denkkraft vergangener Jahrhunderte Ehre macht, jedoch unter einem andern Namen, und mit einigen dem Geiste der Zeit angemessenen Modifikationen wieder aufleben zu lassen. Ich meine die von den Anhängern der Anarchie und staatsumwälzender Grundsätze mit Unrecht verschriene Inquisition. Mit gehörigen Einschränkungen ist diese Einrichtung eine vortreffliche Garantie für die Erhaltung und für die Einheit richtiger Denkformen, und ein nützlicher Zügel für die privilegierte Kaste zu Gunsten der Nichtprivilegierten. Indem sie den Staat für Ruhestörern sichert, indem sie der Geistlichkeit ein ihrer Neigung angemessenes Feld für ihre Tätigkeit anweist, gibt sie der obersten Staatsgewalt vortreffliche Mittel an die Hand, manche furchtbare Nebenbuhler zu entfernen, zwingt sie, ohne der Freiheit der Meinungen Einhalt zu tun, den Reichen und Vornehmen wenigstens zur äußerlichen genauen Beobachtung erbaulicher Zeremonien, würkt sie den immer noch gefährlichen Folgen der Erfindung der Buchdruckerkunst entgegen, und gibt der höhern Geistlichkeit Gelegenheit, diejenigen unwürdigen Mitglieder ihres Standes zu entfernen, welche sich, wie einige unruhige Köpfe im vorigen Jahrhundert, berufen glauben könnten, das Volk zum Denken aufzufordern. Aber unsre Inquisition, meine Herren, soll nicht, wie ehemals, abschreckende Scheiterhaufen aufstellen, eine solche Ungeschicklichkeit wäre unsrer unwürdig. Sie soll im Gegenteil die Formen der Freiheit annehmen, und so ihren Zweck sicherer und ohne aufzufallen erreichen. Ich schlage Ihnen also, meine Herren, folgendes Dekret vor:

1) Es wird eine Kommission der Denk- und Glaubensfreiheit errichtet werden.

2) Diese Kommission besteht aus 4 Erzbischöfen, 6 Bischöfen, 4 Superintendenten, dem Minister der Polizei, dem Minister des öffentlichen Unterrichts, und dem Minister des Gottesdiensts.

3) Diese Kommission hat zur Absicht, darüber zu wachen, daß die Ruhe und Glaubensfreiheit des Volkes nicht durch Verbreitung irriger Lehren in Religionssachen gestört werde.

4) In jeder Provinz des Reichs ist ein Glaubens-Aufseher aufgestellt, der vermöge des neuzuerrichtenden Dominikaner-Ordens alle diejenigen ausfindig zu machen und der Kommission anzuzeigen sucht, welche, sei es durch Vernachlässigung der äußern Zeremonien ihrer Religion, sei es durch Gespräche und Schriften die Glaubensfreiheit des Volkes stören.

5) Auf ihre jedesmalige Anzeige wird der Beschuldigte vor ein Volksgericht gestellt, welches aus dem Geistlichen des Orts, den Kirchenvorstehern, und sechs Wirten und Krämern des nächsten Ortes, in dem sich ein wundertätiges Bild findet, zusammengesetzt ist.

6) Wird der Beschuldigte überwiesen, so wird er das erstemal zur Einsperrung auf ein Jahr mit geistlicher Exerzition, das zweitemal zur Deportation verurteilt.

Hier erwachte ich, und kann den Überrest der Rede meinen Lesern nicht mitteilen.

# III
# Publizistik

CHRISTIAN FRIEDRICH DANIEL SCHUBART

# Fortgang und Ende des Pariser Aufruhrs

[28. Juli 1789]

Frankreich hat uns seit wenigen Tagen ein Schauspiel gegeben, auf welches die Welt mit Staunen hinblickt. Groß und furchtbar begann die Empörung der Pariser Bürgerschaft, und ebenso groß und herrlich endigte sich dieselbe. Hier ist die treue Erzählung vom Fortgang und Ende dieser höchstwichtigen Begebenheit:

Neckers Entlassung war eigentlich der Brandstoff zu diesem greulichen Feuer. Vielleicht hat sich noch kein Minister in der Welt so mächtig um das Herz eines ganzen Volkes zu schlingen gewußt wie dieser. Man trug sein Brustbild nebst dem Brustbilde des Herzogs von Orléans im feierlichsten Aufzuge umher. Aller Häupter waren entblößt, die Kriegsspiele klangen, die Scharwache folgte zu Pferd, und eine Menge Soldaten und Gardisten hinter ihnen her, welche Flöre trugen, und so die allgemeine Klage der Nation über Necker ankündigten. Ein Haufe königlicher Reuter, die unvorsichtig unter das Volk sprengten, war die eigentliche Losung zur allgemeinen Empörung. Die Tuilerien, einer der schönsten Gärten der Welt, waren in wenigen Stunden Graus und Verwüstung. Waffen! Waffen! so donnerte es gen Himmel, daß die Geister des Friedens ihr Antlitz verbargen. Der stärkste Auftritt, den nur der Geist eines Shakespeares oder Schillers ganz darzustellen vermöchte, war bei der Bastille, diesem furchtbaren Gebäude, wo der hagere Jammer und das bleiche Elend und der stiere Wahnsinn und die wilde Verzweiflung und die stumme schwindlende Angst so lange schon ihre grauerliche Zellen hatten; – diesem Gebäude, an dessen Felsenwänden der Menschenfreund mit Schauer und Unwillen hinaufsah; dieses Schreckgebäude erstürmte das Volk, tötete den Befehlshaber Launay und einen Major; machte auch sogleich Anstalten, diese feste Jammerwohnung zu zertrümmern. Flesselles, der Prévôt der Kaufleute, ein Kriecher vor dem Throne und Volksfeind, wurde auf dem Grève-Platz unter freiem Himmel getötet. Wären die königlichen Truppen in diesem Augenblicke gegen die Stadt gerückt, so würde das entsetzlichste Blutbad erfolgt sein. Aber Frankreichs himmlischer Wächter verhinderte es. Die Bestürzung des Königs über diese Nachricht war sehr groß. Er und sein Haus brachten die schreckliche Nacht in Angst und Bangigkeit zu. Mittwoch Vormittag trat er in die Nationalversammlung, und sprach das große Wort: *Zwischen mir und den Ständen soll künftig kein Zwischenstand mehr sein.* Gleich darauf schrieb er folgenden Brief:

»Ich werde meine Truppen zurücknehmen, und die Herren Reichsstände sind dafür Bürge. Ich liebe mein Volk; es ist tapfer; ich bin sein Vater; und ich verzeihe ihm.

Louis.«

Eine Abschrift dieses Briefs wurde sogleich nach Paris auf das Stadtrathaus, und von diesem nebst folgendem Befehl an alle Pfarrer in Paris abgeschickt: »Gleich bei Empfang dieses lassen Sie alle Glocken in Ihrer Pfarrei läuten, und ein feierliches ›Herr Gott dich loben wir!‹ anstimmen, zum Dank für die große und wichtige Neuigkeit, *daß der König seine Truppen von der Hauptstadt wieder entfernt und in die Provinzen geschickt.*« – Die Einwohner des Kirchspiels St. Eustach verlangten den Brief zu küssen, und die Tränen machten ihn ganz unleserlich. Da es aber noch Mißtrauische gab, die den Wankelmut und die Treulosigkeit der königlichen Ratgeber zu kennen glaubten; so faßte der König den erhabenen Entschluß – selbst nach Paris zu kommen, und jeden zu befriedigen. Er kam freitags um 2 Uhr; auf dem Platze Ludwigs des XV. empfing ihn die Bürgergarde zu Fuß und zu Pferde. Nun ging es durch die ersten Straßen bis zum Stadthause (hôtel de ville) durch 3 Reihen bewaffneter

Bürger, deren Zahl sich über 100 000 erstreckte. Unter die Bürger mischte sich auch die französische und Schweizergarde, das rührende Lied anstimmend: Wo ist man glücklicher als in der Seinen Schoße! Dann folgten die Abgeordneten, und die Garden des Königs zu Fuß und ohne Waffen. Dann der König, ohne seine Brüder, in einer einfachen Jagdchaise, hinter ihm 4 Bediente, und Bürger zu Pferd und zu Fuße begleiteten ihn. Der gute Monarch, gerührt von diesem unbeschreiblichen, namlosen Schauspiele, war nicht stark genug, seine Rede zu halten, und sein Sprecher *Bailly*, ein trefflicher Kopf, endigte sie. Der Inhalt dieser Rede war: Der König kam, um dasjenige zu bestätigen, was er gestern in der Nationalversammlung versprach, um so das Vertrauen der Einwohner zu Paris zu gewinnen, und sie zur Wiederherstellung der Ruhe zu ermahnen. Die Stimme des liebenden Vaters entwaffnete die Kinder. Hunderttausende riefen: *Es lebe der König! ewig lebe unser guter König!* Risch wurden die blinkenden Bajonette abgenommen, und die Waffen mit hellen Blumen und frischem Laube geschmückt. Der festliche Zug ging nun wieder unter lachendem Himmel nach dem Platze Ludwigs des XV., von welchem der König unter Geschützdonner, Musketenfeuer und Nachjauchzen des Volks nach Versailles zurückkehrte. Die Abgeordneten kamen nach dem königlichen Palaste zurück, wo alle Welt sich umarmte und Glück wünschte. Die Deputierten begaben sich hierauf wieder nach Versailles, um das Werk der so glücklich angefangenen Konstitution zu vollenden. Nun zogen die fremden Truppen ab, die bishero fast Hungers starben, jeder Haufe von einem Deputierten begleitet, um das Volk wieder mit ihnen auszusöhnen. Der König und die Versammlung der Stände schrieben an Necker, daß er zurückkommen möchte. Nicht zu Cambrai, sondern zu Basel war der große Mann in diesem wichtigen Zeitpunkte. Er wird zurückkehren, denn er ist es der Liebe eines so herrlichen Volkes schuldig. Jedes kriegerische Ansehen ist nun weggeschwunden, die Tempel werden bald von Tedeum

widertönen, und die ganze Stadt wird aufs prächtigste
beleuchtet werden. Noch sind die Schauspiele geschlossen,
man geht aber haufenweise nach der Straße St.-Antoine, um
das Auge an der zerstörten Bastille zu weiden. Obgleich
2000 Menschen vom Donnerstag früh um 3 Uhr an ihrer
Niederreißung arbeiteten; so konnte doch die wütende
Nation die Vollendung kaum erwarten; und während daß
*Ludwig der XVI.* auf einer Seite nach der guten und stand-
haften Stadt Paris zurückkehrte, wurde auf der andern dies
verhaßte Denkmal des Despotismus zertrümmert. 500 neue
Arbeiter wurden den vorigen zugegeben, und indem diese
schreckliche Steinmasse zusammenstürzt, so schlägt das
Volk in die Hände und schreit den Arbeitern zu: Brav, brav!
nur frisch gearbeitet, wir wollen euch gut bezahlen. So wird
also dies Schreckgebäude, wo Grausamkeit und Ungerech-
tigkeit so oft ihre Mysterien feierte, dessen schauerliche
Geschichte Linguet beschrieb, das die Edlen alle verfluch-
ten, jetzt ein grauerlicher Schutthaufen sein – –
   Dies wäre also die Geschichte einer erstaunenswürdigen
Tat in weniger als 8 Tagen von den Parisern getan, – den
*Parisern!* die in aller Welt als weibische Kleinmeister und
Gecken verschrien sind. Sie hatten in zweimal 24 Stunden
gegen 300000 bewaffnete Männer auf den Beinen; dem
Heere, das sie umgab, mutig getrotzt, den Hof in Schrecken
gesetzt, und bei all diesem – ihren König redlich geliebt.
Verheert ist die unbezwingliche Bastille, und der Pariser
Bürger ist durch seine wunderbare Tätigkeit, seine Kühn-
heit, seine kraftvolle Anstrengung das Erstaunen des Aus-
lands geworden. [...]

# Bericht aus Paris

[20. Oktober 1789]

Man kann diese Stadt jetzt mehr als jemals eine kleine Welt nennen: denn alle Bewegungen, die in ihr vorgehen, pflanzen sich als ebenso viel Elekterschläge, nicht nur durch alle Teile des Königreichs, sondern auch in nahe und ferne, in kleine und große Weltreiche fort. Wenn schon das Beispiel des einzelnen von so mächtiger Wirkung ist, so darf es uns nicht befremden, wenn das Beispiel von einem der größten Königreiche, das die Weltgeschichte kennt, wie unterirdisches Feuer durch alle Adern des Erdkreises flockt. Die neusten Pariser Briefe vom letztern Aufruhre widersprechen zum Teil den vorigen. Sie sind des Inhalts:

»Der König von Frankreich wäre also von 10000 Weibern und 40000 bewaffneten Bürgern, – welche 30 Kanonen hart vor dem Schlosse zu ihren Fürsprechern erwählten, *genötiget* worden, Versailles zu verlassen, und mit seiner ganzen Familie nach Paris zu wandern. Ohne die tollen und schamlosen Anmaßungen der Gardes du Corps würde bei dieser wunderbaren Ereignis kein Blutstropfen vergossen worden sein. Sie zogen gegen die Weiberrotte, töteten einige von ihnen, wurden aber sogleich zurückgeworfen, einige getötet und ihre gräßlichgespalteten Köpfe auf Piken gesteckt, und zur Schau getragen. Unfehlbar würde ohne die Dazwischenkunft des Königs und das Ansehen des Marquis Fayette das ganze Korps niedergemetzelt worden sein; – so groß war die Wut des entrüsteten Volkes. – Der Zug des Königes von Versailles nach Paris gab ein Schauspiel – wert, vom Flammenpinsel eines Shakespeare ausgemalt zu werden. Die alten persischen Pompe können kaum etwas Erhabeneres und Wildgrößeres dargestellt haben. Im Wagen des Königs saßen – die Königin, der Dauphin und seine Gouvernantin; voran der ältere Bruder des Königs mit seiner Gemahlin; hinten-

nach Madame Elisabeth und andere Hofdamen der Königin;
– eine ganze Wagenburg mit Deputierten folgte, und
Frucht- und Mehlwagen, Gardes du Corps, Artilleristen zu
Fuß und zu Roß; Weiber mit Lanzen und Dolchen bewaff-
net, – barfuß, die Kleider an Piken gehängt; Dragoner,
Tambours, Hautboisten, Tumult und Tanz und Freudengeschrei – rauschten und krachten und lärmten und donnerten,
wie vom Sturme getragen, untereinander; Reuter und Fuß-
gänger waren mit grünen Eichenzweigen geschmückt, und
der ganze Wald von Boulogne schien sich, wie Birnams
Hain im ›Macbeth‹, nach der Stadt zu bewegen.«

(Der König hat nun seinen Burgsitz in Paris, – nicht mit dem
Beistimmen der ganzen Nation, sondern durch die einzelne Stadt
Paris im Strudel fortgerissen. Es ist Verleumdung, daß die Königin
die Urheberin des neuen Tumults war; von einem besoffenen Soldaten schreibt sich der ganze Unfug her. Die edelsten Pariser verabscheuen den Unglimpf, womit bisher dieser Königin begegnet
wurde. Sie zeigt sich jetzt häufig dem Volke, beschäftigt sich mit
Wohltun; und schon ertönen die Straßen häufig vom Freudengeschrei: Es lebe die Königin! – In Paris ist jetzt alles wieder ruhig –
oder ist's vielleicht nur eine Pause; und das wilde Konzert möchte
wohl wieder bald aufs neue beginnen. Ob die europäischen Mächte,
mit der Hand im Schoße, diesem allen zusehen werden, wird die
Zeit bald entscheiden. Ich glaube nicht – und meine Ahndung
weissagt mir große fürchterliche Dinge.)

## WILHELM LUDWIG WEKHRLIN

# Hyperboreische Briefe

### 1790

[ . . . ] Wie sehr hat sich 's Blatt gewendet! – Zween Zufällen sind wir dies schuldig: dem glorieusen Handlungsvertrag mit unsern Nachbarn, und dem Hagelwetter vom 18. Jul. Sie finden meine Dialektik sonderbar, Elpin? Sie werden sehen, daß sie nicht immer Paradoxe enthält.

Durch den Schlaf, in den uns der Engländer *Eden* sang, rächte er sein Vaterland auf eine grausame Art an uns. Für die Kolonien, die wir seiner Nation abschnitten, schnitt dieser ebenso schlaue als blutdürstige Brite unsern Fabriken die Gurgel ab. Das französische Ministerium, schon längst entwöhnt, aus Colberts Brillen zu sehen, und so wie alle Bankrutierer nach Glücksstreichen heißhungrig, ließ sich von ihm blenden. Die Einfuhr unserer Weine und Geister in England war die Tonne, die uns *Eden* vorwarf. Das Ministerium verliebte sich in das Spiel zum Entzücken. Dieser gehobene Riegel schien es einzuladen, den Ausfuhrzoll auf den französischen Weinen zu erheben: nicht genug, da der Weinhandel unendlich zu gewinnen schien, so vermehrte sich der Länderpreis, und mithin die Vingtième. Noch mehr, durch die Erlaubnis, die Einfuhr der englischen Manufakturen mit 12 Prozent zu belegen, stieg die Ferme sichtbarlich. Dies waren die Seifenblasen, deren trügerischem Schattenspiel man jauchzend nachlief. Wir waren – was die Nachwelt kaum glauben wird – lustig genug, uns einzubilden, die Engländer zu unserer Düpe gemacht zu haben.

Wie sehr ließen uns diese unsern Irrtum fühlen. In weniger als drei Monaten waren unsere Fabriken kaputt. Die englischen Fabriken verkauften 20 Prozent unter unsern

Preisen. Nun war der Markt auf ihrer Seite. Mit einem
einzigen Gran Menschenverstand war vielleicht diesem Ausschlag vorzusehen. Allein der war bei uns nimmer zu Hause.
Die Anglomanie war der französische Nationalwurm. Alle
Köpfe drehten sich. Man wollte nur englische Waren haben.
Für Schnickschnack wog man Gold auf, und Waren gab man
für Silber hin. Um nur unsere böse Lage zu verbergen, und
die Stockung einigermaßen zu heben, erfand der Verräter
*Calonne* seine Münzoperation. Von der Oberfläche weg
betrachtet schien der Staat abermals auf einen Augenblick zu
gewinnen; aber im Grunde waren es nur die Wucherer, die
Unterhändler des Ministeriums, die den Gewinn zogen; der
Staat selbst verlor wirklich; er bezog ein Fünfzehntel an
seinen jährlichen Gefällen durch die Verringerung der
Münze weniger, er mußte ein Fünfzehntel in den auswärtigen Zahlungen zulegen, und gewann mehr nicht als ein
Fünfzehntel an den inländischen. Der Handel erlitt dabei
einen neuen Stoß. Die Handarbeiter wurden müßig; und der
Geldumlauf hörte auf.

Mehr brauchte es, dem Ansehn nach, nicht. Noch kam
der Hagel am 13. Jul. 1788 dazu. Er vollendete, was die
*Calonne* übrig ließen. Die fruchtbarsten Provinzen litten
Hunger. Itzt kam ein verfluchtes Monopol auf. Überall
kaufte man das Getreide auf Kipperei zusamm. Statt die
Ausfuhr zu sperren, wurde sie vielmehr freigelassen. Nun
war offener Markt für die Menschenfresser und Blutigel. Sie
schraubten das Volk auf die Tortur. Hier war's, da *Foulon*
das Maß seiner Sünden vollmachte. Alles ist zu erwarten, wenn
wenn der Pöbel kein Brot mehr hat. Das Schicksal führte,
zur Züchtigung unserer Henker, den harten Winter von
1789 herbei. Dieser jagte das Volk der Hauptstadt zu. Es
häufte sich in solcher auf. Da es auf dem Land keine Arbeit
mehr fand, und Hunger und Frost auf demselben wüteten,
so ließ es sich nimmer aus der Stadt vertreiben.

Merken Sie bald, Elpin, wie ich mich meinen Schlüssen
nähere?

Der Staatsbeutel war unermeßlich leer. Seine Bedörfnisse waren dringend, seine Quellen erschöpft. Alles näherte sich dem Punkt der Verzweiflung. In dieser Krise, die jeden Minister, wäre er auch ein Alexander oder Hannibal von Mut, zittern machen mußte, fiel man auf zwei Edikte, wovon das eine heilsam, das andere infam schien.

Das erstere, welches eine bessere Gleichheit der Kontribution beabzielte, stieß die Parlamente, welche ebenso ungern Steuer geben wie die Pfaffen, vor die Stirne. Sie wurden störrisch. Aber der Hof war zu tief herabgesunken, seine Fäuste waren zu schwach worden, sich Gehorsam zu verschaffen. Das Exil, so man den meuterischen Parlamenten auferlegte, konnte keinen Bestand haben. Ebenso wenig fruchteten einige andere Merkurialmittel, zu denen man griff.

Dieser Zufall riß dem Publikum die Binde vollends vom Aug. Es sah, wo es sowohl mit dem Hof als den Parlamenten daran war. Im erstern sah es nichts als seinen Henker, der ihm das Messer an die Kehle setzte; in dem zweiten sah es Propheten in Schafspelzen, die sich nur wehrten, wenn es ihnen an die Riemen ging, geschmeidig hingegen sich verbeugten, wo es dem Pöbel galt. Man empfand die Verachtung, so beide verdienten, und fiel auf den heroischen Entschluß einer *Nationalversammlung*.

So boten die Ereignisse untereinander sich die Hand. Dies ist die Kette der Revolution. Das übrige sind Formen. Ich behalte sie mir auf die nächste Post bevor.

August Wilhelm Rehberg

## Rezension von Edmund Burkes
## »Reflections on the Revolution in France«

1791

Vor allen andern Schriften, welche die französischen Staatsangelegenheiten angehen, hat Rez[ensent] die versprochene
Nachricht von einem Werke zu geben, welches schon, ehe
es noch erschien, durch den Namen des V[er]f[assers] die
größte Aufmerksamkeit erregt hat, und nächstdem selbst in
dessen Vaterlande vom Publikum mit einem Interesse aufgenommen worden, dergleichen wenig Schriften jemals erregt
haben.

LONDON, b. Dodsley: *Reflections on the Revolution in
France, and on the Proceedings in certain Societies in
London relative to that event, in a Letter intended to
have been sent to a Gentleman in Paris,* by the Right
Honourable *Edmund Burke.* The fourth Edition. 1790.
364 S. in 8.

Dies ist das Werk nicht eines spekulativen Gelehrten,
sondern eines Mannes, der ein langes Leben in ununterbro-
chener Beschäftigung mit den wichtigsten Angelegenheiten
des gemeinen Wesens zugebracht hat: eines alten erfahrnen
praktischen Staatsmanns. Seit vielen Jahren ist er nicht nur
Mitglied des Parlements, sondern einer von den vorzüglich
tätigen Repräsentanten der Nation. Wenige Angelegenheiten von Wichtigkeit sind im *House of Commons* verhandelt
worden, über welche *Burke* nicht öffentlich geredet: und
jeder aufmerksame Leser der englischen Zeitschriften weiß
es, daß seine Reden eine der vorzüglichsten Quellen von
Belehrung über die großen Nationalangelegenheiten sind.
Den größten Teil seines Lebens hindurch ist die politische
Partei, mit der er verbunden ist, in Opposition gegen das

Ministerium gewesen. In andern Ländern schützt sich das
Ministerium mit dem Willen des Regenten, von dem es sein
Ansehn erhält. Auch da, wo es dem Einzelnen erlaubt ist,
durch Druckschriften zu tadeln; wo aber kein großes Corps
existiert, das eine mächtige Stimme erheben könnte, ist der
Wille des Herrn doch am Ende ein hinreichendes Argument.
In England muß das Ministerium für jeden Schritt den
Männern Rede stehen, die sich durch ihre Zensur den Weg
zu den erhabenen Posten, welche jene bekleiden, zu öffnen
denken. Da kann sich nur ein Mann von großem Ansehn,
persönlichem Gewichte und Konnexionen aller Art, und
von ausgezeichneten Qualitäten im Ministerio behaupten.
Noch weit mehr aber muß derjenige in sich vereinigen, der
sich als Gegner einer auf diese Art mächtigen Administration auszeichnen will. Nur ein Mann von großem Genie,
von viel umfassendem Blicke, vorzüglicher Einsicht in die
Angelegenheiten des Staats, von ausnehmender Kenntnis der
Menschen, und der mit allen diesen seltenen Vorzügen die
Gabe des Vortrags in eminentem Grade verbindet; nur ein
solcher kann die Rolle eines Zensors der Minister mit Erfolg
spielen. Die Lage eines solchen Hauptes der Opposition
reizt zu einer unauflöslichen Spannung aller Geisteskräfte;
sie zwingt dazu, alles aufzubieten, um das persönliche Ansehen zu behaupten, welches allein der Ministerialwürde entgegengesetzt werden kann. Das ganze Leben eines solchen
Mannes ist der schärfsten Prüfung alles dessen gewidmet,
was in Staatsangelegenheiten geschieht. Burke hat aber auch
mehrere Male, obgleich jedesmal nur kurze Zeit, an der
Administration selbst Anteil gehabt. Er ist nicht bloß der
mißvergnügte Tadler aller Maßregeln, die von andern herrühren: durch eigene Tätigkeit hat er den Staat auch von der
Seite ansehen gelernt, die sich dem nur zeigt, der in dem
Gedränge mannigfaltiger Bedürfnisse und Schwierigkeiten
hat handeln müssen. Von ihm rührt ein Gesetz her, durch
welches viele Mißbräuche in der Verwaltung reformiert, und
Ersparnisse in den Staatsausgaben angeordnet worden sind:

er hat einen vorzüglichen Anteil an den berühmten Bemühungen seines Freundes, des großen Staatsmanns *Fox*, Ostindien ein besseres Gouvernement zu geben, gehabt, und er hat gegenwärtig einen sehr beträchtlichen Teil an der Sache, die eine der wichtigsten Angelegenheiten ausmacht, welche seit langer Zeit in England betrieben worden, an dem Hastingischen Prozesse. Dieser Mann, dem seine Jahre das ganze Gewicht langer Erfahrung und Beobachtung geben, ohne das jugendliche Feuer der Vorstellungen und der Beredsamkeit gedämpft zu haben, teilt hier seine Beobachtungen über die Revolution in Frankreich, über die Ursachen, die sie hervorgebracht, und ihr die eigentümliche Richtung gegeben haben, und über die neue Staatsverfassung mit, welche daraus entsprungen ist.

Es war nötig, den Vf. zu charakterisieren, um zu zeigen, was von dieser Schrift zu erwarten ist. Solche Männer schreiben in Deutschland selten. Männer, die in Geschäften stehen, sind mehrenteils viel zu sehr mit Berufsarbeiten überhäuft, als daß in ihnen der Gedanke entstehen könnte, ihre ausgebreiteten Einsichten so durchzugehen, zu ordnen, zu konzentrieren, daß sie für das große Publikum verständlich und lehrreich würden. Die mehresten werden sogar durch ein unendliches Detail in den Geschäften verhindert, sich zu dieser Höhe der Gedanken zu erheben. Gelehrte hingegen sind zu weit von den Geschäften entfernt: in manchen Staaten ist es ihnen zwar leicht, Kenntnisse davon zu erlangen; aber doch nur einzelne Data. Was man statistische Kenntnisse nennt, ist in Deutschland sehr hoch getrieben. Politische Einsicht dagegen ist desto seltner, und dieses ist sehr begreiflich, denn in Rücksicht auf den Staat wird so wenig öffentlich gehandelt. Die vorzüglichsten deutschen philosophischen Schriftsteller, die Beobachtung und Kenntnis des einzelnen Menschen in dem ausgezeichnetesten Grade besitzen und beweisen, erheben sich sehr selten zu politischen Gesichtspunkten, und in den mehresten politischen Schriften, selbst in den besten, die sich durch bün-

dige Räsonnements und Kenntnis der *Sachen* auszeichnen, vermißt man Rücksicht auf die Menschen, durch welche doch alle Angelegenheiten des Staats geführt werden
müssen.

Burke geht von diesen aus. Die erste und größte Hälfte
seines Werks enthält die treffendsten Bemerkungen über die
Gesinnungen und die Verhältnisse der verschiedenen Stände
und Klassen von Menschen in Frankreich vor und nach der
Revolution, und über diejenigen, welche den größten Anteil
an dem gewaltsamen Umsturze des Reichs haben. Nachdem
er gezeigt, wie von diesen der verderbliche Gedanke herrühren konnte und mußte, den ganzen Staat zu zerstören und
neu zu erschaffen, geht er zu der Beurteilung der neuen
Verfassung über. Er zeigt, daß die ganze Staatsverfassung
durchaus nicht, gleich einer Handelskompanie, von der
Willkür der jetztlebenden Interessenten ohne alle Rücksicht
auf die vergangenen und künftigen Generationen abhänge;
daß vielmehr die bürgerliche Gesellschaft, der das menschliche Geschlecht alle seine intellektuelle und sittliche Ausbildung verdankt, ein Heiligtum sei, welches die Vorfahren uns
übergeben, damit wir es der Nachkommenschaft wieder
hinterlassen: daß alle Bemühungen ihrer Gewalthaber dahin
gehen; aber auch sich darauf einschränken müssen, sie zu
verbessern; nicht aber zu zerstören, um eine neue zu schaffen: daß es unmöglich sei, eine neue bürgerliche Gesellschaft
in einem alten Volke zu bilden, weil eben auf dem allmäh-
lichen Entstehen und Fortpflanzung durch mehrere Generationen das Wesen und die Vollkommenheit aller bürgerlichen Einrichtungen beruhen. Er redet hierauf von den verschiedenen Ständen, welche durch die neue Verfassung vernichtet worden. Er zeigt, daß die Geistlichkeit und der Adel
keineswegs unverbesserlichen Radikalfehlern unterworfen
waren, und daß es eine unerhörte Gewalttätigkeit ist, sie aus
ihren alten Rechten zu vertreiben. Er zeigt, daß die neue
Verfassung, vermöge deren Frankreich eine große Konföderation von Munizipalitäten sein soll, nach ganz widersin-

nigen Grundsätzen angelegt worden, indem der verhältnismäßige Anteil jedes Distrikts an der Gesetzgebung, unerachtet des falschen Scheins von mathematischer Genauigkeit, und eben wegen dieser Anwendung mathematischer Verhältnisse auf Gegenstände, die solchen gar nicht unterworfen werden können, ihren Endzweck ganz verfehlt; daß sie aber auch unmöglich bestehen kann, weil alle Mittel, welche die Nationalversammlung anwendet, diese ungeheure Menge von Republiken zu einem großen Staate zu vereinigen, unzulänglich sind. Diese Mittel bestehen in folgendem: 1) Die Konfiskation der geistlichen Güter, an der das ganze Reich teilnehmen soll, und wodurch dasselbe zwar vorjetzt genötigt wird, die Revolution aufrecht zu erhalten; welches aber zu diesem Zwecke ganz unwirksam wird, sobald diese Güter den neuen Eigentümern überliefert sein werden. Über die Ungerechtigkeit, Grausamkeit und Schädlichkeit dieser Konfiskation verbreitet sich der Vf. vorzüglich. 2) Das Übergewicht der Stadt Paris, welches für die Provinzen so drückend werden wird, daß es unmöglich lange dauern kann: und 3) die Armee. Die jetzt herrschende Partei hat damit anfangen müssen, alle Bande der Subordination im Militär selbst aufzulösen, und ist nunmehr ganz unfähig, sie wieder aufs neue zu binden. Die unkräftigen Maßregeln, die dazu ergriffen werden, wirken sogar auf die entgegengesetzte Seite, indem der Soldat seine Independenz dadurch immer lebhafter fühlt. B. zeigt endlich, wie die Nationalversammlung dagegen alle Mittel zu einer wahren Verbindung des ganzen Reichs teils vernachlässigt, teils selbst vorsätzlich zerstört hat: nämlich das königliche Ansehen, welches unter gehörigen Einschränkungen unentbehrlich dazu war. Hier sind vortreffliche Bemerkungen über die schädlichen Folgen des demokratischen Systems, welches einen König zum Scheine beibehält, und ihm allen Einfluß nimmt: z. B. über die Wirkung des Dekrets, dadurch das Recht, Krieg und Frieden zu schließen, nicht bei dem Könige, sondern bei der Nationalversammlung stehen soll, wodurch denn die auswärtigen Mächte angewiesen werden, sich in alle innere Angelegenheiten des Reichs zu mischen, und in Verbindungen mit den angesehensten Mitgliedern der Nationalversammlung zu treten, und dieselben zu bestechen, (wovon die Geschichte von Schweden so lange ein merkwürdiges Beispiel gegeben.) Ein andres Mittel wäre ein Senat, der in allen andern Demokratien das einzige Mittel war, einige Stabilität in Verfassung und Verwaltung zu bringen. Ein andres wäre ein aristokratischer Einfluß in die Wahl der Repräsentanten des Volks, welcher spekulativen falschen Grundsätzen zufolge in Frankreich so sehr mit Unrecht verabscheuet wird. Er zeigt vortrefflich, wie die neue Verfassung ganz darauf hinausgeht, daß nicht Vernunft und Gesetze herrschen, (wie die Grundsätze doch ausdrücklich wollen, welche so manchen gutmeinenden Mann verführt haben, dieses verderbliche System anzunehmen,) sondern daß der Wille der Menge geschehe. Er schließt endlich mit einem sehr heftigen Tadel der Finanzeinrichtungen. (Auch dieser Teil enthält ungemein viel Treffendes und sehr scharf Gesagtes, ist aber doch der schwächste. Rez. billigt das System der Assignate keinesweges: aber um es mit hinlänglichen Gründen zu verwerfen, dazu gehört eine genauere Prüfung, die Rez. an einem andern Orte mitteilen wird.) Alles dieses ist mit Bemerkungen über die Geschichte und über verwandte Gegenstände durchwebt. Der Vortrag ist hinreißende Beredsamkeit; an einigen Stellen, z. E. in der oben erwähnten Stelle von der Natur und dem Werte der bürgerlichen Gesellschaft, höchst erhaben; hin und wieder ergießt sie sich mit dem Ungestüme eines Waldstroms. Die Ausdrücke sind äußerst heftig. Unwillen hat im Ganzen, und lebhafter Abscheu an vielen Stellen, den Ton gestimmt. Aber der Vf. schreibt auch nicht über einen fremden spekulativen Gegenstand. Der unverständige Beifall, den die Revolution in England bei einer gewissen Sozietät (von der Rez. in einem frühern Blatte bereits Nachricht gegeben hat) gefunden, und den die gefährlichen Absichten einer politi-

schen Partei mißbrauchen könnten, in England Unruhen
hervorzubringen, haben die ganze Schrift veranlaßt. Von
dieser Partei geht er aus. Er zeigt gleich anfangs, daß folgende Grundsätze, welche sie sich bemühet auszubreiten,
und welche namentlich Dr. Price in der Predigt aufstellt, die
er am Tage der Gedächtnisfeier der englischen Revolution
von 1688 gehalten, und die in den erwähnten *Acts of the
Revolution society* gedruckt ist, als da sind: 1) daß das Volk
das Recht habe, seine Regenten zu wählen. 2) daß es sie
wegen schlechten Betragens absetzen könne, und 3) daß es
seine Regierungsform nach Gutdünken festsetzen könne,
dem englischen Staatsrechte ganz zuwider seien; daß diesem
zufolge vielmehr 1) die Monarchie erblich sei, und daß das
Verfahren des Parlements bei der Revolution im Jahre 1688
beweise, daß sich die Nation auch damals kein Wahlrecht
angemaßt habe; daß 2) ein Recht, den Monarchen abzuset-
zen, gar nicht zu der Verfassung des Reichs gehöre: daß ein
solcher Schritt vielmehr die schrecklichste Maßregel sei, die
nur die Notwendigkeit, die alle menschlichen Gesetze und
Anordnungen zu brechen zwingt, veranlassen könne, und 3)
daß das Recht des Volks in Absicht auf die Verfassung sich
auf Verbesserung des Alten einschränke. Es ist also durchaus
der englische Patriot, der redet. Und eben deswegen ist es
unmöglich, daß dies vortreffliche Werk den Beifall, den es in
England gefunden hat, (Rez. hat die 4. Ausgabe vor sich,
die innerhalb wenigen Wochen nach der ersten erschienen,) in
gleicher Maße auch außerhalb Großbritannien allgemein
erhalte. Eine Schrift, welche für Deutschland im allgemeinen
das leisten sollte, was Burke für England ist, müßte seine
Bemerkungen nutzen, aber ihnen das Lokale nehmen, und
sie anders vortragen. Die Prüfung müßte vielleicht von dem
Systeme ausgehen, welches die Nationalversammlung adop-
tiert hat, und dasselbe in allen seinen Teilen und seinem
Zusammenhange darstellen und widerlegen; denn wissenschaftliche Einsicht ist doch dasjenige, was den vorzüglichsten Teilen des deutschen Publikums am angemessensten
und am meisten willkommen ist: aber eben dadurch würde

wieder ein großer und vortrefflicher Teil der englischen
Schrift, und das Eigentümliche, welches ihr den größten
Reiz gibt, verloren gehen. Ferner zeigen die Umstände dem
deutschen Schriftsteller einen ganz andern Gesichtspunkt an
als den englischen. England hat eine vortreffliche Verfassung
zu verlieren. In einem großen Teile von Deutschland sind
wenig Spuren guter Verfassungen. In dem übrigen bedürfen
sie großer Verbesserungen. In England ist ein allgemeiner
Geist der Freiheit die mächtigste Schutzwehr gegen Unterdrückung. In Deutschland sind die gebildete Gesinnung der
höhern Klassen und die Vollkommenheit der Staatsverwaltung die einzige Schutzwehr der persönlichen Freiheit. Ja
sogar in einigen Provinzen gibt es keine, und alle Übel,
deren unerträglicher Druck die französische Nation zwang,
endlich eine Abänderung des alten uneingeschränkten Mini-
sterialdespotismus zu fordern, sind in voller Maße wirksam.
Der englische Schriftsteller darf die Vortrefflichkeit der Verfassung seines Landes der unordentlichen Begierde nach
Neuerung entgegenstellen. In manchen andern Ländern ist
es der Beruf des rechtschaffnen Bürgers, nicht auf neue
Schutzwehren für das alte zu denken, welches nichts als
Verewigung der Mißbräuche sein würde, die Indolenz und
Hoffart der höchsten Stände verursachen, sondern diese
Stände aus ihrem Totenschlafe zu wecken, und ihnen zu
zeigen, daß das einzige sichre Mittel, Revolutionen, gleich
der französischen, entgegen zu arbeiten, darin besteht, wenn
von oben herab reformiert wird, ehe das Volk anfängt, sich
mit Nachdruck darein zu mischen. Hierin liegt ein großer
Beruf für deutsche Schriftsteller. Denn die französische
Revolution hat offenbar die Sache der Freiheit verdorben.
Man hört schon sehr laut Schutzreden für das alte aristokra-
tische wollüstige Lager des Herkommens, auf dem sich so
sanft ruhet, bis unerwartet der Donner des Aufruhrs weckt;
und Hohnsprechen gegen jede verlangte Verbesserung und
Mitwirkung des Volks, die, wie die Großen sagen, nie etwas
Gutes wirkt, da doch sie allein, unter gehörigen Bestimmun-
gen, etwas wirklich Gutes hervorzubringen vermag.   [...]

### Karl Friedrich Reinhard

## Ursachen der französischen Staatsveränderung

#### Oktober 1791

[...] Denn die öffentliche Meinung fing mehr und mehr an, gegen den Druck der Vorurteile und der Mißbräuche sich aufzulehnen, und befestigte sich trotz den Bemühungen des Despotismus. Umsonst sucht' er die Schriften, aus welchen Aufklärung hervorströmte, mit einer Schande zu brandmarken, deren Austeilung nicht in seiner Gewalt war: Umsonst wurden ihre Verfasser aus Frankreichs Grenzen verbannt, oder in seinen Grenzen verfolgt. Seit alle Staaten Europas durch die Bande des Handels und der Wissenschaften unzertrennlich verbunden sind, und seit die Buchdruckerkunst allgemeine Mitteilung aller Meinungen, Entdeckungen und Begebenheiten durch tausend Wege beschleunigt, ist es zwar möglich, den Gang der Aufklärung zu verzögern, aber niemals, ihn ganz zu hemmen. Erst bemächtigt sie sich der Lesezimmer, dann der Gesellschaften, und endlich des Volks. Zwar der erste ungewohnte Schimmer, den sie in die Dunkelheit wirft, wird am leichtesten und am schnellsten von ihren Feinden bemerkt, und das Signal eines wütenden Angriffs, aber minder aus Kenntnis der Gefahr, als aus Gewohnheit einer übermütigen Herrschsucht, und weil unerwartete Helle die Augen schmerzt: Allein das Lärmgeschrei selber derjenigen, die sich der Aufklärung entgegensetzen, dient, ihr Licht weiter zu verbreiten, dessen allmählicher Fortschritt immer entweder unbemerkbarer oder gewohnter wird, und sie zeigt sich gewöhnlich erst dann furchtbar dem stumpfen Blick derer, die sie bedroht, wenn sie, durch ihre innre Kraft unwiderstehlich, ihre Feinde selbst, beinah' ohn' es gewahr zu werden, in ihren Wirbel hineinreißt. [...]

Was öffentliche Meinung vermöge, und wie sie das Palladium der Völker sei, hat Necker zuerst erkannt oder gelehrt, und der Gebrauch, den er selbst, und den unter seiner Anleitung Frankreich davon zu machen wußte, hat diese große Lehre für alle Nation unwiderleglich bestätigt. In allen Zeiten hat man sich dieser Waffe bedient, aber nicht in allen hat man ihre Stärke gekannt, und ehmals war sie nur zu oft in die gefährliche Hände unwürdiger Besitzer gefallen. Alles wird heilig, was Neckers Hände berühren, und erhält das Gepräge hoher Weisheit und Tugend. [...]

So erhielt Publizität in den Staatsangelegenheiten ihren ersten Triumph, und die öffentliche Meinung ihre erste, entscheidende Richtung. Jene stillschweigende Anerkennung der Rechte der Nation schien sie zur öffentlichen Zurückfoderung dessen, was ihr seit lange gebührte, zu berechtigen, und nichts ist gefährlicher für die willkürliche Gewalt, als selbst einem geringen Teil ihrer Anmaßungen freiwillig zu entsagen, in Zeiten, wo die menschliche Vernunft der Prüfung fähig, und zu kühnen Untersuchungen gestimmt ist. Auch vereinigen sich die Stimmen der Freunde und der Feinde, zu sagen, die Revolution datiere vom Compte rendu. Publizität ist der Tod des Despotismus: denn sie leitet die öffentliche Meinung. Der Marschall von Richelieu hatte drei Regierungen gesehn: Er war siebenundzwanzig Jahre lang despotischer Satrape der größten Provinz von Frankreich, und der Sittenverderber einer der blühendsten Handelsstädte gewesen, und siebenzig Jahre lang schlauer, kriechender Höfling. Ludwig XVI. wollte seine Meinung vernehmen über das dreifache Zeitalter, das der Marschall gesehn hatte. Sire! sagte dieser, unter Ludwig XIV. sprach man kein Wort: Unter Ludwig XV. sprach man leise: Unter Ihrer Majestät spricht man laut. [...]

Ludwig XVI. regierte seit eilf Jahren Frankreich. Er hatte keine Laster, keinen der Nation gefährlichen Hang: Aber er hatte nicht jenen großen, selbstständigen Geist, den die Umstände zu fodern schienen. Er zeigte sich lenkbar der

Tugend und der Wahrheit, aber auch lenkbar dem Laster,
wenn es in einer gefälligen Maske erschien. Antoinette von
Österreich schien alle Eigenschaften zu besitzen, die den
Thron verschönern, aber nicht alle, die ihn veredeln konnten. Sie ward angebetet, so lange sie nicht Königin war:
Nachher trug sie die Strafe der Vergehungen ihrer Lieblinge.
Nah am Thron sahn Paris und die Provinzen mit Unwillen
oder mit Spott unmäßige Verschwendung und unglaubliche
Ausgelassenheit der Sitten. Der Glanz um den Thron blen-
det das Vorurteil: Das Laster am Thron erscheint nur
schwärzer durch den Kontrast vor den Augen der Philosophie, und der Tag der Philosophie war angebrochen.

Eine solche Regierung sah eine beständige Ebb' und Flut
von Ministern. Nicht alle waren lasterhaft, denn ein solches
Unglück konnte keinen guten König treffen: aber alle waren
verschieden in ihren Systemen, in der Wahl ihrer Kreaturen,
in den Mitteln zu Erreichung ihrer Endzwecke, und in ihren
Endzwecken selbst. Auch dem Schlimmsten war nicht mehr
erlaubt, mit der Schamlosigkeit voriger Zeiten die Stimme
des Volks zu verachten, auf die der Monarch selber horchte,
und die anfing, laut und furchtbar zu werden: Selbst diejenigen, deren größte Angelegenheit war, sich selbst auf die
höchste Stufe des Ansehns oder des Reichtums zu schwingen, fühlten sich hingerissen vom allgemeinen Geist des
Zeitalters trotz ihren unpatriotischen Gesinnungen, und
mitten im unumschränkten Gebrauch der höchsten Gewalt.
Begierig nach öffentlichen Beifall, und zuweilen Schüler
einer aufgeklärten Philosophie, hätten sie gerne Mißbräuche
vernichtet, wenn es ohn' Aufopferung persönlicher Vorteile
oder persönlicher Bequemlichkeit hätte geschehn können,
oder hätte sie nicht der Widerstand mächtiger Menschen und
furchtbarer Innungen, die den Mißbräuchen Einkünfte,
Ehre und Einfluß dankten, bei den ersten Versuchen schon,
sei's durch offenbare Gewalt, sei's durch heimliche Ränke,
zurückgeschreckt. Dennoch war in den letzten Staatsverwal-
tungen sichtbar ein gewisser Hang zu neuen Anstalten:

Freilich oft unwirksam, und zuweilen gefährlich, wenn er weder Tugend zur Führerin hatte, noch nach echten Grundsätzen fortschritt, aber wohltätig alsdann, wenn aufgeklärter Eifer oder der allgemeine Ruf ihn auf Gegenstände leiteten, deren Verbesserung für die Wohlfahrt des Reichs unumgänglich war. So geschah's, daß Necker in der Verwaltung der Staatseinkünfte große Veränderungen unternahm und ausführte: So geschah's, daß die Staatsgefängnisse seltnere Schlachtopfer in ihren Mauern verschlossen, seit Mirabeau den Greuel der willkürlichen Verhaftsbriefe vor den Augen der Welt aufgedeckt hatte. So geschah's, daß die sinnlose Gesetze gegen die Protestanten und ihre grausame Unterdrückung wenigstens insofern gemildert wurden, daß die Gesetze durch ihre innere Ungereimtheit nicht mehr mit sich selbst im Widerspruch standen. So geschah's, daß Calonne mit unglaublichem Leichtsinn die Notabeln zusammenberief, und da er das Gebäude für ihre Zusammenkünfte zurichten ließ, den Arbeitern aufgab, ihm eine solche Erweiterung zu geben, daß es einst zur Aufnahme der Generalstaaten dienen könnte.

Kaum hatte Calonne das Wort »Notabeln« ausgesprochen, so sprach die Nation das Wort »Generalstaaten« aus, und von diesem Augenblick an war die Staatsveränderung unvermeidlich. [...]

Adolph von Knigge

# Bemerkungen zur Französischen Revolution

1792

[...] Alles, was ein unparteiischer Mann sich daher erlauben darf, über diese große Begebenheit zu sagen, wird, meiner Meinung nach, sich ungefähr auf folgendes einschränken müssen.

Die französische Revolution wurde unvermeidlich herbeigeführt durch eine Kettenreihe von Begebenheiten und durch die Fortschritte der Kultur und Aufklärung.

So wie die vorige Regierungsverfassung war, konnte sie, bei dermaliger Stimmung der Nation, nicht bleiben.

Verkehrte Maßregeln, welche die Hofpartei gleich anfangs nahm, erbitterten das Volk, vermehrten das Mißtraun und bewirkten Gewalttätigkeit.

Die Lebhaftigkeit des Nationalcharakters ließ voraussehn, daß nun schnelle und rasche Schritte folgen müßten, und es würde albern sein, bei allen diesen Umständen, von Franzosen etwas anders zu erwarten.

Alle Gewalttätigkeiten aber, die vorgegangen sind, alle Ermordungen, alle Plünderungen, Mordbrennereien, Ausschweifungen und überhaupt alle gesetzlose Handlungen sind, in Vergleichung mit den Unordnungen und Greueln, womit von je her ähnliche, ja! viel geringre Vorfälle bezeichnet gewesen, für nichts zu rechnen. Diese Revolution ist eine große, beispiellose und, sie falle aus, wie sie wolle, sie sei rechtmäßig oder widerrechtlich unternommen worden, der ganzen Menschheit wichtige Begebenheit. Ein Krieg, den irgend ein ehrgeiziger Despot zu Befriedigung seiner kleinen Leidenschaften führt; ein Krieg von der Art, wie der war, zu welchem Louvois seinen Herrn aufhetzte, damit er den Grad von Wichtigkeit wieder erlangen möchte, den er

durch einen Fehler in der Baukunst verloren hatte – so ein
Krieg kostet tausendmal mehr Blut und unschuldiges Blut,
und zu welchem Zwecke? [...]

JOHANN LUDWIG EWALD

## Über Revolutionen, ihre Quellen und die Mittel dagegen

[...] So gewiß alle Völker und alle Stämme – Menschen,
das heißt: vervollkommenbare, zur Vervollkommnung
innerlich gebildete, also bestimmte Wesen sind: so gewiß
werden sie früher oder später ihre Menschenrechte fühlen
und brauchen. Und wehe dem Despoten, der sie noch
wie Kinder oder gar wie Tiere behandeln will! Ihre Knaben-
und Jünglingskraft wird fürchterlich erwachen; sie werden
ihre Fesseln wie Zwirnsfäden zerreißen, und sie hundertfach
verdoppelt dem anlegen, der sie darinnen lassen wollte,
wenn er anders am Leben bleibt. Es wird ihm nicht besser
gehen, als es dem europäischen Fürsten gehen würde, der
seine zu Jünglingen herangewachsenen Untertanen wie ein
asiatischer Despote Kinder oder Tiermenschen behandeln
wollte. Der Jüngling entreißt sich der väterlichen Gewalt,
wenn man ihn immer wie ein Kind behandeln will, und er
bleibt darum wahrlich! kein Kind, weil man ihm bei jedem
Widerspruche die Rute gibt.

Deutsche Fürsten! es sind hauptsächlich zwei Peitschen,
womit einige von Euch ihre Untertanen züchtigen, und sie
früher oder später zur Empörung reizen könnten. Das ist –
*Wildhegen* und *Menschenverkauf*! [...]

Ein noch weit fürchterlicherer Despotismus ist der *Men-*

*schenhandel*, der Soldatenverkauf, mit dem man vor einiger Zeit in Deutschland, und nirgends anders, bekannt worden ist. Er gehörte zu den Finanzerfindungen unserer aufgeklärten Zeiten; und so viel ich weiß, haben die vorigen Jahrhunderte nichts, was ihm an die Seite zu setzen wäre. Es versteht sich, daß der Untertan schuldig ist, sein Vaterland zu verteidigen; er soll auch nicht über die Rechtmäßigkeit der Kriege und Staatsverbindungen urteilen, in die sich sein Regent einläßt, es sei denn, daß seine Repräsentanten das dürften. Seinem Fürsten muß er es zutrauen, daß er das Leben seiner Untertanen nur der nahen oder fernen Sicherheit aufopfern werde. Der Fürst hat es zu verantworten, wenn er es um anderer eigensüchtiger Ursachen willen tut; und freilich gibt's wohl dabei *viel* zu verantworten. Ich rede auch jetzt nicht von der Finanzoperation, freiwillige Soldaten für eine andere Macht anwerben, und sie sich von ihr bezahlen zu lassen. Der beste Grund *für* sie ist der, daß sich arme Verblendete doch *bereden* ließen, ihre Freiheit und ihr Leben für den kärglichsten Unterhalt zu verkaufen. Aber die Söhne seiner Untertanen, die zur Sicherheit oder Verteidigung ihres Vaterlandes Soldaten wurden, in den Krieg zwischen zwei fremden Mächten zwingen, damit der Regent einige tausend oder hunderttausend Taler für sie ziehe; den Eltern ihre Kinder, den Kindern wohl gar ihre Väter in einem fremden Lande totschießen, und sich dafür eine bestimmte Summe bezahlen lassen, die dann vielleicht durch eine übermütige Mätresse, oder einen unersättlichen Günstling, oder durch Reisen in fremde Länder verzehrt, oder in eine Bank auf Zinsen gelegt wird; die Getöteten durch das Mark der Untertanen wieder ersetzen, den Jüngling vom Pfluge oder vom Handwerke, den Bräutigam aus dem Armen seiner jammernden Braut, den Mann wohl gar von der Seite seines ohnmächtigen Weibes wegreißen, damit er auch totgeschossen und akkordsmäßig bezahlt werde; das so weit treiben, daß Weiber den Pflug führen, und Greise wieder den Dreschflegel zur Hand nehmen müssen, damit nur die

Familie Brot habe: wer findet ein Wort für diesen mehr als
sultanischen Despotismus? Ich rede nicht gerne ohne Ehrfurcht, auch von Fürsten, die dieses Namens nicht wert
sind; aber kann man anders, als hier fragen: was wäre
Seelenverkäuferei, wenn das keine ist? Und das Volk fühlt
sie, wenn es auch lange schweigt! Ich hörte Väter klagen
über den Raub ihrer Söhne; ich sah ihre bebenden Lippen,
ihre zum Himmel emporstarrenden Augen, ihre krampfhaft
sich windenden Hände; ich sah manche gezwungene Soldaten, wie sie den Sklavenrock mit Füßen traten, und ihr
Gewehr an einem hingekritzelten Fürstenbilde versuchten;
ich hört' ihren gräßlichen Fluch, und sah ihren noch gräß-
lichern Blick! Ginge dieser Menschenhandel so fort, wer
bürgte dafür, daß nicht früher oder später ein ganzes Regi-
ment solcher Soldaten sich empören, daß es Anhang finden,
daß jeder beraubte Vater, jeder zum Schlachtopfer gezwungene Sohn ihr natürlicher Anhänger sein würde? Unmenschlichkeiten rächen sich früher oder später, besonders wenn sie
zum System worden sind. Und da verlasse sich kein deutscher Fürst auf die wohltätige Verfassung Deutschlands,
auf die Reichsgerichte, oder den Fürstenbund. Allerdings
sind so viele Schutzwehren in Deutschland, daß Empörung
nicht ungehindert um sich greifen kann. Ein Land, überall
mit Gruben durchschnitten, wird nicht so leicht über-
schwemmt. Aber wenn der Geist des Aufruhrs allgemein
wird; wenn die nämlichen Truppen, die ihn hemmen sollen,
sich für die Aufrührer erklären; wenn der Haufe der Empör-
ten sich wie eine Lawine fortrollt, und bei jedem Schritte
sich vergrößert, wenn von Fürsten, Reichsgerichten und
Offizieren zwar genug befohlen, aber von Untertanen und
Soldaten nicht gehorcht wird, wie das belehrende Beispiel
uns jetzt in Frankreich vor Augen schwebt; was helfen da
Reichsgerichte, kreisausschreibende Fürsten, und Fürsten-
bündnisse? Sobald der Strom ganz aus seinen Ufern getreten
ist, hilft kein Damm mehr! [...]

GOTTHOLD FRIEDRICH STÄUDLIN

# Ludwigs Todesurteil

29. Januar 1793

So ist es dann entschieden, das Schicksal dieses unglücklichen Königs, das die Erwartung von Millionen schon längst
auf den höchsten Grad spannte – dessen Ausgange die
Großen im Marmorpalast wie der schlichte Landmann in der
Hütte mit gleichbrennender Ungeduld entgegen sahen!
Geschehen ist, was kein redlicher Freund Galliens ohne
Empörung seines Innersten zu denken vermochte – Ludwig
wurde unterm 19. dies[es Monats] von der Nat[ional-]Kon-
vention zum Tode verurteilt. Der vollziehende Rat soll ihm
sein Todesurteil ankünden, und dieses ohne Aufschub, als
welchen 380 Stimmen gegen 310 verwarfen, binnen 24 Stunden von der Ankündigung an vollzogen werden. Schrecklich! Eine Nation, welche sonst die eiserne Rute ihrer
Despoten noch küssen, die ihre Karl (IX.), ihre Ludwige
(XI. und XIV.) noch blutend von ihrer tyrannischen Mißhandlung vergöttern konnte – eine solche Nation, sage ich,
mordet mit grausamer Legalität den gutmütigsten ihrer
Könige, der ihr so große Opfer brachte! Eine Stimmen-
mehrheit von 5 Richtern, die vielleicht habsüchtige und
blutdürstige – ja wohl gar bestochene Jakobiner, oder feige,
furchtsame Memmen waren, entscheidet vielleicht das
Schicksal von Europa. Leidenschaftliche Volksväter verwik-
keln Frankreich in einen beinah allgemeinen Krieg mit den
Großen der Erde, scheiden Hunderttausende tiefbeschämter
Edeln von der Sache der Franken, treten die Ehre der Nation
mit Füßen, und überliefern die Freiheit, welche sie empor-
zuheben wähnen, den fürchterlichsten Gefahren. Gegen der
Unverletzbarkeit stehendes Gesetz – ohne ihre Anklage
rechtlich erwiesen, ohne seinen Verteidiger widerlegt zu

haben, wollen sie racheglühend sein Haupt unter der Guillotine fallen sehen. [...]

So ruhe dann von deinen namenlosen Leiden, unglück-
lichster aller Könige Galliens! der, eines bessern Lohnes
seiner *Tugenden* wert, so schwer für die empörenden *Laster
seiner Vorfahren* büßen mußte! Du wirst – was du wünsch-
test – nützlich deinem Volke werden! Ja du wirst der größten Menschenwonne: Segen aus deinem Blute für die ganze
Menschheit keimen zu sehen – über den Sternen genießen!
Die schweren Leiden, in welche die Franken durch die
ungerechte Verspritzung deines Bluts sich gestürzt haben,
werden sie allmählich zu bessern Menschen, zu großen,
kühnen und tugendhaften Republikanern bilden. Das stete
Andenken an dein Leben und Sterben wird in den edlen
Fürsten die schönsten Entschlüsse wirken; die Despoten
aber werden, wenn sie in den Spiegel deiner Hinrichtung
blicken, erblassen und – menschlicher werden!!

ANONYMUS

## Kritik eines deutschen Patrioten über die damalige Lage von Frankreich und Deutschland

### 15. April 1793

[...] Woher diese schaudervollen Szenen? Woher diese
erschreckliche Veränderung der Sachen? Freilich treffen hier
mehrere Ursachen zusammen; allein die erste und haupt-
sächlichste Ursache, die alle übrige zum Zwecke bestimmet
und geführt hat, ist – *Irreligion, Freidenkerei*. [...]

Indes, da sich diese Begebenheiten in Frankreich zutragen, ward der große Vorhang aufgezogen; staunend kann

itzt die ganze Welt, besonders Monarchen und Fürsten die
innersten Geheimnisse und verborgensten Absichten der
Irreligion und Freidenkerei erschauen, darneben auch jene
der Religion und Kirche.

Es existierte also wirklich jenes fürchterliche Komplott in
der Welt, das man noch vor wenigen Jahren, ebenso wie den
*Jansenismus*, für Kinderschrecken ausgeben wollte, und exi-
stieret noch, welches *die Menschheit von ihren Bedrückern*,
wie sie sagen, *von der geistlichen und weltlichen Macht
befreien wollte, und noch will*; welches eine Welt, und ein
Menschengeschlecht ohne Religion, ohne Obrigkeit herstellen, und aus der Welt eine Hölle, aus Menschen Teufel
machen will.

Dies Komplott besteht aus den sogenannten *Freimaurern, Illuminaten* etc., aus *Jansenisten*, aus *Philosophen, Freidenkern*, denen zu ihren schaudervollen Absichten nicht nur unsere neumodischen Gelehrte und
Skribenten, sondern ganze Universitäten, und Gesellschaften, Regierungen, Minister und Staatsräte, noch mehr –
sogar Kirchenprälaten, wenn sie auch mit ihnen nicht förm-
lich verbunden sind, und öfters, ohne daß sie es selbst
wußten, fronen mußten.

Die vor wenigen Jahren in *Bayern* entdeckten *Frei-
maurer-* und *Illuminaten*-Grundsätze: »*Der Illumi-
nat, der in die höhern Grade kommen will, muß von aller
Religion frei sein. Kein Religionär wird in höhere Grade
aufgenommen. Der Zweck heiliget die Mittel. Das Beste des
Ordens billiget Verleumdungen, Giftmischung, Verräterei,
Eidbrüche, Rebellionen, alles, was Menschen-Vorurteile böse
nennen. Dem Landesregenten muß man weniger als dem
Ordensobern gehorsamen. Wollte jemand mehr dem Regen-
ten anhangen: so taugt er nicht für uns. Der Zweck des
Ordens ist kein anderer, als die Sklaverei der Fürsten, des
Adels und der Geistlichkeit beschränken, eine Gleichheit der
Stände und Religion herzustellen, und die Menschen frei und
glücklich zu machen. Die Regenten sind Despoten, wenn*

*sie von uns nicht regiert werden; sie haben kein Recht über
uns freie Menschen. Fürsten- und Vaterlandsliebe widersprechen dem weitaussehenden Gesichtspunkte des Ordens. Endlich* tous les rois, et tous les prêtres etc., *alle Könige und
Priester sind nur Sp— und Verräter u. s. w.«:* Diese vor
wenigen Jahren entdeckten und gerichtlich erhobenen
Grundsätze der *Freimaurer* und *Illuminaten* gaben
uns schon einen ziemlichen Aufschluß von Freimaurer-
Geheimnissen; und die wirklichen Unternehmungen des
Nationalkonvents in *Paris*, oder der *Jakobiner* in Frankreich, die nichts mehr und nichts weniger sind als der bloße
Praxis von der vorgehenden Theorie, lassen uns nicht den
mindesten Zweifel mehr übrig.

Dies Komplott nun hat zur Erreichung seines erschrecklichen Endzweckes es am ersten mit der geistlichen Macht,
mit der Religion, der Kirche und dem Priestertume aufgenommen, weil es glaubte, mit dieser eher fertig zu werden,
und hiezu die weltliche Macht selbst brauchen zu können;
diese letztere müsse hernach, wenn einmal Religion und
Kirche verdrungen ist, von selbst fallen.

Und um diese zu stürzen, was wurde getan? Welche
fürchterliche Bilder wurden den Fürsten und Königen von
der hierarchischen Gewalt und Macht der Kirche in ihren
Staaten, die sie *Pfaffenmacht* zu nennen beliebten, gema-
chet? Wie gehässig wurde jene Gewalt vorgestellet, die zur
Erhaltung der Einigkeit des Glaubens und der Sitten unumgänglich notwendig, und der Kirche von ihrem göttlichen
Stifter selbst gegeben worden ist? Alles, was ketzerische
Irrlehrer vom Staate im Staate, von Einheit der höchsten
Macht zur Verteidigung ihrer Irrtümer je erdacht haben,
wurde gesammelt und vermehret, um die Kirche nicht mehr
als eine wohltätige Mutter und Erhalterin der Staaten, sondern als eine Feindin derselben vorzustellen, die ihnen
gefährlicher sein dürfte als Türken, als afrikanische Seeräu-
ber. Der Papst wurde als Despot und Tyrann aller Fürsten
und Könige geschildert, der seine geistliche Macht auf

Kösten der weltlichen auszudehnen sucht; die Bischöfe,
Priester und besonders Ordensgeistliche als seine Diener
und Mitverschworne gegen Landeshoheit, gegen die Rechte
der Kronen und Könige etc.

Was war leichter, als feurige und auf die Rechte ihrer
Kronen eifersüchtige Fürsten gegen Papst, Bischöfe und die
ganze Kirche äußerst mißtrauisch zu machen? – Man wurde
dann aufmerksamer auf eine päpstliche Bulle als auf eine
feindliche Flotte in der See; es mußte vorher das königliche
Placet abgewartet werden; ja noch mehr, nämlich die Ein-
registrierung in die Parlamentsregister, und gnädiges Belieben aller Parlamentsglieder, um eine von Gott geoffenbarte
Wahrheit auch in Frankreich glauben zu dörfen. Die Bischöfe, die der Heilige Geist gesetzet hat, um die Kirche
Gottes zu regieren, mußten vorher die Erlaubnis ihrer eigenen Schüler abwarten, um etwas zum Heile ihrer Untergebenen verordnen zu dörfen. Man drang sich weltlicherseits
auf allen Seiten in das Heiligtum ein, ohne den Geist Jesu
Christi zu haben, um Verordnungen in der Kirche machen
zu können, und zwar öfters mit öffentlichen Prostitutionen
der Kirchenprälaten. Was mußte hieraus anders folgen als
Unordnung, Zerrüttung, Greuel der Verwüstung in dem
Hause des Herrn? Schlechte Priester, die es, leider! überall
gibt, ließen sich mieten, oder durch die Hoffnung einer
bessern Pfründe anlocken, gegen Kirche und Kirchenmacht
selbst zu schreiben oder zu handeln. Die *Jansenisten*
zeichneten sich hierinfalls am meisten aus; denn so wie alles
von diesen Heuchlern unter dem Deckmantel der Erbauung
auf das Verderben und den Untergang der Kirche abzielte:
so zwackten sie auch alles, was sie nur konnten, der Kirchenmacht ab, und räumten es der weltlichen ein. Die
Religion wurde am Ende bloß als ein Teil der Politik behandelt, und zwar auf eine solche Weise, daß es der Bauer
hinterm Pfluge merken mußte, Pfarrer, Bischof, Papst, Kirche und Kirchenmacht gelten nichts mehr in der Welt; aber
eben darum achtete jedermann seine geistlichen Vorsteher

desto weniger, und verkostete dadurch die ersten Früchte
der Freiheit.

Dies sind Tatsachen, wovon die ganze Welt Augenzeuge
ist, und itzt erst sieht man die Folgen ein, die man schon
längst hätte einsehen können und sollen.

Indes, daß wir dieses ansehen, und die Macht der Kirche
herabgesetzet, und schier zu einem Nichts gemacht worden
ist, hat sich die Freidenkerei immer mehr emporgeschwun-
gen. Nicht nur Kirche, sondern das Christentum selbst und
die erhabensten Geheimnisse unsrer heiligen Religion wurden mit gotteslästerlichem Spotte durchgelassen; sogar Gei-
stigkeit, Unsterblichkeit der Seele, Existenz Gottes wurde
verlachet und verhöhnet. Die gottlosesten Bücher wurden
scharenweise verbreitet; mehrenteils waren sie ungemein
schön und reizend geschrieben, damit sie desto lieber gelesen, und das tötende Gift desto begieriger eingeschlucket
wurde; sie gerieten in tausend und tausend Hände, weil es
einmal wahrer Ernst war, sie zu unterdrücken.

Es glückte sogar dieser Feindin der Thronen, einen Thron
zu erobern, und die mehresten von Europa zu umgeben;
unerforschliche Urteile Gottes ließen die Waagschale des
Glückes zur Züchtigung des Menschengeschlechtes und
Prüfung der Standhaftigkeit im Guten auf die Seite der
Philosophie neigen; und eben dies war die Epoche, wo diese
Höllenfurie auf alle Provinzen Europens, besonders auf
Frankreich, mit allem Gewalt stürzte. Es wurden geheime
Versammlungen auf Versammlungen errichtet; in jeder
Stadt, und auch in geringen Örtern Frankreichs war ein
Klub, der das genaueste Verzeichnis der ihnen Entgegen-
stehenden, das ist: Gutgesinnten, hatte; es wurden Kas-
sen angelegt, um durch Geld alles durchzusetzen; es wur-
den Schriftsteller gemietet; Räte, Minister und Regierungen
in Sold gehalten; eine Propaganda aufgestellet; viele tausend unschuldige Tropfen, freilich im Grunde nicht ganz
Unschuldige, wurden um ihr Geld, Ruhe, Gesundheit, Be-
rufsgeschäfte gebracht, um einem Abfaume des Menschen-

geschlechtes zu seinen erschrecklichen Absichten zu dienen,
die sie selbst nicht einmal wußten. Die vorgehende Kaltsin-
nigkeit im Christentume, der Luxus, der Hang zum Wohl-
leben, und die damit verbundenen Laster waren die zweck-
mäßigste Vorbereitung, sich über alle göttliche Gebote
und Offenbarungen hinauszusetzen. Die Übermacht der
*Freidenker, Freimaurer*, die sonst niemanden zu
einer Versorgung verhilflich waren als nur Leuten von
ihrer Verbrüderung, wurde noch überdies manchen Schwachen ein Zwang; sogar geistliche Personen und Priester,
freilich der Abfaum des Priestertumes, ließen sich von dem
Strome hinreißen: kurz, die Freidenkerei und Irreligion hat
in Frankreich, besonders in den letztern Jahren, wo allen
Sekten freier Eingang und freie Religionsübung gestattet
war, das Übergewicht bekommen, und die Menschheit daselbst von ihren Bedrückern, der Religion und geistlichen
Macht, befreiet.

Dies sind wieder Tatsachen, die vor den Augen der ganzen Welt geschehen sind; man darf nur die Data zusammset-
zen, um ganz überzeuget zu werden.

Man war also mit der Religion und geistlichen Macht so
gut als fertig. Die Menschheit sollte auch von ihrer zwoten
Bedrückerin, der weltlichen Macht, befreiet werden. Ist die
Sache mit der Vertilgung der geistlichen Macht fein angestel-
let worden: so wurde sie mit der Vertilgung der weltlichen
Macht ebenso fein angestellt. Den Fürsten und Großen
wurde auf eine bisher in der Christenheit noch unerhörte
Art zu schmeicheln angefangen; sie wurden Ebenbilder Gottes, Stellvertreter Gottes, Gottheiten der Erde, Götter der
Welt betitelt; und so wie die Titel war auch der Pracht, den
man an den Höfen besonders bei öffentlichen Feierlichkei-
ten anordnete. Die Ehre der Nation, das Ansehen der Krone
mußte dies alles erfordern; der beste Fürst mußte irregeführt
werden; die gewaltigen Armeen, die erhöhten Besoldungen,
andere Staatsbedürfnisse erfoderten wiederum ihre Summen; alte Staatsschulden waren ebenfalls noch da, von denen

die Interessen bezahlt werden mußten; die Finanzen wurden so hoch gespannt und getrieben, als es nur möglich war, und den Untertanen Abgaben auferlegt, als viel man menschlicher Weise auferlegen konnte.

Nichts taugte den Philosophen in ihre Krame so vortrefflich als eben dies; denn niemand wußte alle Umstände, alle Gelegenheiten und Unordnungen zu seinem Zwecke so gut zu benutzen als sie. Sie waren es, die die Fürsten zu jenem Aufwande und auch zu jenen Auflagen ihrer Untertanen verleiteten; und eben sie waren es wiederum, die den Untertanen ihre Abgaben, ihr Schicksal und ihren Zustand so vorzumalen wußten, daß sie ihnen unleidentlich werden mußten: *Der Fürst, der Adel, die Pfaffen*, sagten sie, *leben bloß von dem Schweiße der armen Untertanen, den sie auf eine unerlaubte Art vertun; sie nehmen das Mark und den Kern zu sich, den Untertanen lassen sie kaum die Hülsen; alle Menschen haben gleiche Rechte, und sollen gleich gehalten werden; nur Tyrannen haben sich über ihre Mitmenschen erhoben, und sie unter ihr Joch gebracht, denen die Pfaffen mit Aberglauben und Schwärmerei dazu geholfen haben.*

Friedrich Gentz

## Anmerkungen zu Edmund Burkes »Betrachtungen über die Französische Revolution«

1793

[...] Der politische Grundsatz, nur die Besitzer eines beträchtlichen Eigentums zu den Stellen in einer gesetzgebenden Versammlung gelangen zu lassen, ist in der Natur der gesellschaftlichen Verhältnisse gegründet. Der, welcher etwas besitzt, hat alle die Zwecke dessen, der nichts besitzt, gemeinschaftlich mit ihm, und nun noch einen eigentümlichen Zweck, eine besondre Rücksicht, in der Sorge für die Erhaltung seines Eigentums. Das Interesse der Eigentümer ist in seinen Händen gesichert, weil es sein eignes ist, und er wird auch nicht leicht in einen Beschluß einstimmen, der die Klasse der Nichtbesitzer wesentlich angreift, weil ein jeder solcher Beschluß nur allzu leicht seine eigne Klasse viel empfindlicher trifft. Dagegen wird der, welcher nichts besitzt, so bald er Gesetze geben darf, unausbleiblich den Eigentümer verletzen, zumal da dies (wenigstens für den Augenblick) immer der größte und glänzendste Dienst ist, den er seiner eignen Klasse leisten kann.

Das Einleuchtende in diesem Grundsatz, der das *erste Prinzip der Festigkeit* in einer Staatsverfassung ist, hat selbst die schwärmerischen Gleichheitsverfechter in der konstituierenden Nationalversammlung bewogen, im offenbarsten Widerspruch mit ihrer ganzen chimärischen Theorie, einen Unterschied zwischen *aktiven* und *nicht-aktiven* Bürgern einzuführen. Durch diese Einrichtung ist aber noch wenig gewonnen. Denn 1) sind die Bedingungen, auf welchen es beruht, ein wahlfähiger Aktivbürger zu sein, viel zu unbedeutend, als daß der wahre Endzweck dieser Distinktion dabei erreicht werden könnte. 2) Ist keine besondre notwendige Qualifikation für die Stellen in der obersten gesetzgebenden Versammlung vorgeschrieben: jeder Aktivbürger kann ohne Unterschied Mitglied dieser Versammlung werden. Wenn also auch die französische Konstitution die Eigentümer nicht geradezu von der Regierung *ausschließt*, so ist sie doch darum schon äußerst fehlerhaft, weil sie dieselben nicht *vorzugsweise begünstiget*. Dieser Fehler mußte einer Konstitution, welche ohnedies in Ansehung der Wahlformen ganz demokratisch organisiert ist, die entschiedenste Tendenz geben, alle öffentliche Macht in niedrige Hände zu liefern. Das erste große Produkt dieser gefährlichen Tendenz ist die zweite französische Nationalversammlung gewesen. Das, was *Burke* hier von der ersten behauptet: »die Regierung des Landes sei nicht in den Händen der Eigentümer« – das gilt weit uneingeschränkter von diesem beispiellosen Gesetzgebertrupp, der zu einer Zeit entstand, wo die Fehler der neuen Konstitution in dem allgemeinen Mißtrauen gegen alles, was hervorragte, gerade die Stimmung der Gemüter vorfanden, die sie in ihr hellstes und furchtbarstes Licht setzen konnten. Es ist ein bekannter Umstand, daß, nach einer dieserhalb angestellten Berechnung, die sämtlichen Mitglieder der (zweiten) gesetzgebenden Versammlung nicht ein jährliches Einkommen von 100000 Livres aufzuweisen hatten. [...]

Das Lächerliche in dem Verfahren derer, die die neue Konstitution von Frankreich auf das, was sie die *Rechte des Menschen* nannten, zu erbauen Willens waren, lag nicht in ihrem Forschen nach diesen Rechten und in ihrer Ehrfurcht vor ihnen. Wenn dieses Forschen auch ohne Erfolg, wenn diese Ehrfurcht auch schwärmerisch gewesen wäre, so hätten sie allemal, wo nur nicht Heuchelei im Spiele war, Beifall und Achtung verdient. Aber daß sie mit diesen *Rechten* auszureichen gedachten, daß sie mit diesen *bloßen Rechten* ausgerüstet einen *Staat*, der noch ganz andre Materialien erfordert, zu errichten träumten, das war das Kindische in ihrem Unternehmen. Der, welcher eine Fahrt durch den unermeßlichen Ozean wagen will, und damit *anfängt*, daß er sich den Polarstern bekannt macht, wird von keinem Sachverständigen getadelt werden! Aber wenn er hier seine Vorbereitung *endigt*, wenn er im törichten Vertrauen auf diese leere Präliminarkenntnis, ohne Steuerruder und Kompaß und Seeuhr und Karten, in einer leichten Barke *die Reise um die Welt* beginnt, so wird er als ein Idiot verlacht, und zeitig genung als ein Tollkühner gestraft werden. [...]

HEINRICH WÜRTZER

# Revolutionskatechismus

1793

[...] Was ist denn aber unter diesem größten Worte eigentlich zu verstehen? – In der Tat eine sonderbar scheinende Frage zu einer Zeit, worin wir mehr als *eine* merkwürdige Revolution erlebten; und dennoch ist es wahr, daß sie für einen großen Teil sowohl enthusiastischer Lobredner als geschworner Feinde der französischen Staatsveränderung noch einer Beantwortung bedarf. Unter *Revolution*, im allgemeinsten Sinne des Worts, denken wir uns *jede merkliche Veränderung in dem Zustande der Dinge*, bei welcher Veränderung in denselben eine andre als die bisherige Ordnung anfängt; es mag solche von vormals schon stattgefunden haben oder nicht. So reden wir von *Revolutionen der Himmelskörper*, die über unsern Häuptern rollen, und *des Planeten*, den wir bewohnen; von *Revolutionen der Jahrszeiten*; von *Revolutionen*, die im *Staate*, in der *Kirche*, in dem *Handel*, den *Sitten der Völker*, den *Wissenschaften* und *Künsten* vorgegangen sind; ja wir reden von *Revolutionen in unserm* eigenen *Körper*.

In dem Systeme der Völker und Staaten gehen *Revolutionen* vor, wenn sich ihre bisherigen Verhältnisse gegeneinander durch Bündnisse, Eroberungen, Ab- oder Zunahme ihrer innern oder äußern Kräfte merklich verändern. Ägyptier, Assyrer, Perser, Mazedonier, Römer, Parther, Goten waren einst herrschende Völker. Griechen glänzten durch Wissenschaften und Künste; sie waren mächtig genug, sich gegen die größte Macht von Asien zu behaupten; Phönizier und Karthaginienser blühten durch Handel und Schiffahrt, und die letztern wurden sogar furchtbare Nebenbuhler der mächtigen Römer. Und was ist aus diesen großen und berühmten Völkern geworden? Staaten, die noch vor wenigen Generationen bei den übrigen Furcht und Eifersucht erregten, sind jetzt von ihrer Höhe herabgesunken; und andre, welche damals noch kaum unter den europäischen Mächten mitgezählt wurden, schreiben jetzt den übrigen Gesetze vor. Völker, zwischen welchen vormals jedes freundschaftliche Verhältnis unnatürlich geschienen hätte, stehen gegenwärtig miteinander in engsten Bunde; und andre, die sonst ein gemeinschaftliches Interesse vereinigte, sehen jetzt einander beinahe als natürliche Feinde an. Völker, die vormals durch Künste und Handel sich alle übrige Nationen zinsbar machten, sind jetzt für die notwendigsten Bedürfnisse dem übrigen Erdboden zinsbar geworden. Einige dieser Revolutionen waren gewaltsame Folgen heftiger Bewegungen, und andre wurden durch mehrere aufeinander folgende oder zusammentreffende Umstände allmählich und auf eine fast unmerkliche Weise hervorgebracht.

So wie ganze Völker- und Staatensysteme, so sind auch einzelne Staaten von jeher verschiednen Veränderungen unterworfen gewesen. Eine solche *Veränderung, die in Absicht auf die Regierung eines Staates eine andre als die bisherige Ordnung der Dinge hervorbringt*, nennen wir eine *Staatsrevolution*. Nach einem neuern, schöngeisterischen Ausdruck heißt sie eine *Staatsumwälzung*; ein Ausdruck, bei dessen Bildung der Erfinder wohl keine andre Absicht hatte, als die deutsche Sprache mit einem neuen Worte zu bereichern.

Nicht immer wird bei einer Staatsrevolution, wie es in Frankreich geschehen ist, das ganze Gebäude der Regierung gewaltsam und plötzlich über den Haufen geworfen, um auf den Ruinen desselben ein ganz neues wieder aufzuführen. Bald wechseln nur die höchsten Gewalthaber, wider die bisher gewohnte Ordnung, bald werden die verschiednen Gewalten selbst auf eine andre Weise verteilt. Die wichtigsten Veränderungen erregten oft nicht die geringste Aufmerksamkeit; ein andermal brachte die geringste Neuerung die fürchterlichsten Volksunruhen hervor, und eine unvorsichtige Hand durfte nur den kleinsten Teil der Verfassung etwas unsanft berühren, um den ganzen Staat an den Rand des Verderbens zu bringen.

Landesstände oder Parlamenter haben bald durch Mißbrauch ihrer Rechte, bald durch gewalttätige Eingriffe von Seiten des Regenten und seiner Minister, bald durch freiwillige, ruhige Unterwerfung, ihren Anteil an der Regierung des Staats verloren, und eingeschränkte Monarchien sind in absolute monarchische Staaten verwandelt worden.   [...]

Konrad Engelbert Oelsner

Luzifer

[Juni 1791]

[...]  Von Ludwigs Flucht, Arrestation, seinem dritten demütigenden Einzuge in Paris und seiner Gefangenschaft werden Sie durch die öffentlichen Blätter unterrichtet sein. Vorgestern sind die Königin und der König verhört worden; ich wüßte im Deutschen den gelinden Ausdruck der Versammlung nicht nachzuahmen. Ihre beiderseitige Aussagen beweisen, daß ihre Inquisitorn zugleich ihre Advokaten sind, sie rechtfertigen sie aber ebenso wenig, als sie den Unwillen des Volks vermindern. Die Versammlung scheint unschlüssig, aber sie läuft Gefahr, fortgejagt zu werden, wenn sie den König nicht vom Ruder, wenigstens auf einige Jahre, entfernt. Wären die Franzosen nicht noch lächerlich für die königliche Würde eingenommen, welch eine günstige Gelegenheit, dieselbe völlig abzuschaffen! So lange den König das öffentliche Zutrauen umgab, wäre es gefährlich gewesen, in eine der unbesuchtesten Tiefen des Systems der bürgerlichen Gesellschaft zu dringen, jetzt wird es gleich gefährlich, solches nicht zu tun. Allein, da gewisse Ränkeschmiede bemüht sind, dem einfältigen Publikum Abscheu gegen dergleichen Untersuchungen beizubringen, so läßt sich nicht hoffen, daß man kaltblütig forschen werde, welche Form, welche Maßregel nicht die beste, sondern nur mit den wenigsten Nachteilen, in den jetzigen Umständen, verbunden sei. Es gibt bloß zwei Mittel, die Menschen zu regieren; die Furcht und das Zutrauen. Entweder stelle man den Despotism wieder her, ebenso unmögliches als ungerechtes Beginnen, oder man stelle eine Form, oder einen Mann auf, der nicht wie Ludwig der 16. das Zutrauen auf immer verscherzt hat. Jeder Mezzotermine wird schwach und für alle unglücklich sein.

Die französische Akademie hatte Ludwig dem 16. den Titel des ehrlichsten Mannes in seinem Königreiche zuerteilt, und wie sich die Menschen überhaupt durch Worte gängeln lassen, so war es allgemein angenommen, daß der König solches sei. Der größte Teil der Nation also, im festen Vertrauen auf die Redlichkeit des Königs, ließ sich's nicht im Traume einfallen, daß er mit verräterischen Anschlägen umgehe, sondern hielt für Verleumdung und Schwärmerei alles, was einige wohl unterrichtete öffentliche Blätter darüber sagen mochten.

Ich leugne nicht, die nämliche Meinung geteilt zu haben. Mit Hülfe dieses Talismans und der allmächtigen Zeit hätte Ludwig und vielleicht seine Nachkommen noch lange den unruhigen Geist der Demokratie im Zaume gehalten. Seit einigen Monaten überdem fing die Meinung des Publikums an, der exekutiven Gewalt günstiger zu werden. Die Nationalversammlung befand sich in den besten Gesinnungen, bei der Revision alle der königlichen Macht zur Handhabung des Gesetzes nötige Energie zu geben, sie mit Respekt zu umringen, und ich zweifle nicht, daß binnen einigen Jahren die Königin selbst, bei einer klugen Aufführung, in der

öffentlichen Meinung rehabilitiert gewesen wäre. Ich habe
nie erwartet, daß sie jemals Geschmack finde, eine konstitutionelle Königin zu sein; allein ich traute ihr Klugheit zu; ich
glaubte, daß sie wüßte, wie groß, besonders über die Franzosen, die Magie der Royoötät noch lange sein zu sollen
scheint; wie wenig schwer es ist, sich bei einem Volke
beliebt zu machen, das so überaus leicht vergißt und vergibt.
Allein die Königin ist keine Frau von Geist, sondern ein
Tollkopf wie ihr Bruder Joseph, und dabei durch weibliche
Rachsucht und Ehrgeiz geblendet.

Das Reiseprojekt, wodurch man alles aufs Spiel gesetzt
hat, scheint mir ebenso übel ersonnen als übel ausgeführt zu
sein. Unser Freund wird Ihnen einen Brief mitgeteilt haben,
worin ich von den Vorwürfen rede, die Bouille verdient hat,
jetzt will ich mich bloß bei dem Verfahren des Königs
aufhalten. Denken Sie, er hatte drei Vorreiter und eine
Eskorte von hundert Mann zu Begleitern. Zwei junge Leute,
Leblanc und Pontaut, mit ungeladenen Flinten, welches der
König freilich nicht wissen konnte, halten den Wagen an,
und der König ergibt sich mit dem Aufrufe: Bah! tut mir
und den Damen nichts zuleide. – Konnte er nicht, indem er
sich mit einem imponierenden Anstande und auf eine überraschende Art seiner Eskorte sowohl als den Anhaltenden zu
erkennen gab, versuchen, ob und was sein Königslaut vermöge? Es ist unbegreiflich, wie sich in der Truppe nicht ein
einziger Mann von Mut und Geistesgegenwart gefunden
hat! – Auf was für eine unbehülfliche Weise sie reisten; zu
einer Reise, die nicht mehr als zwanzig Stunden dauern
konnte, hatten sie einen Wagen, der mit einem Nachtstuhle,
mit einem Ofen, Brühe zu heizen, kurz mit allem, was eine
gefräßige Majestät bedarf, nur mit keinem Paar Pistolen
versehen war. – Ohne Eskorte, mit einem Vorreiter, der nur
gerade so viel als andre bezahlt, hätte die Equipage keinen
Verdacht erregt, allein die drei Leibgarden warfen erstens
mit Gelde um sich, und sprachen dann mit den Postillons
aus einem so vornehmen Tone, . . . .

Daß man auf keine Widerwärtigkeit durchaus nicht gerechnet hatte, zeigt das Mémoire, welches der König zurückließ, und mit dem man wenigstens hätte warten sollen, bis er sicher über die Grenzen war; oder statt sich gerades Weges zum Meineidigen zu erklären, und der ganzen Revolution das Todesurteil zu fällen, hätte man nicht sagen können, der König entferne sich, bloß um einige Dekrete abgeschafft zu wissen, die er für das angenommne Freiheitssystem und dem Besten des Volks nachteilig glaube. So wäre er ganz uneigennützig erschienen. Allein der Hof ist blödsinnig wie sein Chef. Die Rache läßt diesen Leuten bloß sehn, was sie wünschen. Man hatte sich geschmeichelt, der Tag der Flucht würde ein Tag des Blutvergießens sein. Man hoffte einen Teil des Volks über Lafayette herfallen, den andern Partei für ihn nehmen zu sehn. Man versprach sich Zerrüttung und Aufruhr. Der Brief des Königs sollte Öl ins Feuer gießen. – Der Königin Hoffnungen sind unerfüllt geblieben. Nie ist die Eintracht unter den Patrioten größer gewesen, als den 21. und 22. Juni, zwei glänzende Tage in der französischen Geschichte. [...]


[Juli 1791]

[...] Das Manifest des Herzogs von Braunschweig stürzte Ludwig den XVI. vom Throne. Wenn die europäischen Fürsten noch jetzt durch Drohungen zu wirken hoffen, so stürzen sie die unglückliche Familie ins Grab. Fürbitten, sanfte Vorstellungen, Friedensanträge allein können den König und seine Gemahlin dem Blutgerüste, oder der gewaltigen Erwürgung eines Auflaufes entreißen. Aber es steht zu fürchten, daß der Fürstenstolz das Gegenteil von dem tun wird, was die Vernunft, die wohlverstandene Menschlichkeit rät, er hat es bis jetzt immer getan. Nun so wird es Verbrechen der Fürsten sein, weil man ihnen vorher gesagt hat, welcher entsetzlichen Entschlüsse der wütend gemachte

Fanatism fähig ist. Auch Ludwig dem XVI. ist das zu seiner
Zeit verkündigt worden, ein anderer Fanatism aber, Prie-
ster- und Hofschranzen-Fanatism haben ihn taub gemacht.
Noch vor zwei Monaten, noch vor zwei Wochen, war es
Zeit, sich vom Untergange zu retten, – er durfte beliebte
Minister zurückrufen, und endlich den ernsten Willen zeigen, den Krieg mit Nachdruck betreiben zu lassen. Man hat
geglaubt, ein ganzes Volk wie einen Favoriten, einen akkre-
ditierten Minister, eine Kompagnie, eine Klasse überlisten
zu können, durch Liebkosungen, durch Versprechungen,
durch Drohungen, durch Fallen, und alle die verschlagenen
Mittel, deren sich die Höfe zu bedienen gewohnt sind. Aber
der Verstand einer ganzen Nation besitzt eine *rohe Stärke*,
über die nur allein freimütiges Handeln vermag, die kleine
Bedenklichkeiten, kleine Rücksichten und Zweifel nicht in
ihrem Laufe aufhalten, die Mangel an Aufrichtigkeit und
Verräterei in eine Klasse wirft. Die Zeit hätte vielleicht dem
Hofe freiwillig gegeben, was er jetzt durch Verstellung,
durch Intrigen etc. zu seinem Ruine gesucht – einen
Zuwachs von Macht. Er grub seine eigne Grube. Es ist ihm
gegangen wie jenem Hypochondrisien, der eben, weil er den
Polypen zu fühlen meinte, ihn wirklich bekam. Die republikanische Partei, anfangs ein schüchternes Wild, hat durch
des Hofes Furcht Mut, durch die verkehrte Aufführung
desselben siegende Kraft bekommen.

[Herbst 1792]

Über den Gewalttätigkeitshang und die Ausschweifungs-
sucht der Cordeliers bin ich nie im Irrtume gewesen, aber
ich habe nur wenig, doch bisweilen gefürchtet, daß die
hirnlose Verräterei des Hofes, die Schwäche der Nationalversammlung und der Magisträte ihnen diejenige Bedeutung
geben könnten, welche sie jetzt erlangt haben. Meine
Freunde, die mich lesen, müssen sich aus unserm Privat-

briefwechsel erinnern, daß ich ihnen Robespierren und Danton geschildert, wie sie sich in den gegenwärtigen Begebenheiten gezeigt haben. Ich kenne die kadavröse Physiognomie Marats nicht, aber ich hatte Gelegenheit, seine beiden Mitbrüder öffentlich und im Privatumgange zu sehen, und niemals habe ich von den wilden Zügen Dantons, von dem Katzentigergesichte Robespierres, dessen trockene Lippen nach Blute dürsten, dessen Muskeln in einer beständigen konvulsivischen Bewegung, wie die eines Erdrosselten, sind, selbst wenn ich beider Grundsätze nicht gekannt hätte, Gutes geahnet.

Wenn zu Ende der römischen Freiheit Triumvirate entstanden, so waren es gewöhnlich die reichsten, die durch ihre Geburt und Talente angesehensten Bürger an der Spitze mächtiger Armeen; hier sind drei Leute, welche fast nichts von allen dem besitzen, was jenen Anhang und Übergewicht gab, gleich beim ersten Auffluge der Freiheit dem Gelingen eines solchen Unternehmens nahe gewesen, und haben die Hoffnung dazu sicher nicht aufgegeben. Niederlagen der Armeen, Anarchie, die das Triumvirat durch alle mögliche Künste anzufachen sucht, und Mangel an überlegter Energie von Seiten des Konvents, der gleich anfangs Marat, Robespierre und Danton zu zerschmettern suchen muß, können ihnen eine freilich nur vorübergehende, aber höchst schauerliche Existenz geben. Wer vermag sich des bittersten Unwillens zu enthalten, und fürchtet nicht das ärgste, wenn man die Kommissare des Triumvirats (das nur schon gar zu viele Realität zeigt, dem vielleicht nur die bloße Form einer öffentlichen Einsetzung fehlt) in allen Bezirkschaften, wo sie als wahre Apostel der Anarchie erscheinen, blinden Gehorsam finden sieht? Nein! eine Nation ist nicht frei, bedarf noch vieler harten Prüfungen, bei der es einer Macht, die keine andere Sendung hat als ihre eigene Willkür, bei der es einer solchen Macht erlaubt ist, ungestraft mehr als einen Tag zu herrschen. Nein! eine Nation ist nicht frei, bei der sich nicht Männer gefunden haben mit dem Tyrannenhasse,

Robespierre, Danton und Marat zu ermorden, und in deren
Senate diese Bösewichte, diese Bluthunde sitzen dürfen. Der
Königs-Despotism wird nichts über sie vermögen, aber sie
wird lange noch Sklavin ihrer Demagogen sein.

So weit die Geschichte reicht, gibt es noch kein Beispiel
größerer Auflösung eines Staats. Drei Arten von Kommissa-
ren, von der Nationalversammlung, der Munizipalkommission, der exekutiven Gewalt, mit unumschränkten Voll-
machten versehen, durchkreuzen die Armeen und die
Departementer, sie schalten und walten, wie es ihnen gut
dünkt, und werden sich am Ende die einen so wie die andern
arretieren lassen. In Paris und fast nirgends gibt es eine
Polizei. Wir leben auf Treu und Glauben der ersten Handvoll Schufte, der es über unser Leben und Eigentum herzu-
fallen beliebt, und die für ihre Handlungen keinen andern
Zaum findet als ihre *selbsteigene Moral.* Das Bedürfnis der
Sicherheit hat daher einige Bürger angetrieben, sich indivi-
dualiter zu föderieren; wenn man über dein Haus herfällt, so
springe ich dir zu Hülfe, du tust das nämliche für mich. Die
Sektion de l'Abbaye ist dem Beispiel gefolgt, und hat eine
ähnliche Föderation den übrigen Sektionen angetragen. In
diesem Anfange von Zivilisation stehet jetzt die Gesellschaft; sieht es nicht aus, als wenn wir gerade aus den
Wäldern kämen? – Aber so geht es, und wird es allenthalben
gehen, wo sich nicht ein ehrlicher Mann und ein Mann von
Genie und Mut findet, einem notwendigen und unvermeid-
lichen Impulsus, wie dem des zehnten Augusts, zur rechten
Zeit den Schlagbaum vorzuschieben, damit sich nicht Schurken der Gewalt bemächtigen.

Wer alles umgekommen sei, läßt sich schwer bestimmen;
eine Menge Leute, die man versteckt glaubt, befindet sich
wahrscheinlich unter den Hingerichteten; die Privatleiden-
schaften haben ihr Spiel getrieben. [...]

# Resultate meiner Sendung nach Paris

1800

[...] Noch mehr: in den ersten Tagen meiner Jugend haben sich die Ideen von Republikanism und Verbesserung der politischen Lage der Menschheit und ihrer gesellschaftlichen Verhältnisse mit meinem ganzen Wesen verschmolzen; ich habe ihnen angehangen mit Wärme und Selbstverleugnung, an sie meine erste und beste Lebenskraft verwendet, nur in ihnen gelebt, und auf sie das Gleichgewicht meiner innern Natur begründet. Der Drang der auf mich einstürzenden Erfahrungen mußte sehr groß, die Masse der dahin Bezug habenden Erscheinungen sehr gehäuft und ihr Eindruck sehr schneidend sein, wenn ich sie aufgeben sollte für diese gegebne Menschheit, wie sie jetzt lebt; wenn ich anerkennen sollte, daß die gegenwärtige Generation für die Freiheit verloren ist, daß alle die Kraft, das ganze gräßliche Kapital von Menschenleben und Menschenglück, das zu ihrer Erhebung verwendet wurde, tot da liegt, und für die Gegenwart keine, für die nächste Zukunft nur sparsame Zinsen tragen wird. Ich mußte mich sträuben gegen diese Überzeugung, solange ich konnte; was vermochte die Wunden zu heilen, die sie mir schlug; was die große Lücke, die sie in mein Inneres riß, und die Kluft, die sie zwischen ihm und der äußern Welt öffnete, wieder auszufüllen? Wenn ich aber doch dem Strome wich, und mich von Bildern losriß, die zugleich mit meinem Geiste aufgekeimt waren, dann muß ich das Vorurteil für mich haben, daß ich die Dinge nicht geflissentlich in trübem Lichte sah. [...]

Die Entstehung der Revolution, so wie wir sie soeben in einem zwar etwas frivolen, aber gewiß passenden Bilde geschildert haben, war reine Sache des Gefühls und der

Leidenschaft. Keine vorhergegangene verhältnismäßige Bildung des Geistes fesselte das Objekt dieser Leidenschaft durch höhere geistige Bande an das Gefühl, und bewahrte, indem es in das Innere des geliebten Gegenstandes eindrang, und dort erst den wahren Wert desselben aufsuchte, jenen Sinn, der immer nur an den äußern Formen klebt, vor Gleichgiltigkeit und Kälte; endlich keine vorhergegangene Konsolidierung des Charakters stählte die einmal eingegangenen Verhältnisse gegen die Angriffe der Zeit, und schützte vor jener Wandelbarkeit, die einen vorübergehenden Rausch der Empfindung bezeichnen muß. Das Schicksal dieser politischen Liebschaft war also das nämliche, was jede andere individuelle Liebschaft haben muß, die auf ähnliche Fundamente gestützt ist. Sie fing mit Enthusiasm und Trunkenheit an, rang mit Übeln und Leiden, die sie herbeiführte, verkühlte nach und nach in dem kältenden Strome der Zeit, und endete mit Gleichgiltigkeit, Ekel und Abscheu.

Ein Feenland hatte sich die Nation zu schaffen gewähnt, indem sie sich in die Revolution hineinwarf, die Einfalt, die sich ihren Himmel mit goldenen elfenbeinernen Stühlen, Harfen, Engelsköpfen, Milch und Honigbächen meubliert, glaubte dieses goldbeflitterte Palmenparadies innerhalb die Grenzen Frankreichs verpflanzt und jauchzte, daß sie nun fortan so schön und bequem wohnen sollte. Das mußte sich bald zeigen, daß diese Hoffnung nur eine luftgewebte Täuschung war; Palmen, Stühle, Harfen schwanden und mit ihnen der Zauber. *Die gute Einfalt*, die wie überall so auch dort die große Mehrzahl ausmachte, kam also zuerst von ihrem Rausche zurück; sie ward zuerst dem großen Nationalidole abtrünnig, zog sich von seinen Altären zurück, und das *erste große Schisma zwischen der Nationalmajorität und einer noch getreuen Nationalminorität* trat ein.

Die kleine Leidenschaften waren nun eine nach der andern aus den Schlupfwinkeln hervorgekrochen, in die sie verscheucht worden waren; sie trieben sich unter den Menschenhaufen umher und stifteten überall Unheil, Hader und

Streit. Der Krieg war ausgebrochen, sein Eisenarm fuhr über die jauchzende Menge, und alle Jubeltöne verstummten, die Freudenfeste waren gestört, Leiden, Elend und Mangel töteten bald den romantischen Glanz, der sich über die Gefilde gegossen hatte. Das erste Aufflammen der Freude war vorüber, die erfolgende Abspannung machte mürrisch und unzufrieden, das Interesse war befriedigt oder getäuscht, der Leichtsinn trat ins Spiel, und sehnte sich mit Verlangen nach den verlassenen Gegenständen zurück. Was gefährdet worden war durch die Revolution, benutzte diese Dispositionen, die Pfaffen schreckten, die Freunde des Königtums drohten, die Schwäche wankte, die dissentierende Majorität mehrte sich immer, *das Schisma wuchs.*

Die Masse der Treugebliebenen war aus zwei höchst verschiedenartigen Elementen komponiert, nach der Verschiedenheit der mancherlei Vermögen, die vorherrschend waren.

Die Anführer der einen Partei waren Männer von feinem gebildetem Geiste, von großer ausgebreiteter Welterfahrung, von tiefer Kenntnis des Menschen im allgemeinen und ihres Volkes insbesondere, von scharfer Einsicht in die Natur der Leidenschaften und die Art ihrer Entwicklung und Handlungsweise, aber nur gemacht fürs theoretische Analysieren, nicht fürs praktische Wirken; zu Hause im Reiche der Spekulation, und scharf in der Abziehung allgemeiner Wahrheiten aus speziellen Erfahrungen, aber fremd im Gebiete des Handelns; ungeschickt in der Anwendung allgemeiner Wahrheiten auf spezielle Operationen; nicht ohne Charakter, aber ohne jene wilde Stärke desselben, die die Kultur wohl ab-, aber nie ganz wegschleift.

Die andern, Leute von entweder eingeschränktem oder ganz ungebildetem Geiste, von einseitiger Erfahrung, nur rhapsodistischer Kenntnis der allgemeinen Natur des Menschen; aber vertraut mit dem Detail der Kräfte und Leidenschaften, die man in Bewegung setzen muß, um auf diese Menschen mit Erfolge zu wirken; arm an Abstraktionskraft,

um aus Handlungen Maximen zu ziehen, aber reich an
praktischem Sinn, um vorgesetzte Maximen in Handlungen übergehen zu machen, und vor allem reich an jener physischen Charakterstärke, die, wie einer unserer ersten
Schriftsteller bemerkt, den Helden macht.

Die ersten stellten die Lehre auf: die Theorie ist für die
Menschen gemacht, und diese nicht für jene; die Menschen
sind wenig, aber sie können viel werden, nur durch allmähliche graduierte Ausbildung werden sie dies Höchste erreichen. Stärke soll nie der Überzeugung vorgreifen.

An sie schloß sich alles, was die nämlichen Grundsätze
mit ihnen teilte; alle Gelehrte, die das entgegengesetzte
System nivellierte; alle Reiche, die sich nicht zur Majorität
geschlagen hatten, und die sich nicht in das Bett des Typhon
ausstrecken lassen wollten.

Die andern behaupteten: unabhängig von aller Erfahrung
existiert die Theorie, erhaben über die Ohnmacht der gegenwärtigen Menschheit soll sie durchgeführt werden, mögen
Millionen für die Gattung bluten. Die Menschen sind nichts,
nur äußere Gewalt kann sie ihrer Trägheit entreißen, allmähliches Fortschreiten ist Rückwärtsgehen.

Zu ihnen hielt sich, was wohl auch den Grundsätzen der
andern Partei anhing, was aber die Charakterschwäche derselben für die gegenwärtige Epoche unzureichend glaubte;
alles, was von der Durchführung ihres Systems Vorteile für
sich erwartete; endlich jene Bestien, in deren Tatze die
Natur das konzentriert zu haben scheint, was sie anderwärts
in viele Kräfte gespalten in der ganzen Organisation verteilt.

Die Ruhe unter so ungleichartigen Bestandteilen konnte
nicht lange dauern, *das zweite große Schisma trat ein: die
praktischen Theoretiker ohne tätigen praktischen Sinn, die
Girondisten, trennten sich von den theoretischen Praktikern
ohne geregelten spekulativen Geist, den Jakobinern.*

Wo alle physischen Kräfte auf der einen, und nur geistige
auf der andern Seite standen, da konnte der Kampf nicht
lange dauern; die Girondisten unterlagen, die Jakobiner

herrschten unbeschränkt, und hatten freien Spielraum, ihre kühnen Konzeptionen zu realisieren.

Die erste dieser Konzeptionen war die: die ganze Nation ist der Souverän, ihre gesetzgebende Gewalt kann nicht repräsentiert werden, sie muß dieselbe in Masse ausüben.

Das war das Grundprinzip der zweiten Konstitution, seine Anwendung mußte scheitern an jenem ersten Schisma mit der Nationalmajorität. Ihre Einführung ward daher suspendiert, und der Konvent fuhr fort, die Zügel der Regierung zu führen.

Die zweite Idee war die der Einführung einer allgemeinen unbedingten Gleichheit aller Staatsbürger. Geld oder Ländereienbesitz ist jenem Prinzipe des durchgängigen Gleichgewichtes entgegen, also Aristokratismus, und darf als solcher nicht geduldet werden. Nur der Aristokratismus des Patriotisms ist erlaubt, und soll wo möglich allgemein werden.

Die Menschheit ist Gott, die Weltrepublik, die in allen Punkten ihres Umfanges zu gleicher Zeit ihren Mittelpunkt hat, das höchste Ziel des Strebens aller Republikaner; also Krieg allen Despoten.

Europa hat das innere Wogen und die äußern Eruptionen dieses Flammenmeeres gesehen und angestaunt. [...]

Schutzgeist der Menschheit, das wäre also das Resultat von eilf schwarzen Todesjahren, die du über deine Anbefohlnen herabschicktest! Deine Würmer, deine Pflanzen, deine Mücken und deine Adler durchlaufen den Kreis ihrer Bestimmung, vollenden, was ihnen aufgegeben ist, und stellen das erreichte Ideal ihres Wesens uns dar, und deine Menschen, die du über sie alle emporhobest, sollen ewig Fragmente eines Ganzen bleiben, das du grausam aus ihrem Herzen herausrissest, in ferne unzugängliche Regionen verpflanztest, und die Beraubten ihrem fruchtlosem Streben hingabest. Kampf ohne Ziel, Verschwendung ohne Zweck, Streben ohne Ende, das wäre die Bestimmung der Menschheit! die Welt nur ein faulender Wassertropfen, in dem Millionen Infusionstierchen zwecklos um ihre kleine Achse

oszillieren; ein ekelhaftes Bild eines ewigen seelenlosen
Lebens, und einer planlosen Beweglichkeit. Nein dazu hast
du deine Menschen nicht verdammt; du gabst ihnen eine
Unendlichkeit von Kräften, eine Unendlichkeit von Situa-
tionen wird erfodert, um sie zu bilden; hättest du sie kärgli-
cher versehen sollen, um früher ihren unverständigen Dank
einzuernten? Um einem Wassertropfen seine Kugelform zu
geben, reicht ein kleiner Moment hin, Jahrtausende verflie-
ßen, bis eine Milchstraße sich formt, und ins innere Gleichgewicht ihrer Attraktions- und Repulsionskräfte kömmt.
Was hat die Menschheit bis heute vollendet? Sie hat das
Terrain von Ruinen, und Gebüschen und Felsen gereinigt,
auf der ihr Tempel errichtet werden soll, kann ihr Dom sich
aus Sümpfen erheben? Wenn Völker erliegen unter der Last
ihres Tagewerks, wird dann der Bau aufhören? Gewiß nicht!
man wird den Gebliebenen an seinem Fuße einscharren, und
ein anderer wird seine Stelle einnehmen. Wenn die Ägyptier
Pyramiden bauen, um die Leiche ihres Königs aufzunehmen; wenn die Völker Revolutionen machen, um die Mumie
ihrer Größe der Nachwelt zu überliefern, wollt ihr dann
ewig nur den kleinen Geist sehen, der solche Arbeiten
anordnet, oder nicht lieber die große beharrsame Kraft, die
solche Werke vollendet, und die besser geleitet, was Größeres vermag! Ihr vermögt nicht die Ellipse eines ekzentri-
schen Kometen aus einem Elemente seiner Laufbahn zu
berechnen, wollt ihr die Bahn der Menschheit aus einem
Momente ihres Daseins herausfinden?

Aber unwidersprechlich gewiß ist es auch, daß der Zweck
der Revolution gänzlich verfehlt ist. Man hatte auseinander-
reißen wollen, was, in einem Wesen verbunden, Jahrtausende die Menschheit gedrückt hatte; man hatte sich nicht
irre machen lassen durch mißlungene Versuche der Art, die
uns die Weltgeschichte aufstellt, die Griechen hatten nur
einseitig ihre Sinnlichkeit kultiviert, die Römer nur darnach
gestrebt, sich zur Aristokratie des Menschengeschlechts zu
erheben, und sich dabei gescheut, den gewaltigen Granit,

aus dem die Natur dies Volk gebildet hatte, durch Kultur zu bearbeiten, um ihn nur nicht weniger drückend zu machen; den gebildeten Zöglingen des philosophischen Jahrhunderts mußte es vorbehalten sein zu vollenden, was jenen mißlungen war, und diese nie gewollt hatten. Und schon nach zehn Jahren war man gezwungen, dem schönen Traume zu entsagen, nach einem Tumulte ohne Beispiel bei dem alle Prinzipien und alle Grundsätze in dem Gedränge der Ereignisse erdrückt worden waren; nach einem chaotischen Durcheinanderwirbeln, in dem ein allgemeiner Alkahest alle feste Formen aufgelöst hatte, und an ihre Stellen nur leicht zerstörbare nebelhafte Gebilde schuf, gleich jenen Wandelsternen, die uns nur einen geballten Dunst ohne Kern und ohne Masse darbieten, die ein Sonnenstrahl mehr zerreißt, und einer weniger präzipitiert; nach einem wütenden Kampfe, in dem man Millionen Existenzen dem Glücke der Zukunft zum Opfer schlachtete, sah man sich genötigt, nachdem man allmählich von Schanze zu Schanze vertrieben war, sich wieder einem Charakter, einem Geiste in die Arme zu werfen, und von ihm Rettung aus dem Abgrunde zu flehen, der sich unter dem Fuße geöffnet hatte. Am Ende der Rennbahn mußte man der Eintracht einen Altar auf den Gebeinen der Gefallenen errichten, und ihr die letzten Reste der schlechtbewahrten Freiheit zum Opfer schlachten, um nur nicht zehn Jahre später ohne Gewinn eine halbe Generation mehr auf der Schädelstätte zu finden.

Es ist nicht den Ereignissen irgend eines Tages oder den Kalküls irgend eines Sterblichen zuzurechnen, daß dies Resultat aus diesen Ereignissen hervorging. So natürlich, wie wenn der Zustand und die innere Mischung der Atmosphäre auf eine gewisse Weise modifiziert ist, Wolken die Bläue bedecken, Blitze die Luft durchkreuzen, Donner in unser Ohr hallen, Platzregen stürzen, Stürme brausen, und dann wieder, wenn die tobenden Kräfte beschwichtigt sind, die Decke zerreißt, die Bläue zurückkehrt, die Fragmente der schwarzen Hülle am Horizont in einem leichten Strich-

regen verschwimmen, und in diesem der Regenbogen sich
malt, ebenso natürlich mußte bei diesen gegebenen Kräften,
bei diesen Kombinationen, bei diesem Maße von National-
energie, die ins Spiel gesetzt war, der achtzehnte Brumaire
erfolgen. Eine schreckliche Konvergenz auf diesen Punkt
hin ist in allen Direktionslinien der Revolution, durch ihren
ganzen Verlauf hin zu bemerken; zerrissen ward alles, was
sie durchkreuzte, nur das rettete sich, was mit ihnen parallel
lief. Am Fuße der Säule, in die die Weltgeschichte ihre
Annalen gräbt, steht der Weltbürger, und liest die Worte:
Am Ende des achtzehnten Jahrhunderts erhob sich das
Frankenvolk in die Region einer höhern Bestimmung, es tat
Großes, leistete, was es vermochte, aber gewaltsam herabge-
rissen von Zeit und seiner innern Natur, erreichte es nicht
das Ziel, dem es entgegenstrebte. Generationen der Folgezeit, studiert seine Fehler und seine Irrtümer, und vollendet,
was es zuerst zu denken wagte!

JOHANN WILHELM ARCHENHOLZ

# Wenn wird die Revolution in Frankreich geendigt sein?

1800

Das von allen Nationen so sehr gewünschte Ende der französischen Revolution wird eigentlich an dem Tage sein, wo
die Mächte Europens und die Franzosen von ihrer Vollendung überzeugt sein werden. Die Kabinette und die Franzosen werden diese Überzeugung erst erhalten, wenn man
ihnen bewiesen haben wird, daß die französische Regierung
nicht zu vernichten ist. Die Regierung wird erst von der

Epoche an dafür gehalten werden, wo man zeigen kann, daß sie sich unwandelbar auf eine der zwei großen tätigen Parteien der Revolution stützt.

Diese beiden großen tätigen Parteien sind: die Republikaner und die Royalisten. Ihnen sind zwei andre Parteien untergeordnet: die Freunde einer beschränkten Monarchie, und diejenigen, die sich nach den Ereignissen des Augenblicks richten. Diese zwei Volksklassen treten immer zu der Masse von einer der beiden großen obenbezeichneten tätigen Parteien, wenn die Regierung sich für eine von beiden erklärt.

Alle Regierungen, die Frankreich seit 1789 gesehen hat, sind zugrunde gegangen, weil sie sich nicht mit einer dieser beiden Parteien fest verbunden, und einzig auf ihre Unterstützung gerechnet hatten; weil sie, in ihrer Blindheit, nur bedacht waren, sich an die eine oder die andre der vorbesagten untergeordneten politischen Klassen anzuschließen; weil sie die großen tätigen Parteien fürchteten, die doch allein fähig sind, eine Regierung kräftig zu unterstützen.

Diese wenigen Bemerkungen sind hinreichend, zu beweisen, daß es nur ein Mittel gibt, die Revolution in Frankreich zu endigen; nämlich jedermann zu überzeugen, daß sie geendigt ist; es allen evident zu machen, daß die Regierung nicht gestürzt werden wird, nicht gestürzt werden kann. Diese Solidität ihrer Existenz kann die Regierung dadurch überzeugend beweisen, daß sie sich auf eine der beiden großen tätigen Parteien der Revolution feste stützt; sodann wird diese Partei die zwei untergeordneten Parteien, das heißt: die ungeheure Majorität der Nation, an sich ziehn.

Der letzte Termin der Revolution, die Festigkeit der französischen Regierung, die Dauer der Republik, die Solidität des Friedens, alles beruht einzig und allein auf dieser Maßregel.

Josias Ludwig Gosch

# Der Zirkel der Französischen Revolution

1804

Mit der französischen Revolution ist es nun dahin gekommen, daß sie einen Zirkel durchlief, und auf den nämlichen Punkt, wovon sie auslief, wieder zurückgekommen ist: die aufgehobene erbliche Königswürde wird wieder hergestellt. Plato zeichnete schon den Gang des Wechsels der Staatsformen so, daß die Völker bei der Etablierung einer gesellschaftlichen Ordnung mit der Republik anfingen, daß in der Folge aber ein ehrgeiziger Mann, der sich besonders in den Schlachten hervorgetan, sich an ihre Spitze stelle, und sich und seine Nachkommen zu ihren erblichen Beherrschern erkläre. Der Wechsel der Regierungsverfassungen hat aber in Frankreich das Besondere, daß sie die Bahn, die Plato ihnen im allgemeinen vorzeichnete, in so wenigen Jahren durchloffen ist.

Wollen die Franzosen der demütigenden Vorstellung, daß sie ein Gut, um das zu erringen sie mit der ausdaurendsten Beharrlichkeit alle ihre Kräfte anstrengten, doch nicht zu erlangen oder sich nicht dabei zu behaupten vermochten, dadurch ausweichen, daß sie die schönen Ideen, die sie sich ehemals von diesem Gut machten, jetzt für irrig erklären: so muß der Gedanke, daß sie in ihrem Leichtsinn eine bloße Chimäre für eine evidente wichtige Wahrheit hielten, und dem Hirngespenst, das Leben von mehr als fünfmal hunderttausend Menschen und das Glück ebenso vieler Familien aufopferten, nicht weniger niederschlagend für sie sein.

Aber sollte die Reflexion nicht bei der französischen Staatsumwälzung einen gewissen Mittelweg nehmen können, auf dem sie sich zwischen beiden gleich düstern Ansichten hindurchwinde; sollten sich nicht Resultate der Revolution entdecken lassen, die, wenn man sie auch bei ihr nicht eigentlich zur Absicht hatte, doch für das Wohl von Frankreich sehr wichtig, und es für die Aufopferungen, die mit ihr verknüpft waren, entschädigen?   [...]

# IV
# Literarische Spiegelungen

## Friedrich Gottlieb Klopstock

### Die États généraux

1788

Der kühne Reichstag Galliens dämmert schon,
Die Morgenschauer dringen den Wartenden
Durch Mark und Bein: o komm, du neue,
Labende, selbst nicht geträumte Sonne!

Gesegnet sei mir du, das mein Haupt bedeckt,
Mein graues Haar, die Kraft, die nach sechzigen
Fortdauert; denn sie war's, so weit hin
Brachte sie mich, daß ich dies erlebte!

Verzeiht, o Franken, (Name der Brüder ist
Der edle Name), daß ich den Deutschen einst
Zurufte, das zu fliehn, warum ich
Ihnen itzt flehe, euch nachzuahmen.

Die größte Handlung dieses Jahrhunderts sei,
So dacht' ich sonst, wie Herkules Friederich
Die Keule führte, von Europas
Herrschern bekämpft, und den Herrscherinnen!

So denk ich jetzt nicht. Gallien krönet sich
Mit einem Bürgerkranze, wie keiner war!
Der glänzet heller, und verdient es!
Schöner, als Lorber, die Blut entschimmert.

# Kennet euch selbst

## 1789

Frankreich schuf sich frei. Des Jahrhunderts edelste Tat hub
  Da sich zu dem Olympus empor!
Bist du so eng begrenzt, daß du sie verkennest, umschwebet
  Diese Dämmerung dir noch den Blick,
Diese Nacht: so durchwandre die Weltannalen, und finde
  Etwas darin, das ihr ferne nur gleicht,
Wenn du kannst. O Schicksal! das sind sie also, das sind sie
  Unsere Brüder die Franken; und wir?
Ach ich frag' umsonst; ihr verstummet, Deutsche! Was
                                                zeiget
  Euer Schweigen? bejahrter Geduld
Müden Kummer? oder verkündet es nahe Verwandlung?
  Wie die schwüle Stille den Sturm,
Der vor sich her sie wirbelt, die Donnerwolken, bis Glut sie
  Werden, und werden zerschmetterndes Eis!
Nach dem Wetter, atmen sie kaum die Lüfte, die Bäche
  Rieseln, vom Laube träufelt es sanft,
Frische labet, Gerüch' umduften, die bläuliche Heitre
  Lächelt, das Himmelsgemälde mit ihr;
Alles ist reg', und ist Leben, und freut sich! die Nachtigall
                                                flötet
  Hochzeit! liebender singet die Braut!
Knaben umtanzen den Mann, den kein Despot mehr
                                                verachtet!
  Mädchen das ruhige, säugende Weib.

# Sie, und nicht wir

## An La Rochefoucauld

### 1790

Hätt' ich hundert Stimmen; ich feierte Galliens Freiheit
  Nicht mit erreichendem Ton, sänge die göttliche schwach.
Was vollbringet sie nicht! Sogar das gräßlichste aller
  Ungeheuer, der Krieg, wird an die Kette gelegt!
Cerberus hat drei Rachen; der Krieg hat tausend: und
                         dennoch
  Heulen sie alle durch dich, Göttin, am Fesselgeklirr.
Ach mein Vaterland! . . Viel sind der Schmerzen; doch
                         lindert
  Sie die heilende Zeit, und sie bluten nicht mehr.
Aber es ist Ein Schmerz, den sie nie mir lindert! und kehrte
  Mir das Leben zurück; dennoch blutet' er fort!
Ach du warest es nicht, mein Vaterland, das der Freiheit
  Gipfel erstieg, Beispiel strahlte den Völkern umher:
Frankreich war's! du labtest dich nicht an der frohsten der
                        Ehren,
  Brachest den heiligen Zweig dieser Unsterblichkeit nicht!
O ich weiß es, du fühlest, was dir nicht wurde; die Palme,
  Aber die du nicht trägst, grünet so schön, wie sie ist,
Deinem kennenden Blick. Denn ihr gleicht, ihr gleichet die
                        Palme.
  Welche du dir brachst, als du die Religion
Reinigtest, sie, die entweiht Despoten hatten, von neuem
  Weihtest, Despoten voll Sucht Seelen zu fesseln! voll Blut,
Welches sie strömen ließen, sobald der Beherrschte nicht
                        glaubte,
  Was ihr taumelnder Wahn ihm zu glauben gebot.
Wenn durch dich, mein Vaterland, der beschornen Despoten
  Joch nicht zerbrach; so zerbrach das der gekrönten itzt
                        nicht.

Könnt' ein Trost mich trösten; er wäre, daß du vorangingst
    Auf der erhabenen Bahn! aber er tröstet mich nicht.
Denn du warest es nicht, das auch von dem Staube des
                                  Bürgers
    Freiheit erhob, Beispiel strahlte den Völkern umher;
Denen nicht nur, die Europa gebar. An Amerikas Strömen
    Flammt schon eigenes Licht, leuchtet den Völkern umher.
Hier auch winkte mir Trost, er war: In Amerika leuchten
    Deutsche zugleich umher! aber er tröstete nicht.

## Der Freiheitskrieg

### 1792

Weise Menschlichkeit hat den Verein zu Staaten erschaffen,
    Hat zum Leben das Leben gemacht!
Wilde leben nicht; sie sind jetzt Pflanzen, dann atmen
    Sie als Tier' ohne Seelengenuß.
Hoch stieg in Europa empor des Vereins Ausbildung,
    Naht dem letzten der Ziele stets mehr;
Ist nicht des Zeichners Entwurf, ist beinahe
                            Künstlervollendung,
    Raphaels, oder Angelos Werk,
Raphaels, oder Angelos Werk, wenn der Zauber der Farb'
                              auch
    Hier und da Verzeichnung beschönt.
Aber sobald die Beherrscher der Nationen statt ihrer
    Handeln; dann gebeut kein Gesetz,
Das dem Bürger gebeut, dann werden die Herrschenden
                            Wilde,
    Löwen, oder entzündendes Kraut.
Und jetzt wollt ihr sogar des Volkes Blut, das der Ziele
    Letztem vor allen Völkern sich naht,

Das, die belorberte Furie, Krieg der Erobrung, verbannend,
    Aller Gesetze schönstes sich gab;
Wollt das gepeinigte Volk, das Selbsterretter, der Freiheit
    Gipfel erstieg, von der furchtbaren Höh,
Feuer und Schwert in der Hand, herunterstürzen, es
                    zwingen,
    Wilden von neuem dienstbar zu sein,
Wollt, daß der Richter der Welt, und, bebt, auch eurer, dem
                    Menschen
    Rechte nicht gab, erweisen durch Mord!
Möchtet ihr, ehe das Schwert von der Wunde triefet, der
                    Klugheit
    Ernste, warnende Winke verstehn!
Möchtet ihr sehn! Es entglüht schon in euren Landen die
                    Asche,
    Wird von erwachenden Funken schon rot.
Fragt die Höflinge nicht, noch die mit Verdienste Gebornen,
    Deren Blut in den Schlachten euch fließt;
Fragt, der blinken die Pflugschar läßt, die Gemeinen des
                    Heeres,
    Deren Blut auch Wasser nicht ist:
Und durch redliche Antwort erfahret ihr, oder durch lautes
    Schweigen, was in der Asche sie sehn.
Doch ihr verachtet sie. Spielt denn des neugestalteten
                    Krieges
    Nie versuchtes, schreckliches Spiel,
Allzuschreckliches! Denn in den Kriegen werden vergötzten
    Herrschern Menschenopfer gebracht.
Sterbliche wissen nicht, was Gott tun wird; doch gewahren
    Sie, wenn große Dinge geschehn,
Jetzt sein langsames Wandeln, jetzt donnernden Gang der
                    Entscheidung,
    Der mit furchtbarer Eil' es vollbringt.
Wer zu täuschen vermag, und mich liebt, der täuscht den
                    Erlebung
    Wünschenden, weissagt donnernden Gang.

# Mein Irrtum

1793

Lange hatt' ich auf sie, forschend geschaut,
Auf die Redenden nicht; die Täter! war,
Bei den Malen der Geschichte
Wandelnd, den Franken gefolgt.

Die an Völkern du rächst, Königen rächst,
Priestern, die Menschheit, wie war's, Geschichte, voll
Von Gemälden, die der Gute,
Bleich vor Entsetzen erblickt.

Dennoch glaubt' ich, und ach Wonne war mir,
Morgenrötlicher Glanz der goldne Traum!
War ein Zauber, wie gehoffter
Liebe, dem trunkenen Geist!

Freiheit, Mutter des Heils, daucht' es mich, du
Würdest Schöpferin sein, die Glücklichen,
Die so ganz du dir erkorest,
Umzuschaffen gesandt!

Bist du nicht Schöpferin mehr? oder sind sie
Nicht umschaffbar, die du entfesseltest?
Ist ihr Herz Fels, und ihr Auge
Nacht, zu sehn, wer du bist?

Deine Seel' ist Gesetz! Aber ihr Blick
Wird des Falken, ihr Herz wird Feuerstrom;
Ha er funkelt, und es glühet;
Wenn das Ungesetz winkt.

Dieses kennen sie, dich kennen sie nicht,
Das das lieben sie! Doch dein Name tönt.
Wenn die Guten das verruchte
Schwert trifft: schallt es von dir.

Freiheit, Mutter des Heils, nannten sie dich
Nicht selbst da noch, als nun Erobrungskrieg,
Mit dem Bruche des gegebnen
Edlen Wortes, begann?

Ach des goldenen Traums Wonn' ist dahin,
Mich umschwebet nicht mehr sein Morgenglanz,
Und ein Kummer, wie verschmähter
Liebe, kümmert mein Herz.

Müde labet auch wohl Schatten am Weg
In der Öde, der weit umher sich krümmt;
So hat jüngst mich die erhabne
Männin, Corday gelabt.

Richter schändeten sich, sprachen es los
's Ungeheuer: sie sprach nicht los, und tat,
Was mit Glut einst auf der Wange,
Tränen, der Enkel erzählt.

CHRISTOPH MARTIN WIELAND

# Unparteiische Betrachtungen
# über die Revolution in Frankreich

Mai 1790

[...] Überhaupt ist der Zeitpunkt noch weit entfernt,
worin man eine zuverlässige, unparteiische, Personen und
Sachen richtig darstellende und den wahren Gang der Begebenheiten in ihrem Zusammenhang mit ihren nächsten und
entfernten Ursachen verfolgende Geschichte der Regierung
Ludwigs XVI. und der gegenwärtigen politischen Krisis in
Frankreich erwarten darf; wenn anders eine solche Geschichte jemals zu hoffen ist: und so lange uns diese fehlt,
werden wir über tausend Dinge, worüber manche Leute mit
ihren popanzischen Meilenstiefeln so leicht wegschreiten,
nie recht ins Klare kommen. Paris, der Hauptschauplatz
dieses großen Dramas, ist gerade der Ort, wo es am schwer-
sten oder vielmehr ganz unmöglich ist, die reine Wahrheit
über das, was man am liebsten wissen möchte, zu erfahren.
Denn wer ist dort unparteiisch, ohne Vorurteil, ohne Liebe
oder Haß, ohne Furcht oder Hoffnung? Wer hat bei der
neuen Ordnung der Dinge oder bei der Wiederherstellung
des vormaligen Systems nichts zu gewinnen oder zu verlieren? Von wem ist zu erwarten, daß er denen, die zu einer
andern Partei als zur seinigen halten, ein dem seinigen gerade
gerade entgegenstehendes Interesse haben, strenge Gerechtigkeit werde widerfahren lassen? Der Franzose, der immer
im Superlativ liebt oder haßt, bewundert oder verabscheut,
kann dies ohnehin weniger als andre Menschenkinder. Wie
groß mag nun also wohl jetzt zu Paris die Zahl der Weisen
sein, deren Kopf in dieser allgemeinen Gärung der Gemüter
frei und heiter genug bleiben kann, um in ihren Urteilen
immer gerecht und billig zu sein, und deren Herz rein, stark

und edel genug ist, weder von eignen noch fremden Leidenschaften beunruhigt, angesteckt und hingerissen zu werden?
– Es wäre Torheit, nur ein Wort mehr darüber zu verlieren,
daß unter solchen Umständen nichts unsicherer ist, als was
Reisende, wie respektabel sie auch immer sein mögen, in
Paris oder andern Orten *sagen hören*, und nichts verdächti-
ger als die Geheimnachrichten von den Männern, die bisher
in der Nationalversammlung und bei der Revolution überhaupt die wichtigsten Rollen gespielt haben, oder von den
verborgnen Springfedern der Begebenheiten, wovon wir
andern nur sehen, was in die Sinne fällt, die aus Paris an
teutsche Korrespondenten geschrieben werden. Billigkeit
und Klugheit raten uns also, über viele wichtige Dinge, die
nur die Zeit in ihr wahres Licht setzen kann und wird,
besonders über einzelne Personen, zumal diejenigen, die
von der einen Partei am lautesten gepriesen und von der
andern am bittersten geschmähet werden, unser Urteil noch
zurückzuhalten.

Indessen liegen bereits mehr als hinlängliche Data in
unwidersprechlichen Urkunden der Welt vor Augen; die
Sache selbst spricht laut genug, um der Wahrheit durch das
alles betäubende Geschrei der Parteien, bei jedem, der
Ohren zu hören hat, Gehör zu verschaffen; und wir haben
wahrlich nicht nötig, *den Ausgang* zu erwarten, um zu
wissen, was wir von der französischen Nationalversammlung nach ihren bisherigen Handlungen und Beschlüssen
denken sollen. Dieser Ausgang ist noch sehr ungewiß. Niemand kann daran zweifeln, daß wirklich an einer *Gegen-
Revolution* gearbeitet wird, und, wenn sie auch neunmal
nacheinander mißlingen sollte, doch endlich vielleicht das
zehnte Mal gelingen kann. Denn ohne daß eine Verabredung
oder Zusammenverschwörung nötig wäre, arbeiten alle diejenigen, deren Interesse es ist, die Sachen wieder auf den
alten Fuß zu bringen, mit vereinigtem Willen und mit einem
ganz andern Eifer, als den der bloße Patriotismus einflößen
kann, der N[ational-]V[ersammlung] entgegen. Ihr Name ist

Legion. Der größte Teil der hohen Geistlichkeit und des Adels, die Hofleute, die Parlamenter mit ihrem ganzen Anhang, die Finanzleute, mit dem ganzen ungeheuern Schweife, den dieser vielköpfige Drache nach sich schleppt, kurz eine Menge der angesehensten, mächtigsten und reichsten, die bei der neuen Konstitution nur verlieren können, hingegen genug gewonnen haben, wenn sie sich im Besitz ihrer althergebrachten Vorteile erhalten, sind ebenso viele *natürliche Feinde* der Revolution, die das Mögliche und Unmögliche versuchen, sie noch vor ihrer Vollendung wieder umzustürzen. Es scheint beinahe unmöglich zu sein, daß die kleine Zahl der aufgeklärten Freunde der Freiheit (von welchen im Grunde alles herkommt, was bisher in der N.V. Gutes gewirkt worden ist) durch die unermüdeten geheimen und zum Teil öffentlichen Machinationen der königlich-aristokratischen, hierarchischen und parlamentarischen Parteien nicht unvermerkt der bisherigen Majorität, und (was dem ganzen Regenerationswerke auf einmal ein Ende machen würde) *des Vertrauens der Nation,* ihrer einzigen Stütze, beraubt werden sollte. Wer kennt die Menschen so wenig, um nicht zu wissen, was *Volk* ist, und wie leicht es sich unter gewissen Umständen aus einem Extrem in ein anderes werfen läßt; wie geneigt es ist, sich von denen, die sich in einer großen allgemein gefühlten Not an seine Spitze stellen, alles, sogar das Unmögliche, zu versprechen? aber wie schnell es auch, wenn diejenigen, die es als seine Schutzengel betrachtet, nicht auf der Stelle durch Zaubermittel und Wunderwerke helfen können, von den luxuriantesten Hoffnungen zur höchsten Mutlosigkeit und Ungeduld überzugehen fähig ist? wie ungestüm und vernunftlos die Bewegungen sind, denen es sich in einem solchen Augenblicke von Ungeduld und Verzweiflung überläßt, und wie wenig alsdann dazu gehört, sein sonst natürlich richtiges Auge dermaßen zu verblenden, daß es die immer anerkannten offenbaren Urheber seines Elends nun auf einmal für seine Erretter, seine getreuesten Freunde hingegen für die Werkzeuge –

und die einzigen Mittel, wodurch ihm geholfen werden
konnte, für die Beschleunigung seines gänzlichen Verderbens ansieht? Wer auf den zeitherigen Gang der Sachen
etwas genauer achtgegeben hat, kann sich schwerlich des
Gedankens enthalten, daß alle Bemühungen der Gegenpartei
darauf angelegt und kombiniert waren und noch sind, diesen
unseligen Augenblick bei dem Volke herbeizubringen, um
alsdann auf einmal die Mine springen zu lassen, an welcher
von dem Tage an gearbeitet worden ist, da der *dritte Stand*
das Übergewicht über die beiden ersten erhielt, und die
États généraux, welche eigentlich nur dem *Hofe* und den
*Ministern* aus der Verlegenheit helfen sollten, in eine Versammlung von *Repräsentanten der Nation* verwandelt wurden, die sich ihrer ursprünglichen Rechte bemächtigte, *um
sich selbst zu helfen*, da die bisherigen Steuermänner des
Staats deutlich genug erklärt hatten, daß *sie* ihr nicht mehr
zu helfen wüßten.

Indessen, wie gefährlich auch diese Aspekten immer sein
mögen, bleibt es – trotz aller entgegenarbeitenden Kräfte,
welche durch die größtenteils ganz unvermeidliche Zusam-
menwirkung so vieler Hindernisse und widriger Umstände
ihre Arbeit, so zu sagen, schon halbgetan sehen – immer eine
mögliche Sache, daß es dem *guten Genius* der französischen
Nation noch gelinge, den Sieg davon zu tragen: oder, unver-
blümt zu reden (denn ich denke mir diesen guten Genius
eben nicht als einen Deum ex machina) daß der verständigste
und aufgeklärteste Teil der Nation so viel Einfluß über die
Menge behalte, daß diese letztere ruhig bleibe; daß sie den
Stellvertretern der Nation die nötige Zeit lasse, das angefangene Werk (das größte, woran Menschen jemals gearbeitet
haben, und womit man auch unter weit günstigern Umständen kaum in kürzerer Zeit hätte fertig werden können) zur Vollendung zu bringen, und anstatt zu verlangen,
daß das goldne Saturnische Alter durch einen Zauberschlag
auf einmal hergestellt werde, in Geduld die bessern Zeiten
erwarte, die (insofern man sie nicht *selbst* im Keime schon

vernichtet) eine natürliche und unfehlbare Folge einer freien
Konstitution, einer richtigen Verteilung der politischen
Macht und einer zweckmäßigen Organisation des Staatskör-
pers sein werden.

Sollte dies der Fall nicht sein, sollte der böse Genius, oder
vielmehr die Legion von unsaubern Geistern, die (unter so
durchsichtigen Vorwänden, daß sogar ein Blinder in ihre
wahre Beweggründe und Absichten sehen kann) so geschäftig sind, das angefangene gute Werk zu hindern, sollte diese
(wie es nur zu sehr das Ansehen gewinnt) mit Hülfe eines
durch alle mögliche Reizmittel betörten und zum Wahnsinn
gebrachten Pöbels das Übergewicht über die Nationalpartei
zu erhalten: so ist nur zu sehr zu besorgen, daß die *Anarchie*
(deren Namen die Feinde der neuen Konstitution, mit hand-
greiflichem Mißbrauch desselben, dem momentanen Zustande des Übergangs aus dem politischen Todeskampf in
ein neues Leben* beilegen) daß, sage ich, die Anarchie, mit
allen ihren Abscheulichkeiten *wirklich* eintreten, und ein
Bürgerkrieg, worin beide Parteien um Tod oder Leben
kämpfen, Frankreichs Elend und Verderben vollenden
würde. [...]

---

* Was ist natürlicher und unvermeidlicher, als daß eine solche *Krisis*, bei der
  Heilung eines vom politischen Krebs durchfreßnen, seiner Auflösung nahe
  gebrachten Staatskörpers ebenso wie bei einem physisch-organischen Körper, von Zufällen begleitet sein muß, die den Zustand des Kranken in den
  Augen der unverständigen Ungeduld zu *verschlimmern scheinen*?

## Die drei Stände

### An Herrn Rat Petersen in Darmstadt

1790

Die Freiheit kam aus Penns gelobtem Land,
Das alte Reich der Franken zu bereisen.
Hier fand sie einen Mann in Lumpen und in Eisen,
Der auf den Knien lag. Zu seiner Rechten stand
Ein fetter Erzbischof im purpurnen Gewand;
Ein Ritter zeigte sich mit trotzigem Gesichte
Im Schmucke des Turniers zu seiner linken Hand.
Sie lehnten beide sich mit lästigem Gewichte
Auf ihren Märtyrer. – Stumm sah die Göttin zu,
Sah seinen Schweiß und seine Tränen fließen
Und rief zuletzt: Wie lange liegest du
Als Knecht zu deiner Brüder Füßen?
Auf! strecke das gekrümmte Knie,
Zerbrich die Fesseln deiner Glieder.
Der Sklave tat's, trat neben seine Brüder
Und war so groß und größer noch als sie.
  Ein schöner Anblick, Freund! Wenn nur die heil'ge Regel
Des Lichts und Rechts des Riesen Arm regiert;
Sonst ist es eins, ob Zepter oder Flegel,
Ob Krummstab oder Speer das Reich despotisiert.

# Der Gebrauch der Freiheit

## An den Herrn von Nicolai in Petersburg

### 1791

Aus eines Junkers Burg entflohen einst vier Sklaven,
Ein Hund, ein Murmeltier, ein Kater und ein Star.
Triumph, nun sind wir frei! rief die entzückte Schar;
Allein was tun wir itzt? Ich will ein Jährchen schlafen,
Versetzt das Murmeltier. Und ich, sprach Meister Star,
Ich will ums liebe Brot auf unsern Junker fluchen.
Das brauch ich nicht, rief Mauz; ich werde stracks Korsar.
Und ich, beschloß der Hund, will einen Herrn mir suchen.
　　Dies lieber alter Freund, war stets der Freiheit Los.
Der Sklave brauchet sie zur Dienstmagd seiner Lüste,
Indes der edle Mensch selbst auf Marokkos Küste
Sie nicht verlieren kann, noch in der Alpen Schoß
Sie erst zu suchen braucht; sie wohnt in seinem Busen
Und ihre Wächter sind die Weisheit und die Musen.


# Der Volksrat

### 1796

Der Tiere mächtiger Regent
Berief die Glieder seiner Staaten
In einen großen Volkskonvent,
Um sich mit ihnen zu beraten.
Ihm lag das Wohl des Reiches an,
Und weil nicht bloß die Herren denken,
So durfte jeder Untertan
Dem Vaterland sein Scherflein schenken.

Der Bienen Fürstin brach die Bahn
Und sprach: in kleinen Köpfen keimen
Oft große Dinge. Lange schon
Empört mich dieses Heer von Bäumen;
Drum mach ich, Sire, die Motion,
Die dummen Wälder umzuhauen;
Veredle sie zu bunten Auen,
Aus deren Blumen unser Fleiß
Den Honig zu bereiten weiß.
Nun kam der Wolf. Mit ernster Miene
Erhob er sich auf seinen Steiß
Und schüttelte den Kopf: Die Biene
Beliebt zu scherzen; mein Projekt,
Herr König, ruht auf festerm Grunde;
Es zielt auf das Exil der Hunde;
Ihr Ruf ist's, der den Hirten weckt,
Sobald sie nur uns wittern können,
Sie, die aus niedrer Sklavenpflicht
Dem edeln Wolf sein Brot mißgönnen.
Verbannst du dieses Diebsgezücht,
So soll es selbst kein Schäfer wehren,
Daß wir mit Schöpsenfleisch uns nähren.
Mit größerm Fug trifft dein Gericht
Die räuberische Brut der Katzen,
Rief itzt die Sprecherin der Ratzen;
Herr König! ich begreife nicht
Warum sie deine Langmut duldet;
Der treue Hund hat nichts verschuldet,
Er schützet bloß des Hirten Gut;
Allein der Katzen wilde Scharen
Bekriegen schon seit tausend Jahren
Mein armes Volk mit frecher Wut.
Wer hat in aller Welt gehöret,
Daß je der Ratzen fromme Brut
Das kleinste Kätzchen aufgezehret?
Drum sei ihr Tod dein erstes Werk.

Das alles sind nur Kleinigkeiten;
Ich werde, Sire, dein Augenmerk
Auf einen höhern Vorwurf leiten,
Versetzt ein bunter Schmetterling,
Der um den Thron des Löwen tanzte
Und endlich auf sein Ohr sich pflanzte.
Des Jahres ewig gleicher Ring
Ist in vier Zeiten abgeteilet:
Der Lenz ist kühl, der Sommer eilet,
Gleich einem kurzen Traum, vorbei.
Dann kommt der Herbst, sein Hauch verödet
Die Fluren, und was er nicht tötet,
Zerstört des Winters Tyrannei.
Zur Hebung dieser Volksbeschwerden
Muß eine Deputation
Vom König und der Nation
Zum Vater Zevs gesendet werden.
Sie fleh' ihn um die Wohltat an,
Aus Phöbus' träger Zirkelbahn
Drei rauhe Viertel wegzustreichen.
Dann schmückt ein steter Sommer nur
Den vollen Busen der Natur,
Und nichts wird unsrer Wohlfahrt gleichen.
Gut, rief mit einem hohen Schwur
Der biedre Schach, an diesen Proben
Genüget mir; statt meinem Reich
Zu raten, sprecht ihr nur für euch.
Die Audienz ist aufgehoben.

# Der Wetterhahn

## 1796

Auf einem Turme stand ein neuer Wetterhahn;
So flink, so zahm, daß ihn ein Hauch des Zephyrs lenkte,
Und, freilich oft zum Spiel, gleich einer Feder schwenkte.
Das kroch ihm in den Kopf; ein schnöder Untertan
Des schwächsten Winds zu sein, ist Schimpf für unsereinen;
Von nun an folg' ich bloß dem mächtigen Orkan.
Er sprach's und klemmte sich mit seinen Beinen
So fest in seiner Angel an,
Daß ihn der West nicht mehr von seiner Stelle rückte.
Nun sehnt' er sich so lang mit dreister Ungeduld
Nach einem Sturm, bis die verschmitzte Huld
Des Äolus ihm endlich einen schickte.
Schnell wirbelt er auf seinem lockern Fuß
Bald rechts, bald links, trotz einem Feuerrade.
Im Anfang kam der Tanz ihm schnakisch vor.
Bis er zuletzt das Gleichgewicht verlor.
Nun stemmt er sich umsonst, umsonst kreuscht er um
                                     Gnade:
Entwurzelt und gelähmt, stürzt er herab vom Turm
In einen tiefen Pfuhl. Merkt's euch, ihr Nationen!
Und sehnet euch nach keinem Sturm;
Es ist fürwahr kein Spaß um Revolutionen.

# Das Menschenrecht

1799

Vor Zeiten saß laut unverjährten Sagen
Ein Weiser auf dem Thron von Arakan;
Als Freund der Freiheit gab er jedem Untertan
Das Menschenrecht zurück, ein Schwert zu tragen.

Das war ein Fest; das Volk drang jauchzend vor den Thron,
Um den, dem Schneesturm gleich, die Dankadressen flogen,
Und eh man sich's versah, kam jeder Lazaron
Mit einem Säbel aufgezogen.

Doch was im Anfang bloß ein Schmuck, ein edles Pfand
Der Freiheit hieß, ward bald zum Mordgewehre.
Von Raubsucht angespornt, durchstreiften ganze Heere
Banditen zügellos das Land.

Der Bürger beßrer Teil, zum Glücke nicht die schwächern,
Verbanden sich zu ihrer Sicherheit,
Und nahmen mit Gewalt den zügellosen Schächern
Die Waffen weg nach einem harten Streit.

Da sah man sie vereint zum König eilen.
Ein jeder legt sein Schwert zu seinen Füßen hin:
Weit lieber wollen wir auf dein Geschenk verziehn,
Als es mit Bösewichtern teilen.

So sprachen sie. Nun spricht mein Annalist.
War das wohl klug? Hierüber läßt sich streiten.
Mir scheint es dumm. Allein die Wahrheit ist,
Daß sie die Wahrheit nicht bereuten.

CHRISTIAN FRIEDRICH DANIEL SCHUBART

## O Freiheit, Freiheit! Gottes Schoß entstiegen

1789


O Freiheit, Freiheit! Gottes Schoß entstiegen,
Du aller Wesen seligstes Vergnügen,
　　An tausendfachen Wonnen reich,
　　Machst du die Menschen – Göttern gleich.

Wo find ich dich, wo hast du deine Halle?
Damit auch ich anbetend niederfalle,
　　Dann ewig glücklich – ewig frei
　　Ein Priester deines Tempels sei.

Einst walltest du so gern in Deutschlands Hainen
Und ließest dich vom Mondenlicht bescheinen,
　　Und unter Wodanseichen war
　　Dein unentweihtester Altar.

Es sonnte Hermann sich in deinem Glanze,
An deine Eiche lehnt' er seine Lanze,
　　Und ach, mit mütterlicher Lust
　　Drückst du den Deutschen an die Brust.

Bald aber scheuchten Fürsten deinen Frieden
Und Pfaffen, die so gerne Fesseln schmieden;
　　Da wandtest du dein Angesicht:
　　Wo Fesseln rasseln, bist du nicht.

Dann flogst du zu den Schweizern, zu den Briten;
Warst seltner in Palästen als in Hütten;
　　Auch bautest du ein leichtes Zelt
　　Dir in Kolumbus' neuer Welt.

Und endlich, allen Völkern zum Erstaunen,
Als hätt auch eine Göttin ihre Launen,
    Hast du dein Angesicht – verklärt
    Zu frohen Galliern gekehrt.


## Deutscher Freiheitsgeist

1789


Der Teufel hol, sprach Metzger Pfund,
Den ganzen Rat! – Er sprach's mit tobendem Gebrülle.
Doch plötzlich kam – des Bürgermeisters Hund:
Der Prahler Pfund stand auf – beugt sich – war
                                    mäusleinsstille.


## Auf eine Bastilletrümmer
## von der Kerkertüre Voltaires

1789


Dank dir, o Freund, aus voller Herzensfülle
Für die Reliquie der greulichen Bastille,
Die freier Bürger starke Hand
Zermalmend warf in Schutt und Sand.

Zertrümmert ist die Schauerklause,
Die einst, o Voltaire, dich in dumpfe Nacht verschloß,
Kein Holz, kein Stein, kein Nagel bleibe von dem Hause,
Wo oft der Unschuld Zähre sich ergoß! –

Drum, Biedermann, empfange meinen Segen
Für diese Trümmer, die du mir geschickt;
Sie ist mir teurer als ein goldner Degen,
Womit einst ein Tyrann die Freien unterdrückt.

GEORG CHRISTOPH LICHTENBERG

## Ein Wort über das Alter der Guillotine

1794

Der Lyoner Arzt Jean Baptiste Guillotin wird gewöhnlich, und wie ich glaube, mit Recht, für den Erfinder der berüchtigten Maschine gehalten, durch die er selbst am 14. März 1794, weil er einer verdächtigen Korrespondenz mit Turin beschuldigt wurde, sein Leben endigen mußte. Des Mannes Absicht war gut, denn, wenn doch einmal Köpfe abgeschlagen werden sollen, so ist nicht leicht eine vollkommnere Maschine zu dieser Absicht möglich als die Guillotine. Sie wird indessen nunmehr das so unsichere Schwert oder das nicht viel zuverlässigere Beil bei uns nicht mehr verdrängen, seitdem die Hunnen des achtzehnten Jahrhunderts sie zu einer Absicht genützt haben, die mit ihrer eigentlichen ersten Bestimmung fast eben einen solchen Kontrast macht, als Herrn Guillotins Vorname (Johannes der Täufer) mit Herrn Guillotins Erfindung selbst. Man hat darüber gespottet, daß ein Arzt eine Köpfmaschine erfunden habe; gerade als wenn es so etwas Seltenes wäre, daß Ärzte Mittel erfänden, die Menschen geschwind aus der Welt zu schaffen. Es ist noch eine große Frage, durch welche Erfindung mehr Menschen gefallen sind: durch die Guillotine oder durch die beliebten Pülverchen des Herrn Doktor Ailhaud.

Man hat bisher in verschiedenen Blättern Nachrichten über das Alter dieser Erfindung geliefert, wovon mir vermutlich die wenigsten zu Gesicht gekommen sind, weil ich überhaupt nicht darnach gesucht, sondern mir nur angemerkt habe, was ich in Schriften fand, die ich ohnehin würde gelesen haben. So wird in dem European Magazine January 1794 S. 7 die Erfindung auf das Jahr 1590 zurückgeführt; im Gentleman's Magazine, January 1794 S. 40 bis auf 1553. In den Hamburger Addreß-Comtoir-Nachrichten 1794 Nro 65 bis auf 1552. In allen diesen Nachrichten wird sich auf Abbildungen bezogen. Die älteste mir vorgekommene Nachricht von einem Werkzeuge, das sich hierherziehen läßt, befindet sich aber in einem Werke, dessen man, wo ich nicht irre, einmal in der Jenaischen Literatur-Zeitung zu gleichem Zweck gedacht hat, das mir aber vor schon geraumer Zeit von unserm Herrn Bibliothekar Reuß aus hiesiger Bibliothek mitgeteilt worden ist. Ich setze den Titel her: Catalogus Sanctorum et gestorum eorum ex diversis voluminibus collectus etc. a Dom. Petro de Natalibus de Venetiis, Dei gratia Episcopo Equilino. Impressum Lugduni per Jacobum Saccon. Anno 1514. In diesem Werke, dessen nicht sehr elegante Holzschnitte die Inspektion aller derer verdienen, die einmal willens sind, neue Marter-Maschinen zu erdenken, befindet sich auch Fol. 16, 18, 85, 89 eine solche Maschine abgebildet. Nämlich ein schweres Beil, das, wie der Block einer Ramme, zwischen Rahmen aufgezogen, auf den Hals des Opfers herabfällt, und ihn, auf einen Klotz gelehnt, abhackt. Dieses allein beweisen alle diese antiquarischen Untersuchungen. Aber das ist keine Guillotine. Alle diese Anstalten, so weit man sie aus den Abbildungen beurteilen kann, sind so sehr von der Guillotine unterschieden als das Hackemesser von dem Krauthobel. Das herabfallende schwere Beil hackt den Kopf ab, aber die Guillotine schneidet ihn ab. Das ist doch offenbar zweierlei, und wo ich mich recht erinnere, hat auch Herr Guillotin hierauf einen besondern Akzent gelegt. Es ist ein sehr großer Unterschied zwischen Abhacken und Abschneiden. Die Unterscheidung findet sich ja schon sogar in der Sprache, wenigstens in der unsrigen. Bei allen den alten Köpfmaschinen, die man für Guillotinen ausgibt, fällt die Schneide des Messers oder Beils *horizontal* herab, faßt also alle Fibern des Halses nach der Breite auf einmal, und bleibt, nachdem der Kopf (wenn der Himmel will) ab ist, auf dem Klotze liegen. Auch ist von der ganzen Schneide des Beils nur ein geringer Teil wirksam, nämlich gerade so viel davon, als die Breite des Halses beträgt. Bei der Guillotine hingegen ist die Schneide stark gegen den Horizont geneigt, das fallende Messer greift also nur anfangs wenige Fibern des Halses an, und bahnt sich so unvermerkt den Weg zu dem stärkern Teil. Daher auch der Hals bei der Guillotine in einer Aushöhlung, oder gar in einer Art von Halsband, das durch Bretter formiert wird, liegen muß, um bei dem ersten Anfall, nicht von der Seite auszuweichen, und das Messer bleibt nicht auf einem Block liegen, sondern geht an den Brettern ganz vorbei, über den abgeschnittenen Hals hinaus, wie der Hobel. Der wirksame Teil der fallenden Schneide ist hier sehr viel größer als bei dem hackenden Beil, und richtet sich nach dem Neigungswinkel der Schneide gegen den Horizont. Wird nun übrigens dafür gesorgt, daß die Zeit des Durchgangs des Messers durch den Hals nicht größer ist als die zum Abhakken nötige, so wird auch dieser kleine Zeitraum bei der Guillotine minder empfindlich sein als bei dem fallenden Beil. Die Sache ist einer mathematischen Darstellung fähig, womit ich aber unsere Leser verschonen will. Ich habe gehört, daß das Messer der Guillotine einen Fall von 32 Fußen haben soll. Das Gewicht desselben ist mir unbekannt. Das Beil klemmt zugleich indem es schneidet, so wie die Schere, und ist schmerzhaft, weil die Muskelfibern der senkrecht auf ihre Länge eindringenden Schneide den größtmöglichen Widerstand leisten, und ohne Klemmung des Ganzen nicht getrennt werden können. Der Leidende stirbt freilich in beiden Fällen (wenn die Maschine kräftig genug ist) in einem Augenblick; aber die Schmerzen dieses Augenblicks haben ihre Grade, wo nicht immer für den Leidenden selbst von Dauer, doch für die Zurückgebliebenen, die sich diesen Punkt mit Recht, in seinem Namen, zu Minuten ausdehnen. Aber auch was der Leidende in dem kritischen Punkt, in welchem er leidet, von Zeit zu wenig für die Empfindung hat, das hat er sehr oft im Vorauswissen zu viel. Wer da weiß, daß er unter dem Beil sterben muß, in einem Augenblick, betrachtet diesen Augenblick durch ein Vergrößerungsmittel. Unter solchen Umständen, glaube ich, ist es Pflicht, selbst für die praktische Mechanik, jene schwere Passage nach allen Kräften zu erleichtern.

Wenn ich anders recht gesehen habe, so verbindet schon das Schwert selbst Beil und Guillotine. Die Spitze des Schwerts beschreibt beim Abhauen nicht durchaus einen Kreis, sondern der erste Einhieb ist ein Abhacken, und der zweite Teil ein Schnitt, wobei das Schwert von dem Scharfrichter angezogen wird. Aus diesen wenigen Betrachtungen, mit jedes eigner Erfahrung im Leben bei Verwundungen zusammengehalten, wird leicht erhellen: Daß die Guillotine mit langer Schneide, großem Gewicht und hohem Falle das sanfteste Mittel ist, den Kopf vom Rumpf zu trennen; sie allein schneidet im eigentlichen Verstande; das Beil hackt und klemmt; das Schwert hackt und schneidet, und klemmt also auch, weil es hackt; die Schere klemmt und schneidet; die Säge, das schmerzhafteste Werkzeug unter allen, zerreißt durch Dehnung und schneidet. Wenn also nichts Näheres über die fallenden Messer der Alten bekannt wird, so ist und bleibt die Erfindung der Guillotine eine Erfindung des Herrn Jean Baptiste Guillotin zu Lyon. Denn wenn man einmal in der Geschichte der Erfindungen nicht subtiler distinguieren wollte, als hierbei bisher geschehen ist, so wäre offenbar der Erfinder der Holzaxt auch der vom Aderlaß-Schnepper. Zum Beschluß füge ich, gewisser Leser wegen, ein Paar Anmerkungen bei, aus welchen die übrigen machen können, was sie unmaßgeblich wollen.

In Herrn Hofrat Richters chirurgischen Bibliothek finde ich im IX. Bande S. 178 die Nachricht, daß die vier Ärzte, denen der unglückliche König im Jahr 1782 die Untersuchung von Mesmers Magnetismus übertrug, waren: Bortin, Sallin, d'Arcet und *Guillotin*. War dieses wohl der Erfinder der Maschine? Das wäre die erste Bemerkung. Die zweite ist kürzer. Des unglücklichen und guten Königs Amme hieß Guillot. Die Sache ist, wenn man Zeitungen trauen darf, gewiß, ich habe es in mehreren bemerkt gefunden. Dem ungeachtet könnte ein lügenhafter Franzos leicht das Ammen-Histörchen hingeworfen haben, ein Sinngedichtchen darauf zu pflanzen. *Ich* habe aber wenigstens das Pflänzchen nicht gesehen.

JOHANN GOTTFRIED HERDER

Aurora

Die Erscheinung am neuen Jahrhundert

Gespräche

1799

»Deine nächtlich trübe Gedanken aufzuhellen, trete ich vor dich, sagte die Erscheinung, und stand vor mir im Glanz der Aurora; (es war ein milder Glanz, ihr Blick war erquikkend und tröstend.) Dunkelheit ist die Mutter der Furcht; Dämmerung die Mutter des Irrtums. Rede.«

Ach der entflohnen Hoffnungen! Welch Jahrhundert glaubte man, das mit der neuen Zahl aufgehen werde, aufgehen müsse! Das letzte Gut der Sterblichen in Pandorens Büchse ist also auch dahin!

»Wer glaubte, wer hoffte dies? Und warum hoffte man? und warum hofft man nicht mehr?«

Endlose Fragen! Jedermann hoffte. Wir Menschen sind so geneigt, uns über einen neuen Tag, über ein neues Jahr zu freuen, geschweige nach solchen Zubereitungen über ein neues *Jahrhundert.*

»Der Name klingt prächtig; manchem mag er seiner vielumfassenden Dunkelheit wegen gar erhaben tönen; *Jahrhundert!* Der Veränderung wegen kann es euch Kindern angenehm sein, der bösen Sieben, zuletzt der langgeschweiften 99 loszuwerden, und nach einem Jahr mit 00 bezeichnet in einer geraden Zahl 4 + 4 neu und frisch aufzuzählen. Ich wünsche euch, daß im Jahrhundert 1800 alles das doppelt geschehen möge, was im Jahrhundert 1400 einfach geschah. Du weißt, was alles darin erfunden ward, wie für Europa sich alles darinnen neugestaltete, und wie ihr sagt, wiedergebar. Ihr erwartet jetzt die reichste, vollständigste Ernte jener Aussaat« –

Nebst dem, was die Jahrhunderte 15. 16. 1700 säeten. Der menschliche Geist ist nicht stillgestanden; er ging fort –

»Und wird fortgehen. Warum traurest du also?«

Daß er noch immer nicht so glücklich ist, rein zu ernten, geschweige zu genießen, was er säte. Im Ablauf eines Jahrhunderts strengt er sich an; er glaubt zu Ende kommen zu müssen, mit beschleunigter Bewegung das Werk des Jahrhunderts zu vollenden. Seit 1789 geschahen Dinge, die sonst in Jahrhunderten nicht geschahen; in Wochen, Tagen, Stunden geschahen Dinge –

»Man war also sehr *in Eil.* Wohlan dann! alle diese in Eil geschehene Dinge sind geschehen; auf der Tafel der Zeit stehen sie unauslöschlich, unwiederbringlich gezeichnet; die Früchte davon werdet ihr und eure Nachkommen erleben. Was traurest du also?«

Eben dieser Früchte wegen. Wir hofften und müssen jetzt um so mehr fürchten.

»Was fürchtet ihr?«

Das Gegenteil von allem, was wir hofften; so ganz sind unsre Erwartungen umgeschlagen. Ach, Erscheinung, wenn du in der Brust der Sterblichen liesest –

»Ich lese darin und hörte eure mißbrauchte Worte.«

Welche? *Freiheit* und *Gleichheit*. Jedermann schämt sich ihrer; niemand braucht sie mehr.

»Das ist schade. Ich wollte, daß du sagtest: niemand *mißbraucht* sie mehr: denn brauchen müßt ihr sie. Nicht bloß dem Philosophen und Mathematiker, eurem Geschlecht sind sie unentbehrlich; ihr werdet sie auch wieder und besser gebrauchen.«

Sie sind nicht die einzigen; wie diese gibt es hundert, ja tausend mißbrauchte Worte. Die ganze politische Sprache ward entweiht –

»Ward sie das nicht stets? wenn sprach die politische Sprache genau, wahr, herzlich?«

Die ganze *menschliche* Sprache ist entweiht; die edelsten Worte darf man nicht nennen, die der Menschheit innigsten Gefühle nicht ausdrücken, weil jeder Ausdruck beschmutzt ist.

»So schafft euch neue Worte. Hältst du es für keinen Vorteil, dieser Irrtümer los, diesen Vorurteilen und Mißbräuchen entkommen zu sein? Eine abgezahlte Schuld, ist sie nicht Reichtum? eine überwundne Gefahr, ist sie nicht lehrreich?«

Bitter-lehrreich ist diese. Welche Greuel!

»Sie gehören zum verflossenen Jahrhundert; sie sind vorüber.«

Aber ihre Folgen bleiben.

»Daß man auch sie hinwegtue und jede Schandsäule Ehrensäule werde. Das Rad, das hinunterging, gehet aufwärts. Gute Düngung verspricht gute Ernte.«

Ernte für wen? Für die wilde Gesetzlosigkeit? oder für den eisernen Zwang und Despotismus? und in beiderlei Fall für eine Barbarei, die hinter uns ist, der wir kaum zu entkommen vermögen.

»Wie sehr irrest du dich! Indem du Kontraste genannt hast, siehest du nicht, daß diese Gegensätze sich einander selbst einschränken und aufheben? Bemerkst du nicht, daß das Resultat dieses Streits durchaus nicht Unwissenheit und Barbarei, d. i. weder ewige Verwirrung, noch ein bloßes Null sein kann?«

Wie lange aber wird der Streit währen?

»Was ist *lang* und *kurz* im Buch der Zeiten? Geschehen muß immer etwas; je langsamer es geschieht, desto besser; da übereilt man sich nicht, wie du vorhin sagtest. Alles, was geschehen kann, geschieht; für Sterbliche ist's aufmunternder Trost, daß alles, was und wie es geschieht, nicht anders als also geschehen konnte, also geschehen mußte.«

Aufmunternder Trost?

»Es gibt keinen andern, es gibt keinen größern. Nur durch Einsicht und Überzeugung seiner, lernen sie recht handeln und jede Unordnung, jede Verwirrung recht gebrauchen. Durch Gegensätze zweier und mehrerer Seiten wird eine Gestalt; mittelst aus- und einspringender Winkel wälzt sich der Strom fort. Eine gerade Linie gibt keine Fläche, keinen Körper.«

Aber wer wird's erleben?

»So sagte jener Lügenprophet auch, dessen Eselin scharfsichtiger als er war, und der an Fluches Statt segnen mußte. Leben und streben sollt ihr Menschen; nicht aber erleben, erstreben wollen, was nie ganz erlebt, erstrebt werden kann. Im Streben ist Genuß; im Nicht-Erleben liegt deines Geschlechts Art, auf ihm beruht seine edelste Wirkung. Soll ich dich morgen dessen weiter belehren? Aber meine Zeit ist vorüber; die Sonne geht auf. Geh zu deinem Geschäft; und statt zu grübeln, arbeite.«

*       *       *

Sie war auch in dem, was sie sprach, Aurora. Sie gab mir Schimmer, und gibt mir, vielleicht schon morgen, erfreuendes Licht.

## GOTTFRIED AUGUST BÜRGER

### Franken und Franzosen

August 1791

Die Edlen, die nicht mehr an alter Seuche kranken,
Nennt nicht Franzosen mehr! Sie heißen edler Franken!
Begriff und Wort Franzos ist nur für das geprägt,
Was noch in Mund und Schoß die alte Seuche hegt.


### Die Tode

1793

Für Tugend, Menschenrecht und Menschenfreiheit sterben
Ist höchst erhabner Mut, ist Welterlösertod:
Denn nur die göttlichsten der Heldenmenschen färben
Dafür den Panzerrock mit ihrem Herzblut rot.

Am höchsten ragt an ihm die große Todesweihe
Für sein verwandtes Volk, sein Vaterland hinan.
Dreihundert Sparter ziehn in dieser Heldenreihe
Durchs Tor der Ewigkeit den übrigen voran.

So groß ist auch der Tod für einen guten Fürsten,
Mit Zepter, Waag' und Schwert in tugendhafter Hand.
Wohl mag der Edlen Mut nach solchem Tode dürsten:
Denn es ist Tod zugleich für Volk und Vaterland.

Der Tod für Freund und Kind, und für die süße Holde
Ist, wenn nicht immer groß, doch rührend stets und schön.
Denn es ist Todesgang, den, nicht erkauft mit Golde,
Im Drange des Gefühls nur edle Menschen gehn.

Für blanke Majestät und weiter nichts verbluten,
Wer das für groß, für schön und rührend hält, der irrt.
Denn das ist Hundemut, der eingepeitscht mit Ruten
Und eingefuttert mit des Hofmahls Brocken wird.

Sich für Tyrannen gar hinab zur Hölle balgen,
Das ist ein Tod, der nur der Hölle wohlgefällt.
Wo solch ein Held erliegt, da werde Rad und Galgen
Für Straßenräuber und für Mörder aufgestellt!

## Straflied beim schlechten Kriegsanfange
### der Gallier

#### Sommer 1792

Wer nicht für Freiheit sterben kann,
Der ist der Kette wert.
Ihn peitsche Pfaff' und Edelmann
Um seinen eignen Herd!

O Franzen, eure Rednerei
Ist mir ein Greuel nun;
Nicht prahlen, daß man tapfer sei,
Nein, tapfer muß man tun

Zwar wissen wir, um Blut erkauft
Der Sieg sich immer nicht;
Doch daß ihr wie Gesindel lauft,
Drob zürnt mein Strafgedicht.

Ha, glaubt ihr, daß man feigen Sinn
Durch Tigertaten birgt?
Schmach euch, die ihr den Feldherrn hin,
Hin den Gefangnen würgt!

Wie war mein freies Herz entbrannt.
Getäuscht durch Adelschein,
Selbst gegen Hermanns Vaterland
Tyrtäus euch zu sein!

Nun wend' ich meines Liedes Pfeil
Von Unmut rasch beschwingt,
Und rufe jedem Sieg und Heil,
Der Euch die Fessel bringt.

Wer nicht für Freiheit sterben kann.
Der ist der Kette wert.
Ihn peitsche Pfaff' und Edelmann
Um seinen eignen Herd!


Uns, die wir nicht, wie ihr, vom Recht
zu herrschen denken

Ende 1792


Uns, die wir nicht, wie ihr, vom Recht zu herrschen denken,
Uns, Gott sei Dank! zwar nicht an Herz und an Verstand,
Doch mindestens an Auge, Mund und Hand –
Durch Knebel, Bind' und Strick bestmöglichst zu
　　　　　　　　　　　　　　　　beschränken,
Steht euch, so lang' es geht mit euren Herrscherränken,
Für euer hohes Wohl – ihr nennt es Vaterland,
Ihr schlauen Herrn – mit nichten zu verdenken.
Doch wendet sich, wie man Exempel hat,
Trotz Fr–– H.g und Z[immermann] das Blatt,
So wird's uns hoffentlich auch R[ehberg] nicht verdenken,
Wenn wir zu unserm Wohl – sonst hat dies schwerlich
　　　　　　　　　　　　　　　　statt –
Euch an den Strick, den ihr uns dreht, ein wenig – henken.

# Für wen, du gutes deutsches Volk

### Sommer 1793

Für wen, du gutes deutsches Volk
Behängt man dich mit Waffen?
Für wen läßt du von Weib und Kind
Und Herd hinweg dich raffen?
Für Fürsten- und für Adelsbrut,
Und fürs Geschmeiß der Pfaffen.

War's nicht genug, ihr Sklavenjoch
Mit stillem Sinn zu tragen?
Für sie im Schweiß des Angesichts
Mit Fronen dich zu plagen?
Für ihre Geißel sollst du nun
Auch Blut und Leben wagen?

Sie nennen's Streit fürs Vaterland,
In welchen sie dich treiben.
O Volk, wie lange wirst du blind
Beim Spiel der Gaukler bleiben?
Sie selber sind das Vaterland,
Und wollen gern bekleiben.

Was ging uns Frankreichs Wesen an,
Die wir in Deutschland wohnen?
Es mochte dort nun ein Bourbon,
Ein Ohnehose thronen.
– – – – – – – – – – – –
– – – – – – – – – – – –

# Unterhaltungen deutscher Ausgewanderten

## 1795

In jenen unglücklichen Tagen, welche für Deutschland, für Europa, ja für die übrige Welt die traurigsten Folgen hatten, als das Heer der Franken durch eine übelverwahrte Lücke in unser Vaterland einbrach, verließ eine edle Familie ihre Besitzungen in jenen Gegenden und entfloh über den Rhein, um den Bedrängnissen zu entgehen, womit alle ausgezeichneten Personen bedrohet waren, denen man zum Verbrechen machte, daß sie sich ihrer Väter mit Freuden und Ehren erinnerten und mancher Vorteile genossen, die ein wohldenkender Vater seinen Kindern und Nachkommen so gern zu verschaffen wünschte.

Die Baronesse von C., eine Witwe von mittlern Jahren, erwies sich auch jetzt auf dieser Flucht, wie sonst zu Hause, zum Troste ihrer Kinder, Verwandten und Freunde entschlossen und tätig. In einer weiten Sphäre erzogen und durch mancherlei Schicksale ausgebildet, war sie als eine treffliche Hausmutter bekannt, und jede Art von Geschäft erschien ihrem durchdringenden Geiste willkommen. Sie wünschte vielen zu dienen, und ihre ausgebreitete Bekanntschaft setzte sie instand, es zu tun. Nun mußte sie sich unerwartet als Führerin einer kleinen Karawane darstellen und verstand auch diese zu leiten, für sie zu sorgen und den guten Humor, wie er sich zeigte, in ihrem Kreise auch mitten unter Bangigkeit und Not zu unterhalten. Und wirklich stellte sich bei unsern Flüchtlingen die gute Laune nicht selten ein; denn überraschende Vorfälle, neue Verhältnisse gaben den aufgespannten Gemütern manchen Stoff zu Scherz und Lachen.

Bei der übereilten Flucht war das Betragen eines jeden

charakteristisch und auffallend. Das eine ließ sich durch eine falsche Furcht, durch ein unzeitiges Schrecken hinreißen; das andere gab einer unnötigen Sorge Raum, und alles, was dieser zuviel, jener zuwenig tat, jeder Fall, wo sich Schwäche in Nachgiebigkeit oder Übereilung zeigte, gab in der Folge Gelegenheit, sich wechselseitig zu plagen und aufzuziehen, so daß dadurch diese traurigen Zustände lustiger wurden, als eine vorsätzliche Lustreise ehemals hatte werden können.

Denn wie wir manchmal in der Komödie eine Zeitlang, ohne über die absichtlichen Possen zu lachen, ernsthaft zuschauen können, dagegen aber sogleich ein lautes Gelächter entsteht, wenn in der Tragödie etwas Unschickliches vorkommt, so wird auch ein Unglück in der wirklichen Welt, das die Menschen aus ihrer Fassung bringt, gewöhnlich von lächerlichen, oft auf der Stelle, gewiß aber hinterdrein belachten Umständen begleitet sein.

Besonders mußte Fräulein Luise, die älteste Tochter der Baronesse, ein lebhaftes, heftiges und in guten Tagen herrisches Frauenzimmer, sehr vieles leiden, da von ihr behauptet wurde, daß sie bei dem ersten Schrecken ganz aus der Fassung geraten sei, in Zerstreuung, ja in einer Art von völliger Abwesenheit die unnützesten Sachen mit dem größten Ernste zum Aufpacken gebracht und sogar einen alten Bedienten für ihren Bräutigam angesehen habe.

Sie verteidigte sich aber, so gut sie konnte; nur wollte sie keinen Scherz, der sich auf ihren Bräutigam bezog, dulden, indem es ihr schon Leiden genug verursachte, ihn bei der alliierten Armee in täglicher Gefahr zu wissen und eine gewünschte Verbindung durch die allgemeine Zerrüttung aufgeschoben und vielleicht gar vereitelt zu sehen.

Ihr älterer Bruder Friedrich, ein entschlossener junger Mann, führte alles, was die Mutter beschloß, mit Ordnung und Genauigkeit aus, begleitete zu Pferde den Zug und war zugleich Kurier, Wagenmeister und Wegweiser. Der Lehrer des jüngern, hoffnungsvollen Sohnes, ein wohlunterrichte-

ter Mann, leistete der Baronesse im Wagen Gesellschaft;
Vetter Karl fuhr mit einem alten Geistlichen, der als Haus-
freund schon lange der Familie unentbehrlich geworden
war, mit einer ältern und jüngern Verwandten in einem
nachfolgenden Wagen. Kammermädchen und Kammerdie-
ner folgten in Halbchaisen, und einige schwerbepackte Brancards, die auf mehr als einer Station zurückbleiben mußten,
schlossen den Zug.

Ungern hatte, wie man leicht denken kann, die ganze
Gesellschaft ihre Wohnungen verlassen, aber Vetter Karl
entfernte sich mit doppeltem Widerwillen von dem jenseiti-
gen Rheinufer; nicht daß er etwa eine Geliebte daselbst
zurückgelassen hätte, wie man nach seiner Jugend, seiner
guten Gestalt und seiner leidenschaftlichen Natur hätte vermuten sollen; er hatte sich vielmehr von der blendenden
Schönheit verführen lassen, die unter dem Namen Freiheit
sich erst heimlich, dann öffentlich so viele Anbeter zu
verschaffen wußte und, so übel sie auch die einen behan-
delte, von den andern mit großer Lebhaftigkeit verehrt
wurde.

Wie Liebende gewöhnlich von ihrer Leidenschaft verblendet werden, so erging es auch Vetter Karln. Sie wünschen
den Besitz eines einzigen Gutes und wähnen alles übrige
dagegen entbehren zu können. Stand, Glücksgüter, alle
Verhältnisse scheinen in Nichts zu verschwinden, indem das
gewünschte Gut zu Einem, zu Allem wird. Eltern, Verwandte und Freunde werden uns fremd, indem wir uns
etwas zueignen, das uns ganz ausfüllt und uns alles übrige
fremd macht.

Vetter Karl überließ sich der Heftigkeit seiner Neigung
und verhehlte sie nicht in Gesprächen. Er glaubte, um so
freier sich diesen Gesinnungen ergeben zu können, als er
selbst ein Edelmann war und, obgleich der zweite Sohn,
dennoch ein ansehnliches Vermögen zu erwarten hatte.
Eben diese Güter, die ihm künftig zufallen mußten, waren
jetzt in Feindes Händen, der nicht zum besten darauf hau-

ste. Dessen ungeachtet konnte Karl einer Nation nicht feind werden, die der Welt so viele Vorteile versprach und deren Gesinnungen er nach öffentlichen Reden und Äußerungen einiger Mitglieder beurteilte. Gewöhnlich störte er die Zufriedenheit der Gesellschaft, wenn sie ja derselben noch fähig war, durch ein unmäßiges Lob alles dessen, was bei den Neufranken Gutes oder Böses geschah, durch ein lautes Vergnügen über ihre Fortschritte, wodurch er die andern um desto mehr aus der Fassung brachte, als sie ihre Leiden, durch die Schadenfreude eines Freundes und Verwandten verdoppelt, nur um so schmerzlicher empfinden mußten.

Friedrich hatte sich schon einigemal mit ihm überworfen und ließ sich in der letzten Zeit gar nicht mehr mit ihm ein. Die Baronesse wußte ihn auf eine kluge Weise wenigstens zu augenblicklicher Mäßigung zu leiten. Fräulein Luise machte ihm am meisten zu schaffen, indem sie, freilich oft ungerechterweise, seinen Charakter und seinen Verstand verdächtig zu machen suchte. Der Hofmeister gab ihm im stillen recht, der Geistliche im stillen unrecht, und die Kammermädchen, denen seine Gestalt reizend und seine Freigebigkeit respektabel war, hörten ihn gerne reden, weil sie sich durch seine Gesinnungen berechtigt glaubten, ihre zärtlichen Augen, die sie bisher vor ihm bescheiden niedergeschlagen hatten, nunmehr in Ehren nach ihm aufzuheben.

Die Bedürfnisse des Tages, die Hindernisse des Weges, die Unannehmlichkeiten der Quartiere führten die Gesellschaft gewöhnlich auf ein gegenwärtiges Interesse zurück, und die große Anzahl französischer und deutscher Ausgewanderten, die sie überall antrafen und deren Betragen und Schicksale sehr verschieden waren, gaben ihnen oft zu Betrachtungen Anlaß, wieviel Ursache man habe, in diesen Zeiten alle Tugenden, besonders aber die Tugend der Unparteilichkeit und Verträglichkeit zu üben.

Eines Tages machte die Baronesse die Bemerkung, daß man nicht deutlicher sehen könne, wie ungebildet in jedem Sinne die Menschen seien, als in solchen Augenblicken allgemeiner Verwirrung und Not. »Die bürgerliche Verfassung«, sagte sie, »scheint wie ein Schiff zu sein, das eine große Anzahl Menschen, alte und junge, gesunde und kranke, über ein gefährliches Wasser auch selbst zu Zeiten des Sturms hinüberbringt; nur in dem Augenblicke, wenn das Schiff scheitert, sieht man, wer schwimmen kann, und selbst gute Schwimmer gehen unter solchen Umständen zugrunde.

Wir sehen meist die Ausgewanderten ihre Fehler und albernen Gewohnheiten mit sich in der Irre herumführen und wundern uns darüber. Doch wie den reisenden Engländer der Teekessel in allen vier Weltteilen nicht verläßt, so wird die übrige Masse der Menschen von stolzen Anforderungen, Eitelkeit, Unmäßigkeit, Ungeduld, Eigensinn, Schiefheit im Urteil, von der Lust, ihrem Nebenmenschen tückisch etwas zu versetzen, überallhin begleitet. Der Leichtsinnige freut sich der Flucht wie einer Spazierfahrt, und der Ungenügsame verlangt, daß ihm auch noch als Bettler alles zu Diensten stehe. Wie selten, daß uns die reine Tugend irgendeines Menschen erscheint, der wirklich für andere zu leben, für andere sich aufzuopfern getrieben wird!«

Indessen man nun mancherlei Bekanntschaften machte, die zu solchen Betrachtungen Gelegenheit gaben, war der Winter vorbeigegangen. Das Glück hatte sich wieder zu den deutschen Waffen gesellt, die Franzosen waren wieder über den Rhein hinübergedrängt, Frankfurt befreit und Mainz eingeschlossen.

In der Hoffnung auf den weitern Fortgang der siegreichen Waffen und begierig, wieder einen Teil ihres Eigentums zu ergreifen, eilte die Familie auf ein Gut, das an dem rechten Ufer des Rheins in der schönsten Lage ihr zugehörte. Wie erquickt fanden sie sich, als sie den schönen Strom wieder vor ihren Fenstern vorbeifließen sahen, wie freudig nahmen sie wieder von jedem Teile des Hauses Besitz, wie freundlich begrüßten sie die bekannten Mobilien, die alten Bilder und

jeglichen Hausrat, wie wert war ihnen auch das Geringste,
das sie schon verlorengegeben hatten, wie stiegen ihre Hoffnungen, dereinst auch jenseits des Rheines alles noch in dem
alten Zustande zu finden!

Kaum erscholl in der Nachbarschaft die Ankunft der
Baronesse, als alle alten Bekannten, Freunde und Diener
herbeieilten, sich mit ihr zu besprechen, die Geschichten der
vergangenen Monate zu wiederholen und sich in manchen
Fällen Rat und Beistand von ihr zu erbitten.

Umgeben von diesen Besuchen, ward sie aufs angenehm-
ste überrascht, als der Geheimerat von S. mit seiner Familie
bei ihr ankam, ein Mann, dem die Geschäfte von Jugend auf
zum Bedürfnis geworden waren, ein Mann, der das Zutrauen seines Fürsten verdiente und besaß. Er hielt sich
streng an Grundsätze und hatte über manche Dinge seine
eigene Denkweise. Er war genau im Reden und Handeln
und forderte das gleiche von andern. Ein konsequentes
Betragen schien ihm die höchste Tugend.

Sein Fürst, das Land, er selbst hatten viel durch den
Einfall der Franzosen gelitten; er hatte die Willkür der
Nation, die nur vom Gesetz sprach, kennengelernt und den
Unterdrückungsgeist derer, die das Wort Freiheit immer im
Munde führten. Er hatte gesehen, daß auch in diesem Falle
der große Haufe sich treu blieb und Wort für Tat, Schein für
Besitz mit großer Heftigkeit aufnahm. Die Folgen eines
unglücklichen Feldzugs sowie die Folgen jener verbreiteten
Gesinnungen und Meinungen blieben seinem Scharfblicke
nicht verborgen, obgleich nicht zu leugnen war, daß er
manches mit hypochondrischem Gemüte betrachtete und
mit Leidenschaft beurteilte.

Seine Gemahlin, eine Jugendfreundin der Baronesse, fand
nach so vielen Trübsalen einen Himmel in den Armen ihrer
Freundin. Sie waren miteinander aufgewachsen, hatten sich
miteinander gebildet, sie kannten keine Geheimnisse vorein-
ander. Die ersten Neigungen junger Jahre, die bedenklichen
Zustände der Ehe, Freuden, Sorgen und Leiden als Mütter,

alles hatten sie sich sonst teils mündlich, teils in Briefen vertraut und hatten eine ununterbrochene Verbindung erhalten. Nur diese letzte Zeit her waren sie durch die Unruhen verhindert worden, sich einander wie gewöhnlich mitzuteilen. Um so lebhafter drängten sich ihre gegenwärtigen Gespräche, um desto mehr hatten sie einander zu sagen, indessen die Töchter der Geheimerätin ihre Zeit mit Fräulein Luisen in einer wachsenden Vertraulichkeit zubrachten.

Leider ward der schöne Genuß dieser reizenden Gegend oft durch den Donner der Kanonen gestört, den man, je nachdem der Wind sich drehte, aus der Ferne deutlicher oder undeutlicher vernahm. Ebensowenig konnte bei den vielen zuströmenden Neuigkeiten des Tages der politische Diskurs vermieden werden, der gewöhnlich die augenblickliche Zufriedenheit der Gesellschaft störte, indem die verschiedenen Denkungsarten und Meinungen von beiden Seiten sehr lebhaft geäußert wurden. Und wie unmäßige Menschen sich deshalb doch nicht des Weins und schwer zu verdauender Speisen enthalten, ob sie gleich aus der Erfahrung wissen, daß ihnen darauf ein unmittelbares Übelsein bevorsteht, so konnten auch die meisten Glieder der Gesellschaft sich in diesem Falle nicht bändigen; vielmehr gaben sie dem unwiderstehlichen Reiz nach, andern wehe zu tun und sich selbst dadurch am Ende eine unangenehme Stunde zu bereiten.

Man kann leicht denken, daß der Geheimerat diejenige Partei anführte, welche dem alten System zugetan war, und daß Karl für die entgegengesetzte sprach, welche von bevorstehenden Neuerungen Heilung und Belebung des alten, kranken Zustandes hoffte.

Im Anfange wurden diese Gespräche noch mit ziemlicher Mäßigung geführt, besonders da die Baronesse durch anmutige Zwischenreden beide Teile im Gleichgewicht zu halten wußte; als aber die wichtige Epoche herannahete, daß die Blockade von Mainz in eine Belagerung übergehen sollte, und man nunmehr für diese schöne Stadt und ihre zurückgelassenen Bewohner lebhafter zu fürchten anfing, äußerte jedermann seine Meinungen mit ungebundener Leidenschaft.

Besonders waren die daselbst zurückgebliebenen Klubbisten ein Gegenstand des allgemeinen Gesprächs, und jeder erwartete ihre Bestrafung oder Befreiung, je nachdem er ihre Handlungen entweder schalt oder billigte.

Unter die ersten gehörte der Geheimerat, dessen Argumente Karln am verdrießlichsten fielen, wenn er den Verstand dieser Leute angriff und sie einer völligen Unkenntnis der Welt und ihrer selbst beschuldigte.

»Wie verblendet müssen sie sein«, rief er aus, als an einem Nachmittage das Gespräch sehr lebhaft zu werden anfing, »wenn sie wähnen, daß eine ungeheure Nation, die mit sich selbst in der größten Verwirrung kämpft und auch in ruhigen Augenblicken nichts als sich selbst zu schätzen weiß, auf sie mit einiger Teilnehmung herunterblicken werde! Man wird sie als Werkzeuge betrachten, sie eine Zeitlang gebrauchen und endlich wegwerfen oder wenigstens vernachlässigen. Wie sehr irren sie sich, wenn sie glauben, daß sie jemals in die Zahl der Franzosen aufgenommen werden könnten!

Jedem, der mächtig und groß ist, erscheint nichts lächerlicher als ein Kleiner und Schwacher, der in der Dunkelheit des Wahns, in der Unkenntnis seiner selbst, seiner Kräfte und seines Verhältnisses sich jenem gleichzustellen dünkt. Und glaubt ihr denn, daß die große Nation nach dem Glücke, das sie bisher begünstigt, weniger stolz und übermütig sein werde als irgendein anderer königlicher Sieger?

Wie mancher, der jetzt als Munizipalbeamter mit der Schärpe herumläuft, wird die Maskerade verwünschen, wenn er, nachdem er seine Landsleute in eine neue, widerliche Form zu zwingen geholfen hat, zuletzt in dieser neuen Form von denen, auf die er sein ganzes Vertrauen setzte, niedrig behandelt wird. Ja es ist mir höchst wahrscheinlich, daß man bei der Übergabe der Stadt, die wohl nicht lange verzögert werden kann, solche Leute den Unsrigen überliefert oder überläßt. Mögen sie doch alsdann ihren Lohn dahinnehmen, mögen sie alsdann die Züchtigung empfinden, die sie verdienen, ich mag sie so unparteiisch richten, als ich kann.«

»Unparteiisch!« rief Karl mit Heftigkeit aus; »wenn ich doch dies Wort nicht wieder sollte aussprechen hören! Wie kann man diese Menschen so geradezu verdammen? Freilich haben sie nicht ihre Jugend und ihr Leben zugebracht, in der hergebrachten Form sich und andern begünstigten Menschen zu nützen! Freilich haben sie nicht die wenigen wohnbaren Zimmer des alten Gebäudes besessen und sich darinne gepflegt; vielmehr haben sie die Unbequemlichkeit der vernachlässigten Teile eures Staatspalastes mehr empfunden, weil sie selbst ihre Tage kümmerlich und gedrückt darin zubringen mußten; sie haben nicht, durch eine mechanisch erleichterte Geschäftigkeit bestochen, dasjenige für gut angesehen, was sie einmal zu tun gewohnt waren. Freilich haben sie nur im stillen der Einseitigkeit, der Unordnung, der Lässigkeit, der Ungeschicklichkeit zusehen können, womit eure Staatsleute sich noch Ehrfurcht zu erwerben glauben; freilich haben sie nur heimlich wünschen können, daß Mühe und Genuß gleicher ausgeteilt sein möchten! Und wer wird leugnen, daß unter ihnen nicht wenigstens einige wohldenkende und tüchtige Männer sich befinden, die, wenn sie auch in diesem Augenblicke das Beste zu bewirken nicht imstande sind, doch durch ihre Vermittlung das Übel zu lindern und ein künftiges Gutes vorzubereiten das Glück haben; und da man solche darunter zählt, wer wird sie nicht bedauern, wenn der Augenblick naht, der sie ihrer Hoffnungen vielleicht auf immer berauben soll!«

Der Geheimerat scherzte darauf mit einiger Bitterkeit über junge Leute, die einen Gegenstand zu idealisieren geneigt seien; Karl schonte dagegen diejenigen nicht, welche nur nach alten Formen denken könnten und, was dahinein nicht passe, notwendig verwerfen müßten.

Durch mehreres Hin- und Widerreden ward das Gespräch immer heftiger, und es kam von beiden Seiten alles zur Sprache, was im Laufe dieser Jahre so manche gute Gesellschaft entzweit hatte. Vergebens suchte die Baronesse, wo nicht einen Frieden, doch wenigstens einen Stillstand zuwege zu bringen; selbst der Geheimerätin, die als ein liebenswürdiges Weib einige Herrschaft über Karls Gemüt sich erworben hatte, gelang es nicht, auf ihn zu wirken, um so weniger, als ihr Gemahl fortfuhr, treffende Pfeile auf Jugend und Unerfahrenheit loszudrücken und über die besondere Neigung der Kinder, mit dem Feuer zu spielen, das sie doch nicht regieren könnten, zu spotten.

Karl, der sich im Zorn nicht mehr kannte, hielt mit dem Geständnis nicht zurück, daß er den französischen Waffen alles Glück wünsche und daß er jeden Deutschen auffordere, der alten Sklaverei ein Ende zu machen, daß er von der französischen Nation überzeugt sei, sie werde die edlen Deutschen, die sich für sie erklärt, zu schätzen wissen, als die Ihrigen ansehn und behandeln und nicht etwa aufopfern oder ihrem Schicksale überlassen, sondern sie mit Ehren, Gütern und Zutrauen überhäufen.

Der Geheimerat behauptete dagegen, es sei lächerlich zu denken, daß die Franzosen nur irgendeinen Augenblick, bei einer Kapitulation oder sonst, für sie sorgen würden; vielmehr würden diese Leute gewiß in die Hände der Alliierten fallen, und er hoffe sie alle gehangen zu sehen.

Diese Drohung hielt Karl nicht aus und rief vielmehr, er hoffe, daß die Guillotine auch in Deutschland eine gesegnete Ernte finden und kein schuldiges Haupt verfehlen werde. Dazu fügte er einige sehr starke Vorwürfe, welche den Geheimerat persönlich trafen und in jedem Sinne beleidigend waren.

»So muß ich denn wohl«, sagte der Geheimerat, »mich aus der Gesellschaft entfernen, in der nichts, was sonst achtungswert schien, mehr geehrt wird. Es tut mir leid, daß ich zum zweitenmal, und zwar durch einen Landsmann, vertrieben werde; aber ich sehe wohl, daß von diesem weniger Schonung als von den Neufranken zu erwarten ist, und ich finde wieder die alte Erfahrung bestätigt, daß es besser sei, den Türken als den Renegaten in die Hände zu fallen.«

Mit diesen Worten stand er auf und ging aus dem Zimmer, seine Gemahlin folgte ihm, die Gesellschaft schwieg. Die Baronesse gab mit einigen, aber starken Ausdrücken ihr Mißvergnügen zu erkennen; Karl ging im Saale auf und ab. Die Geheimerätin kam weinend zurück und erzählte, daß ihr Gemahl einpacken lasse und schon Pferde bestellt habe. Die Baronesse ging zu ihm, ihn zu bereden; indessen weinten die Fräulein und küßten sich und waren äußerst betrübt, daß sie sich so schnell und unerwartet voneinander trennen sollten. Die Baronesse kam zurück; sie hatte nichts ausgerichtet. Man fing an, nach und nach alles zusammenzutragen, was dem Fremden gehörte. Die traurigen Augenblicke des Loslösens und Scheidens wurden sehr lebhaft empfunden. Mit den letzten Kästchen und Schachteln verschwand alle Hoffnung. Die Pferde kamen, und die Tränen flossen reichlicher.

Der Wagen fuhr fort, und die Baronesse sah ihm nach; die Tränen standen ihr in den Augen. Sie trat vom Fenster zurück und setzte sich an den Stickrahmen. Die ganze Gesellschaft war still, ja verlegen; besonders äußerte Karl seine Unruhe, indem er, in einer Ecke sitzend, ein Buch durchblätterte und manchmal drüber weg nach seiner Tante sah. Endlich stand er auf und nahm seinen Hut, als wenn er weggehen wollte; allein in der Türe kehrte er um, trat an den Rahmen und sagte mit edler Fassung: »Ich habe Sie beleidigt, liebe Tante, ich habe Ihnen Verdruß verursacht, verzeihen Sie meiner Übereilung, ich erkenne meinen Fehler und fühl ihn tief.«

»Ich kann verzeihen«, antwortete die Baronesse; »ich werde keinen Groll gegen dich hegen, weil du ein edler, guter Mensch bist; aber du kannst nicht wiedergutmachen, was du verdorben hast. Ich entbehre durch deine Schuld in diesen Augenblicken die Gesellschaft einer Freundin, die ich seit langer Zeit zum erstenmal wiedersah, die mir das Unglück selbst wieder zuführte und in deren Umgang ich manche Stunde das Unheil vergaß, das uns traf und das uns bedroht. Sie, die schon so lange auf einer ängstlichen Flucht herumgetrieben wird und sich kaum wenige Tage in Gesellschaft von geliebten alten Freunden in einer bequemen Wohnung, an einem angenehmen Orte erholt, muß schon wieder flüchtig werden, und die Gesellschaft verliert dabei die Unterhaltung ihres Gatten, der, so wunderlich er auch in manchen Stücken sein mag, doch ein trefflicher, rechtschaffener Mann ist und ein unerschöpfliches Archiv von Menschen- und Weltkenntnis, von Begebenheiten und Verhältnissen mit sich führt, die er auf eine leichte, glückliche und angenehme Weise mitzuteilen versteht. Um diesen vielfachen Genuß bringt uns deine Heftigkeit; wodurch kannst du ersetzen, was wir verlieren?«

Karl. »Schonen Sie mich, liebe Tante; ich fühle meinen Fehler schon lebhaft genug; lassen Sie mich die Folgen nicht so deutlich einsehen!«

Baronesse. »Betrachte sie vielmehr so deutlich als möglich! Hier kann nicht von Schonen die Rede sein; es ist nur die Frage, ob du dich überzeugen kannst. Denn nicht das erstemal begehst du diesen Fehler, und es wird das letztemal nicht sein. O ihr Menschen, wird die Not, die euch unter ein Dach, in eine enge Hütte zusammendrängt, euch nicht duldsam gegeneinander machen? Ist es an den ungeheuren Begebenheiten nicht genug, die auf euch und die Eurigen unaufhaltsam losdringen? Könnt ihr so nicht an euch selbst arbeiten und euch mäßig und vernünftig gegen diejenigen betragen, die euch im Grunde nichts nehmen, nichts rauben wollen? Müssen denn eure Gemüter nur so blind und unaufhaltsam wirken und dreinschlagen wie die Weltbegebenheiten, ein Gewitter oder ein ander Naturphänomen?«

Karl antwortete nichts, und der Hofmeister kam von dem Fenster, wo er bisher gestanden, auf die Baronesse zu und sagte: »Er wird sich bessern; dieser Fall soll ihm, soll uns allen zur Warnung dienen. Wir wollen uns täglich prüfen, wir wollen den Schmerz, den Sie empfunden haben, uns vor Augen stellen; wir wollen auch zeigen, daß wir Gewalt über uns haben.«

Baronesse. »Wie leicht doch Männer sich überreden können, besonders in diesem Punkte! Das Wort Herrschaft ist ihnen ein so angenehmes Wort, und es klingt so vornehm, sich selbst beherrschen zu wollen. Sie reden gar zu gerne davon und möchten uns glauben machen, es sei wirklich auch in der Ausübung Ernst damit; und wenn ich doch nur einen einzigen in meinem Leben gesehen hätte, der auch nur in der geringsten Sache sich zu beherrschen imstande gewesen wäre! Wenn ihnen etwas gleichgültig ist, dann stellen sie sich gewöhnlich sehr ernsthaft, als ob sie es mit Mühe entbehrten, und was sie heftig wünschen, wissen sie sich selbst und andern als vortrefflich, notwendig, unvermeidlich und unentbehrlich vorzustellen. Ich wüßte auch nicht einen, der auch nur der geringsten Entsagung fähig wäre.«

Hofmeister. »Sie sind selten ungerecht, und ich habe Sie noch niemals so von Verdruß und Leidenschaft überwältigt gesehen als in diesem Augenblick.«

Baronesse. »Ich habe mich dieser Leidenschaft wenigstens nicht zu schämen. Wenn ich mir meine Freundin in ihrem Reisewagen, auf unbequemen Wegen, mit Tränen an verletzte Gastfreundschaft sich zurückerinnernd denke, so möcht ich euch allen von Herzen gram werden.«

Hofmeister. »Ich habe Sie in den größten Übeln nicht so bewegt und so heftig gesehen als in diesem Augenblick.«

Baronesse. »Ein kleines Übel, das auf die größeren folgt, erfüllt das Maß; und dann ist es wohl kein kleines Übel, eine Freundin zu entbehren.«

H o f m e i s t e r. »Beruhigen Sie sich und vertrauen Sie uns allen, daß wir uns bessern, daß wir das mögliche tun wollen, Sie zu befriedigen.«

B a r o n e s s e. »Keinesweges; es soll mir keiner von euch ein Vertrauen ablocken, aber fordern will ich künftig von euch, befehlen will ich in meinem Hause.«

»Fordern Sie nur, befehlen Sie nur!« rief Karl, »und Sie sollen sich über unsern Ungehorsam nicht zu beschweren haben.«

»Nun, meine Strenge wird so arg nicht sein«, versetzte lächelnd die Baronesse, indem sie sich zusammennahm; »ich mag nicht gerne befehlen, besonders so freigesinnten Menschen; aber einen Rat will ich geben, und eine Bitte will ich hinzufügen.«

H o f m e i s t e r. »Und beides soll uns ein unverbrüchliches Gesetz sein.«

B a r o n e s s e. »Es wäre töricht, wenn ich das Interesse abzulenken gedächte, das jedermann an den großen Weltbegebenheiten nimmt, deren Opfer wir leider selbst schon geworden sind. Ich kann die Gesinnungen nicht ändern, die bei einem jeden nach seiner Denkweise entstehen, sich befestigen, streben und wirken, und es wäre ebenso töricht als grausam zu verlangen, daß er sie nicht mitteilen sollte. Aber das kann ich von dem Zirkel erwarten, in dem ich lebe, daß Gleichgesinnte sich im stillen zueinander fügen und sich angenehm unterhalten, indem der eine dasjenige sagt, was der andere schon denkt. Auf euren Zimmern, auf Spaziergängen und wo sich Übereindenkende treffen, eröffne man seinen Busen nach Lust, man lehne sich auf diese oder jene Meinung, ja man genieße recht lebhaft die Freude einer leidenschaftlichen Überzeugung. Aber, Kinder, in Gesellschaft laßt uns nicht vergessen, wieviel wir sonst schon, ehe alle diese Sachen zur Sprache kamen, um gesellig zu sein, von unsern Eigenheiten aufopfern mußten, und daß jeder, solange die Welt stehen wird, um gesellig zu sein, wenigstens äußerlich sich wird beherrschen müssen. Ich fordere euch also nicht im Namen der Tugend, sondern im Namen der gemeinsten Höflichkeit auf, mir und andern in diesen Augenblicken das zu leisten, was ihr von Jugend auf, ich darf fast sagen, gegen einen jeden beobachtet habt, der euch auf der Straße begegnete.

Überhaupt«, fuhr die Baronesse fort, »weiß ich nicht, wie wir geworden sind, wohin auf einmal jede gesellige Bildung verschwunden ist. Wie sehr hütete man sich sonst, in der Gesellschaft irgend etwas zu berühren, was einem oder dem andern unangenehm sein konnte! Der Protestant vermied in Gegenwart des Katholiken, irgendeine Zeremonie lächerlich zu finden; der eifrigste Katholik ließ den Protestanten nicht merken, daß die alte Religion eine größere Sicherheit ewiger Seligkeit gewähre. Man unterließ vor den Augen einer Mutter, die ihren Sohn verloren hatte, sich seiner Kinder lebhaft zu freuen, und jeder fühlte sich verlegen, wenn ihm ein solches unbedachtsames Wort entwischt war. Jeder Umstehende suchte das Versehen wiedergutzumachen – und tun wir nicht jetzo gerade das Gegenteil von allem diesem? Wir suchen recht eifrig jede Gelegenheit, wo wir etwas vorbringen können, das den andern verdrießt und ihn aus seiner Fassung bringt. O laßt uns künftig, meine Kinder und Freunde, wieder zu jener Art zu sein zurückkehren! Wir haben bisher schon manches Traurige erlebt – und vielleicht verkündigt uns bald der Rauch bei Tage und die Flammen bei Nacht den Untergang unsrer Wohnungen und unsrer zurückgelassenen Besitztümer. Laßt uns auch diese Nachrichten nicht mit Heftigkeit in die Gesellschaft bringen, laßt uns dasjenige nicht durch öftere Wiederholung tiefer in die Seele prägen, was uns in der Stille schon Schmerzen genug erregt!

Als euer Vater starb, habt ihr mir wohl mit Worten und Zeichen diesen unersetzlichen Verlust bei jedem Anlaß erneuert? Habt ihr nicht alles, was sein Andenken zur Unzeit wieder hervorrufen konnte, zu vermeiden und durch eure Liebe, eure stillen Bemühungen und eure Gefälligkeit das Gefühl jenes Verlustes zu lindern und die Wunde zu heilen versucht? Haben wir jetzt nicht alle nötiger, eben jene gesellige Schonung auszuüben, die oft mehr wirkt als eine wohlmeinende, aber rohe Hülfe; jetzt, da nicht etwa in der Mitte von Glücklichen ein oder der andere Zufall diesen oder jenen verletzt, dessen Unglück von dem allgemeinen Wohlbefinden bald wieder verschlungen wird, sondern wo unter einer ungeheuren Anzahl Unglücklicher kaum wenige, entweder durch Natur oder Bildung, einer zufälligen oder künstlichen Zufriedenheit genießen?«

Karl. »Sie haben uns nun genug erniedrigt, liebe Tante. Wollen Sie uns nicht wieder die Hand reichen?«

Baronesse. »Hier ist sie, mit der Bedingung, daß ihr Lust habt, euch von ihr leiten zu lassen. Rufen wir eine Amnestie aus! Man kann sich jetzt nicht geschwind genug dazu entschließen.«

In dem Augenblicke traten die übrigen Frauenzimmer, die sich nach dem Abschiede noch recht herzlich ausgeweint hatten, herein und konnten sich nicht bezwingen, Vetter Karln freundlich anzusehen.

»Kommt her, ihr Kinder!« rief die Baronesse. »Wir haben eine ernsthafte Unterredung gehabt, die, wie ich hoffe, Friede und Einigkeit unter uns herstellen und den guten Ton, den wir eine Zeitlang vermißt, wieder unter uns einführen soll; vielleicht haben wir nie nötiger gehabt, uns aneinander zu schließen und, wäre es auch nur wenige Stunden des Tages, uns zu zerstreuen. Laßt uns dahin übereinkommen, daß wir, wenn wir beisammen sind, gänzlich alle Unterhaltung über das Interesse des Tages verbannen! Wie lange haben wir belehrende und aufmunternde Gespräche entbehrt, wie lange hast du uns, lieber Karl, nichts von fernen Landen und Reichen erzählt, von deren Beschaffenheit, Einwohnern, Sitten und Gebräuchen du so schöne Kenntnisse hast! – Wie lange haben Sie«, so redete sie den Hofmeister an, »die alte und neue Geschichte, die Vergleichung der Jahrhunderte und einzelner Menschen schweigen lassen! – Wo sind die schönen und zierlichen Gedichte geblieben, die sonst so oft aus den Brieftaschen unsrer jungen Frauenzimmer zur Freude der Gesellschaft hervorkamen? Wohin haben sich die unbefangenen philosophischen Betrachtungen verloren? Ist die Lust gänzlich verschwunden, mit der ihr von euren Spaziergängen einen merkwürdigen Stein, eine uns wenigstens unbekannte Pflanze, ein seltsames Insekt zurückbrachtet und dadurch Gelegenheit gabt, über den großen Zusammenhang aller vorhandenen Geschöpfe wenigstens angenehm zu träumen? Laßt alle diese Unterhaltungen, die sich sonst so freiwillig darboten, durch eine Verabredung, durch Vorsatz, durch ein Gesetz wieder bei uns eintreten! Bietet alle eure Kräfte auf, lehrreich, nützlich und besonders gesellig zu sein! Und das alles werden wir – und noch weit mehr als jetzt – benötigt sein, wenn auch alles völlig drunter oder drüber gehen sollte. Kinder, versprecht mir das!«

Sie versprachen es mit Lebhaftigkeit.

»Und nun geht, es ist ein schöner Abend, genieße ihn jeder nach seiner Weise, und laßt uns beim Nachtessen seit langer Zeit zum erstenmal die Früchte einer freundschaftlichen Unterhaltung genießen!«   [...]

## Gesang der Neufranken
## für Gesetz und König

Melodie des Marseillermarsches

1792

Sei uns gegrüßt, du holde Freiheit!
　Zu dir ertönt froh der Gesang!
　Du zerschlägst das Joch der Bezwinger,
　Und erhebst zu Tugend und Heil!
　Du erhebst zu Tugend und Heil!
Uns zu erneun, kehrst du vom Himmel,
　Längst deinen Geweihten ersehnt!
　Was hemmet ihr, Bezwinger, noch
　In verschworner Wut die Erneuung?
　　Mit Waffen in den Kampf,
　　Für Freiheit und Gesetz!
Naht, Bürger, naht! Bebt, Mietlingsschwarm!
　Entfliehet oder sterbt!

Chor
Wir nahn, wir nahn! Bebt, Mietlingsschwarm!
　Entfliehet oder sterbt!

Oh, wie betäubt von Todesschlummer,
　Wie gar entmenscht starrte der Mensch!
　Du berührst ihn sanft; er erwachet,
　Und vertraut sich, denket und fühlt!
　Er vertraut sich, denket und fühlt!
Ihr, die zum Vieh Menschen entwürdigt!
　Unmenschen, ihr trotzet noch jetzt?
　Ihr straft, wo ein Gedank' ertönt,
　Und erzwingt fühllosen Gehorsam?

  Mit Waffen in den Kampf,
  Für Freiheit und Gesetz!
 Naht, Bürger, naht! ff.

In der Befehdung wüstem Alter
 Habt ihr des Volks Kette gefügt!
 Mit berittnen Horden bezwangt ihr,
 Was Betrieb und Künste gebaut,
 In Gefild' und Städten gebaut!
Wie ihr das Volk, banden den Landmann
 Leibeigen sich Ritter und Knapp!
 Ihr weigert die Erlösung noch?
 Ihr verstärkt die Kette der Knechtschaft?
  Mit Waffen in den Kampf,
  Für Freiheit und Gesetz!
 Naht, Bürger, naht! ff.

Nur des Berittnen weicher Enkel
 Ist von Geburt edel und klug!
 Ihm allein wird alle Verwaltung;
 Das Geschäft nicht, aber die Macht!
 Das Geschäft nicht, aber die Macht!
In dem Gepräng' eiteler Torheit
 Mißhandelt er Geist und Verdienst!
 Kaum schützet noch ein Titelschall;
 Und des Bürgers Namen ist Schmähung!
  Mit Waffen in den Kampf,
  Für Freiheit und Gesetz!
 Naht, Bürger, naht! ff.

Wie das Gezücht unnützer Hummeln
 Euch den Ertrag, Bienen, entrafft:
 So verschwelgt des Landes Gemeingut
 Der gebornen Höflinge Schwarm,
 Von Geburt schon edel und klug!

Und es erwächst Schuld und Beschatzung,
  Weitwuchernder Üppigkeit Frucht!
  Für Haupt wird da gesteurt und Brot;
  Und die Witwe weint mit den Waisen!
    Mit Waffen in den Kampf,
    Für Freiheit und Gesetz!
  Naht, Bürger, naht! ff.

Wann hat gemeines Wohls Empfindung
  Euch in der Brust, Edle! geglüht?
  Unerzogen selbst, nur gebildet,
  Auch dem Volk versperrt ihr das Licht,
  Auch dem Volk das heilige Licht!
Und es erträgt Raub des Gewildes,
  Hetzgeißel, und Jäger und Hund!
  Die Saaten, die es kaum geschirmt,
  Die zerstampft ihm tobende Rennjagd!
    Mit Waffen in den Kampf,
    Für Freiheit und Gesetz!
  Naht, Bürger, naht! ff.

Und es erträgt zahllose Heere,
  Die wie der Feind lasten und drohn:
  Nur genährt zum Dienste der Willkür,
  Dem Gewerb' und Pfluge geraubt!
  O dem Greis' und Kinde geraubt!
Und es erträgt Kriege des Thrones,
  Arglisten und Launen ein Spiel!
  Und, Jammer! an ein fremdes Volk
  Wird verkauft sein Blut von der Habsucht!
    Mit Waffen in den Kampf,
    Für Freiheit und Gesetz!
  Naht, Bürger, naht! ff.

O du Beherrscher, sei uns Vater;
　　Und dir gehorcht kindlich das Volk!
　　Die Erfahrnen hör und die Guten,
　　Die das Volk dir sendet zum Rat,
　　Zu dem treuvorsorgenden Rat!
Es sei geehrt Fleiß nur und Tugend,
　　Wohltätiger Eifer und Geist!
　　Doch nährst du der Gebornen Stolz,
　　Und erstickst die Rufe der Menschheit;
　　　　Mit Waffen in den Kampf,
　　　　Für Freiheit und Gesetz!
　　Naht, Bürger, naht! Bebt, Mietlingsschwarm!
　　　　Entfliehet oder sterbt!


　　　　　　　C h o r
　　Wir nahn, wir nahn! Bebt, Mietlingsschwarm!
　　　　Entfliehet oder sterbt!



FRIEDRICH SCHILLER

## Vorrede zu den »Horen«

### Januar 1795


Zu einer Zeit, wo das nahe Geräusch des Kriegs das Vaterland ängstiget, wo der Kampf politischer Meinungen und
Interessen diesen Krieg beinahe in jedem Zirkel erneuert,
und nur allzuoft Musen und Grazien daraus verscheucht,
wo weder in den Gesprächen noch in den Schriften des
Tages vor diesem allverfolgenden Dämon der Staatskritik
Rettung ist, möchte es ebenso gewagt als verdienstlich sein,
den so sehr zerstreuten Leser zu einer Unterhaltung von

ganz entgegengesetzter Art einzuladen. In der Tat scheinen die Zeitumstände einer Schrift wenig Glück zu versprechen, die sich über das Lieblingsthema des Tages ein strenges Stillschweigen auferlegen, und ihren Ruhm darin suchen wird, durch etwas anders zu gefallen, als wodurch jetzt alles gefällt. Aber je mehr das beschränkte Interesse der Gegenwart die Gemüter in Spannung setzt, einengt und unterjocht, desto dringender wird das Bedürfnis, durch ein allgemeines und höheres Interesse an dem, was *rein menschlich* und über allen Einfluß der Zeiten erhaben ist, sie wieder in Freiheit zu setzen, und die politisch geteilte Welt unter der Fahne der Wahrheit und Schönheit wieder zu vereinigen.

Dies ist der Gesichtspunkt, aus welchem die Verfasser dieser Zeitschrift dieselbe betrachtet wissen möchten. Einer heitern und leidenschaftfreien Unterhaltung soll sie gewidmet sein, und dem Geist und Herzen des Lesers, den der Anblick der Zeitbegebenheiten bald entrüstet, bald niederschlägt, eine fröhliche Zerstreuung gewähren. Mitten in diesem politischen Tumult soll sie für Musen und Charitinnen einen engen vertraulichen Zirkel schließen, aus welchem alles verbannt sein wird, was mit einem unreinen Parteigeist gestempelt ist. Aber indem sie sich alle Beziehungen auf den *jetzigen* Weltlauf und auf die *nächsten* Erwartungen der Menschheit verbietet, wird sie über die vergangene Welt die Geschichte, und über die kommende die Philosophie befragen, wird sie zu dem Ideale veredelter Menschheit, welches durch die Vernunft aufgegeben, in der Erfahrung aber so leicht aus den Augen gerückt wird, einzelne Züge sammeln, und an dem stillen Bau besserer Begriffe, reinerer Grundsätze und edlerer Sitten, von dem zuletzt alle wahre Verbesserung des gesellschaftlichen Zustandes abhängt, nach Vermögen geschäftig sein. Sowohl spielend als ernsthaft wird man im Fortgange dieser Schrift dieses einzige Ziel verfolgen, und so verschieden auch die Wege sein mögen, die man dazu einschlagen wird, so werden doch alle, näher oder entfernter, dahin gerichtet sein, wahre Humanität zu beför-

dern. Man wird streben, die Schönheit zur Vermittlerin der
Wahrheit zu machen, und durch die Wahrheit der Schönheit
ein dauerndes Fundament und eine höhere Würde zu geben.
So weit es tunlich ist, wird man die Resultate der Wissenschaft von ihrer scholastischen Form zu befreien und in
einer reizenden, wenigstens einfachen, Hülle dem Gemein-
sinn verständlich zu machen suchen. Zugleich aber wird
man auf dem Schauplatze der Erfahrung nach neuen Erwer-
bungen für die Wissenschaft ausgehen, und da nach Gesetzen forschen, wo bloß der Zufall zu spielen und die Willkür
zu herrschen scheint. Auf diese Art glaubt man zu Aufhebung der Scheidewand beizutragen, welche die *schöne* Welt
von der *gelehrten* zum Nachteile beider trennt, gründliche
Kenntnisse in das gesellschaftliche Leben, und Geschmack
in die Wissenschaft einzuführen.

Man wird sich, soweit kein edlerer Zweck darunter leidet,
Mannigfaltigkeit und Neuheit zum Ziele setzen, aber dem
frivolen Geschmacke, der das Neue bloß um der Neuheit
willen sucht, keineswegs nachgeben. Übrigens wird man
sich jede Freiheit erlauben, die mit guten und schönen Sitten
verträglich ist.

Wohlanständigkeit und Ordnung, Gerechtigkeit und
Friede werden also der Geist und die Regel dieser Zeitschrift
sein; die drei schwesterlichen Horen *Eunomia*, *Dike* und
*Irene* werden sie regieren. In diesen Göttergestalten verehrte
der Grieche die welterhaltende Ordnung, aus der alles Gute
fließt, und die in dem gleichförmigen Rhythmus des Son-
nenlaufs ihr treffendstes Sinnbild findet. Die Fabel macht sie
zu Töchtern der *Themis* und des *Zeus*, des Gesetzes und der
Macht; des nämlichen Gesetzes, das in der Körperwelt über
den Wechsel der Jahreszeiten waltet, und die Harmonie in
der Geisterwelt erhält.

Die Horen waren es, welche die neugeborene Venus bei
ihrer ersten Erscheinung in Zypern empfingen, sie mit göttlichen Gewanden bekleideten, und so von ihren Händen
geschmückt in den Kreis der Unsterblichen führten: eine

reizende Dichtung, durch welche angedeutet wird, daß das Schöne schon in seiner Geburt sich unter Regeln fügen muß, und nur durch Gesetzmäßigkeit würdig werden kann, einen Platz im Olymp, Unsterblichkeit und einen moralischen Wert, zu erhalten. In leichten Tänzen umkreisen diese Göttinnen die Welt, öffnen und schließen den Olymp, und schirren die Sonnenpferde an, das belebende Licht durch die Schöpfung zu versenden. Man sieht sie im Gefolge der Huldgöttinnen und in dem Dienst der Königin des Himmels, weil Anmut und Ordnung, Wohlanständigkeit und Würde unzertrennlich sind. [...]

JEAN PAUL

## Vorschlag politischer Trauerfeste

1809

In nichts offenbaret sich die herzlose Maschinenhaftigkeit der Neuern mehr als in der Dürre ihrer Feste. Man nehme einer Stadt Stadtschlüssel und Ehrenbogen, den Freiball, Kanonendonner, die Öllampen und 24 weiße Mädchen mit Blumen weg: so hat man ihr alle Sprachorgane und feurigen Zungen entrissen, womit sie zu einem Helden sagen kann: »ich staune an«, und der Heros zieht kahl und leise ein und ab. Ich wünschte nie, Napoleon unterwegs zu sein, weil ich vor jedem frischen Kirchturm zusammenfahren müßte, da jeder mir sich als den Zeigefinger, Reisebarometer und Fernschreiber der verdammten Huldigungs-Langweile vorstellte, womit man mir meine begangenen Heldentaten, statt sie zu belohnen, dermaßen verbitterte, daß es am Ende kein Wunder wäre, wenn ich kein Wunder mehr täte. Moderne

deutsche Städte, erregt immerhin euere Langweile, aber
sinnt doch auf einigen Wechsel dieser Langenweile!

Wie nun zu den politischen Freudenfesten die Erfindung,
so fehlet zu Trauerfesten sogar der Mut. Sagt zweien Monarchien, sie sollen einen gewissen Tag des Wein- und Kelter-
Monats trauernd feiern: sie erschrecken, sie mißverstehen,
sie sagen: »Auch dies noch? So feige sind wir nicht.« Und
doch waren es die Römer. Dies ist aber eben die Größe
dieser Zentimanen der Völker und Greifgeier der Welt, daß
ihre Festzüge von den Triumphen an nicht bloß den Gegenstand, sondern auch die feiernde Menge erhoben, und daß
sie Kraft und Mut genug besaßen, die Tage großer Niederlagen oder anderer Staats-Unfälle (dies nefasti) feierlich zu
begehen, indem sie das Staatsleben in einen kurzen Schein-
tod verwandelten durch Innenhalten mit allen priesterlichen,
obrigkeitlichen und andern öffentlichen Verrichtungen.
Welches Volk! das sich durch Unglücks-Feier nicht niederschlug, sondern emporhob.

Was uns anlangt, so erleben und feiern wir wohl auch
einige Brandsonntage des Staats – wir orgeln weniger, läuten
mehr und gehen, sind wir vom Hofe, schwarz – wenn
nämlich ein Fürst stirbt. Dies ist aber alles, was wir Festli-
ches aufweisen. Allein wie anders, wie gewaltiger würde ein
Totensonntag einer verlornen Schlacht, eines verlornen Landes etc. Herz nach Herz anfassen und durchschüttern! Wie
würde am Schmerze sich der Mut anzünden! Wie würde, da
schon ein Einzelner im Unglück groß erscheint, ein ganzes
Volk in der Trauer um eine große Vergangenheit hoch
aufstehen, welche eben dadurch eine Gegenwart wäre und
eine Zukunft würde! – Sind wir denn so kindisch und eitel,
uns mehr der Geschichte zu schämen als die Römer? – Wenn
unsere politischen Freudenfeste uns den Staat und das Große
in gemeinen Lusttaumel versenken und gerade tiefer in jene
Genuß- und Eigensucht eintauchen, wogegen die Festlich-
keit arbeiten soll: so würde dagegen ein Trauerfest eines
Staates mehr als ein Bußtag – gleichsam der Allerseelentag

eines Volks – noch höher als schon ein einzelnes über das
Erdtreiben hebendes Begräbnis auf den Flügeln und Flammen der Vaterlands-Liebe schwingen, und die Gemeinschaft
der Wunden würde zugleich sich zu heilen und sich zu
rüsten anfeuern. – Nicht aus persönlichem Schmerze, aber
aus allgemeinem ersteht Großes; nicht aus jeder Asche fliegt
ein Phönix auf.

Unsere westlichen Nachbarn – wiewohl uns jetzt auch
nach der übrigen Windrose benachbart – haben mehr diesen
antiken Sinn, der lieber Geister als Maschinen bewegt. Im
königlichen Schlosse zu Versailles war (oder ist vielleicht
noch da) eine Uhr, welche während dem Leben des Königs
stillstand, nach dessen Tode ging bis zur Krönung des
neuen, dann auf die Todesstunde des alten still-gestellt
wurde, gleichsam ein ewiger Zeiger des Grabes mitten auf
dem Throne, eine schlagende Wünschelrute der Königs-
asche. Ein anderer, aber unchristlicher und Herzdurchboh-
render Zeiger war die jährliche Königsmord-Feier der Revolution; indes doch dem römischen Großheits-Barbarismus
verwandt. Laßt uns etwas weniger Erhabnes, aber mehr
Erhebendes, wiewohl den römischen Trauerfesten bloß von
weitem Verwandtes beschauen und bedenken. Es ist dies,
daß ein König auf einem Throne, der sich seit einigen Jahren
unter dem Kriegs-Erdbeben gesenkt hatte, gleichwohl alles
an den wenigen Stellen erlaubte – wo er noch verbieten
konnte –, was gegen ihn und einen Staat geschrieben wurde,
der sich den potenzierten Protestantismus nennen darf. Mitten unter Unglücksfällen und unter Feinden trauete er seiner
protestantischen Regierungsverfassung ein Gegengift zu
gegen alle Unglücks-Wahrsager nicht sowohl als Vor- und
Nachsager. Und er hatte recht: alle Gegenschreiber über-
wanden nicht die Volks-Anhänglichkeit; und der bedrängte
Fürst durfte das wagen, was beglückte Fürsten oft scheuen;
die gedruckten Prangerchen Preußens wurden Stufen zum
Ehrentempel. Wollt ihr – sobald euch England nicht genügt
– einen größern Beweis, daß Preß-Freiheit nur bei Denk-

Knechtschaft schade und sonst niemals? – Glaubt ihr nicht, daß aus dem Waisenhaus der Vergangenheit zuletzt Männer und Helden erwachsen herausgehen? – Glaubt ihr nicht, daß die Römer, welche dunkle beflorte Feste begingen zum Andenken eines abgesunknen Abendsterns, eben dadurch dem Aufsteigen eines Morgensterns entgegenkamen? Ihr müßt es wohl glauben, denn beide Sterne sind *einer*.

Kurz, glaubt ihr nicht, es gebe auch außer Frankreich Staaten, welche den 14. Oktober feiern können, wiewohl nicht mit einerlei Tränen? Kann sich niemand vorstellen, daß man z. B. im Oktober ein Adonisfest feiere, worin bekanntlich die erste Feier die Verschwindung (Aphanismus) hieß, und woran man Bilder sterbender Jugend und Urnen voll eingesäeter Blumen umtrug? Der zweite Feiertag des Adonisfestes (die Entdeckung) war eben lauter Feier, alle Hoffnungen kehrten zurück, und die Göttin der Schönheit erschien – und das erdige Leben wurde ein Himmel.

Friedrich Schlegel

## Athenaeums-Fragmente

1798

[...]

Die vollkommne Republik müßte nicht bloß demokratisch, sondern zugleich auch aristokratisch und monarchisch sein; innerhalb der Gesetzgebung der Freiheit und Gleichheit müßte das Gebildete das Ungebildete überwiegen und leiten, und alles sich zu einem absoluten Ganzen organisieren.

Die Französische Revolution, Fichtes Wissenschaftslehre, und Goethes Meister sind die größten Tendenzen des Zeitalters. Wer an dieser Zusammenstellung Anstoß nimmt, wem keine Revolution wichtig scheinen kann, die nicht laut und materiell ist, der hat sich noch nicht auf den hohen weiten Standpunkt der Geschichte der Menschheit erhoben. Selbst in unsern dürftigen Kulturgeschichten, die meistens einer mit fortlaufendem Kommentar begleiteten Variantensammlung, wozu der klassische Text verloren ging, gleichen, spielt manches kleine Buch, von dem die lärmende Menge zu seiner Zeit nicht viel Notiz nahm, eine größere Rolle, als alles, was diese trieb.

[ . . . ]

Mirabeau hat eine große Rolle in der Revolution gespielt, weil sein Charakter und sein Geist revolutionär war; Robespierre, weil er der Revolution unbedingt gehorchte, sich ihr ganz hingab, sie anbetete, und sich für den Gott derselben hielt; Buonaparte, weil er Revolutionen schaffen und bilden, und sich selbst annihilieren kann.

[ . . . ]

Man kann die französische Revolution als das größte und merkwürdigste Phänomen der Staatengeschichte betrachten, als ein fast universelles Erdbeben, eine unermeßliche Überschwemmung in der politischen Welt; oder als ein Urbild der Revolutionen, als die Revolution schlechthin. Das sind die gewöhnlichen Gesichtspunkte. Man kann sie aber auch betrachten als den Mittelpunkt und den Gipfel des französischen Nationalcharakters, wo alle Paradoxien desselben zusammengedrängt sind; als die furchtbarste Groteske des Zeitalters, wo die tiefsinnigsten Vorurteile und die gewaltsamsten Ahndungen desselben in ein grauses Chaos gemischt, zu einer ungeheuren Tragikomödie der Menschheit so bizarr als möglich verwebt sind. Zur Ausführung dieser historischen Ansichten findet man nur noch einzelne Züge.

[...]

Es ist natürlich, daß die Franzosen etwas dominieren im Zeitalter. Sie sind eine chemische Nation, der chemische Sinn ist bei ihnen am allgemeinsten erregt, und sie machen ihre Versuche auch in der moralischen Chemie immer im Großen. Das Zeitalter ist gleichfalls ein chemisches Zeitalter. Revolutionen sind universelle nicht organische, sondern chemische Bewegungen. Der große Handel ist die Chemie der großen Ökonomie; es gibt wohl auch eine Alchemie der Art. Die chemische Natur des Romans, der Kritik, des Witzes, der Geselligkeit, der neuesten Rhetorik und der bisherigen Historie leuchtet von selbst ein. Ehe man nicht zu einer Charakteristik des Universums und zu einer Einteilung der Menschheit gelangt ist, muß man sich nur mit Notizen über den Grundton und einzelne Manieren des Zeitalters begnügen lassen, ohne den Riesen auch nur silhouettieren zu können. Denn wie wollte man ohne jene Vorkenntnisse bestimmen, ob das Zeitalter wirklich ein Individuum, oder vielleicht nur ein Kollisionspunkt andrer Zeitalter sei; wo es bestimmt anfange und endige? Wie wäre es möglich, die gegenwärtige Periode der Welt richtig zu verstehen und zu interpungieren, wenn man nicht wenigstens den allgemeinen Charakter der nächstfolgenden antizipieren dürfte? Nach der Analogie jenes Gedankens würde auf das chemische ein organisches Zeitalter folgen, und dann dürften die Erdbürger des nächsten Sonnenumlaufs wohl bei weitem nicht so groß von uns denken wie wir selbst, und vieles was jetzt bloß angestaunt wird, nur für nützliche Jugendübungen der Menschheit halten.

[...]

## Friedrich Hölderlin

## Hymne an die Menschheit

### 1791

> Les bornes du possible dans les choses morales sont
> moins étroites, que nous ne pensons. Ce sont nos
> foiblesses, nos vices, nos préjugés, qui les rétrécissent.
> Les âmes basses ne croient point aux grands hommes:
> de vils esclaves sourient d'un air moqueur à ce mot de
> liberté.
>
> J.-J. Rousseau

Die ernste Stunde hat geschlagen;
Mein Herz gebeut; erkoren ist die Bahn!
Die Wolke fleucht, und neue Sterne tagen,
Und Hesperidenwonne lacht mich an!
Vertrocknet ist der Liebe stille Zähre,
Für dich geweint, mein brüderlich Geschlecht!
Ich opfre dir; bei deiner Väter Ehre!
Beim nahen Heil! das Opfer ist gerecht.

Schon wölbt zu reinerem Genusse
Dem Auge sich der Schönheit Heiligtum;
Wir kosten oft, von ihrem Mutterkusse
Geläutert und gestärkt, Elysium;
Des Schaffens süße Lust, wie sie, zu fühlen,
Belauscht sie kühn der zartgewebte Sinn,
Und magisch tönt von unsern Saitenspielen
Die Melodie der ernsten Meisterin.

Schon lernen wir das Band der Sterne,
Der Liebe Stimme männlicher verstehn,
Wir reichen uns die Bruderrechte gerne,
Mit Heereskraft der Geister Bahn zu gehn;

Schon höhnen wir des Stolzes Ungebärde,
Die Scheidewand, von Flittern aufgebaut,
Und an des Pflügers unentweihtem Herde
Wird sich die Menschheit wieder angetraut.

Schon fühlen an der Freiheit Fahnen
Sich Jünglinge, wie Götter, gut und groß,
Und, ha! die stolzen Wüstlinge zu mahnen,
Bricht jede Kraft von Bann und Kette los;
Schon schwingt er kühn und zürnend das Gefieder,
Der Wahrheit unbesiegter Genius,
Schon trägt der Aar des Rächers Blitze nieder,
Und donnert laut, und kündet Siegsgenuß.

So wahr, von Giften unbetastet,
Elysens Blüte zur Vollendung eilt,
Der Heldinnen, der Sonnen keine rastet,
Und Orellana nicht im Sturze weilt!
Was unsre Lieb' und Siegeskraft begonnen,
Gedeiht zu üppiger Vollkommenheit;
Der Enkel Heer geneußt der Ernte Wonnen;
Uns lohnt die Palme der Unsterblichkeit.

Hinunter dann mit deinen Taten,
Mit deinen Hoffnungen, o Gegenwart!
Von Schweiß betaut, entkeimten unsre Saaten!
Hinunter dann, wo Ruh' der Kämpfer harrt!
Schon geht verherrlichter aus unsern Grüften
Die Glorie der Endlichkeit hervor;
Auf Gräbern hier Elysium zu stiften,
Ringt neue Kraft zu Göttlichem empor.

In Melodie den Geist zu wiegen,
Ertönet nun der Saite Zauber nur;
Der Tugend winkt zu gleichen Meisterzügen
Die Grazie der göttlichen Natur;

In Fülle schweben lesbische Gebilde,
Begeisterung, vom Segenshorne dir!
Und in der Schönheit weitem Lustgefilde
Verhöhnt das Leben knechtische Begier.

Gestärkt von hoher Lieb' ermüden
Im Fluge nun die jungen Aare nie,
Zum Himmel führt die neuen Tyndariden
Der Freundschaft allgewaltige Magie;
Veredelt schmiegt an tatenvoller Greise
Begeisterung des Jünglings Flamme sich;
Sein Herz bewahrt der lieben Väter Weise,
Wird kühn, wie sie, und froh und brüderlich.

Er hat sein Element gefunden,
Das Götterglück, sich eigner Kraft zu freun;
Den Räubern ist das Vaterland entwunden,
Ist ewig nun, wie seine Seele, sein!
Kein eitel Ziel entstellt die Göttertriebe,
Ihm winkt umsonst der Wollust Zauberhand;
Sein höchster Stolz und seine wärmste Liebe,
Sein Tod, sein Himmel ist das Vaterland.

Zum Bruder hat er dich erkoren,
Geheiliget von deiner Lippe Kuß
Unwandelbare Liebe dir geschworen,
Der Wahrheit unbesiegter Genius!
Emporgereift in deinem Himmelslichte,
Strahlt furchtbarherrliche Gerechtigkeit,
Und hohe Ruh' vom Heldenangesichte –
Zum Herrscher ist der Gott in uns geweiht.

So jubelt, Siegsbegeisterungen!
Die keine Lipp' in keiner Wonne sang;
Wir ahndeten – und endlich ist gelungen,
Was in Äonen keiner Kraft gelang –

Vom Grab erstehn der alten Väter Heere,
Der königlichen Enkel sich zu freun;
Die Himmel kündigen des Staubes Ehre,
Und zur Vollendung geht die Menschheit ein.

## Hymne an die Freiheit

1793

Wonne säng' ich an des Orkus Toren,
Und die Schatten lehrt' ich Trunkenheit,
Denn ich sah, vor Tausenden erkoren,
Meiner Göttin ganze Göttlichkeit;
Wie nach dumpfer Nacht im Purpurscheine
Der Pilote seinen Ozean,
Wie die Seligen Elysens Haine,
Staun ich dich, geliebtes Wunder! an.

Ehrerbietig senkten ihre Flügel,
Ihres Raubs vergessen, Falk und Aar,
Und getreu dem diamantnen Zügel
Schritt vor ihr ein trotzig Löwenpaar;
Jugendliche wilde Ströme standen,
Wie mein Herz, vor banger Wonne stumm;
Selbst die kühnen Boreasse schwanden,
Und die Erde ward zum Heiligtum.

Ha! zum Lohne treuer Huldigungen
Bot die Königin die Rechte mir,
Und von zauberischer Kraft durchdrungen
Jauchzte Sinn und Herz verschönert ihr;
Was sie sprach, die Richterin der Kronen,
Ewig tönt's in dieser Seele nach,
Ewig in der Schöpfung Regionen –
Hört, o Geister, was die Mutter sprach!

»Taumelnd in des alten Chaos Wogen,
Froh und wild, wie Evans Priesterin,
Von der Jugend kühner Lust betrogen,
Nannt' ich mich der Freiheit Königin;
Doch es winkte der Vernichtungsstunde
Zügelloser Elemente Streit;
Da berief zu brüderlichem Bunde
Mein Gesetz die Unermeßlichkeit.

Mein Gesetz, es tötet zartes Leben,
Kühnen Mut, und bunte Freude nicht,
Jedem ward der Liebe Recht gegeben,
Jedes übt der Liebe süße Pflicht;
Froh und stolz im ungestörten Gange
Wandelt Riesenkraft die weite Bahn,
Sicher schmiegt in süßem Liebesdrange
Schwächeres der großen Welt sich an.

Kann ein Riese meinen Aar entmannen?
Hält ein Gott die stolzen Donner auf?
Kann Tyrannenspruch die Meere bannen?
Hemmt Tyrannenspruch der Sterne Lauf? –
Unentweiht von selbsterwählten Götzen,
Unzerbrüchlich ihrem Bunde treu,
Treu der Liebe seligen Gesetzen,
Lebt die Welt ihr heilig Leben frei.

Mit gerechter Herrlichkeit zufrieden
Flammt Orions helle Rüstung nie
Auf die brüderlichen Tyndariden,
Selbst der Löwe grüßt in Liebe sie;
Froh des Götterloses, zu erfreuen,
Lächelt Helios in süßer Ruh
Junges Leben, üppiges Gedeihen
Dem geliebten Erdenrunde zu.

Unentweiht von selbsterwählten Götzen,
Unzerbrüchlich ihrem Bunde treu,
Treu der Liebe seligen Gesetzen,
Lebt die Welt ihr heilig Leben frei;
Einer, Einer nur ist abgefallen,
Ist gezeichnet mit der Hölle Schmach;
Stark genug, die schönste Bahn zu wallen,
Kriecht der Mensch am trägen Joche nach.

Ach! er war das göttlichste der Wesen,
Zürn ihm nicht, getreuere Natur!
Wunderbar und herrlich zu genesen,
Trägt er noch der Heldenstärke Spur; –
Eil, o eile, neue Schöpfungsstunde,
Lächle nieder, süße güldne Zeit!
Und im schönern, unverletzten Bunde
Feire dich die Unermeßlichkeit.«

Nun, o Brüder! wird die Stunde säumen?
Brüder! um der tausend Jammernden,
Um der Enkel, die der Schande keimen,
Um der königlichen Hoffnungen,
Um der Güter, so die Seele füllen,
Um der angestammten Göttermacht,
Brüder ach! um unsrer Liebe willen,
Könige der Endlichkeit, erwacht! –

Gott der Zeiten! in der Schwüle fächeln
Kühlend deine Tröstungen uns an;
Süße, rosige Gesichte lächeln
Uns so gern auf öder Dornenbahn;
Wenn der Schatten väterlicher Ehre,
Wenn der Freiheit letzter Rest zerfällt,
Weint mein Herz der Trennung bittre Zähre
Und entflieht in seine schönre Welt.

Was zum Raube sich die Zeit erkoren,
Morgen steht's in neuer Blüte da;
Aus Zerstörung wird der Lenz geboren,
Aus den Fluten stieg Urania;
Wenn ihr Haupt die bleichen Sterne neigen,
Strahlt Hyperion im Heldenlauf –
Modert, Knechte! freie Tage steigen
Lächelnd über euern Gräbern auf.

Lange war zu Minos' ernsten Hallen
Weinend die Gerechtigkeit entflohn –
Sieh! in mütterlichem Wohlgefallen
Küßt sie nun den treuen Erdensohn;
Ha! der göttlichen Catone Manen
Triumphieren in Elysium,
Zahllos wehn der Tugend stolze Fahnen,
Heere lohnt des Ruhmes Heiligtum.

Aus der guten Götter Schoße regnet
Trägem Stolze nimmermehr Gewinn,
Ceres' heilige Gefilde segnet
Freundlicher die braune Schnitterin,
Lauter tönt am heißen Rebenhügel,
Mutiger des Winzers Jubelruf,
Unentheiligt von der Sorge Flügel
Blüht und lächelt, was die Freude schuf.

Aus den Himmeln steigt die Liebe nieder,
Männermut, und hoher Sinn gedeiht,
Und du bringst die Göttertage wieder,
Kind der Einfalt! süße Traulichkeit!
Treue gilt! und Freundesretter fallen,
Majestätisch, wie die Zeder fällt,
Und des Vaterlandes Rächer wallen
Im Triumphe nach der bessern Welt.

Lange schon vom engen Haus umschlossen,
Schlummre dann im Frieden mein Gebein! –
Hab ich doch der Hoffnung Kelch genossen,
Mich gelabt am holden Dämmerschein!
Ha! und dort in wolkenloser Ferne
Winkt auch mir der Freiheit heilig Ziel!
Dort, mit euch, ihr königlichen Sterne,
Klinge festlicher mein Saitenspiel!

FRIEDRICH VON HARDENBERG (NOVALIS)

## Glauben und Liebe

1798

21. Die alte Hypothese, daß die Kometen die Revolu-
tionsfackeln des Weltsystems wären, gilt gewiß für eine
andre Art von Kometen, die periodisch das geistige Weltsy-
stem revolutionieren und verjüngen. Der geistige Astronom
bemerkt längst den Einfluß eines solchen Kometen auf einen
beträchtlichen Teil des geistigen Planeten, den wir die
Menschheit nennen. Mächtige Überschwemmungen, Veränderungen der Klimate, Schwankungen des Schwerpunkts,
allgemeine Tendenz zum Zerfließen, sonderbare Meteore
sind die Symptome dieser heftigen Inzitation, deren Folge
den Inhalt eines neuen Weltalters ausmachen wird. So nötig
es vielleicht ist, daß in gewissen Perioden alles in Fluß
gebracht wird, um neue, notwendige Mischungen hervorzubringen, und eine neue, reinere Kristallisation zu veranlassen, so unentbehrlich ist es jedoch ebenfalls diese Krisis
zu mildern und die totale Zerfließung zu behindern, damit
ein Stock übrig bleibe, ein Kern, an den die neue Masse

anschieße, und in neuen schönen Formen sich um ihn her
bilde. Das Feste ziehe sich also immer fester zusammen,
damit der überflüssige Wärmestoff vermindert werde, und
man spare kein Mittel um das Zerweichen der Knochen, das
Zerlaufen der typischen Faser zu verhindern.

Würde es nicht Unsinn sein, eine Krisis permanent zu
machen, und zu glauben, der Fieberzustand sei der echte,
gesunde Zustand, an dessen Erhaltung dem Menschen alles
gelegen sein mußte? Wer möchte übrigens an seiner Notwendigkeit, an seiner wohltätigen Wirksamkeit zweifeln.

22. Es wird eine Zeit kommen und das bald, wo man
allgemein überzeugt sein wird, daß kein König ohne Republik, und keine Republik ohne König bestehn könne, daß
beide so unteilbar sind, wie Körper und Seele, und daß ein
König ohne Republik, und eine Republik ohne König, nur
Worte ohne Bedeutung sind. Daher entstand mit einer echten Republik immer ein König zugleich, und mit einem
echten König eine Republik zugleich. Der echte König wird
Republik, die echte Republik König sein.

23. Diejenigen, die in unsern Tagen gegen Fürsten, als
solche, deklamieren, und nirgends Heil statuieren, als in
der neuen, französischen Manier, auch die Republik nur
unter der repräsentativen Form erkennen, und apodiktisch
behaupten, daß nur da Republik sei, wo es Primär- und
Wahlversammlungen, Direktorium und Räte, Munizipalitäten und Freiheitsbäume gäbe, die sind armselige Philister,
leer an Geist und arm an Herzen, Buchstäbler, die ihre
Seichtigkeit und innerliche Blöße hinter den bunten Fahnen
der triumphierenden Mode, unter der imposanten Maske
des Kosmopolitismus zu verstecken suchen, und die Gegner
wie die Obskuranten verdienen, damit der Frosch- und
Mäusekrieg vollkommen versinnlicht werde.

[...]

28. Von der öffentlichen Gesinnung hängt das Betragen des Staats ab. Veredlung dieser Gesinnung ist die einzige Basis der echten Staatsreform. Der König und die Königin können und müssen als solche das Prinzip der öffentlichen Gesinnung sein. Dort gibt es keine Monarchie mehr wo der König und die Intelligenz des Staats nicht mehr identisch sind. Daher war der König von Frankreich schon lange vor der Revolution dethronisiert, und so die meisten Fürsten Europas. Es würde ein sehr gefährliches Symptom des neupreußischen Staats sein, wenn man zu stumpf für die wohltätigen Einflüsse des Königs und der Königin wäre, wenn es in der Tat an Sinn für dieses klassische Menschenpaar gebräche. Das muß sich in kurzem offenbaren. Wirken diese Genien nichts, so ist die vollkommene Auflösung der modernen Welt gewiß, und die himmlische Erscheinung ist nichts, als das Aufblitzen der verfliegenden Lebenskraft, die Sphärenmusik eines Sterbenden, die sichtbare Ahndung einer bessern Welt, die edlern Generationen bevorsteht.

[...]

# Ludwig Tieck und Wilhelm Heinrich Wackenroder

## Zwei Briefe

### Tieck an Wackenroder

28. Dezember 1792

[...] Du sprichst ja gar nichts von den Franzosen? Ich will nicht hoffen, daß sie Dir gleichgültig geworden sind, daß Du wirklich Dich nicht dafür interessierst? Oh, wenn ich itzt ein Franzose wäre! Dann wollt' ich nicht hier sitzen, dann – – – Doch leider, bin ich in einer Monarchie geboren, die gegen die Freiheit kämpfte, unter Menschen, die noch Barbaren genug sind, die Franzosen zu verachten. Ich habe mich sehr geändert, ich bin itzt nicht glücklich, wenn ich keine Zeitungen haben kann. Oh, in Frankreich zu sein, es muß doch ein groß Gefühl sein, unter Dumouriez zu fechten und Sklaven in die Flucht zu jagen, und auch zu fallen, – was ist ein Leben ohne Freiheit? Ich begrüße den Genius Griechenlands mit Entzücken, den ich über Gallien schweben sehe, Frankreich ist jetzt mein Gedanke Tag und Nacht, – ist Frankreich unglücklich, so verachte ich die ganze Welt und verzweifle an ihrer Kraft, dann ist für unser Jahrhundert der Traum zu schön, dann sind wir entartete, fremde Wesen, mit keiner Ader denen verwandt, die einst bei Thermopylä fielen, dann ist Europa bestimmt, ein Kerker zu sein. [...]

# Wackenroder an Tieck

[...] Die Hinrichtung des Königs von Frankreich hat ganz Berlin von der Sache der Franzosen zurückgeschreckt; aber mich gerade nicht. Über ihre Sache denke ich wie sonst. Ob sie die rechten Mittel dazu anwenden, verstehe ich nicht zu beurteilen, weil ich von dem Historischen sehr wenig weiß. [...]

# V
# Philosophische Reflexion

ERNST FERDINAND KLEIN

# Freiheit und Eigentum

1790

## Viertes Gespräch

[...]

Kleon. Meines Wissens war der Ideengang bei unserm Gespräche folgender: Die Staatsveränderung in Frankreich veranlaßte uns, davon zu sprechen, wie notwendig es sei, daß nach und nach an die Stelle des blinden Gehorsams und der Scheu vor der Obrigkeit die Achtung gegen die Gesetze trete, weil sonst Aufruhr auf der einen und Despotismus auf der andern Seite unvermeidlich wäre. Wir überzeugten uns, daß Achtung gegen die Gesetze und Liebe zu einem regelmäßigen Verfahren zunehmen würde, sobald sich nur der gemeine Mann durch Wohlhabenheit zum Range des gesitteten Bürgers erhoben hätte. Dies führte uns auf die rechtlichen Verhältnisse der Ärmern gegen die Reichern, und so kamen wir auf die Heiligkeit des Eigentums zu sprechen. Wir haben in der Folge zweierlei Arten des Eigentums unterschieden, nämlich das Eigentum der Einzelnen und das Eigentum ganzer Stände und Korporationen. In Ansehung des erstern waren wir einig, daß es nur im Fall des Notrechts angegriffen werden könnte; das letztere gaben wir zwar dem Volke, aber nicht dem Fürsten preis. Ich war eben im Begriff, von den Rechten der Einzelnen zu sprechen, welche auch von der ganzen Nation nicht angetastet werden dürfen, als Freund Axiomachus hinzukam und das Gespräch sich zufälligerweise auf diese allgemeinen Menschenrechte lenkte, von denen ich eben handeln wollte. Wir sind dabei stehen geblieben, einen Grundsatz zu suchen, aus welchem dergleichen allgemeine Menschenrechte hergeleitet werden können; und dieses ist es also, womit wir uns künftig beschäftigen werden.

Kriton. Vergessen Sie nicht, daß wir auch darüber, was eigentlich für einen Notfall zu halten sei, noch etwas abzusprechen haben. Denn wir haben schon ausgemacht, daß nicht eben der Fall des Hungertodes oder eine andere nahe Lebensgefahr den Notfall ausmache. Aber es sind doch verschiedene Bedenklichkeiten übrig geblieben, deren nähere Erwägung wir ausgesetzt haben; besonders liegt mir das noch im Sinn, daß die geringste Ausdehnung des Notrechts ganz unabsehbare Folgen habe, weil allemal die Störung des Eigentums denjenigen Grundsatz angreift, ohne welchen keine Sicherheit gedacht werden kann.

## Fünftes Gespräch

Kriton. Sie sind uns noch Ihren ersten Grundsatz des Naturrechts schuldig.

Kleon. Diese Schuld abzuführen bin ich nicht eher imstande, bis wir uns über das, was wir Naturrecht nennen wollen, vereiniget haben.

Kriton. Damit wollen wir bald fertig werden. Wir verstehen wohl beide darunter denjenigen Teil der praktischen Philosophie, welcher uns darüber belehrt, in welchen Fällen ein Mensch gegen den andern Gewalt und Zwang brauchen dürfe, und es versteht sich von selbst, daß diese Lehre nicht auf positive Gesetze und nicht auf Gewohnheiten und Verträge gegründet werden könne.

Erast. Wenn Sie die Zwangsrechte nicht auf positive Gesetze, Gewohnheiten und Verträge gründen wollen, so stellen Sie sie nur gleich in der Luft hin, und sehen Sie, wo sie hinfliegen werden. Wo soll in dem natürlichen Zustande ein Recht zu zwingen herkommen?

Kleon. Sie nehmen also an, daß keiner in der Regel das Recht habe, den andern zu zwingen?

Erast. Allerdings! Denn wo sollte er das Recht hernehmen?

Kleon. Sie wollen also einem jeden das Recht einräumen, selbst zu beurteilen, was er zu tun oder zu lassen habe?

Erast. Ich fürchte, Sie werden mich mit Worten fangen. Um dies zu verhindern, muß ich selbst einen Wortklauber abgeben. Ich gebe Ihnen also zwar als Tatsache zu, daß im natürlichen Zustande, das ist da, wo es keinen Richter gibt, ein jeder selbst beurteile, was er zu tun habe; aber ein Recht dazu kann ich nicht einräumen, weil es in diesem Zustande überhaupt keine Rechte gibt.

Kleon. Sollten denn die Menschen außer dem Staate gar keine Pflichten haben?

Erast. Gewissenspflichten haben sie allerdings; aber ich denke, wir wollen jetzt kein Gebäude der Sittenlehre errichten.

Kleon. Es bleiben doch immer moralische Wahrheiten, mit denen wir zu tun haben; nur wollen wir uns auf diejenigen einschränken, welche auf das Recht, Gewalt zu gebrauchen, Beziehung haben.

Erast. O das ist Moral, und nicht Naturrecht!

Kleon. Wenn dies nicht Naturrecht sein soll, was rechnen Sie sonst dazu?

Erast. Nichts, weil es keines gibt.

Kleon. Es gibt also zwischen den unabhängigen Staaten, die keinen gemeinschaftlichen Gesetzen unterworfen sind, weder Recht noch Unrecht?

Erast. Insofern sie nicht an Gewohnheiten und Verträge gebunden sind.

Kleon. Also haben doch die Verträge ohne positive Gesetze eine verbindliche Kraft?

Erast. Allerdings, denn wer einen Vertrag schließet, will verpflichtet sein.

Kriton. Und wer ihn bricht, *will nicht* verpflichtet sein.

Warum soll der vorhergehende Wille gültiger sein als der neueste, welcher den gegenwärtigen Umständen am angemessensten ist?

Erast. Ha! Sind Sie auch gegen mich? Und auch Sie suchen mir durch Worte Schlingen zu legen? Es gibt doch schon die gesunde Vernunft, daß man Verträge halten muß.

Kriton. Das Berufen auf die gesunde Vernunft ist eine gefährliche Sache. Denn wie wollen Sie den Streit schlichten, wenn derjenige, welcher einer entgegengesetzten Meinung ist, ebenfalls die gesunde Vernunft zum Schiedsrichter macht?

Erast. Also wollen Sie die gesunde Vernunft der Spekulation und Wortklauberei aufopfern? Wozu hilft uns denn die gesunde Vernunft, wenn wir sie nicht brauchen sollen?

Kriton. Sie leitet uns da, wo es keiner nähern Auflösung der Begriffe bedarf, oder wo es nicht Zeit ist, sich darauf einzulassen.

Erast. Wenn Sie einen nähern Grund von der Verbindlichkeit der Verträge wissen wollen, so berufe ich mich auf die Gemeinnützigkeit des Satzes: daß Verträge gehalten werden müssen.

Kleon. Das setzt voraus, daß ich zu gemeinnützigen Handlungen verpflichtet bin.

Erast. Wer wird das leugnen?

Kleon. So verpflichtet, daß andere, welchen daran gelegen ist, mich zu dergleichen gemeinnützigen Handlungen zwingen können.

Erast. Ja, wenn sie die Macht haben.

Kleon. Hat der, welcher die Macht hat, immer auch das Recht?

Erast. Im natürlichen Zustande würde es wohl nicht anders sein können.

Kleon. Wer also die Macht hat, den Vertrag zu brechen, hat auch das Recht dazu. Wie kann dies mit dem von Ihnen selbst angenommenen Satze bestehen, daß man Verträge zu halten verpflichtet sei?

Erast. Ich kann jetzt Macht haben, den Vertrag nicht zu halten; aber wenn ich eine Maxime verletze, worauf die Sicherheit aller beruhet, so wird einmal die Zeit kommen, wo sich die andern ihrer Macht zu meinem Nachteile bedienen werden. Also ist es doch im Grunde die Furcht vor der Übermacht der andern, welche mich hindert, die Macht zu gebrauchen, die ich jetzt habe, den Vertrag zu brechen.

Kleon. Ein Übermächtiger oder Schlauer würde also nicht verpflichtet sein, Verträge zu halten, wenn er nur gewiß wäre, daß ihm die Macht der andern nicht schaden könnte, oder daß es ihm immer gelingen würde, seine Bundbrüchigkeit hinter einen scheinbaren Vorwand zu verstecken?

Erast. Worauf soll sich nun aber die Verbindlichkeit gründen, wenn sie sich nicht auf die Gemeinnützigkeit bezieht?

Kleon. Auf die Vorschriften der Vernunft.

Erast. Ja, die Vernunft ist es eben, welche mir anrät, gemeinnützig zu handeln. Wüßten Sie wohl irgend eine Pflicht zu nennen, die sich nicht aus der Gemeinnützigkeit der Handlungen herleiten ließe?

Kleon. Vorerst bitte ich Sie, die Gemeinnützigkeit der Handlung selbst von der Gemeinnützigkeit der Maxime, nach welcher sie unternommen wird, zu unterscheiden. Denn eine Handlung kann für ein ganzes Volk sehr nützlich zu sein scheinen, aber sie kann eine sehr gemeinnützige Maxime verletzen. Ferner läßt sich auch die Gemeinnützigkeit einer Handlung sehr wohl als ein Merkmal denken, woraus ihre Rechtmäßigkeit erkannt werden kann, ohne daß deswegen die Gemeinnützigkeit den Grund der Verpflichtung enthält. Daher kommt es, daß diejenigen, welche die Pflichten aus ihrer Gemeinnützigkeit herleiten, mit mir auf einerlei Folge geraten. Auch leuchtet es ein, daß das, was uns die Vernunft befiehlt, nicht anders als gemeinnützig sein könne, weil sonst die moralische Welt mit der physischen in Widerspruch stehen würde.

Erast. Ich verstehe Sie immer noch nicht recht. Sie reden da von Vernunftbefehlen; was befiehlt denn die Vernunft sonst, wenn sie nicht gemeinnützige Handlungen befiehlt?

Kleon. Vernünftige!

Erast. Was gemeinnützig ist, ist ja vernünftig.

Kleon. Was hat denn die Vernunft für Gründe, mir die gemeinnützigen Handlungen anzubefehlen?

Erast. Den eigenen Nutzen, welcher von dem, was gemeinnützig ist, auf mich zurückfließet.

Kleon. Wenn also mein Privatnutzen mit dem gemeinen Wohl im Widerspruche steht, so befiehlt mir die gesunde Vernunft, jenen diesem vorzuziehen.

Erast. Wer sich auf seinen wahren Nutzen versteht, wird sich nie in diesem Falle befinden.

Menon. Das ist leicht gesagt, aber schwer erwiesen. Die Erfahrung dürfte uns doch auf eine Menge Fälle führen, wo der Privatnutzen mit dem gemeineren in Streit gerät. Bedenken Sie nur, welcher ausgebildete Verstand und welche verfeinerten Gefühle dazu gehören, um sich zu überzeugen, daß das Vergnügen, recht zu tun, vor dem Vergnügen, reich, vornehm und geehrt zu sein, einen Vorzug verdiene. – – [...]

ERNST BRANDES

# Politische Betrachtungen über die Französische Revolution

### 1790

[...] Um ein überdachtes Urteil über die französischen Angelegenheiten zu fällen, scheint es durchaus erforderlich, über folgende Punkte gehörige Untersuchungen anzustellen:

I. War es notwendig, daß eine große Veränderung in der französischen Verfassung entstehen mußte?

II. Konnte diese Veränderung ohne Revolution, das heißt ohne Einwirkung des bewaffneten Volkes, bewerkstelliget werden?

III. Ist itzt in Frankreich eine Verfassung gebildet, wie sie der Beschaffenheit des Reichs angemessen scheint?

In Rücksicht der beiden ersten Punkte würde ich mich kürzer gefaßt, ihrer vielleicht gar nicht erwähnt haben, wenn es nicht zur bessern Übersicht des Herganges der Sachen nötig gewesen wäre, auch bei diesen etwas zu verweilen.

## I. War es notwendig, daß eine große Veränderung in der französischen Verfassung entstehen mußte?

Jeder Staat, wo nicht das Volk entweder unmittelbar, oder durch seine von Zeit zu Zeit gewählte Repräsentanten, einen Anteil an der gesetzgebenden Macht ausübt, hat eine schlechte Verfassung.

Zufälliger Weise kann ein solcher Staat freilich gut regiert werden, wenn sich Menschen von großem Geiste und großem Charakter auf den Thron, oder in Aristokratien im Senat, befinden. Wie selten aber mehrere Regenten von vorzüglichen Eigenschaften aufeinander folgen, zeigt die Geschichte, da die Periode vom Trajan bis zum Marc Aurel die einzige ihrer Art bleibt. Die exekutive Gewalt muß nicht die konstitutive gänzlich in sich vereinigen, sonst entsteht der Despotismus eines Sultans, so wie im umgekehrten Falle die Hydra der Demokratie, die nur in einem sehr kleinen Staate von höchst einfachen Sitten und einfachen Verhältnissen, in einer Republik wie Gersau unbedenklich sein kann. Die exekutive Macht darf nicht allein, ohne Zuziehung der Nation oder ihrer Repräsentanten, Gesetze geben, und muß auch gehörig kontrolliert werden, weil es im allgemeinen in der Natur des Menschen liegt, nach Vergrößerung der Gewalt zu streben, und gerade der exekutiven Macht die wichtigsten Vergrößerungsmittel zu Gebote stehen.

Das ganze Volk darf nicht weder seinen Anteil an der gesetzgebenden Macht noch die Kontrolle der exekutiven in Staaten von einigem Umfange unmittelbar selbst ausüben, teils weil zu zahlreiche Versammlungen zu wild, tumultuarisch, ohne gehörige Mäßigung zu verfahren pflegen, teils weil die Menge zu sehr nach den Eindrücken des Augenblicks handelt, und dadurch dem Spiele arglistiger Demagogen ausgesetzt bleibt, die den Launen des Volks schmeicheln. Der Anteil an der gesetzgebenden Macht und die Kontrolle der exekutiven Gewalt muß mittelbarer Weise von den Bürgern des Staats durch Repräsentanten geführt werden; so wie es fast allgemein anerkannt wird, daß in monarchischen Staaten die erbliche Verleihung der exekutiven Gewalt am zuträglichsten für die Nation ist, ebenso scheint es einem großen Reiche zur Aufrechthaltung eines festen Regierungssystems überwiegende Vorteile zu gewähren, wenn das Volk auch *einen Teil* der gesetzgebenden und kontrollierenden Macht erblich verleihen läßt, oder wenigstens, um den großen Nachteilen, die leicht aus der Verfahrungsart einer einzigen sehr zahlreichen Versammlung entstehen, die keine Schranken ihrer Macht kennt, vorzubeugen, zwei Häuser oder Kammern zur Ausübung der gesetzgebenden und kontrollierenden Gewalt ernennt. Durch die Wahl der weisesten und angesehensten Männer des Landes wird der Zweck einer guten Kontrolle allein erreicht.

Da nur Eigentum im Staate den Menschen zum Bürger des Staats macht, so muß die Volksklasse ohne Eigentum von dem aktiven Wahlrechte ausgeschlossen bleiben. Es scheint gar nicht notwendig, daß alle Bürger im Staate sowohl teil an der Wahl der Repräsentanten der Nation überhaupt als in gleicher Maße nehmen. Der Zweck, die weisesten und angesehensten Männer im Lande zu Stellvertretern des Volks zu erheben, wird wahrscheinlich ebenso gut erreicht, wenn auch nur unter hunderttausend Staatsbürgern funfzigtausend das Wahlrecht besitzen. Hat das Herkommen einmal etwas über diesen Punkt bestimmt, so ist jede große Veränderung, wenn nicht die Erfahrung durchaus deren Erfordernis zeigt, ungemein bedenklich. Nur dieses ist notwendig, daß die Wählenden nicht eine im Verhältnisse zu den Eigentümern im Staate zu geringe Anzahl ausmachen, das Wahlrecht unter sehr viele Menschen verteilt bleibt.

Den Volksrepräsentanten und der exekutiven Gewalt muß die gesetzgebende Macht gemeinschaftlich zugehören. Wird die exekutive Gewalt von der Gesetzgebung ausgeschlossen, so läuft sie jeden Augenblick Gefahr, vernichtet zu werden. Die Herrschsucht der Demagogen achtet oft ebenso wenig der Schranken als der Wille der Fürsten. Noch mehr, hat die exekutive Gewalt keinen Anteil an der legislativen, so werden diese beiden immer einander entgegengesetzt, im Streite bleiben. Die notwendige Harmonie und Einheit im Gouvernement wird fehlen. Wie kann die exekutive Macht dazu gebracht werden, diejenigen Gesetze, die sie höchlich mißbilliget, oft gut ausüben zu lassen? Diese Macht wird überdem zum Phantome schwinden, an das sich jeder Mutwillige reibt. Die Zeichen des Glanzes, der Würde sind zu Zeichen der Verachtung herabgesunken. Ein König ohne Anteil an der konstitutiven Macht trägt den Purpurmantel gleichsam ihm selbst zum Hohne. Beständig gereizt durch den Anschein der Gewalt auf der einen, und das Gefühl der würklichen Ohnmacht auf der andern Seite, wird er sich früh oder spät der Bande, die ihm die Verfassung auflegt, zu entledigen suchen. Grade, weil er gar keine Macht hat, wird er mehr Macht, als er gebraucht, zu erhaschen streben. Der Staat wird durch die Folgen dieses immerwährenden Streits entweder in eine Republik umgeschaffen werden, oder noch wahrscheinlicher Schwedens Schicksal erfahren.

Ebenso wichtig wie es ist, daß die exekutive Macht einen Anteil an der konstitutiven habe, bleibt es auch, die Repräsentanten der Nation in einer gewissen Abhängigkeit von der Nation zu erhalten. Die Repräsentanten müssen nicht ihre Stellen auf Lebenszeit besitzen. Alle Übel der Aristokratie würden entstehen, wenn die kontrollierende Gewalt ohne genugsame Kontrolle bliebe, zu der die Volksmeinung schwerlich allein hinreichend sein dürfte. Von einem schlechten Fürsten erlöset noch der Tod. Von dem Nachfolger sind andere Ideen, andere Systeme zu hoffen. Der Geist eines auf Lebenszeit erwählten einzigen Senats stirbt nie aus. Die nach und nach hereintretenden Mitglieder teilen gewöhnlich die herrschende Denkungsart des Corps. Um die Repräsentanten des Volks fest an das Interesse des Volks zu knüpfen, bleibt kein anderes Mittel, als von Zeit zu Zeit die Versammlung der Repräsentanten aufzuheben, als eine neue allgemeine Wahl.

Zur Ausbreitung eines Gemeingeistes, zur Unterrichtung der Nation über die Denkungsart und das Betragen der Abgeordneten, denen sie ihr wichtigstes Interesse anvertrauet hat, ist es notwendig, daß die Deliberationen der konstitutiven Macht öffentlich geführt werden, daß man sie durch den Druck bekannt mache, daß bei wichtigen Gelegenheiten Listen erscheinen, aus denen man ersieht, wie ein jeder gestimmt hat. Wie sollen die Wählenden mit Zuversicht erfahren, welchen Anteil ihr Gewählter an den Geschäften nimmt, als durch dieses Mittel? Wie können sie besser seine Grundsätze, seinen Charakter beurteilen lernen? Der große Haufe ist zwar selten fähig, die Gründe der geäußerten Meinungen hinlänglich zu prüfen, aber zur Bildung und Belehrung des bessern Teils dieses Haufens sind die Motive, die die Verfügungen veranlaßten, ungleich wesentlicher, als die Verfügungen selbst. Nichts wird mehr den Patriotismus der Edlen im Volke beleben, nichts sie mehr zu einer heilsamen Bewunderung führen, als die genaueste Aufmerksamkeit auf das Betragen großer Seelen in einer öffentlichen Lage. Durch die Bekanntmachung der Debatten wird zwar oft eine gegenseitige persönliche Bitterkeit verbreitet. Einige scharfsichtige kluge Männer, die den Nachteil, der hieraus entstehet, lebhaft fühlen, haben daher die Meinung geheget, daß zur Unterrichtung der Wählenden von dem Betragen ihrer Kommittierten es hinlänglich sein würde, wenn auf das Verlangen der ersteren die letzteren ihr Verfahren und dessen Gründe anzugeben hätten. Allein, wenn dieses häufig geschiehet, so wird dem, was man verhüten möchte, nicht vorgebeugt, tritt aber der Fall selten ein, so ist die Verhinderung der Ausbreitung eines Gemeingeistes, der am besten durch den Vortrag von Gründen für und wider eine öffentliche Angelegenheit erzeugt wird, die unvermeidliche verderbliche Folge.

So wie die Kontrolle der exekutiven Macht eines der wichtigsten Geschäfte der Repräsentanten der Nation ist, so bleibt die Kontrolle dieser Repräsentanten, die teils durch die periodischen Wahlen, teils durch die allgemeine Stimme des Publikums geführt wird, die erste Sorge der Nation. Die Stimme des Publikums kann aber nur da rein und vernehmlich gehöret werden, wo Preßfreiheit herrscht. Durch Preßfreiheit kann jeder Einwohner des Staats, er mag Staatsbürger sein oder nicht, durch Herkommen aktive Wahlfähigkeit haben, oder dieser entbehren, auf Staatsverwaltung wirken, exekutive und konstitutive Macht kontrollieren, seine Gedanken auf das schleunigste in Umlauf bringen und zur Prüfung vorlegen.

Der Einfluß der Preßfreiheit ist so groß, daß man leicht auf den Gedanken geraten könnte, die Verfassung eines

Staats sei von gar keinem Belange: in einer uneingeschränkten Monarchie ohne Stände, wo nur Preßfreiheit herrsche,
würde der Zweck einer guten Verfassung hinlänglich erreicht werden; allein, einmal ist alles, was von dem augen-
blicklichen Willen eines einzigen abhängt, sehr unsicher.
Wenn dieser einzige noch so aufgeklärt denkt, so kann es
ihm doch vielleicht bei einigen Gelegenheiten beifallen zu
glauben, daß es einer Privatperson nicht zustehe, über
Staatsangelegenheiten öffentliche, ja sogar tadelnde Urteile
zu fällen. Die Preßfreiheit wird also immer in Gefahr schweben, unterdrückt zu werden, einer Gefahr, der sie in Ländern, wo nichts gegen sie als mit Einstimmung der Repräsentanten des Volks unternommen werden kann, nicht ausgesetzt ist, weil diese gewissermaßen ihre Existenz an die
Preßfreiheit geknüpft fühlen. Zweitens wirkt die Preßfreiheit in Staaten, wo das Volk mittelbarer oder unmittelbarer
Weise teil an der gesetzgebenden Macht hat, und die exekutive kontrolliert, äußerst lebhaft, weil es dort viele Menschen gibt, die einen aktiven und direkten Anteil an der
Staatsverwaltung nehmen, der göttliche Funken also ein
größeres Feld vor sich hat, in dem er doch einige finden
muß, auf die er fassen kann; da die Preßfreiheit hingegen in
uneingeschränkten Monarchien, wenn sie auch geduldet
wird, so leicht ganz ohne Einfluß bleibt. Die Gewalt ist in
diesen Staaten durchaus in den Händen weniger Menschen,
in den Händen des Fürsten, der Minister, oder seiner und
ihrer männlichen oder weiblichen Günstlinge. Wie unsicher
ist es nicht, ob diese lesen, sich mit den Ideen ihres Zeitalters
bekannt machen, vernünftiger Weise mit diesem fortrücken.
Werden nicht oft die meisten von ihnen denken: Die Leute
schreiben, was sie wollen, laß sie schreiben, was kümmert es
uns? Die Aufklärung kann Riesenschritte gemacht haben,
und doch kann in den Staaten der Art alles zurückgehalten
werden. Es ist umsonst, darauf zu rechnen, daß die an-
gehende Generation, wenn sie hinaufrückt, die durch Preßfreiheit verbreitete Ideen sehr zum allgemeinen Besten

anwende. Derjenige Teil dieser Generation, der sich hinauf-
schwingt, verlieret gewöhnlich die eignen Ideen, die er
hatte, und bequemt sich zu denjenigen, die er vorfindet.
Preßfreiheit klärt zwar den Verstand auf, aber zur Bildung
des Charakters, der noch mehr wie der Verstand notwendig
ist, um gute Plane durchzusetzen, hiezu wirkt sie allein
wenig. Die beste Schule für den Charakter bleibt immer das
handelnde Leben. Nichts erhält den Charakter so sehr in
einer gewissen Höhe, als wenn er öffentlich vor den Augen
seiner Mitbürger und gemeinschaftlich mit ihnen handelt.
Gewissermaßen handelt zwar jeder Mann in einem Amte
öffentlich; aber wie schwach muß nicht in Staaten, wo allein
der Beifall des Monarchen, nicht des Volks, zu Ehrenstellen
führt, der einzelne seiner Denkungsart nach noch so unabhängige Mann sich fühlen. Preßfreiheit tröstet ihn wohl
gegen einen unverdienten Fall, aber bewahren dafür wird sie
ihn nicht.

Wie viel eine gute Verfassung zum Wohl des Staates und
seiner Bürger beiträgt, wie unentbehrlich sie ist, braucht in
unsern Zeiten schwerlich noch eines Beweises, aber die
jetzige herrschende Denkungsart erfordert, daß man oft
darauf aufmerksam machen muß, daß die am weisesten
gegründete Verfassung völlig unwirksam wird, wenn nicht
einzelne Menschen, durch die Stärke ihres Charakters und
Kopfes, den Geist der Verfassung aufrecht erhalten. Auf
einzelne Menschen und die Denkart, die diese in der Nation
verbreiten und nähren, und nicht auf den toten Buchstaben
der Gesetze, wird am Ende immer die Verfassung beruhen.
Zur Bildung solcher Menschen ist die Verfassung aber auch
selbst wesentlich, weil sie, wenn sie gut ist, den Menschen
der Art den gehörigen Spielraum für ihre Kräfte verstattet,
den eine schlechte Verfassung vernichtet. Alle bisher vorgeschlagene Mittel, die Verfassung eines Staats gewissermaßen
durch sich selbst verbessern zu lassen, vorzüglich durch eine
zu diesem Endzwecke periodisch anzustellende Revision
der Verfassung, sind nicht allein höchst unvollkommen,

sondern auch sehr gefährlich, indem sie in der Anwendung fast unvermeidlich die größten Zerrüttungen hervorbringen würden.

Nach diesen Voraussetzungen von demjenigen, was ich eine gute Verfassung nenne, braucht es wohl keines Beweises, daß Frankreich seit 1614 nicht einmal mehr den Schatten einer guten Verfassung übrig hatte. Die Administration war ebenso scheußlich, als die Konstitution schlecht war. Um einer theoretischen Vollkommenheit willen ist es töricht, ja strafbar, die Ruhe des Vaterlandes nur auf einen Augenblick in Gefahr zu setzen. Hätte sich's unter der schlechten Verfassung gut wohnen lassen, dann war es Pflicht, nur langsame gesetzmäßige Mittel zur Verbesserung dieser Verfassung zur Vorsorge für die Zukunft anzuwenden; aber bei dem unerhörten Druck jeder Art, der alles, was nicht Protektion von großen oder kleinen Tyrannen genoß, gewöhnlich unter den meisten Ministern traf, bleibt es immer beinahe unglaublich, daß ein großes geistreiches Volk, ohne einen allgemeinen Aufstand zu erregen, diese Greuel so lange dulden konnte. Abgerechnet, was Furcht wirkte, so scheint auch Anhänglichkeit an den Namen und Rechten des Königes bis tief in dieses Jahrhundert hinein viel zur Einschläferung und Beruhigung der französischen Nation beigetragen zu haben.

Daß es anders in Frankreich werden möchte, verfassungsmäßig dort anders werden möchte, war wohl der Wunsch eines jeden Freundes der Menschheit. Von einzelnen guten Ministern stand nichts Bleibendes zu erwarten, denn ach! Turgot, Malesherbes und Necker hatten regiert, und waren nicht alle ihre guten Grundsätze und Plane mit ihren Administrationen vernichtet? Wird derjenige noch unbeschränkte Monarchien rühmen, der den Fall dieser Männer erwägt, und die Folgen ihres Falles? *Es mußte notwendig eine große Veränderung in Frankreichs Verfassung vorgehen.* Ich schränke mich bloß auf die Notwendigkeit der Zusammenberufung der Stände ein. Die Stände gebührten aber auch der

Nation als ein Recht. Sie waren nie abgeschafft worden. Steuern konnten nur durch ihre Bewilligung rechtmäßig erhoben werden. Daß man seit so langen Zeiten über ihre Einwilligung hinausgegangen war, vermochte nicht Gewalt zum Rechte umzuschaffen, da ein Verjährungsrecht, zum Besten des Despotismus, sich wohl schwerlich behaupten läßt.

So wenig wie viele Anhänger des Despotismus in Deutschland diese Zusammenberufung der Stände für unumgänglich halten; so ausgemacht scheint mir die Notwendigkeit dieser Zusammenberufung gewesen zu sein. Ich bedarf dafür keines weitern Beweises, als daß Calonne, der Kardinal Erzbischof von Sens und Necker alle drei kein anderes Auskunftsmittel sahen. Wenn drei hintereinander folgende Minister von ganz verschiedenen Grundsätzen, voll von persönlicher Abneigung gegen ihre Vorgänger, alle drei nicht vom Systemgeist eine freie Verfassung zu bilden angesteckt, auf ein und dasselbe Auskunftsmittel verfallen, bedarf man in diesem Falle für die Notwendigkeit des Mittels noch mehr als eine solche Autorität? Die Lage der Sachen bewährt aber auch diese Autorität am besten. Durch einen sehr kostbaren Krieg und durch die ungeheuren Verschwendungen des Hofes war ein beträchtliches Defizit in den Finanzen entstanden. Da alle andere Mittel fehl schlugen und erschöpft waren, wollte man durch neue Auflagen helfen. Die Parlamenter setzten sich dagegen und drangen auf die Zusammenberufung der Stände. Alle Bemühungen, alle Machtsprüche, alle Gewalttätigkeiten, die Parlamenter zum Nachgeben zu zwingen oder zu gewinnen, waren fruchtlos. Ohne ihre Beistimmung die Auflagen beizutreiben, schien unmöglich. Ein allgemeiner Aufstand des aufs äußerste gedrückten und gereizten Volkes wäre die sehr wahrscheinliche Folge dieses Schrittes gewesen. In einigen Provinzen war dieser Aufstand bereits ausgebrochen, nicht allein unter den niedern Volksklassen ausgebrochen. In Bretagne war der Adel an der Spitze der Aufrührer. Ein Natio-

nalbankerott blieb ebenso gefährlich, und denn wer weiß,
wie sehr der gerade ehrliche Charakter Ludwigs des 16. sich
gegen dieses Auskunftsmittel empört haben mag, *der* Charakter, dem man doch immer einige Einwirkung in die
großen Maßregeln zuschreiben muß? *Die Zusammenberufung der Stände war notwendig.* Eine Bemerkung, die hier
sich jeden aufdrängt, zum Trost für die Unterdrückung der
Menschheit aufdrängt, ist, daß gerade diejenigen Ursachen,
die in Frankreich, wie fast allenthalben, den Despotismus
am stärksten gründeten, auswärtige Kriege und Verschwendungen des Hofes, die Hauptveranlassungen des Sturzes des
Despotismus in ihren Folgen werden mußten. Wie kurzsich-
tig sind nicht die Menschen! Wer konnte an diese Folgen bei
den Plünderungen der Dubarry, dem amerikanischen Kriege
und den glänzenden Festen der Königin denken!

Eine große Veränderung in der französischen Verfassung
war notwendig, aber

II. Konnte diese Veränderung ohne Revolution,
ohne Einwirkung des bewaffneten Volkes, bewerkstelliget werden?

Hier scheint beim ersten Anblick alles ausgemacht, daß es
keiner Einwirkung des bewaffneten Volks bedurfte. Der
König hatte die Stände gesetzmäßig berufen. Geistlichkeit
und Adel waren bereitwillig, die Steuerfreiheit, die dem
Volke so sehr verhaßte Steuerfreiheit, aufzugeben. Es schien
alles geschehen, und doch wie wenig war im Grunde bei der
Lage der Sachen, bei der Stimmung der Gemüter, wirklich
geschehen. Die Hauptfehler rührten im Anfange von der
Seite des Hofes her. Zwei der hauptsächlichsten scheinen:
1) *das Unbestimmte über so viele wichtige Punkte in der
königlichen Zusammenberufung der Stände,* 2) *die Verabschiedung von Necker.*

Was den ersten Punkt betrifft, so war a) in dem königlichen Ausschreiben nicht genau bestimmt, wie die Deputier-

ten zu den Ständen gewählt werden sollten. Die Vorschrift war zwar diese: Jeder Stand wählt die festgesetzte Anzahl der Deputierten seines Standes; allein dem einstimmigen Gutbefinden der drei Stände blieb es überlassen, ob sie von der Regel abweichen und gemeinschaftlich, par ordres réunis, wählen wollten. In einigen Distrikten befolgte man die letzte Methode. Wahrscheinlich würde es einen sehr vorteilhaften Einfluß auf die Wahlen gehabt haben, wenn man das, was man nur erlaubnisweise verstattete, zur unumstößlichen Regel gemacht hätte. Viele der heftigsten Aristokraten wären vermutlich nicht gewählt worden, wenn der Tiers État zu den Wahlen der Deputierten, der Geistlichkeit und des Adels konkurrieret hätte, auch möchten wohl hie und da einige sehr demokratisch gesinnte andern gemäßigt denkenden Platz gemacht haben. Zur Vermeidung der unglücklichen Extreme, zur Mäßigung des Geistes der drei getrennten Stände, mußte sicherlich eine veränderte Wählart wirken. Gegen die Wahlen par ordres réunis ist zwar eingewandt, daß jeder Stand am besten die vorzüglichsten Mitglieder seines Standes kennen und wählen würde, daß hauptsächlich in der Geistlichkeit die Wahl nicht auf die nur ihren Mitbrüdern bekannte, den andern Ständen aber unbekannte Pfarrer, sondern auf die Bischöfe gefallen sein dürfte, wenn die drei Stände gemeinschaftlich gewählt hätten, aber wo es ein geteiltes streitendes Interesse von Ständen gibt, da wird gewöhnlich Lebhaftigkeit für die Prärogativen des Standes für das größte Verdienst bei dem Stande gelten, und unpopuläre Bischöfe möchten schwerlich beliebten Pfarrern vorgezogen sein.

b) War in dem königlichen Ausschreiben festgesetzt, daß die Repräsentanten der Stände die Souhaits und Doléances des Volks dem Könige bekannt machen, und zu diesem Endzwecke Cahiers oder Instruktionen den Mitgliedern erteilt werden sollten. Vermutlich wollte man dieses, weil es immer so gewesen war, weil man es bei den vorigen Versammlungen der Stände so gehalten hatte. Es ist nirgend in dem Ausschreiben genau bestimmt, welchen Effekt die Cahiers haben sollten. Sicherlich dachte man nicht daran, den Deputierten die Hände durch diese Instruktionen zu binden. Der König wollte die Gesinnungen seiner Untertanen wissen, sich ihre Wünsche vortragen lassen, aber das freie Stimmrecht der Gewählten war dadurch nicht einzuschränken. Ein guter Rat an die Kommittierten von seiten der Kommittenten, mehr sollten die Instruktionen nicht sein, das nämliche, was sie in England sind, wo jedes Mitglied des Unterhauses sie befolgt, wenn es ihm gefällt. Alle Deliberationen über Punkte, über welche die Cahiers etwas bestimmten, wären völlig unnütz gewesen, und dieser Punkte gab es eine große Anzahl, wenn man den Cahiers, nicht den Deputierten, das Stimmrecht zustand. Demungeachtet mußten die Deputierten ihre Instruktionen, die nun den Namen »Mandats impératifs« erhielten, beschwören. Bei sehr vielen wichtigen Gelegenheiten fühlte man die nachteiligen Folgen dieser Mandate. Viele vom Adel hatten geschworen: nie anders als in einer besondern Kurie zu stimmen, und nie den genannten Prärogativen des Adels zu entsagen. Die meisten vom Bürgerstande schworen: nie anders als gemeinschaftlich mit der Geistlichkeit und dem Adel zu beratschlagen, in nichts hineinzugehen, als bis der Adel seinen Vorrechten entsagt haben würde. Alle zarte Gewissen waren durch diesen Eid am billigen Nachgeben verhindert, alle steife Aristokraten und Demokraten durch diesen Eid noch steifer im Beharren bei ihren Grundsätzen geworden.

Nichts scheint natürlicher, als daß die Repräsentanten sich stets nach dem Willen ihrer Kommittenten richten müssen, aber nichts wirft so sehr den ganzen Endzweck des Repräsentationssystems über den Haufen, als grade die verbindlichen Instruktionen. Denjenigen Männern, die die Nation für die weisesten und angesehensten hält, überträgt sie auf eine bestimmte Zeit den Teil der Gesetzgebung, den sie nicht erblich verliehen hat, und die Kontrolle der exekutiven

Macht. Die Nation muß, wenn sie die Vorteile des Repräsentationssystems genießen will, allem direkten Einfluß auf Souveränitätsrechte entsagen. Wenn sie geradezu mitwirkt, so entsteht Mangel an Zusammenhang, Unsicherheit in den Beratschlagungen – die Repräsentanten sind nicht frei. Die Überzeugung, die durch das Debattieren entstehet, ist unnütz; wie kann der Deputierte eine eigne Meinung haben, wenn ihm vorgeschrieben wird, welche Meinung er haben soll? Sind ihm auch nur über einige Punkte die Hände gebunden, wie häufig wird nicht ein wesentlicher Widerspruch in seinem Betragen stattfinden, wenn er bald nach eignen Einsichten, bald nach fremden stimmet? Die Instruktionen enthalten widersprechende Grundsätze, weil aus ihnen der Geist des Eigennutzes atmet, jede Stadt, jede Provinz nur für ihr eignes gegen das Wohl anderer streitendes Interesse sorgt, der Deputierte aber das Beste des Ganzen, nicht des Kantons, der ihn wählte, zu besorgen hat. Oft, sehr oft, muß der Fall eintreten, daß ein staatskluger Mann über manches hinausgeht, manches aufopfert, um andere größere Vorteile für das allgemeine Beste zu erlangen. Das Volk urteilet so oft einseitig, sieht und fühlt nicht die Sachen im Zusammenhange. Der Nation kann bei dem Repräsentationssystem das übrig bleiben, ihre Deputierten durch Gründe zu überzeugen, oder bei einer neuen Wahl andere zu wählen. Diese mittelbare Einwirkung wird immer Gewicht genug haben. Wenn auch Nachteile von dieser uneingeschränkten Stimmfreiheit der Repräsentanten zuweilen entstehen; gewiß, das kleinere Übel ist auf dieser Seite. Will man, wegen der Ausschließung der direkten Einwirkung der Nation auf ihre Repräsentanten, das ganze Repräsentationssystem eine Fiktion nennen, so mag man es immerhin tun. Ich bin überzeugt, daß diese Fiktion der Repräsentation das notwendigste Stück einer guten Staatsverfassung ist. In Deutschland, wo die meisten herrschenden politischen Ideen nicht aus eigner Beobachtung von Staatsverfassungen und ihren Folgen herrühren, sondern theoretische Kabinettsstücke sind, wo man gegen das Repräsentationssystem durch Rousseau und Zeitungsnachrichten von bestochenen englischen Parlamentsgliedern eingenommen ist, dürfte schwerlich die Verwerfung der Mandats impératifs gut aufgenommen werden. In den amerikanischen Staaten aber, wo es gewiß nicht an Theorien fehlte, war weder beim Kongresse noch in den einzelnen Staaten von zu befolgenden Instruktionen für die Deputierten die Rede. Ein neuer Beweis der Weisheit der amerikanischen Gesetzgeber. Die Unbestimmtheit im königlichen Ausschreiben über die Wirkungen und Kraft der Cahiers hatte gleich bei der Versammlung der Stände die unangenehmsten Folgen. Über manche Fragen wollten manche der edelsten Deputierten nicht stimmen, weil ihre Instruktionen mit ihrem Gewissen im Widerspruche standen.

Der biedere einsichtsvolle Lally-Tolendal verteidigte zwar die Mandats impératifs, fand sich aber aus Liebe für das allgemeine Beste doch genötiget, von den Worten seiner Instruktion abzugehen, und für das Anleihen von 30 Millionen zu stimmen, ungeachtet ihm verboten war, vor Vollendung der Konstitution ein Anleihen zu votieren. Es blieb kein anderes Mittel zu einer freien Beratschlagung, zu einer unaufgehaltenen Entschließung über mehrere der wichtigsten Fragen, als die Mandate beiseite zu setzen. Als Schranken gegen den einbrechenden Strom der Demokratie würden sie wenig gefruchtet haben. Je mehr die demokratischen Ideen sich ausbreiteten, je mehr wurden die Instruktionen von dreisten Deputierten überschritten, mit dem Beifalle der Nation überschritten. Die Instruktionen hinderten bald kein Übel mehr, das Gute beförderten sie auch nicht. Sie dienten nur zu einem Zankapfel, zu dem sie nie hätten dienen können, wenn ihnen in dem königlichen Ausschreiben die gehörige bestimmte Bedeutung gleich anfangs beigelegt worden wäre.

c) War in dem Ausschreiben nichts darüber erwähnt, ob die Beschlüsse der Stände nach der Anzahl der Mitglieder

überhaupt oder kurienweise genommen werden, ob délibe-
ration par ordre oder par tête gelten sollte. Der König wollte
auch diesen, den wichtigsten aller Punkte, dem Gutbefinden
der Stände selbst überlassen; zuerst sollten sie in Kurien
zusammen kommen. Die große Verschiedenheit der Denkungsart einzelner Menschen, einzelner Deputierte, einzelner Provinzen über diese Frage war allgemein bekannt.
Allgemein bekannt war es, welche Gärung in der ganzen
Nation gerade über diese Frage, noch vor der Zusammenkunft der Stände, herrschte, wie alles auf der einen oder der
andern Seite auf das lebhafteste Partei nahm, wie Protesta-
tionen und Gegenprotestationen, Bündnisse und Gegen-
bündnisse erschienen. Die Erbitterung unter den Ständen
war auf das äußerste gestiegen. Ließ sich da an eine baldige
gutmütige Vereinigung denken? Mußte nicht jeder nur halb
gute Beobachter voraussehen, was wirklich erfolgte, daß die
Sitzungen der Stände auf das stürmischste anfangen, die
Versammlung nur mit dieser Frage sich beschäftigen würde?
Um den streitenden Parteien, die sich nur nach einem langen
Kampfe Vereinigungsmittel schaffen konnten, diesen Zwist
und die notwendig daraus fließende Erbitterung zu erspa-
ren, hätte von seiten des Hofes alles, was die Form betraf,
vorgeschrieben im voraus auf das genaueste bestimmt werden müssen. Welcher Menschenkenner wird der Bestimmung eines so lange unterdrückten Volks, was nicht
gewohnt war, frei zu handeln, sondern zu gehorchen, sich
unbedingt nach Befehlen von oben herab zu richten, das
jetzt eben gleichsam wie aus einer langen Betäubung
erwacht, die wichtigsten Einrichtungen über seine Versammlungsart überlassen? Die Achtung für alte Formen, die
sonst fast allenthalben sehr wirksam ist, konnte in Frankreich wenig oder nichts ausrichten. Die Form war nur in
bestäubten Chroniken, nicht in den Gemütern der Menschen aufbewahrt. Keiner konnte daran hängen. Die Form
war nicht eine bekannte Sitte der Väter, die die Herzen der
Kinder so stark fesselt. Es lebte keiner, der die Zusammen-

berufung der Stände nach dieser Form gesehen hatte, nicht
einmal einer, dessen Eltern sie sahen. Seit 175 Jahren war
keine Versammlung der Stände gehalten. Wie hatte sich
nicht alles seit dem Zeitraume verändert! Es war von innen
und außen nicht mehr das nämliche Reich. Wie viel war
nicht hinzugekommen, und noch mehr wie sah alles so
anders 1789 gegen 1614 aus. Wo waren die mächtigen Edelleute, die Épernons, die Montmorencys jetzt? Wo vormals
die mächtigen Handelsstädte? Wie unendlich weit war die
Denkungsart zwischen den beiden Epochen verschieden!
Wären die Versammlungen der Stände ununterbrochen von
1614 bis 1789 fortgeführt, wahrscheinlich hätte sich alles
nach und nach in ihrer Einrichtung nach den veränderten
Umständen modifiziert, aber bei einer durchaus verschiedenen Lage 1789 eben da anzufangen, wo man 1614 aufgehöret
hatte, wer mochte dazu, bei der ganz veränderten Stimmung
des größten Teils der Nation, raten? Geistlichkeit und Adel
konnten nicht mehr wie vorhin die präponderierenden
Stände sein. Die ehemalige Versammlungsart der Stände war
noch dazu nichts weniger als genau bestimmt. Nur in den
vier letzten Versammlungen war kurienweise deliberiert
worden. Aber wie viel ließ sich nicht mit triftigen Gründen
dagegen sagen, daß gerade die vier letzten États generaux,
die in den unruhigsten Zeiten bei dem Übergewicht einer
Partei gehalten waren, zur Norm dienen sollten? Der Hof
getrauete es sich selbst nicht, die Form von 1614 zum Muster für 1789 vorzuschreiben. Man ließ das Staatsschiff in
die offene See, ohne zu wissen, wer am Ruder stehen würde.
Dem dritten Stande war die Hälfte der Mitglieder erteilet;
allein was nützte ihm dieses, so lange Kurien übrig blieben,
so lange die privilegierten Stände, Adel und Geistlichkeit
zwei Stimmen gegen eine ausmachten. War es wahrscheinlich, daß französische Geistliche und französische Edelleute
sogleich gutwillig den Forderungen des dritten Standes zu
einer Vereinigung die Hände bieten würden? Gerade über
Fragen, wo dem einen Stande alles an der Stimmenzählung

nach Kopfzahl lag, mußte das Privatinteresse der andern
Stände alles in Bewegung setzen, die Stimmung durch
Kurien aufrecht zu erhalten. Zwei Auswege boten sich dem
Ministerio dar: entweder gleich festzusetzen, daß die Stände
nur eine Versammlung ausmachen sollten, dem Tiers État
das gutwillig zu geben, was er hernach an sich riß, oder,
wenn man den unbändigen unaufhaltbaren Strom einer einzigen Versammlung fürchtete, ein Oberhaus zu errichten,
das auf mannigfaltige Art zu organisieren stand. Noch war
alles in der Gewalt des Königes. Eines prädominierenden
Einflusses gesichert, würde der dritte Stand sich nicht gegen
ein Oberhaus gesetzt haben, und Geistlichkeit und Adel
wären leicht zu gewinnen oder wenig zu fürchten gewesen.

Vor der Zusammenberufung der Stände war alles in den
Händen des Königs. Wie viel hätten wir nicht dazumal auch
die unruhigsten Köpfe gefallen lassen? Der unbenutzte
Augenblick war aber vorüber, und kam nicht wieder, sobald die Stände versammlet waren, selbst mitsprechen konnten.

Das Resultat aus dem Gesagten scheint dieses: Entweder
war in dem französischen Ministerio keiner, der den Geist
der Nation kannte, und die wahrscheinliche Verfahrungsart
der Versammlung der Stände ahndete, einer Versammlung,
die sogar nach den Worten des Ausschreibens berufen war:
pour établir, suivant les vœux du Roi, un ordre constant et
invariable dans toutes les parties du Gouvernement, oder die
Minister, wenn sie alles kannten, alles ahndeten, hatten nicht
Macht genug, die weisesten Vorkehrungsmittel durchzusetzen. Es ist unmöglich, hier zu entscheiden, da das meiste der
geheimen Geschichte aller Verhandlungen vor und während
der Versammlung der Stände noch völlig dunkel bleibt.
Wenn man aber alles bekannte zusammenhält, so wird es
äußerst wahrscheinlich, daß im Ministerio keiner war, der
genugsam den herrschenden Geist in der Nation kannte,
noch die mächtige Art ahndete, wie er sich in der Versammlung ihrer Deputierten äußern würde. Dieser Vorwurf trifft

besonders Neckern, als damaligen dirigierenden Minister.

[...] Schändlichkeiten haben gleich zum Anfange der Revolution mitgewürket; allein die Revolution schien nötig, weil alles auf dem Spiele stand, jeder glauben mußte, daß die freien Beratschlagungen der Nationalversammlung in äußerster Gefahr schwebten. Eine Revolution ist fast immer von den traurigsten Folgen begleitet, und kann daher nicht sorgfältig genug vermieden werden. Man kann wohl voraussehen, was durch eine Revolution umgeworfen wird, aber nie, was an die Stelle des Zerstörten kommt. Den Liebhabern von Revolutionen können diese alltägliche Wahrheiten nicht zu oft wiederholt werden. Im Julius schien es jedoch mit vieler Wahrscheinlichkeit, daß alles für Frankreich verloren sei, daß das Ärgste, was das Volk unternehmen würde, nicht so schlimm werden könne, als was vom Hofe zu erwarten stand. Das fürchterliche Übel der Einmischung des Volks erfolgte, das würklich in dem Augenblicke das anscheinend kleinste Unglück unter zweien sehr großen war. Es ist soviel von den Freunden der Freiheit mit Grunde gegen die großen Städte gesagt; aber um gerecht zu sein, darf man auch den Einfluß der Stadt Paris auf den Sturz des monarchischen Despotismus nicht unberührt lassen. Was hätte das arme unschuldige zerstreute Landvolk ausrichten können, wenn nicht der entscheidende Schritt von seiten der Hauptstadt geschehen wäre? Die schrecklichen Auftritte der Hinrichtung Launays und Flesselles müssen jeden gefühlvollen Menschen empören, allein zu bewundern bleibt es, daß an dem Tage nicht mehrere solcher Szenen, kein größeres Blutbad vorfiel. Nachdem der König in der Nationalversammlung erschienen war, allen ihren Forderungen nachgegeben hatte, blieb das dringendste Bedürfnis dieses, das Volk auf das schleunigste von aller unmittelbaren Einwirkung wieder auszuschließen, Sicherheit und Ruhe herzustellen, und der Justiz des Pöbels ein Ende zu machen. Die exekutive Gewalt war vernichtet. Nur durch die National-

versammlung konnte alles dieses geschehen. Am 20. Julius
tat Lally den weisen Antrag zu einer Proklamation zu dem
erwähnten Zwecke. Die wichtigsten Männer der Zeit unter-
stützten diesen Antrag, aber umsonst. – Er ward vorzüglich
durch Mirabeaus Bemühungen verschoben. Am 22. Julius
erfolgte die gräßliche kannibalische Szene der Zerfleischung
Foulons und Berthiers, auch nach dieser konnte noch Mirabeau Lally vorwerfen, daß er nur fühle, wo man denken
müsse; das Châtelet erschien durch eine Deputation in der
Nationalversammlung, und beschwor sie, die Ruhe wieder
herzustellen, beschwor sie, de rendre le calme à leurs tristes
foyers. Nun ward Lallys Antrag zwar angenommen, aber
mit solchen Abänderungen, die ihm alle Kraft raubten, seine
Wirksamkeit durch übertriebene Milderung vernichteten. So
wie diejenigen, die Neckers Verabschiedung rieten, lediglich
schuld an der Empörung des Volks waren, ebenso scheinen
alle blutigen Auftritte, die herunter bis diesen Augenblick
Frankreich beflecken, in dem schwachen Betragen, um den
gelindesten Ausdruck zu gebrauchen, der Nationalversammlung gegründet. Wäre Lallys Antrag gleich angenommen, hätte die Nationalversammlung gemeinschaftlich mit
den neuen Ministern, die dazumal ihr ganzes Vertrauen
besaßen, die Wiederherstellung von Ruhe und Ordnung auf
das nachdrücklichste betrieben, wäre das Militär und die
eben errichtete Nationalgarde zu diesem Endzwecke
gebraucht, hätte man den ersten Störer der öffentlichen
Sicherheit nach einem kurzen Standrechte der Erhaltung des
inneren Friedens aufgeopfert, in dem Augenblicke, da die
Republik Paris und alle andere Republiken im Reiche noch
keine genugsame Konsistenz erhalten hatten, sehr wahrscheinlich wäre durch kühne entschlossene Schritte der
Nationalversammlung allem Greuel der Anarchie und Pö-
belswut vorgebeuget worden. Gegen die Lizenz der Presse, gegen aufrührische Schriften, die Mord, Sengen und
Brennen atmeten und von der größten Einwirkung waren,
gegen viele mit aller guten Ordnung unvereinbare Auftritte

einiger Distrikte von Paris hätte man gleich anfangs, und selbst noch späterhin, bis in den letzten Tagen, mit mehrerem Nachdrucke verfahren müssen, allein nichts von dem allen geschah. Über die Preßfreiheit ist noch nichts abseiten der Nationalversammlung erlassen, nur einige Anordnungen für die Stadt Paris sind von der Stadt selbst gemacht. Das schwache Betragen der Nationalversammlung in dieser wichtigsten Lage mag bei vielen Gliedern aus einem aus Furchtsamkeit für die Zügellosigkeit des Volks und aus Argwohn gegen die Folgen der Verstärkung der exekutiven Macht herrührenden Irrtum des Verstandes herzuleiten sein. Bei einigen sehr wirksamen Mitgliedern lag es am Willen. Dem rasenden Pöbel sollte kein Einhalt geschehen, weil man seiner zu gewissen geheimen Absichten noch bedurfte.

Die Einmischung des Volkes war unglücklicherweise auf einen Augenblick notwendig geworden, um die Freiheit der Nationalversammlung zu erhalten. Wie hat nun aber diese ihre Freiheit gebraucht?

[...] Bei der Gärung, die in Deutschland durch die französische Revolution hervorgebracht worden, bei der verschiedenen Stimmung der Gemüter, ist es nicht wahrscheinlich, daß meine Betrachtungen sich vielen Beifall versprechen dürfen. Die größere Anzahl der Menschen hat bereits zu sehr, auf der einen oder der anderen Seite, Partei genommen. Unser Adel, unsere Geschäftsmänner fürchten, mit Grunde, so sehr die Anarchie, daß sie in der französischen Revolution nichts wie diese gewahr werden. Unsere Theoretiker, unsre denkende Köpfe aus dem dritten Stande, hegen, mit eben dem Rechte, das die andere Partei gegen die Anarchie beseelt, die schrecklichste Abneigung gegen den Despotismus, und finden nur diesen, wo man ihn zwar am häufigsten, aber gewiß auch nicht ausschließend findet, in der unbeschränkten Gewalt eines einzigen. Mehrere sehr kluge und einsichtsvolle Geschäftsmänner, die den Druck von oben herab und die mit dem allgemeinen Besten unvereinbaren Prätensionen des ersten Standes in Deutschland genau gesehen haben, lassen sich von ihren Gefühlen verleiten und nehmen lebhaft Partei mit der Nationalversammlung. Zu ihnen schlägt sich auch der große Teil derjenigen Menschen aller Stände, die ihre Bildung der Büchergelehrsamkeit und nicht ihrer eigenen Beobachtung der Welt und der Staatsverfassungen verdanken. Alle diese werden und können mit dem gegenwärtigen Aufsatze nicht zufrieden sein. Es bedarf daher einiger Erörterung, warum ich ihn, in vollkommener Erwartung aller ungünstigen Urteile, an das Licht gebracht habe. Der erste Endzweck von allem, was ich schrieb, war immer, das zu sagen, was ich als wahr und recht fühlte. Mit dem Gange, den die Sachen in Frankreich genommen haben, war ich, aus angegebenen Gründen, unzufrieden. Ich fürchte, daß wahre dauernde Freiheit auf dem Wege nicht zu erlangen stehe, daß der edelsten besten Angelegenheit des Menschen grade durch den Weg, den man in Frankreich so oft eingeschlagen hat, mehr geschadet als geholfen werde. Ich habe keine Bemühung gespart, mich zu unterrichten. Seit einem Jahre sind die Begebenheiten Frankreichs die größte Beschäftigung meines Lebens gewesen. Die vorzüglichsten Schriften las ich mit der größten Anstrengung des Geistes, der ich fähig war. Aus den Unterredungen mit vielen einsichtsvollen Menschen, von denen einige ganz abweichend und nur sehr wenige völlig übereinstimmend mit mir dachten, lernte ich vielleicht noch mehr als aus Büchern. Die Sache der Freiheit hatte ich immer wie meine Sache betrachtet. Ihr bin ich noch immer bereit, alles, was ich habe, aufzuopfern. Aber es müssen die in Frankreich prädominierenden Ideen nicht mit der Sache der Freiheit verwechselt werden. Vielen Grundsätzen der Demokraten werde ich ebenso eifrig als denen der Aristokraten und der Anhänger des Despotismus entgegen streben. Meine Ideen, sie mögen gut oder schlecht sein, sind wenigstens meine Ideen, die ich ohne Rücksicht auf irgend einen Menschen annahm. Man hat in dem ehemals zu Teutschland gehörenden Teile Frankreichs fälschlich geglaubt, daß einige

Gelehrte in meinem Vaterlande auf höheren Antrieb ihre
Meinungen über die Sache geäußert hätten. Ebenso sehr
würden diejenigen irrten, die etwa dort von mir das nämliche denken wollten. Jeder, der die Lage der Sachen hier nur
einigermaßen kennt, bedarf dieser ausdrücklichen Versiche-
rung nicht einmal. Einer Vorliebe für irgend eine Partei bin
ich mir nicht bewußt. Ich habe keine andre Vorliebe als für
die Sache der Menschheit. Bisher glaube ich nicht, daß mich
Aristokraten und Anhänger des Despotismus zu ihren
Freunden gerechnet haben, und nie werden sie, zur Verteidigung ihrer Grundsätze, auf mich rechnen können. Meine
Neigung zur englischen Verfassung, die man mir vielleicht
vorwerfen wird, entstand aus Überzeugung von ihrer Vortrefflichkeit, nicht einer absoluten in allen Fällen, aber der
verhältnismäßigen. Ich bin immer noch mehr in der Meinung bestärkt, daß diese, größtenteils zufällig und durch die
Bedürfnisse des Augenblicks entstandene Konstitution für
ein großes europäisches Reich ungleich besser ist, als was
bisher kurzsichtige menschliche Weisheit systematisch auf-
führte. Von der Nationalversammlung und ihren Planen,
denen ich meine Beistimmung versagen mußte, habe ich
mich bemühet in einem so gemilderten Tone, als nur möglich war, zu reden, das wirst schwach auszudrücken, was ich
sehr lebhaft empfand. Mögen die Freunde der neuen französischen Verfassung mich immerhin einen Aristokraten nennen. Für Namen zittere ich nicht. Habe ich keine Wahrheit
gefunden, so habe ich sie wenigstens mit Mühe und aufrichtig gesucht, und nur solche, die ebenso viel Mühe und
ebenso viel Aufrichtigkeit anwenden, sind imstande, mich
zu beurteilen. Gegen das Mißfallen von Aristokraten und
Demokraten sei es mir erlaubt, mich mit den Worten des
ehrlichen Servan trösten zu dürfen; mit ihm zu sagen:
Quand on parvient à me contenter à la fois deux partis
opposés, on peut se croire assez voisin de la verité.

# Ideen über Staatsverfassung, durch die neue französische Konstitution veranlaßt

## 1792

Ich beschäftige mich in meiner Einsamkeit mehr mit politischen Gegenständen, als ich es je bei den häufigen Veranlassungen dazu, die das geschäftige Leben darbietet, getan habe. Ich lese die politischen Zeitungen regelmäßiger als sonst, und ob ich gleich nicht sagen kann, daß sie ein großes Interesse in mir erweckten, so reizen mich doch noch am meisten die französischen Angelegenheiten. Es fällt mir dabei alles Kluge und Einfältige ein, was ich seit zwei Jahren darüber gehört habe, und am Ende komme ich gewöhnlich auf Sie, lieber *, und den lebhaften Anteil, den Sie an diesen Gegenständen nahmen, zurück. Mein eignes Urteil – wenn ich, um mir doch selbst von mir Rechenschaft zu geben, mich eins zu fällen zwinge – stimmt dann mit keinem andren geradezu überein; es mag sogar paradox scheinen, aber Sie sind ja einmal mit meinen Paradoxien vertraut, und wenigstens sollen Sie in der gegenwärtigen auch Konsequenz mit den übrigen nicht vermissen.

Was ich am häufigsten, und, ich kann es nicht leugnen, mit dem meisten Interesse über die Nationalversammlung und ihre Gesetzgebung hörte, war Tadel, nur leider ein Tadel, für den die Abfertigung immer so nah lag. Bald Mangel an Sachkenntnis, bald Vorurteil, bald ein kleingeistiger Schauder vor allem Neuen und Ungewöhnlichen, und wer weiß was noch für leicht zu widerlegende Irrtümer: und hielt auch einmal ein Tadel jede Widerlegung aus; so blieb doch immer der leidige Entschuldigungsgrund, daß zwölfhundert auch weise Menschen doch immer nur Menschen sind. Mit dem Tadel, wie überhaupt mit dem Beurteilen einzelner Anordnungen kommt man also schwerlich ins reine. Dagegen gibt es, dünkt mich, ein ganz offenbares, kurzes, von jedermann anerkanntes Faktum, welches schlechterdings alle Data zur gründlichen Prüfung des ganzen Unternehmens vollständig enthält.

Die konstituierende Nationalversammlung hat es unternommen, ein völlig neues Staatsgebäude, nach bloßen Grundsätzen der Vernunft, aufzuführen. Dies Faktum muß jedermann, und sie selbst muß es einräumen. Nun aber kann keine Staatsverfassung gelingen, welche die Vernunft – vorausgesetzt, daß sie ungehinderte Macht habe, ihren Entwürfen Wirklichkeit zu geben – nach einem angelegten Plane gleichsam von vornher gründet; nur eine solche kann gedeihen, welche aus dem Kampfe des mächtigeren Zufalls mit der entgegenstrebenden Vernunft hervorgeht. Dieser Satz ist mir so evident, daß ich ihn nicht auf Staatsverfassungen allein einschränken möchte, sondern ihn gern auf jedes praktische Unternehmen überhaupt ausdehne. Für einen so rüstigen Verteidiger der Vernunft indes, als Sie sind, möchte er dieselbe Evidenz nicht haben. Ich verweile daher länger dabei.

Ehe ich jedoch zu den Gründen übergehe, noch vorher ein paar Worte zur näheren Bestimmung desselben. Zuvörderst, sehen Sie, lasse ich den Entwurf der Nationalversammlung zu einer Gesetzgebung für den Entwurf der Vernunft selbst gelten. Zweitens will ich auch nicht sagen, daß die Grundsätze ihres Systems zu spekulativ, nicht auf die Ausführung berechnet sind. Ich will sogar voraussetzen, alle Gesetzgeber zusammen hätten den wirklichen Zustand Frankreichs und seiner Bewohner auf das anschaulichste vor Augen gehabt, und die Grundsätze der Vernunft diesem Zustande, soviel als es nur überhaupt, und jenem Ideal unbeschadet, möglich war, angepaßt. Endlich rede ich nicht von den Schwierigkeiten der Ausführung. Wie wahr und witzig es auch sein mag, qu'il ne faut pas donner des leçons d'anatomie sur un corps vivant; so müßte doch erst der

Erfolg zeigen, ob nicht dennoch das Unternehmen Dauer gewinnt, und nicht festgegründetes Wohl des Ganzen vorübergehenden Übeln Einzelner vorgezogen zu werden verdient? Ich gehe also bloß von den simplen Sätzen aus: 1. Die Nationalversammlung wollte eine völlig neue Staatsverfassung gründen, 2. sie wollte dieselbe in allen ihren einzelnen Teilen nach den reinen, wenngleich der individuellen Lage Frankreichs angepaßten Grundsätzen der Vernunft bilden. Ich nehme diese Staatsverfassung – für den Augenblick – als völlig ausführbar, oder wenn man will, auch als schon wirklich ausgeführt an. Dennoch, sag' ich, kann eine solche Staatsverfassung nicht gedeihen.

Eine neue Verfassung soll auf die bisherige folgen. An die Stelle eines Systems, das allein darauf berechnet war, soviel Mittel als möglich aus der Nation zur Befriedigung des Ehrgeizes und der Verschwendungssucht eines einzigen zu ziehen, soll ein System treten, das nur die Freiheit, die Ruhe, und das Glück jedes einzelnen zum Zweck hat. Zwei ganz entgegengesetzte Zustände sollen also aufeinander folgen. Wo ist nun das Band, das beide verknüpft? Wer traut sich Erfindungskraft und Geschicklichkeit genug zu, es zu weben? Man studiere noch so genau den gegenwärtigen Zustand, man berechne noch so genau darnach das, was man auf ihn folgen läßt, immer reicht es nicht hin. Alles unser Wissen und Erkennen beruht auf allgemeinen, d. i. wenn wir von Gegenständen der Erfahrung reden, unvollständigen und halbwahren Ideen, von dem Individuellen vermögen wir nur wenig aufzufassen, und doch kommt hier alles auf individuelle Kräfte, individuelles Wirken, Leiden und Genießen an. Ganz anders ist es, wenn der Zufall wirkt, und die Vernunft ihn nur zu lenken strebt. Aus der ganzen, individuellen Beschaffenheit der Gegenwart – denn diese von uns unerkannten Kräfte heißen uns doch nur Zufall – geht dann die Folge hervor, die Entwürfe, welche die Vernunft dann durchzusetzen bemüht ist, erhalten, wenn auch ihre Bemühungen gelingen, von dem Gegenstande selbst noch, auf den sie angelegt sind, Form und Modifikation. So können sie Dauer gewinnen, so Nutzen stiften. Auf jene Weise, wenn sie auch ausgeführt werden, bleiben sie ewig unfruchtbar. Was im Menschen gedeihen soll, muß aus seinem Innren entspringen, nicht ihm von außen gegeben werden, und was ist ein Staat, als eine Summe menschlicher wirkender und leidender Kräfte?

Auch fordert jede Wirkung eine gleich starke Gegenwirkung, jedes Zeugen ein gleich tätiges Empfangen. Die Gegenwart muß daher schon auf die Zukunft vorbereitet sein. Darum wirkt der Zufall so mächtig. Die Gegenwart reißt da die Zukunft an sich. Wo diese ihr noch fremd ist, da ist alles tot und kalt. So, wo Absicht hervorbringen will. Die Vernunft hat wohl Fähigkeit, vorhandnen Stoff zu bilden, aber nicht Kraft, neuen zu erzeugen. Diese Kraft ruht allein im Wesen der Dinge, diese wirken, die wahrhaft weise Vernunft reizt sie nur zur Tätigkeit, und sucht sie zu lenken. Hierbei bleibt sie bescheiden stehen. Staatsverfassungen lassen sich nicht auf Menschen, wie Schößlinge auf Bäume pfropfen. Wo Zeit und Natur nicht vorgearbeitet haben, da ist's, als bindet man Blüten mit Fäden an. Die erste Mittagssonne versengt sie.

Indes entsteht hier noch immer die Frage, ob die französische Nation nicht hinlänglich vorbereitet ist, die neue Staatsverfassung aufzunehmen? Allein für eine, nach bloßen Grundsätzen der Vernunft, systematisch entworfene Staatsverfassung kann nie eine Nation reif genug sein. Die Vernunft verlangt ein vereintes und verhältnismäßiges Wirken aller Kräfte. Außer dem Grade der Vollkommenheit jeder einzelnen, hat sie noch die Festigkeit ihrer Vereinigung und das richtige Verhältnis einer jeden zu den übrigen vor Augen. Wenn aber auf der einen Seite die Vernunft nur durch das vielseitigste Wirken befriedigt wird, so ist auf der andren Seite das Los der Menschheit Einseitigkeit. Jeder Augenblick übt nur *eine* Kraft in *einer* Art der Äußerung. Häufige Wiederholung geht in Gewohnheit über, und diese *eine* Äußerung dieser *einen* Kraft wird nun mehr oder minder, länger oder kürzer, Charakter. Wie der Mensch auch ringen mag, die einzelne, in jedem Moment wirkende Kraft durch die Mitwirkung aller übrigen modifizieren zu lassen; so erreicht er es nie, und was er der Einseitigkeit abgewinnt, das verliert er an Kraft. Wer sich auf mehrere Gegenstände verbreitet, wirkt schwächer auf alle. So stehen Kraft und Bildung ewig in umgekehrtem Verhältnis. Der Weise verfolgt keine ganz, jede ist ihm zu lieb, sie ganz der andren zu opfern. So ist auch in dem höchsten Ideale menschlicher Natur, das die glühende Phantasie sich zu bilden vermag, jeder Augenblick der Gegenwart eine schöne, aber nur *eine* Blüte. Den Kranz vermag nur das Gedächtnis zu flechten, das die Vergangenheit mit der Gegenwart verknüpft. Wie mit dem einzelnen Menschen, so mit ganzen Nationen. Sie nehmen auf einmal nur *einen* Gang. Daher ihre Verschiedenheiten untereinander, daher ihre Verschiedenheiten in ihnen selbst in verschiedenen Epochen. Was tut nun der weise Gesetzgeber? Er studiert die gegenwärtige Richtung, dann, je nachdem er sie findet, befördert er sie, oder strebt ihr entgegen; so erhält sie eine andre Modifikation, und diese wieder eine andre, und so fort. So begnügt er sich, sie dem Ziele der Vollkommenheit zu nähern. Was aber muß entstehen, wenn sie auf einmal nach dem Plane der bloßen Vernunft, nach dem Ideale, arbeiten, wenn sie nicht mehr genügsam *eine* Trefflichkeit verfolgen, sondern zu gleicher Zeit nach allen ringen soll? Schlaffheit und Untätigkeit. Alles, was wir mit Wärme und Enthusiasmus ergreifen, ist eine Art der Liebe. Wenn nun nicht *ein* Ideal mehr die Seele füllt, so ist Kälte, wo ehemals Glut war. Überhaupt vermag mit Energie nie der zu wirken, der mit allen Kräften auf *einmal* gleichmäßig wirken soll. Mit der Energie aber schwindet jede andre Tugend hin. Ohne sie wird der Mensch Maschine. Man bewundert, was er tut; man verachtet, was er ist.

Lassen Sie uns einen Blick auf die Geschichte der Staats-

verfassungen werfen, und wir werden in keiner einen nur
irgend hohen Grad der Vollkommenheit finden, allein von
den Vorzügen, die das Ideal eines Staats alle vereinen müßte,
werden wir auch in den verderbtesten immer einen oder den
andren entdecken. Die erste Herrschaft schuf das Bedürfnis.
Man gehorchte nie länger, als man entweder den Herrscher
nicht entbehren, oder ihm nicht widerstehen konnte. Dies
ist die Geschichte aller, auch der blühendsten alten Staaten.
Eine dringende Gefahr nötigte die Nation einem Herrscher
zu gehorchen. War die Gefahr vorüber, so strebte sie das
Joch abzuschütteln. Allein oft hatte sich der Herrscher zu
sehr festgesetzt, ihr Ringen war vergebens. Dieser Gang
ist auch der menschlichen Natur völlig angemessen. Der
Mensch vermag außer sich zu wirken, und sich in sich zu
bilden. Bei dem ersteren kommt es bloß auf Kraft und
zweckmäßige Richtung derselben an; bei dem letzteren auf
Selbsttätigkeit. Daher ist zu diesem Freiheit, zu jenem, da
mehrere Kräfte nie besser gerichtet werden, als wenn *ein*
Wille sie lenkt, Unterwürfigkeit notwendig. Dies Gefühl
unterwarf die Menschen der Herrschaft, sobald sie wirken
wollten; aber das höhere Gefühl ihrer innren Würde erwachte, wenn dieser Zweck nun erreicht war. Ohne diese
Betrachtung würde es auch nie begreiflich sein, wie derselbe
Römer in der Stadt dem Senat Gesetze vorschrieb, und im
Lager seinen Rücken willig den Streichen der Zenturionen
darbot. Aus dieser Beschaffenheit der alten Staaten entspringt es, daß, wenn man unter Systemen absichtliche Plane
versteht, sie eigentlich gar kein politisches System hatten,
und daß, wenn wir jetzt bei politischen Einrichtungen philosophische oder politische Gründe angeben, wir bei ihnen
immer nur historische finden. Diese Verfassung dauerte bis
ins Mittelalter hin. Zu dieser Zeit, da die tiefste Barbarei
alles überdeckte, mußte, sobald sich mit dieser Barbarei
Macht vereinte, der ärgste Despotismus entstehn, und billig
hätte man der Freiheit ihren gänzlichen Untergang verkün-
digen sollen. Allein der Kampf der Herrschsüchtigen unter-

einander erhielt sie. Nur konnte freilich, bei dieser gewaltsamen Lage der Sachen, niemand selbst frei sein, der nicht zugleich Unterdrücker der Freiheit der andren war. Das Lehnssystem war es, in welchem die ärgste Sklaverei und ausgelassene Freiheit unmittelbar nebeneinander existierte. Denn der Vasall trotzte dem Lehnsherrn nicht weniger, als er seine Untertanen unmenschlich bedrückte. Die Eifersucht der Regenten auf die Macht der Vasallen schuf diesen ein Gegengewicht in den Städten und dem Volk, und endlich gelang es ihm, sie zu unterdrücken. Statt daß nun ehemals doch *ein* Stand Dépot der Freiheit gewesen war, war jetzt alles Sklave. Der Adel verband sich mit dem Regenten, das Volk zu unterdrücken, und von hier aus hebt die Verderblichkeit des Adels an, der immer nur ein notwendiges Übel war, und jetzt ein überflüssiges geworden ist. Seitdem diente nun alles den Absichten des Regenten allein. Dennoch gewann die Freiheit. Denn da das Volk mehr dem Regenten als dem Adel unterworfen war, so verschaffte schon die weitere Entfernung von jenem mehr Luft. Dann konnten jene Absichten auch nicht sowohl mehr, wie sonst, unmittelbar durch die physischen Kräfte der Untertanen – woraus vorzüglich die persönliche Sklaverei entstand – erreicht werden. Es war ein Mittel notwendig, das Geld. Alles Streben ging nun also dahin, von der Nation, soviel als möglich, Geld aufzubringen. Diese Möglichkeit beruhte aber auf zwei Dingen. Die Nation mußte Geld haben, und man mußte es von ihr bekommen. Jenen Zweck nicht zu verfehlen, mußten ihr allerlei Quellen der Industrie eröffnet werden; diesen am besten zu erreichen, mußte man mannigfaltige Wege entdecken, teils um nicht durch aufbringende Mittel zu Empörungen zu reizen, teils um die Kosten zu vermindern, welche die Hebung selbst verursachte. Hierauf gründen sich eigentlich alle unsre heutigen politischen Systeme. Weil aber, um den Hauptzweck zu erreichen, also im Grunde nur als untergeordnetes Mittel, Wohlstand der Nation beabsichtet wurde, und man ihr, als unerläßbare Bedingung dieses

Wohlstandes, einen höheren Grad der Freiheit zugestand: so
kehrten gutmütige Menschen, vorzüglich Schriftsteller, die
Sache um, nannten jenen Wohlstand den Zweck, die Erhebung der Abgaben nur das notwendige Mittel dazu. Hie und
da kam diese Idee auch wohl in den Kopf eines Fürsten, und
so entstand das Prinzip, daß die Regierung für das Glück
und das Wohl, das physische und moralische, der Nation
sorgen muß. Gerade der ärgste und drückendste Despotismus. Denn weil die Mittel der Unterdrückung so versteckt,
so verwickelt waren: so glaubten sich die Menschen frei, und
wurden an ihren edelsten Kräften gelähmt. Indes entsprang
aus dem Übel auch wieder das Heilmittel. Der auf diesem
Wege zugleich entdeckte Schatz von Kenntnissen, die allgemeiner verbreitete Aufklärung belehrten die Menschheit
wieder über ihre Rechte, brachten wieder Sehnsucht nach
Freiheit hervor. Auf der andren Seite wurde das Regieren so
künstlich, daß es unbeschreibliche Klugheit und Vorsicht
erheischte. Gerade in dem Lande nun, in welchem Aufklärung die Nation zur furchtbarsten für den Despotismus
gemacht hatte, vernachlässigte sich die Regierung am meisten, und gab die gefährlichsten Blößen. Hier mußte also
auch die Revolution zuerst entstehen, und nun konnte kein
andres System folgen als das System einer gemäßigten, aber
doch völligen und unumschränkten Freiheit, das System der
Vernunft, das Ideal der Staatsverfassung. Die Menschheit
hatte an einem Extrem gelitten, in einem Extrem mußte sie
ihre Rettung suchen. Ob diese Staatsverfassung Fortgang
haben wird? Der Analogie der Geschichte nach, nein! Aber
sie wird die Ideen aufs neue aufklären, aufs neue jede tätige
Tugend anfachen, und so ihren Segen weit über Frankreichs
Grenzen verbreiten. Sie wird dadurch den Gang aller
menschlichen Begebenheiten bewähren, in denen das Gute
nie an der Stelle wirkt, wo es geschieht, sondern in weiten
Entfernungen der Räume oder der Zeiten, und in denen jene
Stelle ihre wohltätige Wirkung wieder von einer andren,
gleich fernen, empfängt.

Ich kann mich nicht enthalten, dieser letzten Betrachtung noch einige Beispiele hinzuzufügen. In jeder Periode hat es Dinge gegeben, die, verderblich an sich, der Menschheit ein unschätzbares Gut retteten. Was erhielt die Freiheit in den Zeiten des Mittelalters? Das Lehnssystem. Was Aufklärung und Wissenschaften in den Zeiten der Barbarei? Das Mönchswesen. Was die edle Liebe zum andren Geschlecht in den Zeiten der Herabwürdigung dieses Geschlechts bei den Griechen, um auch aus dem häuslichen Leben ein Beispiel zu wählen? Die Knabenliebe. Ja, wir bedürfen nicht einmal der Geschichte: der Gang des Menschenlebens überhaupt ist das treffendste Beispiel. In jeder Epoche desselben ist *eine* Art des Daseins Hauptfigur in dem Gemälde, indes alle übrigen ihr, als Nebenfiguren, dienen. In einer andren Epoche wird sie zur Nebenfigur, und eine von jenen tritt auf den Vordergrund. So danken wir allen bloß heitren, sorgenfreien Genuß der Kindheit; allen Enthusiasmus für das empfundene Schöne, alle Verachtung der Arbeit und Gefahr, es zu erringen, dem blühenden Jünglingsalter; alle sorgsame Überlegung, allen Eifer aus Gründen der Vernunft der Reife des Mannes; alle Gewöhnung an den Gedanken der Hinfälligkeit selbst, alle wehmütige Freude an der Betrachtung »Das war, und ist nun nicht mehr!« dem Hinwelken des Greises. In jeder Periode existiert der Mensch ganz. Aber in jeder schimmert nur *ein* Funke seines Wesens hell und leuchtend; bei den andren ist's der matte Schein, bald des schon halbverloschnen, bald des erst künftig aufflammenden Lichts. Ebenso ist's in jedem einzelnen Menschen, mit jeder seiner Fähigkeiten und Empfindungen. Allein ein Individuum *einer* Art erschöpft selbst in der Folge aller Zustände nicht alle Gefühle. Der Mann z. B. bei den Menschen, ewig beschäftigt, außer sich zu wirken, ewig strebend nach Freiheit und Herrschaft, besitzt nur selten die Sanftmut, die Güte, den Wunsch, auch durch das Glück zu beglücken, das man empfindet, nicht immer durch das, was man gibt – welches alles dem Weibe so eigen ist. Dagegen fehlt es dem Weibe so oft an Stärke, Tätigkeit, Mut. Um daher die volle Schönheit des ganzen Menschen zu fühlen, muß es ein Mittel geben, das beider Vorzüge, wenn auch nur auf Momente, und in verschiednen Graden vereint fühlen läßt, und dies Mittel muß des schönsten Lebens schönsten Genuß bewahren.

Was folgt nun aus diesem allem? daß kein einzelner Zustand der Menschen und Dinge Aufmerksamkeit verdient an sich, sondern nur in Zusammenhang mit dem vorhergehenden und folgenden Dasein; daß die Resultate an sich nichts sind, alles nur die Kräfte, die sie hervorbringen, und die aus ihnen entspringen.

Und nun genug für heute, lieber *. Leben Sie wohl!

JOHANN GOTTLIEB FICHTE

## Zurückforderung der Denkfreiheit

### 1793

[...] Um wie viel weniger Elend die Menschheit unter den mehresten ihrer gegenwärtigen Staatsverfassungen erdulde, als sie im Stande der gänzlichen Auflösung erdulden würde, wollen wir hier nicht untersuchen; genug, sie duldet – und sie soll dulden: das Land unsrer Staatsverfassungen ist das Land der Mühe und der Arbeit; das Land des Genusses liegt nicht unterm Monde. Aber eben dieses Elend soll ihr ein treibender Stachel sein, ihre Kräfte zu üben, im Kampfe mit ihm, und im schwer zu erringenden Siege sich für den künftigen Genuß zu stärken. Die Menschheit sollte elend sein, aber sie sollte nicht elend bleiben. Ihre Staatsverfassungen, die Quellen ihres gemeinsamen Elends, konnten bis jetzt freilich nicht besser sein – sonst wären sie es – aber sie sollen immer besser werden. Dieses geschahe, soweit wir die Menschengeschichte vor uns verfolgen können, und wird geschehen, so lange eine Menschengeschichte sein wird, auf zweierlei Art; entweder durch gewaltsame Sprünge, oder durch allmähliches langsames, aber sicheres Fortschreiten. Durch Sprünge, durch gewaltsame Staatserschütterungen und Umwälzungen kann ein Volk während eines halben Jahrhunderts weiter vorwärtskommen, als es in zehen gekommen wäre – aber dieses halbe Jahrhundert ist auch elend, und mühevoll – aber es kann auch ebenso weit zurückkommen, und in die Barbarei des vorigen Jahrtausends zurückgeworfen werden. Die Weltgeschichte liefert Belege zu beiden. Gewaltsame Revolutionen sind stets ein kühnes Wagestück der Menschheit; gelingen sie, so ist der errungene Sieg des ausgestandnen Ungemachs wohl wert; mißlingen sie, so drängt ihr euch durch Elend zu größerem Elende hindurch. Sicherer ist allmähliches Fortschreiten zur größeren Aufklärung, und mit ihr zur Verbesserung der Staatsverfassung. Die Fortschritte, die ihr macht, sind weniger bemerkbar, indem sie geschehen; aber ihr seht hinter euch, und ihr erblickt eine große Strecke zurückgelegten Weges. So machte in unserm gegenwärtigen Jahrhunderte die Menschheit, besonders in Deutschland, ohne alles Aufsehen, einen großen Weg. Es ist wahr, der gotische Umriß des Gebäudes ist noch fast allenthalben sichtbar; die neuen Nebengebäude sind noch bei weitem nicht in ein festes Ganze vereinigt: aber sie sind doch da, und fangen an bewohnt zu werden, und die alten Raubschlösser verfallen. Sie werden, wenn man uns nicht stört, immer mehr von Menschen geräumt, und den lichtscheuen Eulen und Fledermäusen zur Wohnung überlassen werden; die neuen Gebäude werden sich erweitern, und allmählich zu einem immer regelmäßigern Ganzen vereinigen.

Dies waren unsre Aussichten, und diese wollte man uns durch Unterdrückung unsrer Denkfreiheit rauben? – und diese könnten wir uns rauben lassen? – Hemmt man den Fortgang des menschlichen Geistes, so sind nur zwei Fälle möglich: der erstere unwahrscheinlichere – wir bleiben stehen, wo wir waren, wir geben alle Ansprüche auf Verminderung unseres Elendes und Erhöhung unsrer Glückseligkeit auf; wir lassen uns die Grenzen setzen, über die wir nicht schreiten wollen: – oder der zweite, weit wahrscheinlichere; der zurückgehaltene Gang der Natur bricht gewaltsam durch und vernichtet alles, was ihm im Wege steht, die Menschheit rächt sich auf das grausamste an ihren Unterdrückern, Revolutionen werden notwendig. Man hat von einem schrecklichen Schauspiele der Art, das unsre Tage lieferten, noch nicht die wahre Anwendung gemacht. Ich befürchte, es ist nicht mehr Zeit, oder es ist hohe Zeit, die Dämme, die man noch immer, jenes Schauspiel vor den Augen, anderwärts dem Gange des menschlichen Geistes entgegengesetzt, zu lüften, damit er sie nicht gewaltsam durchbreche, und die Fluren umher schrecklich verwüste.

Nein, ihr Völker, alles, alles gebt hin, nur nicht die Denkfreiheit. Immer gebt eure Söhne in die wilde Schlacht, um sich mit Menschen zu würgen, die sie nie beleidigten, oder von Seuchen entweder aufgezehrt zu werden, oder sie in eure friedlichen Wohnungen als eine Beute mit zurückzubringen; immer entreißt euer letztes Stückchen Brot dem hungernden Kinde und gebt's dem Hunde des Günstlings – gebt, gebt alles hin; nur dieses vom Himmel abstammende Palladium der Menschheit, dieses Unterpfand, daß ihr noch ein anderes Los bevorstehe als Dulden, Tragen und Zerknirschtwerden – nur dieses behauptet. Die künftigen Generationen möchten schrecklich von euch zurückfordern, was euch zur Überlieferung an sie von euren Vätern übergeben wurde. Wären diese so feige gewesen als ihr, – ständet ihr dann nicht noch immer unter der entehrendsten Geistes- und Leibes-Sklaverei eines geistlichen Despoten? Unter blutigen Kämpfen errangen jene, was ihr nur durch ein wenig Festigkeit behaupten könnt. [...]

## Johann Benjamin Erhard

# Über das Recht, eine Revolution anzufangen

### 1795

Jede Frage über das, was recht ist, kann auf zweierlei Art untersucht werden, nämlich als eigentliche *Rechtsfrage* und als *Gewissenssache* (*juristisch* und *kasuistisch*). Die letztere Untersuchung muß jederzeit entscheidend über die Frage ausfallen, aber die erstere kann sich oft damit endigen, daß die Frage gar keine Rechtsfrage sei. Wird dies aber vor der Untersuchung schon vorausgesetzt, so ist man in Gefahr, die Frage aus falsch angewandten Prinzipien entscheiden zu wollen, und die Beantwortung muß dann, wie sie auch ausfalle, allezeit unrichtig sein, weil sie abspricht, wo sie bloß abweisen sollte (mich logisch auszudrücken: weil sie ein bestimmtes Urteil gibt, wo sie nur ein unendliches geben konnte). In den bürgerlichen und Polizei-Angelegenheiten ist es gewöhnlich so leicht zu entscheiden und meistens schon positiv entschieden, ob eine moralische Frage zugleich eine Rechtsfrage sei, daß man gewöhnlich gar keine Untersuchung darüber anzustellen braucht: aber bei Angelegenheiten, die nicht vor die gewöhnlichen sowohl Zivil- als Kriminalgerichtshöfe gehören, darf die Untersuchung nicht übergangen werden, sondern bei diesen muß es jederzeit bestimmt werden, ob sie vor einen höhern Richter gehören oder ob sie dem Gewissen gänzlich überlassen werden müssen.

Die Frage über das Recht zu einer Revolution kann unstreitig nicht bei einem gewöhnlichen Gerichtshofe entschieden werden, weil ein fremder sich die Entscheidung nicht anmaßen darf und der einheimische durch diese Frage selbst gleichsam suspendiert ist, indem er dadurch notwendig Partei wird. Es ist auch die Untersuchung einer Revolu-

tion bisher, soviel ich weiß, nie von den gewöhnlichen
Gerichtshöfen, sondern von einer besonders dazu niederge-
setzten Kommission vorgenommen worden. Es könnte
hiezu auch noch der Grund gekommen sein, daß bei einem
Attentat auf die höchste Gewalt den untern Gerichtsstellen,
als möglicherweise impliziert, von der Regierung nicht wohl
die Untersuchung allein anvertraut werden konnte. Bei dieser Frage ist es daher, ehe wir sie beantworten, vorzüglich
notwendig zu untersuchen, ob sie überhaupt eine Rechtsfrage sei. Bei jeder Rechtsfrage findet die Voraussetzung
statt, daß sie von irgendeinem Richter, wo nicht nach wirklichen, doch nach möglichen positiven Gesetzen entschieden
werden kann; denn wenn sie auch das erstemal vorkäme,
so muß die richterliche Entscheidung derselben doch ein positives Gesetz für künftige Fälle abgeben können. Dazu ist aber
erforderlich, daß das Recht oder Unrecht nicht bloß in der
Gesinnung bestehe, sondern durch äußere Tatsachen erkannt werden könne und daß die Befugnis des Gerichtshofs unbezweifelt sei. Bei unserer Frage aber, da über das
Recht zu einer Revolution entschieden werden soll, ist es
unmöglich, die Befugnis irgendeines Gerichtshofs zu erweisen, indem jeder vor der Revolution bestehende von der
Gegenpartei sein müßte, weil durch die Revolution seine
Gültigkeit in Anspruch genommen wird; es läßt sich daher
wohl eine Comité denken, die untersuchte, ob eine Revolution gut, aber kein Gericht, das darüber urteilte, ob sie selbst
an sich ohne Rücksicht auf dazu gewählte Mittel rechtlich
wäre. Ein positives Gesetz darüber müßte notwendig
bestimmen, entweder ob überhaupt eine Revolution recht-
licherweise erlaubt oder unerlaubt wäre oder unter welchen
Umständen sie erlaubt wäre. Im ersteren Falle würde das
verbietende Gesetz etwas verbieten, was durch kein Gesetz
verboten werden kann, indem durch das, was verboten
wäre, die Kraft der Gesetze selbst aufgehoben würde, und
das Verbot also gar keinen Vorteil brächte. Das zugeste-
hende Gesetz aber würde seine eigene Autorität zufällig

machen, welches wider die Würde der Gesetzgebung ist. Im zweiten Falle würde es der Klugheit der Gesetzgebung widersprechen, Fälle als möglich zu bestimmen, die ihre eigene Autorität vernichten würden, und diese Fälle nicht rechtlich unmöglich zu machen. Die Frage über das Recht, eine Revolution anzufangen, kann daher gar nicht rechtlich entschieden werden. Da man nun unter dem Ausdruck *das Recht haben* eine besondere Begünstigung, ein übrigens positiv anerkanntes Recht auszuüben, versteht, so ist die Frage selbst unrichtig gestellt, und es muß anstatt: *wer hat das Recht, eine Revolution anzufangen*, gefragt werden: *wer tut Recht, wenn er eine Revolution anfängt?* Die Frage gehört also einzig und allein vor den Gerichtshof der Moral, und das *Recht*, eine Revolution anzufangen, kann niemanden positiv weder gegeben noch genommen werden. Die Frage betrifft daher nicht *das Recht*, sondern nur *die Rechtmäßigkeit*.

Bis hieher konnten wir den Begriff von Revolution ohne nähere Bestimmung lassen, weil es zum Erweis, daß unsere Frage keine Rechtsfrage sei, hinlänglich ist, bloß die gewöhnlichen Bestimmungen, so verschieden sie auch in verschiedenen Subjekten sein mögen, zum Grunde zu legen; aber da wir nun die Sache vor den Richterstuhl der Moral gebracht haben, wo nicht bloß über äußere Tatsachen, sondern über die innere Gesinnung gerichtet wird und wo es nicht darauf ankommt, uns nur von positiver Strafe zu befreien, sondern uns vor einer allwissenden Vernunft zu rechtfertigen, so ist es notwendig, den Begriff aufs schärfste zu bestimmen, um ihn von allen verwandten Begriffen genau zu scheiden und unser Urteil von ihrem Einfluß frei zu erhalten. Die Begriffe, die zunächst an den der Revolution grenzen, sind: *Befreiung eines Volks, Majestätsverbrechen, Rebellion, Hochverrat, Reformation, Insurrektion* und *Konspiration*. Allen diesen Begriffen liegt ein Bemühen, die jedesmalige Regierung zu ändern, zum Grunde; um sie also zu erklären, wird es am besten sein, die möglichen Änderungen einer Regierung durchzugehen.

In jeder Regierung lassen sich drei Dinge unterscheiden; erstlich die Prinzipien, auf die sie gegründet ist, oder die *Grundgesetze*; zweitens die auf diese Grundgesetze errichtete Verfassung oder die *Konstitution*; und drittens die wirkliche *Administration*, welche man Regierung im engern Sinne nennt. Die Veränderungen können nun die Grundgesetze treffen, und dann verändert sich Konstitution und Administration zugleich, oder die Konstitution, insoferne sie den Grundgesetzen nicht für gemäß erkannt wird, oder bloß die Administration. Eine Umänderung der Grundgesetze nennt man nun im allgemeinen eine Revolution. Die Änderung der Grundgesetze kann in verschiedenen Rücksichten versucht werden. Man kann sie deswegen umzuändern suchen, weil man sie den Rechten der Menschheit und dem Vorteil des Landes zuwider glaubt, und von dieser Art einer Revolution kann nur die Rede sein, wenn die Rechtmäßigkeit einer Revolution untersucht werden soll. Die übrigen verdammen sich von selbst. Es kann aber auch der Fall sein, daß die Administration selbst, um sich eine größere Gewalt zu verschaffen, die Grundgesetze zu untergraben und ihr Ansehen zu schwächen sucht; dies ist dann keine Revolution, sondern Usurpation der Herrschaft. Geschiehet es aber, daß die Grundgesetze von der Regierung plötzlich geändert und andere festgesetzt werden, so rechnet man das auch unter die Revolutionen. Die Vernichtung einer usurpierten Gewalt ist Befreiung eines Volks. Es kann aber auch der Fall eintreten, daß jemand die ganze Verfassung ohne Rücksicht auf eine andere, sondern einzig um des Vorteils willen, den er sich aus dem Umsturz verspricht, umzustürzen sucht; dies kann auch nicht Revolution heißen, sondern ist Hochverrat im eigentlichsten Sinne. Wird die Konstitution geändert, weil sie den Grundgesetzen, oder die Administration, weil sie der Konstitution nicht mehr gemäß ist, so heißt dies Reformation. Eine Verbindung von Menschen, konstitutionswidrig etwas durchzusetzen, nennt man ein Komplott. Betrifft die gesuchte Änderung die Administration allein und zwar unmittelbar die Personen, die sie in Händen haben, so kann dieses entweder verschuldeterweise geschehen und nur die Subalternen betreffen, und dann werden diese von der Obergewalt im Staate gestraft, ohne daß die Verfassung verändert wird; oder es ist eine geheime Verbindung da, sie zu stürzen, um andere an ihre Stelle zu setzen. Das letztere heißt eine Kabale gegen sie. Gilt es im letzten Falle der höchsten Gewalt selbst, so heißt es Konspiration. Gehorcht man den Befehlen der Regierung nicht mehr, ohne dabei einen andern Zweck zu haben, als ihr nicht zu gehorchen oder sie gar auszurotten um des Vorteils willen, den man sich von der Gesetzlosigkeit verspricht, so ist dieses Rebellion; beleidigt man die Regierung auf eine solche Art, daß ihre rechtlichen Funktionen unmöglich würden, wenn die Beleidigung verstattet werden sollte, so heißt dieses, wenn es die Administratoren der obersten Gewalt betrifft, Majestätsverbrechen. Diese Erklärungen passen für jede Staatsverfassung und schließen sämtlich die Bedingung in sich, daß die Handelnden in dem Staate leben und die Veränderungen nicht durch äußere Gewalt hervorgebracht werden. Nun läßt sich aber noch der Fall denken, daß das Volk bei dem Anschein einer offenbaren Ungerechtigkeit oder eines großen Schadens einen plötzlichen Aufstand erregt; dies versteht man unter einer Insurrektion. Ein Aufstand aber, dessen Zweck von keinem deutlich gedacht wird, ist ein Tumult. Gehorsamsverweigerung aus Leichtfertigkeit nennt man Insubordination.

Die Erklärungen dieser Begriffe geben von selbst die Entscheidung, bei welchen von Rechtmäßigkeit noch die Frage sein kann oder welche schlechterdings unerlaubt sind. Diejenigen Begriffe, über deren Rechtmäßigkeit noch die Frage sein kann, sind: *Revolution, Insurrektion, Reformation* und *Gehorsamsverweigerung*. Hier findet also auch die Untersuchung statt, bei welchen von ihnen die Frage über ihre Rechtmäßigkeit eine eigentliche Rechtsfrage sei. Bei der Revolution ist, wie wir gezeigt haben, die Frage über ihre Rechtmäßigkeit keine Rechtsfrage! Ebensowenig bei der Insurrektion, weil es im Begriffe derselben liegt, daß sie zugunsten eines wahren oder scheinbaren Rechts, welches die Regierung nicht angedeihen läßt, oder gegen die Regierung selbst, die als ungerecht erscheint, gerichtet ist und daher gleichfalls keine positiven Gesetze über sie stattfinden. Bei der Reformation aber ist jene Frage allerdings eine Rechtsfrage, weil bei ihr die Grundgesetze und also auch die Administration der höchsten Gewalt, insoferne sie diesen Grundgesetzen gemäß handelt, unangetastet bleiben. Ebendies ist auch der Fall bei der Gehorsamsverweigerung, wenn sie nicht die höchste Gewalt selbst betrifft.

Nach dieser Erörterung der mit dem Begriffe einer Revolution verwandten Begriffe kehren wir wieder zurück zu unsrer Hauptfrage: wer tut recht, wenn er eine Revolution anfängt? Daß niemand *das Recht* dazu hat, haben wir bereits erwiesen; wenn es daher nicht überhaupt ungerecht sein soll, eine Revolution zu bewirken, so muß es Fälle geben, in welchen der Mensch ohne Rücksicht auf äußeres Recht berechtiget oder gar verbunden ist, seinem bloßen Gewissen zu folgen, es entstehe daraus, was da wolle. Der letzte Zusatz ist deswegen notwendig, weil sich wohl die Absicht, aber nie der Erfolg einer Revolution bestimmen läßt. Ein solcher Fall setzt aber nicht allein voraus, daß es ein höheres, moralisches Interesse für den Menschen gäbe, als nach dem äußeren, positiven Recht untadelhaft zu leben, sondern auch, daß es ihm erlaubt sei, sich unabhängig von allen positiven Einrichtungen zu Handlungen, deren Folgen sich auf diese Einrichtungen erstrecken, zu bestimmen. Über das erstere, daß es ein höheres Interesse für die Menschen gäbe als die Erfüllung positiver Gebote, sind die Stimmen nie geteilt gewesen, und dem Satz: man muß Gott mehr gehorchen als den Menschen, ist noch von niemand öffentlich widersprochen worden, ob man gleich sehr an seiner Ausle-

gung künstelte. Aber dadurch ist gar nichts über das zweite,
daß ich die positiven Einrichtungen nach meinem Gewissen,
ohne einen äußern Beruf dazu zu haben, umändern darf,
ausgemacht, vielmehr scheint die Klugheit wegen des mißlichen Gebrauchs, den man von dieser Erlaubnis machen
könnte, und der aus ihr entspringenden Unsicherheit der
bürgerlichen Existenz und selbst die Religion alle Versuche
dieser Art als frevelhaft und unsicher zu verbieten. Die
Gründe, die sich aus der Moral und aus der Religion für die
gänzliche Enthaltung von aller Einmischung in politische
Händel, wenn uns unser Beruf nicht dazu verbindet, anführen lassen, sind in der Tat sehr wichtig und scheinen uns
gänzliche Resignation in diesem Falle aufzulegen. Wir wollen suchen, sie in ihrer größten Bündigkeit aufzustellen, und
dann sehen, ob sie unwiderlegbar sind oder nicht.

Man kann die Gegner der Revolutionen füglich in zwei
Klassen bringen: die eine Klasse will überhaupt wider alle
Versuche, eine Revolution zu bewirken, entscheiden; die
andere aber will nur zeigen, daß nie ein Mensch eine Verbindlichkeit haben könne, einen solchen Versuch zu wagen,
und daß jeder, ohne sich einen Vorwurf von seiten der
Moral zuzuziehen, immer die Ruhe oder gar den Tod einer
so mißlichen Unternehmung vorziehen dürfe; sie will aber
im allgemeinen kein Verdammungsurteil über den aussprechen, der nicht so denkt wie sie. Da die Gründe der erstern
Klasse die Hauptargumente enthalten, auf welche auch die
der zweiten Klasse gebauet sind, so wollen wir von jenen
den Anfang machen.

Bei jeder moralischen Handlung sind zwei Dinge wesentlich, der Fall, der sie möglich macht, und das Gesetz, das sie
entweder gebietet oder erlaubt. Bei den Handlungen, die das
Gesetz gebietet, wird auf die Folgen derselben gar nicht
gesehen, und bei denen, die es erlaubt, ist die Beurteilung
der Folgen uns überlassen. Jede Handlung wird ferner um
ihrer selbst oder um ihrer Folgen willen unternommen. Da
nun jede Handlung Folgen hat, so kann keine Handlung

vernünftiger- und moralischerweise ohne Rücksicht auf ihre
Folgen unternommen werden, außer wenn es die Natur der
Handlung mit sich bringt, daß die Folgen schlechthin gut
sein müssen, oder wenn die nachteiligen Folgen gar nicht als
aus der Handlung entspringend angesehen werden können.
Dies kann aber von keiner Handlung gesagt werden, als
insoferne sie eine bloße Handlung der Gerechtigkeit ist und
gar keinen Grund bloß zufälliger Folgen in sich enthält. Eine
Handlung im Gegenteil, deren gar nicht zu bestimmende
und dennoch äußerst wichtige Folgen entweder in ihr selbst
gegründet sind oder doch als ihrer Möglichkeit nach durch
sie veranlaßt vorausgesehen werden können, – eine solche
Handlung muß entweder schlechthin aus Pflicht geschehen,
oder sie muß gänzlich unterlassen werden.

Keine Handlung kann ohnstreitig weniger in ihren Folgen
übersehen werden als eine Revolution. Der oder die, welche
sie beginnen, sind in kurzem nicht mehr über den Gang
derselben Herr und können sie unmöglich mehr nach ihren
Absichten leiten; sie können daher unmöglich sich durch die
Absichten, die sie hatten, rechtfertigen, weil es in der Natur
der Sache liegt, daß die Erreichung dieser Absichten zufällig
ist und ihr Unternehmen mehr Unglück bewirken kann, als
je nach dem alten System, das sie umstießen, erfolgt wäre.
Eine Revolution kann daher, wenn sie moralischerweise
möglich sein soll, nur als eine Handlung aus Pflicht gedacht
werden. Kann dies aber je der Fall sein? Wenn ich mich
durch keine Gewalt zu Handlungen verleiten lassen soll,
welche pflichtwidrig sind, wenn keine Obrigkeit in der Welt
mir ein falsches Zeugnis abdringen, kein Fürst meinen Sohn
oder meine Tochter zu Dienern seiner Lüste machen darf, so
folgt daraus weiter nichts, als daß ich eher alle Schmach
dulden als Böses tun soll. Werde ich an meinen Menschen-
rechten gekränkt, werde ich unschuldig verurteilt, so darf
ich zwar alles tun, um mein Recht und meine Unschuld zu
beweisen, aber ich darf mich nicht gegen die Rechtspflege
selbst auflehnen und, damit mir nicht unrecht geschehe, ein

Volk in die traurige Lage versetzen, daß vielleicht gar kein
Recht mehr gehandhabt werde. Nur im Dulden kann ich
meine Moralität zeigen, meine Religion beweisen; denn
sobald ich mich auflehne, so ist es ungewiß, ob mein Recht
oder meine Furcht vor dem mir drohenden Übel der Grund
meiner Handlungen war. Wie kann ich sagen, daß mir meine
Pflicht über alles gelte, wenn ich mich bestrebe, meine
Willkür zum Gesetz zu machen? Wie kann ich sagen, daß
ich Gott vertraue, wenn ich gewaltsam mein Schicksal durch
eigene Kräfte entscheiden will? Jeder, der eine Revolution
beginnt, muß in der Tat willkürlich handeln, er stößt die
Richter von ihren Stühlen, die über seine Handlungen urteilen wollten, er wirft sich selbst zum Herrscher auf und
macht seine Willkür zur Stimme des Volks. Wo soll ein
solcher Mensch Zuflucht finden? Bei wem kann er über das
Unglück, das ihn betrifft, Klage führen? Bei wem sich
wegen des Unglücks, das er über andere brachte, entschuldigen? Bei Gott, dem er nicht vertraute? Bei den Menschen,
die er für sich aufopferte? Und doch ist dies der am ersten zu
entschuldigen scheinende Ursprung einer Revolution, wenn
sie aus dem Streben gegen das Unrecht, das jemand angetan
wird, entspringt. Wieviel verwerflicher müssen daher die
Fälle sein, wo nur ungezähmte Neuerungssucht und zügelloser Eigendünkel die Quellen davon sind? Die Fälle, wo
Herrschsucht und Eigennutz die Triebfedern sind, verdienen in moralischer Rücksicht gar keine Betrachtung. Diese
Gründe erhalten durch das Betragen der tugendhaftesten
Männer aller Zeiten und durch die christliche Religion noch
ein starkes Gewicht, das ihnen aber jeder Leser selbst wird
geben können; auch will ich hier nicht wiederholen, was ich
im zweiten Teile meiner Abhandlung über die Alleinherr-
schaft im Teutschen Merkur vom Jahre 1793 hieher Gehöri-
ges gesagt habe.

Die Gründe der zweiten Klasse der Gegner der Revolutionen sind im ganzen von den bisherigen nur dadurch verschieden, daß die Rechtmäßigkeit einer Revolution nicht

ganz geleugnet, sondern nur von obigen Gründen Gebrauch
gemacht wird, um sich von aller Verbindlichkeit zu befreien,
eine Revolution bewirken zu helfen. Man hält es doch für zu
hart, daß sich der Mensch jedes Verfahren der Obergewalt
gegen ihn gefallen lassen müsse, und man glaubt also, daß es
zwar Fälle gäbe, wo eine Revolution zu entschuldigen, aber
keine, wo sie moralisch notwendig sei. Die meisten Politiker
waren bisher der letzten Meinung und gründeten ihre
Ermahnungen an die Regenten, dergleichen Fälle zu verhüten, darauf. Sie betrachteten die Revolutionen als eine Art
von Notwehr, die dann einträte, wenn um alle rechtliche
Hülfe vergeblich angesucht worden. Der Grundsatz, von
dem sie ausgehen, ist dieser: eine Revolution ist ungerecht,
wenn zu erweisen ist, daß durch eine Reformation geholfen
werden könnte, und sobald sie die rechtlich erworbenen und
nicht usurpierten Rechte der Staatsbürger beleidigt. Da nun
aber unter diese Rechte alles gezählt werden kann, was nicht
konstitutionswidrig erworben ist, so kann nach ihnen, wenn
sie konsequent sind, nie der Fall zu einer Revolution eintreten. Sie unterscheiden sich also von der erstern Klasse
der Gegner der Revolutionen nur dadurch, daß sie zwar die
Rechtmäßigkeit einer Revolution überhaupt dahingestellt
sein lassen, aber in jedem vorkommenden Falle zu beweisen
suchen und nach ihrem Gesichtspunkt auch beweisen können, daß sie ungerecht war. Es ist daher im allgemeinen nur
möglich, die Gründe der erstern Klasse zu untersuchen, weil
die andere nur durch Instanzen streitet und nur auf spezielle
Fälle sich einläßt.

Ich nehme alle oben angeführte Prinzipien als richtig an
und gebe daher zu, daß eine Revolution, wenn sie moralisch
möglich sein soll, nur als eine Handlung aus Pflicht gedacht
werden könne. Die Frage ist also diese: kann ich je eine
Pflicht haben, mich zu bemühen, die Grundgesetze des
Staates, in dem ich lebe, umzuändern? Bei der Untersuchung, ob obige Erklärung wider alle Revolution gegründet
sei, kommt es also darauf an, ob wirklich alle möglichen

Fälle, die dies zu bejahen scheinen, getreulich geprüft werden. Da wir schon gezeigt haben, daß die gute Absicht, die die glücklichen Folgen betrifft, nie eine Revolution rechtfertigen kann, so sind alle Rechtfertigungen, die ihre Gründe aus der möglichen größern Glückseligkeit unter der neuen Einrichtung hernehmen, als ungültig verworfen, und es bleibt uns nur noch übrig zu untersuchen, welche andere Gründe sich zur Entschuldigung einer Revolution auffinden lassen. Diese Gründe lassen sich, wenn alle, die sich auf Glückseligkeit beziehen, ausgeschlossen werden, auf drei zurückführen; – um *Ungerechtigkeit abzustellen*; um *Gerechtigkeit möglich zu machen* und um *Gerechtigkeit wirklich einzuführen*. Von diesen Gründen muß der letzte wieder ausgeschlossen werden, weil er etwas betrifft, was in keines Menschen Gewalt stehet; denn niemand kann für die Zukunft ohne Vermessenheit ganz für sich, noch weniger also für andere stehen. Es bleiben also nur die ersten beiden übrig. Es ist demnach zuerst zu untersuchen, ob mich Ungerechtigkeiten, die der Staat an mir selbst oder an andern begangen hat, zu einer Revolution berechtigen können. Oben wurde diese Frage mit Nein beantwortet; aber da wurde nicht darauf gesehen, von welcher Art diese Ungerechtigkeiten sein könnten; wenn es daher Fälle gibt, auf die alle oben angeführten Gründe nicht passen, so ist auch durch sie noch nichts wider die moralische Möglichkeit einer Revolution entschieden. Es kann aber bei diesen Ungerechtigkeiten ein dreifacher Unterschied stattfinden: sie können entweder durch die Administration verübt werden, oder sie können eine Folge der gegenwärtigen Konstitution sein, oder sie können auch unmittelbar aus den Grundgesetzen hervorgehen. Ist die Administration allein Schuld daran, so sind alle oben wider die Rechtmäßigkeit einer dadurch veranlaßten Revolution vorgebrachten Gründe bündig, und die nähere Untersuchung gehört für die Beantwortung der Frage, wie man sich zu verhalten habe, wenn man durch die Willkür seiner Obrigkeit Unrecht leidet. In diesem Falle kann nur von Insurrektion, aber nicht von Revolution die Rede sein. Ist die Konstitution die Quelle des Unrechts, so kann sie aus den Grundgesetzen verbessert werden, und es folgt auch dann noch kein Recht zu einer Revolution, sondern nur zu einer Reformation daraus. Es läßt sich aber der Fall denken, daß die Grundgesetze selbst an dem Unrecht, welches ich leide, schuld sind, und dieser Fall ist von den beiden ersten sehr verschieden. Wenn ich unschuldigerweise meiner Freiheit beraubt und als Missetäter zur Sklavenarbeit verdammt werde, so ist dies ganz etwas anderes, als wenn ich meiner Freiheit beraubt und der Leibeigne eines andern sein muß, bloß weil das Recht der Leibeigenschaft in der Grundverfassung des Staats liegt und mein Vater das Unglück hatte, ein Gegenstand dieses Rechts zu sein. In diesem Falle leide nicht ich allein, sondern zugleich die Menschheit in meiner Person Unrecht. Mein Dulden ist daher nicht unbedingt als moralisch zu preisen, weil es die Möglichkeit des Unrechts, das noch viele Tausende nach mir erleiden, enthält. Es ist derselbe Fall, wenn ich wegen aufrichtiger Mitteilung der von mir geglaubten Wahrheiten verfolgt werde und wenn es nach der Grundverfassung des Staats überhaupt verboten ist, in der Erkenntnis der für die Menschen wichtigsten Angelegenheiten – des Rechts, der Religion, der Sitten und der Einrichtung der bürgerlichen Verfassung – weitere Fortschritte zu machen; denn da bin nicht ich, sondern die Vernunft überhaupt der leidende Teil. Dies ist so klar, daß niemand, dessen Herz nicht verstockt ist, an der Notwendigkeit einer Revolution in einem solchen Staate zweifeln kann und daß daher nur noch wegen der speziellen Befugnis eines bestimmten Menschen zu dieser Revolution die Frage sein kann.

Eben dieses Verhältnis findet bei dem zweiten Grund einer Revolution, bei der durch sie zu bewirkenden Möglichkeit einer größern Gerechtigkeit, statt. Haben gewisse Stände in einem Staate solche Privilegien, daß dadurch die Gerechtigkeitspflege parteiisch werden muß, ist die Justiz-

verfassung so eingerichtet, daß der Erweis der Unschuld
dadurch in vielen Fällen unmöglich wird, und ist dieses
Staatsgebrechen schon in der Grundverfassung vorhanden,
so leidet auch nicht der einzelne, den das Unglück trifft,
allein, sondern es leiden alle Bürger zugleich darunter, und
ein solcher Staat ist notwendig einer Revolution ausgesetzt.
Wenn mich gewisse Personen ohne alle anzugebende Ursache, ohne mir eine Verteidigung zuzulassen, einkerkern
können, so wird offenbar an der Möglichkeit besserer
Gerechtigkeit gewonnen, wenn dieses Übel abgestellt wird,
und da es ein offenbar moralisches Übel ist, so kann dabei
von keinem äußern Vorteil oder Nachteil die Rede sein.
Unter diesen Umständen fallen daher alle obigen Einwürfe
gegen das Befugnis zu einer Revolution hinweg. Nur die
Bestimmung des speziellen Rechts ist noch zu untersuchen.
Diese Untersuchung hat aber nur dann Schwierigkeiten,
wenn man vergessen hat, daß die Frage über die Rechtmäßigkeit einer Revolution keine Rechtsfrage ist. Da sie nur
von dem Gewissen abhängt und mein Gewissen mich verbindet, jedes Unrecht, das ich einsehe, zu verhüten und die
Gerechtigkeit zu befördern, wenn ich kann, so ist offenbar,
daß jedermann recht tut, wenn er in diesen Fällen eine
Revolution bewirkt, sobald er kann, und die Frage ist
alsdann nur die: wer *kann* eine Revolution bewirken? Ein
einzelner Mensch kann es nicht, wenn er nicht Souveränität
hat, und daher scheint es, als wenn ein souveräner Fürst am
ersten eine Revolution bewirken könne; allein bei näherer
Betrachtung zeigt sich, daß ein Fürst als Fürst nie eine
Revolution bewirken kann. Denn er hat entweder völlig
unbeschränkte Gewalt, und das Grundgesetz des Staats ist,
daß einer mit völlig unbeschränkter Gewalt regiere, und
dann gehören alle Verfügungen, die er macht, zur rechtlichen Verfassung und können keine Revolution heißen,
solange sie nicht die Abschaffung dieser unumschränkten
Gewalt selbst betreffen, welches nicht durch ihn als Regent
geschehen kann, weil er wohl auf sein Recht Verzicht tun,

aber dieses Recht nicht für andere unmöglich machen kann, wenn es nicht schon an sich moralisch unmöglich ist; oder er ist doch durch einen Grundvertrag gebunden und darf, wenn er auch wegen des Verfahrens gegen Einzelne nicht verantwortlich ist (höchste richterliche Gewalt hat), doch die Privilegien ganzer Stände nicht antasten, und dann verwirkt er seine Souveränität, wenn er diese Privilegien aufheben will und ist in dieser Kollision mit ungerechten Privilegien nicht Fürst, sondern nur Mensch, der das Gute will. Noch eine Betrachtung macht es aber sogar ungereimt, wenn ein Fürst als Fürst eine Revolution zugunsten der Menschheit beginnen wollte. Die Rechte der Menschheit sind keine erworbenen Rechte, sie kommen den Menschen als moralischen Wesen zu. Sie können ihnen daher auch nicht erteilt werden. Die Erteilung dieser Rechte würde sie in die Klasse der Privilegien setzen und ihnen dadurch ihre ursprüngliche Heiligkeit rauben. Kein Fürst kann sich daher anmaßen zu sagen: ihr sollt künftig vernünftig werden dürfen, ihr sollt nicht mehr ungestraft mißhandelt werden! Denn er kann das nicht *erlauben*, was Gott *will*, und das nicht als eine *Gnade* erteilen, was Gott von jedem Menschen *fordert*. Ein Fürst kann daher nicht mehr als ein Privatmann in diesem Falle tun, er kann erklären: ich erkenne das für unrecht, was bisher für recht galt, und dann zur Abstellung dieses Unrechts das Seinige als Mensch beitragen. Ebensowenig kann aber auch eine Versammlung, die die Macht in Händen hat, sich eine Revolution zu bewirken anmaßen, denn alle oben vorgebrachten Gründe gelten auch gegen sie. Auch sie handelt anmaßend, wenn sie Menschenrechte erteilen will. Sie kann keinen Glauben an Gott und Unsterblichkeit erlauben, er ist ein Recht der Menschheit, und es ist die größte Vermessenheit eines Menschen, die Gottheit in seine Protektion nehmen zu wollen. Jedem ist es also gleich moralisch möglich, eine Revolution zu bewirken, und niemand kann sich außer der Gewalt der Wahrheit seiner zufälligen, größern Gewalt rechtlich dazu bedienen. [...]

Johann Adam Bergk

# Über den Unterschied zwischen Aufruhr, Aufstand und Revolution

1796

Da es in einer Sprache, die auf philosophische Bestimmtheit und Deutlichkeit Anspruch machen will, keine völlig gleichgeltenden Worte geben darf, so muß man eilen, ihre Bedeutung zu fixieren, und ihre unterscheidenden Merkmale aufzusuchen. Jede Unbestimmtheit in Werken, die Produkte der reinsten Selbsttätigkeit des menschlichen Geistes sind, ist ein Spott der Vernunft, die jede Eigenheit aushebt, jede Dunkelheit haßt, und jede Zweideutigkeit zu vernichten strebt.

Unser Zeitalter zeichnet sich auch darin zu seinem Vorteile aus, daß es der Verwirrung der Begriffe zu enteilen sucht. Denn man weiß nur zu sehr, welche Dunkelheiten, Irrtümer und welchen Aberglauben gleich bedeutende Wörter verursacht haben, und welche schmerzliche Folgen dieser Glaube gehabt hat. Alle Mißgeburten des menschlichen Geistes rühren von zweideutigen und dunkeln Begriffen, die man ohne Unterschied brauchte, und dadurch alle Wirkungsarten der Kräfte vermischte, her.

Vorstellungen sind das Leben des Menschen, und alle seine Handlungen sind Erscheinungen derselben: um diese zu berichtigen und aufzuklären, muß man jene verdeutlichen und verbessern.

Woher rührt das schreckliche Schauspiel unsers Zeitalters, als von mißverstandenen, also dunkeln und zweideutigen Begriffen? Welche Parteiwut tobt nicht zwischen den Aristokraten und Demokraten! Wie viele Menschen wurden nicht der guten Ordnung, dem Königtum, der Freiheit, Gleichheit und der Republik geschlachtet! Und versteht man sich denn nach so vielen Menschenopfern und Verwüstungen besser als vorher, und weiß man denn genauer, was man will? Ist nicht der Friede viel mehr eine Folge der Erschöpfung der Kräfte als des Einverständnisses in der Denkungsart, darin die Machthabenden jetzt weiter als je voneinander abweichen. Die Leidenschaften haben allenthalben die Vernunft vom Throne gestoßen, und die Unbesonnenheit hat die Überlegung, und das Unrecht das Recht verjagt, aber Pflicht der Menschen bleibt es immer, ruhig und unparteiisch zu untersuchen und nachzudenken, um Verwirrung und Mißverständnisse in den Worten zu berichtigen.

Aufruhr, Aufstand und Revolution sind Äußerungen menschlicher Kräfte, die nur in der bürgerlichen Gesellschaft stattfinden. Aufruhr ist ein Widerstand einiger Bürger (nicht der Mehrheit derselben) gegen Verfügungen der gesetzgebenden und gegen Ausübungen der vollziehenden und richterlichen Gewalt. Das Prinzip, vermöge welches dieser Ungehorsam als Aufruhr gebrandmarkt wird, ist das äußere Recht, das nur die Mehrheit der Bürger geltend macht, und die jeden Angriff darauf mit Gewalt zurückschlagen darf. Spricht auch das Gewissen die Aufrührer von aller Schuld und Strafe frei, so haben sie doch keine Lossprechung von einem äußern Gebote, das sie zur Beobachtung durch ihren Eintritt in den Staat übernahmen, und das nur durch die Mehrheit, die in einem bestehenden Staate den allgemeinen Willen angibt, kann aufgehoben werden, zu erwarten. Die Bedingung der Wirklichkeit und Dauer des Bürgervereins in einem Staate ist die Genehmigung eines Gesetzes durch die Mehrheit und der Gehorsam gegen dieselbe. Können Aufrührer eine bürgerliche Einrichtung vor ihrem Gewissen nicht verantworten, so gebietet ihnen die Pflicht, auszuwandern. Ein Staatsgesetz mag daher auch unmoralisch vor einem reinen Gewissen und vor einer Vernunft, die richtig und völlig ausgebildet ist, sein, so ist dasselbe doch nicht widerrechtlich, so lange es noch die Mehrheit der Staatsbürger billigt. Sieht diese das Unrecht ein, so hat sie diese Unrechtmäßigkeit vor Gott und ihrem Gewissen zu verantworten: ist sie aber noch nicht so weit in der moralischen Aufklärung vorgerückt, daß sie das Unmoralische des Gesetzes kennt, so macht sie sich überall keines Verbrechens schuldig, ob es gleich der Weisere für ungerecht erklärt. Ihre stetige Pflicht ist, ihr moralisches Gefühl aufzuklären, zu berichtigen und lebendig zu machen.

Lehnt sich die Mehrheit freiwillig gegen ein Gesetz, gegen eine Einrichtung oder gegen einen Gebrauch, sie mögen nun an sich gerecht oder ungerecht sein, so ist es ein Aufstand. Dieses Übergewicht der Zahl erteilt ihrem Beginnen die äußere Rechtlichkeit und Befugnis, alles zu unternehmen, was sich als allgemeines Gesetz denken läßt. Durch einen Aufstand können alle gewalthabende Personen abgesetzt und zur Rechenschaft gezogen werden: denn die Grundverfassung bleibt dadurch unangetastet.

Da nun eine Verfassung durch einen Aufstand nicht aufgehoben wird, sondern nur eine Veränderung mit den Beamten vorgeht, so muß selbst die Art und Weise dieses Widerstandes in der Konstitution bestimmt, und der Fall angegeben werden, wenn Aufstand gegen Unterdrückung, die nun wahr oder bloß eingebildet sein mag, stattfinden darf. Diese äußere Rechtmäßigkeit läßt sich vor dem Aufstande genau beurteilen, weil die Verfassung nicht geändert wird, und weil er freiwillig und mit dem Bewußtsein des Rechts unternommen wird.

Bei einer Revolution stehen die Menschen teils im Dienste der Naturnotwendigkeit, teils wirken sie durch Freiheit in die Sinnenwelt ein. Allein obgleich jede Nation, bei der eine politische Revolution vorfällt, eine moralische Empfänglichkeit, d. h. Einsicht des Unrechts und eine Geschicklichkeit, darüber zu urteilen, besitzen muß, so sind doch Druck, Mißhandlung, Leiden und Spott der Menschenrechte die bewirkende Ursachen derselben. Was ist nun eine Revolution? Sie ist eine völlige Umänderung der Grundsätze der Verfassung, die zwar durch Menschen geschieht, aber durch

äußere Umstände herbeigeführt wird. Nicht das äußere
Recht, sondern das Gewissen muß eine solche Umwälzung
beurteilen. Das innere Recht ist der einzige gültige Richter,
und das Bewußtsein einer Nation, daß ihre Revolution
rechtmäßig sei, muß von jedem fremden Beurteiler heilig
gehalten werden. Sie kann sich in den Mitteln, die sie zur
Ausführung derselben gebrauchte, geirrt haben, aber ihr
Unternehmen ist nicht unmoralisch. Da nun jede politische
Revolution die bisher bestehende Verfassung abschafft, so
ist es Pflicht der Nation, eine neue Konstitution einzuführen
und sich wieder in einen äußern rechtlichen und das Recht
handhabenden Zustand zu setzen. Auch haben alle Völker
durch ihre Revolution nicht die Absicht, die bürgerliche
Gesellschaft zu vernichten, sondern sie durch Recht und
Stärke neu zu organisieren und die Bande zwischen den
Bürgern enger zusammenzuziehen.

Das Ähnliche bei diesen drei politischen Handlungen der
Menschen besteht im Widerstande gegen die bisherige Verfassung und ihre Ausübung, der Unterschied aber bei dem
Aufruhr in der Minderkeit, bei dem Aufstande in der Mehrheit und bei der Revolution zugleich in der Mehrheit der
Bürger und in der gänzlichen Umänderung der Prinzipien
der Verfassung.

FRIEDRICH CARL VON MOSER

## Politische Wahrheiten

1796

[...] Diese überspannte Begriffe von der Freiheit des Menschen und bürgerlicher Freiheiten rühren unmittelbar aus der ebenso verkehrten Vorstellung von der *Gleichheit der Menschen* und daraus hergeleiteten *Aufhebung der verschiedenen Stände*. Die ganze Idee in ihrer Darstellung und würklichen Anwendung ist Unsinn, ist gegen die Ordnung des Schöpfers in der ganzen Natur, Mannigfaltigkeit und Abstufung ist das Große und Schöne der Harmonie der Schöpfung, vom Elephanten bis zur Maus, vom Adler bis zur Fliege, vom Granitfelsen bis zum Sandkorn; im Menschen selbst, dem edelsten aller Geschöpfe Gottes, Abstufung nach allen physischen und intellektuellen Kräften, vom Riesen bis zum Zwerg, von Newton, der Luft und Licht spaltet und den Lauf der Gestirne mißt, von Franklin, der Feuer dem Himmel entlockt, bis zu dem letzten Gänsehirten in Europa, Mannigfaltigkeit der Größe und Kräfte selbst in dem Reich der Geister, so weit es Menschen zu ergründen vermocht haben.

So glänzend und blendend die Theorie von Gleichheit der Stände in der bloßen Beschauung ist, so gewiß wäre es die größte Strafe vor die zivilisierte Menschheit, wenn sie je, auch nur in einer gemäßigten Ausdehnung, in Erfüllung gebracht werden könnte. Die Lehrer davon, wenn sie nicht just solche Misanthropen wie ihr Erfinder, Rousseau, wären, würden dabei selbst am übelsten dran sein, und das betörte Volk früh genug Ursache finden, diesen Freiheits- und Gleichheits-Phantasten eher zu fluchen, als sie zu segnen, und jeder sich das Maß und Gewicht, mit welchen er geboren, und die Form, nach welcher er in das große Band der menschlichen Gesellschaft eingekettet ist, wieder zurückwünschen. Die Erfahrung weniger Jahre hat in Frankreich bereits bewiesen, welche Greuel von Gesetzlosigkeit und Insubordination, welche Zerrüttung aller geselligen Ordnung, welche Verwirrung der Köpfe, welche tolle Anmaßungen und Schwindeleien diese philosophische Narrheit schon nach sich gezogen hat.

Von mehrerer Gleichheit in Tragung gemeiner Lasten und Abgaben, von mehrerem Gleichgewicht zwischen der genießenden und arbeitenden Klasse, zwischen gerechten und angemaßten Befreiungen der höhern und desto härterm Druck und Unterdrückung der sogenannten niedrigen Stände konnte, durfte und mußte die Rede sein; der Bogen war zu sehr gespannt, als daß er sich noch mehr biegen ließe; er *mußte* brechen. Die Herabstimmung des ungeheuren Mißverhältnisses zwischen der befehlenden und gehorchenden Klasse war in Gerechtigkeit, Billigkeit und Menschlichkeit gegründet; eine gänzliche Aufhebung, Zertrümmerung der *einen* Klasse, die Vermischung aller Stände, aber konnte nur bei einem Volk stattfinden, das so leicht von einem äußersten Ende zum andern überspringt.

Wozu übrigens der Unterschied der Stände in der bürgerlichen und menschlichen Gesellschaft überhaupt berechtige, oder nicht berechtige, liegt außer den Grenzen gegenwärtiger Untersuchungen. So viel insbesondere den *Adel* betrifft, so ist mein kurzes und rundes Bekenntnis: *Bloßer* Adel, ererbter, geschenkter oder erkaufter, ohne persönliche Tugenden, Verdienste und Geistesvorzüge, ist weiter nichts als ein tönendes Erz und klingende Schelle.

\*     \*

Doch kann ich hiebei nicht unbemerkt lassen: Daß, bei aller unserer Aufklärung und so vielen andern ceteris paribus, das *deutsche National-Temperament*, im Ganzen genommen, unstreitig vieles dazu beitrage, daß keine solche greuliche

Szenen unter uns vorfallen, als die Geschichte anderer Reiche von Frankreich, Engelland, Rußland, Italien etc. aufzuweisen hat. Ein Fürst kann es sehr arg in seinem Land treiben, und doch ruhig zu Bette gehen; der Untertan leidet's und schweigt: Wenn er auch murrt, schimpft, Pasquille auf seinen Herrn macht, endlich gar ihn verklagt, so vergiftet er ihn doch nicht, mietet keinen Meuchelmörder, haut ihm den Kopf nicht herunter, zündet ihm sein Schloß nicht an, und seine Minister und Augendiener, wenn auch unter ihnen die ärgsten Buben wären, werden nach wie vor mit tiefen Reverenzen begrüßt, und sind vor Galgen und Laternenstöcken sicher. So war's wenigstens bisher; wie es in 20, 30 oder 40 Jahren *hie und da* aussehen wird, kann die Geschichte des künftigen Jahrhunderts erzählen. Eine ewige Geduld möchte schwer zu verbürgen sein; die zwo Extremen des Trotzens und Verzagens liegen in der Natur des Menschen. Frankreich stellt uns die neueste und schrecklichste Beweise dar. Welches Volk hat mehr auf sich treten, sich geduldiger mißhandeln und tiefer erniedrigen lassen? Und wie schnell war der Übergang von der fühllosest geschienenen Langmut zu rasender Wut, ja zu wahren Unmenschlichkeiten? Und welche greuelvolle Auftritte stehen, indem ich dieses schreibe, noch bevor?

Uns Deutsche sichert das *National-Phlegma* vor dergleichen überschnellten Extremen; wenn der Despotismus auch noch so scharf einschneidet, so ist doch *patientia jugi* in unserm Charakter. In den meisten weltlichen Staaten ist ohnehin für das Gleichgewicht des Gehorsams schon dadurch gesorgt, daß Adel, Geistlichkeit und Volk nur eine gemeinschaftliche Schere, und keins dem andern viel vorzuwerfen hat. Der Krummstab aber, unter dem sich so gut wohnen ließe, wird je länger je weniger ein Hirtenstab, drückt hie und da härter als der eiserne Szepter eines unumschränkten Monarchen; und just da, da, wo der Anblick so vieler vom Mark der Länder und dem Schweiß der armen

Untertanen sich nährenden Verschwender, Schwelger und
Müßiggänger würklich empörend ist, möchte es wohl näher,
als man denkt, vom Biegen zum Brechen kommen.

*       *

Von der so gepriesenen Aufklärung sollte man billig erwarten, daß sich auch die Politik immer mehr mit Lebens-
Weisheit paaren, und die Fürsten und ihre Räte sich die von
andern begangene Fehler dazu dienen lassen würden, solche
mit desto mehrerer Vorsicht zu verhüten, daß sie sich selbst,
nach eines jeden Stand, Vorrechten und Kräften, zum Anliegen machen würden, um die unsere allgemeine Reichs-
Verfassung begründen sollende Gesetze zu verbessern, har-
monischer, gerechter und menschlicher zu machen. Leider!
hat es aber zu dieser Hoffnung nicht nur gar keinen
Anschein, sondern es neigt sich vielmehr nicht nur in der
Länder-Regierung, sondern selbst von seiten der *Gesetze* zu
immer mehrerem Druck.   [...]

IMMANUEL KANT

## Der Streit der Fakultäten

1798

5.

*An irgend eine Erfahrung muß doch die wahrsagende*
*Geschichte des Menschengeschlechts angeknüpft werden*

Es muß irgend eine Erfahrung im Menschengeschlechte
vorkommen, die als Begebenheit auf eine Beschaffenheit und
ein Vermögen desselben hinweiset, *Ursache* von dem Fort-

rücken desselben zum Besseren und (da dieses die Tat eines
mit Freiheit begabten Wesens sein soll) *Urheber* desselben
zu sein; aus einer gegebenen Ursache aber läßt sich eine
Begebenheit als Wirkung vorhersagen, wenn sich die
Umstände eräugnen, welche dazu mitwirkend sind. Daß
diese letztere sich aber irgend einmal eräugnen müssen, kann
wie beim Kalkül der Wahrscheinlichkeit im Spiel wohl im
Allgemeinen vorhergesagt, aber nicht bestimmt werden, ob
es sich in meinem Leben zutragen und ich die Erfahrung
davon haben werde, die jene Vorhersagung bestätigte. –
Also muß eine Begebenheit nachgesucht werden, welche auf
das Dasein einer solchen Ursache und auch auf den Akt ihrer
Kausalität im Menschengeschlechte unbestimmt in Ansehung der Zeit hinweise, und die auf das Fortschreiten zum
Besseren als unausbleibliche Folge schließen ließe, welcher
Schluß dann auch auf die Geschichte der vergangenen Zeit
(daß es immer im Fortschritt gewesen sei) ausgedehnt werden könnte, doch so, daß jene Begebenheit nicht selbst als
Ursache des letzteren, sondern nur als hindeutend, als
*Geschichtszeichen* (signum rememorativum, demonstrativum, prognostikon), angesehen werden müsse und so die
*Tendenz* des menschlichen Geschlechts im *Ganzen*, d. i.
nicht nach den Individuen betrachtet (denn das würde eine
nicht zu beendigende Aufzählung und Berechnung abgeben), sondern wie es in Völkerschaften und Staaten geteilt
auf Erden angetroffen wird, beweisen könnte.

6.

*Von einer Begebenheit unserer Zeit, welche diese moralische*
*Tendenz des Menschengeschlechts beweiset*

Diese Begebenheit besteht nicht etwa in wichtigen, von
Menschen verrichteten Taten oder Untaten, wodurch, was
groß war, unter Menschen klein oder, was klein war,
groß gemacht wird, und wie gleich als durch Zauberei alte,
glänzende Staatsgebäude verschwinden, und andere an deren

Statt wie aus den Tiefen der Erde hervorkommen. Nein:
nichts von allem dem. Es ist bloß die Denkungsart der
Zuschauer, welche sich bei diesem Spiele großer Umwand-
lungen *öffentlich* verrät und eine so allgemeine und doch
uneigennützige Teilnehmung der Spielenden auf einer Seite
gegen die auf der andern, selbst mit Gefahr, diese Parteilich-
keit könne ihnen sehr nachteilig werden, dennoch laut werden läßt, so aber (der Allgemeinheit wegen) einen Charakter
des Menschengeschlechts im Ganzen und zugleich (der Un-
eigennützigkeit wegen) einen moralischen Charakter desselben wenigstens in der Anlage beweiset, der das Fortschreiten zum Besseren nicht allein hoffen läßt, sondern
selbst schon ein solches ist, so weit das Vermögen desselben
für jetzt zureicht.

Die Revolution eines geistreichen Volks, die wir in unseren Tagen haben vor sich gehen sehen, mag gelingen oder
scheitern; sie mag mit Elend und Greueltaten dermaßen
angefüllt sein, daß ein wohldenkender Mensch sie, wenn er
sie zum zweitenmale unternehmend glücklich auszuführen
hoffen könnte, doch das Experiment auf solche Kosten zu
machen nie beschließen würde, – diese Revolution, sage ich,
findet doch in den Gemütern aller Zuschauer (die nicht
selbst in diesem Spiele mit verwickelt sind) eine *Teilnehmung* dem Wunsche nach, die nahe an Enthusiasm grenzt,
und deren Äußerung selbst mit Gefahr verbunden war, die
also keine andere als eine moralische Anlage im Menschengeschlecht zur Ursache haben kann.

Diese moralische einfließende Ursache ist zwiefach:
erstens die des *Rechts*, daß ein Volk von anderen Mächten
nicht gehindert werden müsse, sich eine bürgerliche Verfassung zu geben, wie sie ihm selbst gut zu sein dünkt; zweitens die des *Zwecks* (der zugleich Pflicht ist), daß diejenige
Verfassung eines Volks allein an sich *rechtlich* und mora-
lisch-gut sei, welche ihrer Natur nach so beschaffen ist, den
Angriffskrieg nach Grundsätzen zu meiden, welche keine
andere als die republikanische Verfassung, wenigstens der

Idee nach, sein kann, mithin in die Bedingung einzutreten, wodurch der Krieg (der Quell aller Übel und Verderbnis der Sitten) abgehalten und so dem Menschengeschlechte bei aller seiner Gebrechlichkeit der Fortschritt zum Besseren negativ gesichert wird, im Fortschreiten wenigstens nicht gestört zu werden.

Dies also und die Teilnehmung am Guten mit *Affekt*, der *Enthusiasm*, ob er zwar, weil aller Affekt als ein solcher Tadel verdient, nicht ganz zu billigen ist, gibt doch vermittelst dieser Geschichte zu der für die Anthropologie wichtigen Bemerkung Anlaß: daß wahrer Enthusiasm nur immer aufs *Idealische* und zwar rein Moralische geht, dergleichen der Rechtsbegriff ist, und nicht auf den Eigennutz gepfropft werden kann. Durch Geldbelohnungen konnten die Gegner der Revolutionierenden zu dem Eifer und der Seelengröße nicht gespannt werden, den der bloße Rechtsbegriff in ihnen hervorbrachte, und selbst der Ehrbegriff des alten kriegerischen Adels (ein Analogon des Enthusiasm) verschwand vor den Waffen derer, welche das *Recht* des Volks, wozu sie gehörten, ins Auge gefaßt hatten und sich als Beschützer desselben dachten; mit welcher Exaltation das äußere, zuschauende Publikum dann ohne die mindeste Absicht der Mitwirkung sympathisierte.

### 7.
### *Wahrsagende Geschichte der Menschheit*

Es muß etwas *Moralisches* im Grundsatze sein, welches die Vernunft als rein, zugleich aber auch wegen des großen und Epoche machenden Einflusses als etwas, das die dazu anerkannte Pflicht der Seele des Menschen vor Augen stellt, und das menschliche Geschlecht im Ganzen seiner Vereinigung (non singulorum, sed universorum) angeht, dessen verhofftem Gelingen und den Versuchen zu demselben es mit so allgemeiner und uneigennütziger Teilnehmung zujauchzt. – Diese Begebenheit ist das Phänomen nicht einer Revolution,

sondern (wie es Hr. *Erhard* ausdrückt) der *Evolution* einer
*naturrechtlichen* Verfassung, die zwar nur unter wilden
Kämpfen noch nicht selbst errungen wird – indem der Krieg
von innen und außen alle bisher bestandene *statutarische*
zerstört –, die aber doch dahin führt, zu einer Verfassung
hinzustreben, welche nicht kriegssüchtig sein kann, nämlich
der republikanischen; die es entweder selbst der *Staatsform*
nach sein mag, oder auch nur nach der *Regierungsart*, bei
der Einheit des Oberhaupts (des Monarchen) den Gesetzen
analogisch, die sich ein Volk selbst nach allgemeinen Rechtsprinzipien geben würde, den Staat verwalten zu lassen.

Nun behaupte ich dem Menschengeschlechte nach den
Aspekten und Vorzeichen unserer Tage die Erreichung dieses Zwecks und hiemit zugleich das von da an nicht mehr
gänzlich rückgängig werdende Fortschreiten desselben zum
Besseren auch ohne Sehergeist vorhersagen zu können.
Denn ein solches Phänomen in der Menschengeschichte
*vergißt sich nicht mehr*, weil es eine Anlage und ein Vermögen in der menschlichen Natur zum Besseren aufgedeckt
hat, dergleichen kein Politiker aus dem bisherigen Laufe der
Dinge herausgeklügelt hätte, und welches allein Natur und
Freiheit, nach inneren Rechtsprinzipien im Menschengeschlechte vereinigt, aber, was die Zeit betrifft, nur als unbestimmt und Begebenheit aus Zufall verheißen konnte.

Aber wenn der bei dieser Begebenheit beabsichtigte
Zweck auch jetzt nicht erreicht würde, wenn die Revolution
oder Reform der Verfassung eines Volks gegen das Ende
doch fehlschlüge, oder, nachdem diese einige Zeit gewährt
hätte, doch wiederum alles ins vorige Gleis zurückgebracht
würde (wie Politiker jetzt wahrsagern), so verliert jene
philosophische Vorhersagung doch nichts von ihrer Kraft. –
Denn jene Begebenheit ist zu groß, zu sehr mit dem Interesse der Menschheit verwebt und ihrem Einflusse nach auf
die Welt in allen ihren Teilen zu ausgebreitet, als daß sie
nicht den Völkern bei irgend einer Veranlassung günstiger
Umstände in Erinnerung gebracht und zu Wiederholung

neuer Versuche dieser Art erweckt werden sollte; da dann bei einer für das Menschengeschlecht so wichtigen Angelegenheit endlich doch zu irgend einer Zeit die beabsichtigte Verfassung diejenige Festigkeit erreichen muß, welche die Belehrung durch öftere Erfahrung in den Gemütern Aller zu bewirken nicht ermangeln würde.

Es ist also ein nicht bloß gutgemeinter und in praktischer Absicht empfehlungswürdiger, sondern allen Ungläubigen zum Trotz auch für die strengste Theorie haltbarer Satz: daß das menschliche Geschlecht im Fortschreiten zum Besseren immer gewesen sei und so fernerhin fortgehen werde, welches, wenn man nicht bloß auf das sieht, was in irgend einem Volk geschehen kann, sondern auch auf die Verbreitung über alle Völker der Erde, die nach und nach daran Teil nehmen dürften, die Aussicht in eine unabsehliche Zeit eröffnet; wofern nicht etwa auf die erste Epoche einer Naturrevolution, die (nach *Camper* und *Blumenbach*) bloß das Tier- und Pflanzenreich, ehe noch Menschen waren, vergrub, noch eine zweite folgt, welche auch dem Menschengeschlechte ebenso mitspielt, um andere Geschöpfe auf diese Bühne treten zu lassen, u. s. w. Denn für die Allgewalt der Natur, oder vielmehr ihrer uns unerreichbaren obersten Ursache, ist der Mensch wiederum nur eine Kleinigkeit. Daß ihn aber auch die Herrscher von seiner eigenen Gattung dafür nehmen und als eine solche behandeln, indem sie ihn teils tierisch, als bloßes Werkzeug ihrer Absichten, belasten, teils in ihren Streitigkeiten gegeneinander aufstellen, um sie schlachten zu lassen, – das ist keine Kleinigkeit, sondern Umkehrung des *Endzwecks* der Schöpfung selbst.

[...]

9.
### Welchen Ertrag wird der Fortschritt zum Besseren dem Menschengeschlecht abwerfen?

Nicht ein immer wachsendes Quantum der *Moralität* in der Gesinnung, sondern Vermehrung der Produkte ihrer *Legalität* in pflichtmäßigen Handlungen, durch welche Triebfeder sie auch veranlaßt sein mögen; d. i. in den guten *Taten* der Menschen, die immer zahlreicher und besser ausfallen werden, also in den Phänomenen der sittlichen Beschaffenheit des Menschengeschlechts, wird der Ertrag (das Resultat) der Bearbeitung desselben zum Besseren allein gesetzt werden können. – Denn wir haben nur *empirische* Data (Erfahrungen), worauf wir diese Vorhersagung gründen: nämlich auf die physische Ursache unserer Handlungen, in sofern sie geschehen, die also selbst Erscheinungen sind, nicht die moralische, welche den Pflichtbegriff von dem enthält, was geschehen sollte, und der allein rein, a priori, aufgestellt werden kann.

Allmählich wird der Gewalttätigkeit von seiten der Mächtigen weniger, der Folgsamkeit in Ansehung der Gesetze mehr werden. Es wird etwa mehr Wohltätigkeit, weniger Zank in Prozessen, mehr Zuverlässigkeit im Worthalten u. s. w. teils aus Ehrliebe, teils aus wohlverstandenem eigenen Vorteil im gemeinen Wesen entspringen und sich endlich dies auch auf die Völker im äußeren Verhältnis gegen einander bis zur weltbürgerlichen Gesellschaft erstrecken, ohne daß dabei die moralische Grundlage im Menschengeschlechte im mindesten vergrößert werden darf; als wozu auch eine Art von neuer Schöpfung (übernatürlicher Einfluß) erforderlich sein würde. – Denn wir müssen uns von Menschen in ihren Fortschritten zum Besseren auch nicht zu viel versprechen, um nicht in den Spott des Politikers mit Grunde zu verfallen, der die Hoffnung des ersteren gerne für Träumerei eines überspannten Kopfs halten möchte.

10.
*In welcher Ordnung allein kann der Fortschritt zum Besseren erwartet werden?*

Die Antwort ist: nicht durch den Gang der Dinge *von unten hinauf*, sondern den *von oben herab.* – Zu erwarten, daß durch Bildung der Jugend in häuslicher Unterweisung und weiterhin in Schulen, von den niedrigen an bis zu den höchsten, in Geistes- und moralischer, durch Religionslehre verstärkter Kultur es endlich dahin kommen werde, nicht bloß gute Staatsbürger, sondern zum Guten, was immer weiter fortschreiten und sich erhalten kann, zu erziehen, ist ein Plan, der den erwünschten Erfolg schwerlich hoffen läßt. Denn nicht allein daß das Volk dafür hält, daß die Kosten der Erziehung seiner Jugend nicht ihm, sondern dem Staate zu Lasten kommen müssen, der Staat aber dagegen seinerseits zu Besoldung tüchtiger und mit Lust ihrem Amte obliegender Lehrer kein Geld übrig hat (wie *Büsching* klagt), weil er alles zum Kriege braucht: sondern das ganze Maschinenwesen dieser Bildung hat keinen Zusammenhang, wenn es nicht nach einem überlegten Plane der obersten Staatsmacht und nach dieser ihrer Absicht entworfen, ins Spiel gesetzt und darin auch immer gleichförmig erhalten wird; wozu wohl gehören möchte, daß der Staat sich von Zeit zu Zeit auch selbst reformiere und, statt Revolution Evolution versuchend, zum Besseren beständig fortschreite. Da es aber doch auch *Menschen* sind, welche diese Erziehung bewirken sollen, mithin solche, die dazu selbst haben gezogen werden müssen: so ist bei dieser Gebrechlichkeit der menschlichen Natur unter der Zufälligkeit der Umstände, die einen solchen Effekt begünstigen, die Hoffnung ihres Fortschreitens nur in einer Weisheit von oben herab (welche, wenn sie uns unsichtbar ist, Vorsehung heißt) als positiver Bedingung, für das aber, was hierin von *Menschen* erwartet und gefordert werden kann, bloß negative Weisheit zur Beförderung dieses Zwecks zu erwarten, nämlich daß sie das größte Hindernis

des Moralischen, nämlich den *Krieg*, der diesen immer
zurückgängig macht, erstlich nach und nach menschlicher,
darauf seltener, endlich als Angriffskrieg ganz schwinden zu
lassen sich genötigt sehen werden, um eine Verfassung ein-
zuschlagen, die ihrer Natur nach, ohne sich zu schwächen,
auf echte Rechtsprinzipien gegründet, beharrlich zum Bessern fortschreiten kann.

[...]


SAUL ASCHER

Ideen zur natürlichen Geschichte der
politischen Revolutionen

1802


[...] Alle Revolutionen lassen sich nämlich auf folgende
Ursachen zurückführen. Die Regierung betrachtet den Staat
als ihr Eigentum. Lästige Abgaben, ungeheure Requisitionen von seiten der Regierung zehren die Kräfte des Staats
auf, so daß das Volk, bei allem Aufwande seiner Kräfte und
aller Mittel, die ihm Natur und Kunst darbieten, nie zum
eigenen Genuß, noch weniger lohnenden Ertrag kommen
kann; oder sie sucht das allgemeine Bedürfnis der Menschen,
sich einen eigenen Kreis von Ideen zu schaffen, durch eine
hierarchische Gewalt zu hintertreiben; oder die Rechte des
Volkes nach ihrem Willen zu handhaben, insofern sie einen
allgemeinen Mißbrauch in Austeilung der Rechte und Privilegien veranlaßt.

Ist eine von jenen Ursachen die Triebfeder einer Zerrüttung der Staatsverfassung, so kann man sie füglich eine
Revolution nennen. Sie geschieht aus ganz natürlichen Ur-

sachen. Eine jede andere ist widernatürlich, und hat daher nicht zum Resultat eine solche Erscheinung, welche der Idee entspricht, die Sie jetzt von Revolution haben müssen.

Die aufgefundenen Ursachen aller Revolution veranlassen in uns die Idee, daß sich alle Erscheinungen derselben einteilen lassen in *ökonomische*, *religiöse* und *sittliche*.

Geben wir genau auf den Fortschritt des revolutionären Geistes acht, so finden wir, daß seine Produktionen sich zuerst aus ökonomischen, darauf aus religiösen, und endlich aus sittlichen Bewegungsgründen entwickeln.

Je reifer die Menschheit zu einer von diesen Revolutionen wird, desto humaner, edler, dem Zwecke der Natur entsprechender und von größerer, ausgebreiteterer Wirksamkeit ist der Bewegungsgrund zur Revolution. Der Trieb zum Genuß macht den Menschen zum Anachoreten. Er sorgt nur für sich. Eigennutz, Habsucht ist sein Charakter. Der Trieb zur Vernunft macht ihn zum Despoten. Man bemerkt, daß der Mensch Grundsätze ebenso sehr mit Gewalt allgemein machen will, als er den Genuß gern für sich bewahrt. Der Trieb zur Sittlichkeit macht ihn zum Gott, der überall Gutes verbreiten will. Er genießt und läßt genießen. Er freuet sich des Genossenen mit allen, und bereitet sich zum Genusse mit ihnen vor.

Denken Sie nur, wenn eine Gesellschaft von diesem Geiste belebt wird, wenn ein jedes Individuum in der Zufriedenheit aller die Seinige findet, wieviel Gutes, Schönes, Treffliches reifen kann!

Dies muß das Ziel aller politischen Revolution sein. Dahin nimmt die Natur durch sie den Weg, und wir wollen sehen, wie nahe ihm die menschlichen Gesellschaften gekommen men. [...]

FRIEDRICH BUCHHOLZ

# Über die zweite Nationalversammlung und den in ihr vorherrschenden Geist

1805

Ich schreibe hier nicht die Geschichte der französischen Revolution; ich deute nur die Ursachen der Erscheinungen an.

Ein Volk kann nur als Masse in Betrachtung gezogen werden. Diese Masse mag mit einer größeren oder geringeren Kraft wirken, je nachdem sie besser oder schlechter geleitet wird; da aber alles, was Leitung genannt werden kann, eine Sache der Intelligenz ist, und diese niemals der Masse als solcher beiwohnt; so ist es abgeschmackt, von *Volkssouveränität* zu sprechen. Die Souveränität kann immer nur ein Prädikat der Regierung sein; und dies Prädikat wird ihr alsdann zukommen, wenn sie die Richtungen, welche die Masse von ihr erwartet, mit so viel Einsicht und Weisheit gibt, daß Vertrauen zu ihr möglich ist. Wird die Regierung durch sich selbst verhindert, die Impulse mit Einsicht zu geben, so ist sie in sich vernichtet; und soll dies nicht der Fall sein, so muß die Organisation derselben so beschaffen sein, daß eine Einheit des Impulses durch sie möglich wird. Der allerwesentlichste Bestandteil einer Regierung ist die Macht, womit sie wirkt. Diese schwächen heißt das ganze Regierungsgeschäft verkehren. Die Regierten suchen in der Regierung beständig einen Stützpunkt für ihre Bewegungen; finden sie nun diesen Stützpunkt nicht, so ist nichts natürlicher, als daß sie, selbst mit der größten Vorliebe zur Konzentrizität, exzentrisch werden.

Von dem Augenblick an, wo durch die Konstitution eine Trennung der gesetzgebenden und vollziehenden Macht zustande gebracht war, mußte ganz Frankreich in zwei

Parteien zerfallen, von welchen die eine ihre verlornen Rechte durch festeres Umklammern des königlichen Interesses wieder zu erhalten strebte, während die andere ihre neu erworbenen Rechte durch enges Anschließen an die Nationalversammlung zu behaupten suchte. Im Grunde wollten beide dasselbe, nämlich *Einheit der Regierung*; aber diese Einheit war für den Augenblick dadurch unmöglich geworden, daß sich durch die Konstitution eine nie ausfüllbare Kluft zwischen der gesetzgebenden und vollziehenden Macht befestigt hatte. Was in dem Verfahren der beiden Parteien als böser Wille erschien, war nichts mehr und nichts weniger als Wirkung des Selbsterhaltungstriebes, der den Menschen nie verläßt, und in dem Staatsbürger mit verdoppelter Stärke wirkt, sobald er sich seines bisherigen Stützpunktes in der Regierung beraubt sieht. Die Auswanderungen des Adels und der Geistlichkeit, was waren sie anders als Bemühungen zur Wiederherstellung der Einheit der Regierung? Die Assoziationen im Inneren Frankreichs – waren sie nicht dasselbe? Die Jakobiner, Cordeliers u. s. w. erscheinen dem Philosophen in einem ganz anderen Lichte, als dasjenige ist, worin man sie gewöhnlich erblickt; denn er sieht in ihnen nur Personen, denen es um eigene Sicherheit zu tun ist, die sich immer nur in der Sicherheit des Ganzen wiederfinden läßt. In der Tat, alles, was der Philosoph bei solchen Assoziationen bedauern kann, ist die Notwendigkeit ihrer Entstehung. Daß das Übel durch sie verschlimmert wird, liegt in der Natur der Sache, da es ihnen ebenso sehr an der Macht als an der wahren Einsicht gebricht und folglich nur ein gewisser moralischer Instinkt in ihnen walten kann. Gegenwärtig, wo die Leidenschaften ausgetobt haben, dürfte man, ohne einen heftigen Widerspruch befürchten zu müssen, wohl behaupten: daß die Jakobiner Frankreich unendlich nützlicher geworden sind, als viele glauben. Da nämlich das Verhältnis, worin sich die vollziehende Macht zur gesetzgebenden bestand, ebenso wenig fortdauern konnte als die früheren Mißverhältnisse, welche eine Natio-

nalversammlung nötig gemacht hatten, so waren es die
Jakobiner, welche am allerkräftigsten auf eine Einheit drangen, welche den in der Konstitutionsurkunde niedergelegten
allgemeinen Ideen von Gleichheit und Freiheit angepaßt
wäre. Des Königs konnten sie sich aus einem doppelten
Grunde nicht annehmen; einmal, weil aus seiner Schwäche
die ganze Revolution hervorgegangen war; zweitens, weil er
noch immer als Repräsentant des Feudalwesens da stand und
folglich, so viel an ihm war, die Gleichheit als Fundamentalgesetz des Reichs wieder aufheben mußte. Was blieb ihnen
also anderes übrig, als das Königtum, wie unschuldig es
auch in sich selbst sein mochte, in den Abgrund zu stürzen,
den die Konstitution eröffnet hatte, und Frankreichs Rettung in einer demokratischen Verfassung zu versuchen; ein
Verfahren, woran nur Mirabeaus Riesenkraft sie eine längere
Zeit hindurch verhindern konnte, der, da die durch das
Prinzip der Trennung zustande gebrachte Monarchie größtenteils sein Werk war, dieses so lange verteidigte, bis seine
Stärke in sich selbst verschwand und sein Tod den Umsturz
einer übelberechneten Verfassung nach sich zog.

Man hat sehr oft behauptet, daß die jugendliche Heftigkeit der Mitglieder der zweiten Nationalversammlung die
Schuld des lebhafteren Umschwunges trage, welchen die
Dinge in Frankreich seit der Flucht des Königs erhielten;
allein man hat vergessen, daß alle menschliche Weisheit ihre
Grenzen hat, und daß man der Kraft der Dinge oft nur in
dem Maße widersteht, als man zum Widerstande berechtigt
ist. Der Hauptfehler lag immer in der Konstitution, insofern
diese eine Trennung der gesetzgebenden und vollziehenden
Macht forderte; und dieser Hauptfehler war um so bedeutender, weil er die sämtlichen Mitglieder der Regierung in
Werkzeuge der Konstitution verwandelte und dadurch die
Souveränität unmöglich machte. Wie leicht konnte der Fall
eintreten, daß die gesetzgebende und vollziehende Macht
durch die ihnen in der Konstitution erteilten Rechte aneinander gerieten! Dem Könige war ein Veto gestattet. Wie,

wenn er dies Veto zu eben der Zeit aussprach, wo die Vollziehung sich mit keinem Aufschub vertrug, wofern der Staat nicht in die größte Gefahr geraten sollte? Ein solcher Fall entschied über die Güte der Konstitution; und dieser Fall trat wirklich ein, sobald die Nationalversammlung jene berühmten Gesetze gegen die Ausgewanderten und die widerspenstigen Priester gegeben hatte. Diese Gesetze, sowie das Veto, wodurch ihre Kraft wo nicht vernichtet, doch wenigstens suspendiert war, erfolgten auf den Anteil, welchen das übrige Europa an den Fortschritten der Revolution zu nehmen begann; und während die Nationalversammlung nur das Interesse Frankreichs im Auge hatte, verfolgte der König offenbar ein Privatinteresse, das seinen ersten Ursprung teils in der Anhänglichkeit an seiner Familie, teils in seinem religiösen Gemüte hatte. Die Disharmonie der gesetzgebenden und vollziehenden Macht war von nun an erklärt und der Antagonismus gegenseitiger Rechte mußte zu fürchterlichen Krisen führen.

Sie löseten sich auf in den zehnten August. An diesem merkwürdigen Tage wurde das Prinzip der Trennung nicht sowohl vernichtet als in seiner bisherigen Form zerstört. Versank die vollziehende Macht in den Abgrund, der ihr in dem dritten Abschnitt der dritten Abteilung der Konstitutionsurkunde eröffnet war, so verlor die gesetzgebende Macht das Heft der Regierung aus ihren Händen. Wie viel geschah gegen ihren Willen, und wie überflüssig ward jetzt die Form, in welcher sie sich bis dahin bewegt hatte! Die Septemberszenen waren ein fürchterlicher Beweis von der Notwendigkeit einer starken Regierung in einem großen Reiche. Die Vereinigung der gesetzgebenden und vollziehenden Macht in der Nationalversammlung konnte, wie notwendig sie auch nach dem Umsturz des Thrones sein mochte, keine glücklichen Wirkungen hervorbringen, weil sie nur eine ideale war. Zwar suchte man sie dadurch in eine reale zu verwandeln, daß man den schuldlosen Ludwig den Sechzehnten als einen Verbrecher hinrichtete; allein diese

Verwandlung war in sich selbst unmöglich, weil durch die
Mehrheit gleichberechtigter Mitglieder die Einheit des
Impulses wegfiel. Mochte also die bisherige Nationalver-
sammlung immerhin den Titel eines Nationalkonvents
annehmen, so hörte sie deshalb nicht auf, eine polyarchische
Regierung zu bilden.

Joseph Görres

## Europa und die Revolution

1821

[...] Es entsteht die Frage, was, nachdem in solcher Weise
alle Momente der Zukunft in Europa sich verteilt, für
Teutschland übrig bleibe? Der Priester, der Staatsmann, der
Kaufherr, der Edelmann, der Bauer und Soldat, jedes hat
seinen Mann gefunden; und es will sich anlassen, als ob der
Teutsche allein leer ausgehe. Er war ehemals der Fürst, der
über alle geherrscht; vom Ural bis zu den Säulen des Atlas,
vom chronischen Meere bis zur Wendilsee war seine Macht
geehrt, geachtet und gefürchtet; es scheint billig, da er für
die Herrschaft zu klein und schwach geworden, sein Land
aber, das einst das Reich der Mitte gewesen, zum Reich der
Mittelmäßigkeit in allen Dingen herabgesunken, daß er,
nachdem ihn die Geschichte aller seiner Würden entsetzt,
jetzt allen diene als Söldner, Schreiber, Dienstbote, je nachdem die Umstände fallen wollen. Wenn Rußland in seiner
Verbreitung die größte Masse des Erdelementes angehört,
und im Charakter seines Volkes das Erdhafte, Gebundene,
Träge vorherrschend ist; wenn England, wie es alle Meere
beherrscht, durchhin in Sinnesart, Verfassung, Leben und

Geschichte, den elementarischen Charakter des Wassers
ausgeprägt, das aus zwei entgegengesetzten Grundstoffen
gemischt, in seiner Form bald in fester Erstarrung gesteht,
bald in luftiger Gestalt zur Höhe sich erhebt, in der Regel
aber in freier und doch plastischer Beweglichkeit die Mitte
hält; wenn Frankreich das Reich der Atmosphärilien beherrscht, und jene untere, der Erde nahe Gedankenwelt,
in der die herrschenden Begriffe wie Miasmen grassieren;
wenn endlich im spanischen Wesen das gebundene Feuer,
das nur der Stoß entkettet und befreit, wie im Italienischen,
die strahlende, frei strömende, alle andern Elemente durch-
dringende Wärme sich kund tut: so ist der teutsche Charakter in ein verworrenes, trübes, unklares Gemisch von allen
vier Elementarnaturen aufgegangen, und Teutschland selbst
eine ursprüngliche, chaotische Flüssigkeit geworden, worüber der Geist noch schwebend brütet. Es liegt in der Natur
der Dinge, daß wenn ein großer Organismus sich selbst von
innen heraus umgestaltet, dies nur durch eine vollkommene
Umkehr geschehen kann, indem das Erste zum Letzten, das
Innerste zum Äußersten wird, wo dann die Wiedergeburt
gleichsam in rückläufiger Bewegung von außen herein fort-
schreitend erfolgt. Dies ist aber der Fall bei der großen
Umwandlung des europäischen Systems gewesen, und
darum hat alles, was von neuer Gestaltung sich im Weltteil
zeigt, auf Unkosten Teutschlands sich gebildet; in der Solution des großen germanischen Reiches sind alle jene Kristal-
lisationen angeschlossen, und das jetzige Teutschland ist
endlich als das letzte Überbleibsel des großen Alkahests
zurückgeblieben, eingeschlossen in den umgebenden, in der
Bildung schneller vorgerückten, festen Formen, wie ein
Bergkristall oft in seiner Mitte in wenig Wassertropfen die
Reste der Feuchtigkeit beschließt, aus der er sich gebildet
hat.

Dieser Charakter des Chaotischen geht durch alle Verhältnisse des teutschen öffentlichen Lebens als wesentlich
bezeichnend durch. In den religiösen z. B. hat das alte,

heilige Reich sich zu einem Lebermeere umgestaltet, wie es
die alten griechischen Seefahrer im Norden gefunden: nicht
Wasser, Land noch Luft, sondern ein dickes, geronnenes
Magma von allen. Der organische Zustand der Kirche, das
wechselseitige Verhältnis der Konfessionen, die innere Entwicklung der religiösen Überzeugungen; in einem spiegelt
sich jedesmal das andere, und in allem die gleiche Auflösung
und Verwirrung. Die Kirche, in baulosen Stand versetzt, der
Chor verödet, die Altäre ausgeraubt, der Boden im Schiffe
mit Gras bedeckt, die Stürme in den Gewölben heulend, das
Blei der Kuppeln in Kugeln, die Glocken in Kanonen umge-
gossen, die Nebengebäude in Kasernen umgewandelt, weil
alles eine Domäne des Staats geworden. Die Konfessionen,
die der Westfälische Friede mühsam auseinander gehalten,
daß jede, so viel tunlich, eigen Land, eigenen Gebietsteil und
eigenen, abgeschlossenen Wirkungskreis gewonnen, übereinander gestürzt; je eine der andern, oder je zwei der
dritten untergeordnet, daß in naher Berührung und vielfältigen Konflikten alle erloschenen Feindschaften erwachen,
und mit den neuen politischer Art verbunden, als gewaltige
Fermente in der Masse gären und sie erhitzen. Dann die
Gattungen, Arten, Spielarten religiöser Überzeugungen,
jene reichbesetzte Tabulatur von Tönen und Schattierungen
in Glaubenssachen; die bunte Mischung von Grundsätzen
und Ansichten, die das Glaubensgebiet in unzähligen Rissen
und Teilungen bis zum Grunde spalten, daß das Dissentierende kaum Gleichartiges genug zusammenfindet, um sich,
wie in England, wenigstens in Sekten zu vereinigen. Mitten
im losen, grundlosen Sandmeer, das der Wind umtreibt, nun
ein schwaches, flaches, teils gutmütiges, teils absichtliches
Bestreben, das Getrennte von oben herab zu vereinigen, und
mit demselben Föderationskleister, der die politischen Formen zusammenhalten soll, die Konfessionen zusammen zu
pappen, die alles das leidend ohne weitere Teilnahme, die es
allein zu etwas machen könnte, geschehen lassen, weil auch
selbst im Glauben der Teutsche passiv geworden, indem sein

Charakter sich, wie sein Vaterland, zerstückt. Dies ist in wenig flüchtigen Zügen ein Bild der religiösen Konfusion.

Es folgt zunächst die politische, die Gebärerin und Nährmutter aller anderen. Neununddreißig Staaten, verschieden an Macht und innerm Bestand, von Sternen erster Größe bis zum kaum sichtbaren, teleskopischen herab, haben sich vereint, um nach Rousseaus Grundsätzen in einem Contrat social, den die *Bundesakte* und die *Wiener Additionalakte* enthält, eine vollkommene Demokratie zu bilden, die jedoch also gehalten sei, daß sie stets zwischen dem gesellschaftlichen Zustand und dem Naturstand schwebend sich behaupte. Bekanntlich ist dieser Naturstand ein Stand vollkommner Freiheit, Gleichheit und Unabhängigkeit innerhalb der Schranken eines natürlichen Gesetzes, das in die Herzen aller Menschen gegraben ist, und alle vor jeder positiven Staatsverbindung theoretisch in einen großen menschlichen Verein verknüpft. In diesem Verein ist jedes Glied dem andern gleich von Natur; der Größte dem Kleinsten an Rechten in keine Weise überlegen; Vorteile und Leistung sind unter alle gleichmäßig verteilt, und alle Gewalt und Jurisdiktion erscheint überall vollkommen wechselseitig durch einander bedingt. Frei sind alle, ihre rechtlichen Handlungen zu ordnen nach eignem Wohlgefallen, und über Leib, Leben und Besitz und all ihr Tun nach eigner Willkür zu verfügen. Unabhängig ist ein jeglicher, Herr seiner eignen Person, unterworfen keinem anderen; jeder ein König, ruhend auf sich selber, und keine Autorität anerkennend, die über ihn zu richten berufen wäre. Und weil das Naturgesetz, das die Vernunft gegründet, verbietet, daß irgend einer den anderen schädige an seinem Bestande, Leben und Eigentum und dem freien Gebrauche seiner Kräfte, darum ist jeder in diesem Stande befugt, zu tun, was ihm für seine Erhaltung zuträglich dünkt, und jede Verletzung des Vernunftgebots zu ahnden: das heißt, er übt in eigner Person, so weit das Gebiet seiner Freiheit reicht, zugleich die gesetzgebende und die vollziehende Gewalt. Diese bisher bloß theoretisch gangbaren, und sonst von loyalen Staatsrechtslehrern gänzlich geleugneten Grundsätze hat die Bundesakte nun feierlich sanktioniert, und dadurch praktisch gemacht, daß sie dieselben als Fundament ihrem Gebäude untergelegt. Da aber ihre Urheber wohl erkannt, daß die Menschen in der Regel, wo kein Zwang sie bindet, selten strenge Beobachter von Recht und Billigkeit zu sein pflegen, haben sie die Gefahren dieses Zustandes eingesehen, und sind über einige Modifikationen desselben übereingekommen, indem sie sichtlich die Grundsätze des Contrat social befolgt, und dabei durch den Vorbehalt der Jura singulorum innerlich, und des Rechtes, Bündnisse abzuschließen, äußerlich, einen möglichen Rücktritt nach Maßgabe der Umstände vermittelt haben. Da sie nach dem ersten Buche im fünften Kapitel sich überzeugt, daß, da alle Vergangenheit nichtig geworden, alle Überlieferung ausgegangen, und alle Autorität erloschen, das Werk notwendig vom Grunde auf in einem neuen Sozialpakt beginnen müsse, haben sie ohne Verzug einen solchen in der Akte improvisiert. Da nach K. 3 desselben Buches das Recht des Stärkern nimmer vor der ursprünglichen angebornen *Gleichheit* bestehen kann, haben sie diese Gleichheit unter den Genossen eingeführt, und der kleinsten Hansestadt dasselbe Stimmrecht wie dem Kaiser eingeräumt. Da sie nach K. 6 eingesehen, daß die *Freiheit* des Menschen in der Gesellschaft darin bestehe, daß er an keine gesetzgebende Macht gebunden sei, die er nicht durch seine Delegation gesetzt, haben sie die *Souveränität* des Bundes in die Masse aller seiner Glieder hineingelegt, und also die Demokratie eingeführt. Da nach dem zweiten Buche Kap. 1 und dem dritten, K. 15 die Souveränität, wesentlich beruhend im Gesamtwillen, immer dieselbe oder eine andere ohne Mittelding nicht von ihm abgesondert noch übertragen werden kann, haben sie mitnichten einen unabhängigen Bundestag gesetzt, sondern bloß verantwortliche, an ihre Instruktionen gebundene Staatsdiener zu mechanischen Stimmführern des souveränen Volks gemacht. Da nach dem vierten Buche K. 2 unter allen Gesetzen der Sozialpakt von allen Handlungen des freien Menschen diejenige, die am meisten seinem freien Entschlusse anheim gegeben sein muß, allein die volle Einstimmigkeit aller Kontrahierenden erfordert, so haben sie folgerecht für alle organischen Gesetze die Einhelligkeit aller Stimmen zum unnachlaßlichen Gesetz gemacht. Da nach B. II. K. 2 die Souveränität wesentlich unteilbar ist, die Urheber der Konstitution aber doch die Einteilung in die gesetzgebende und vollziehende Gewalt beliebt, so haben sie diese Zerfällung geschickt in zwei Kammern unter einem Dach versteckt, wo in der einen im *Plenum* das ganze versammelte Volk die Gesetze von sich gibt, und dann dasselbe Volk im gleichen nur immer mit der Zahl vier multiplizierten Stimmverhältnis die Vollziehung der beliebten Gesetze durch den *engeren Ausschuß* bewirkt. Während man aber für die Verhandlungen jener Behörde die Einhelligkeit der Stimmen als notwendig festgesetzt, hat man für diese jedoch die Mehrheit sich gefallen lassen, weil man gefunden, daß diese Mehrheit notwendige Bedingung der Wirksamkeit jedes Vereins ist, da jede zusammengesetzte Masse von vielen Kräften getrieben, wenn sie sich als solche bewegen soll, notwendig in der Diagonalrichtung nach der Seite der Mehreren gehen muß.

So hat diese wundersame Verfassung sich aufgebaut, die kühn und keck das Wort jenes polnischen Palatins: »malo periculosam libertatem, quam quietum servitium« zum Motto sich genommen. Indem sie ein nicht zwar einiges und unteilbares, wohl aber uneiniges und teilbares Reich in die Wirklichkeit gesetzt, und es durch die Klausel der geforderten Einhelligkeit, wobei jeder, obgleich er im Vereine lebt, gesetzlich fortdauernd nur seinem eignen Willen zu folgen braucht, sogleich wieder aufgehoben, hat sie den Einwurf, den man dem Contrat social gemacht, daß, wie nach ihm rechtmäßig eine bürgerliche Gesellschaft entstanden, sie auch ebenso rechtmäßig in demselben Augenblicke wieder aufgehoben werden könne, durch die Tat zugleich glücklich bestätigt und nachdrücklich widerlegt. Ihre Fortdauer bei allem inneren Widerspruche hat zugleich die Ausführbarkeit der unausführbaren Hirngespinste des Genfer Publizisten klärlich dargetan und nachgewiesen. Peripherie ohne Mittelpunkt, Eigenwille ohne Autorität, bloße Schwungkraft ohne innere Bindung, müßte man sie als Musterbild aller demagogischen anklagen, wenn man sie nicht als eine bestehende, legitime zu ehren hätte; wenigstens überbietet sie alles, was man der Konstitution von 1793 mit Grunde vorgeworfen; und die der Cortes, die man mit Feuer und Schwert bekämpft, muß ihr gegenüber als sehr monarchisches Werk gepriesen werden. Da überall nur ein gebietendes Volk vorhanden, so hat sich seither in allen Zwistigkeiten nirgendwo ein gehorchendes zeigen wollen, da die Größeren keine Neigung, die Schwächeren keine Verpflichtung dazu in sich gefunden. Indem Österreich und Preußen, beide amphibischer Natur, nur mit einem Teile ihres Bestandes in das Infusorium hinüberreichend, mit vorwiegender Masse stete Perturbationen in ihm bewirken, so liegt die Versuchung und der Verdacht des Mißbrauchs der Kräfte nahe beieinander, und die Abwehr jeder Anmaßung ist rechtlich wohl begründet, wie solches kürzlich noch die bekannte Hahnenfeder in ihrem Manuskripte mit großer, treffender Wahrheit geschildert hat. Seit dem Mißlingen des Aufstandes von 1809 hat die frühere Einheit, die noch matt in Österreich nachgehalten, dem Reiche gänzlich sich entzogen: am Tage nach der Schlacht von Eßling ging der Geist von Altteutschland zum letztenmal am alten Kaiserhaus vorüber, und es hat ihn nicht begriffen noch beschworen. Seither ist es dem neuen Teutschland in seiner Politik fremd geworden, in vielen Verhältnissen feindlich, in vielen, die heilsam sich erwiesen, wenn ein natürliches Gegengewicht vorhanden gewesen, hat beim Mangel desselben sein Einfluß nachteilig sich gezeigt. Preußen, dem das Gegengewicht, an der Spitze des konstitutionellen Teutschlands dem stabilen Prinzipe jener Macht entgegen, anvertraut gewesen, hat

seine Bestimmung seit 1816 gänzlich verkannt, und darüber,
indem die Idee völlig von ihm gewichen, seine soziale
Bedeutung in Teutschland, und mit ihr seine politische in
Europa, wo es fortan nur als eine untergeordnete Macht
vom dritten Range gilt, eingebüßt. So ist alles unheilbar,
verschoben und verrückt; der Teutsche hat kein Vaterland,
wie er gehofft, gewonnen, denn Teutschland ist nur eine
diplomatische Fiktion geworden, und das Naturrecht ist
sein Staatsrecht; aber es fehlt der Vollziehung desselben alle
Gewähr, um die zu finden jeder gesellschaftliche Verein
geschlossen wird. Darum wird, wie überall, in ihm die
Willkür streiten mit der Anarchie, bis entweder jene siegt
mit Schwertes Gewalt; oder aus der Mitte dieser ein
Gemeingeist mit Macht aufsteht, und mit der Einheit die
Gewähr der Selbstständigkeit der Teile sich gewinnt.

Derselbe Streit zwischen Willkür und Anarchie, der stets
dem Bunde Gefahren droht, hat in notwendiger Folge auch
durch seine wichtigsten Elemente sich verbreitet. Nach dem
Untergange aller Freiheiten der Nation war in den verschiedenen Gebietsteilen des Reichs nichts als mit der Territorial-
herrschaft die Diktatur und die absolute Gewalt zurückgeblieben. Schon Locke hat lange zuvor, ehe Jakobiner und
Carbonaris aufgekommen, den Beweis gemacht, daß die
absolute Monarchie gar keine Regierungsform, daß sie vielmehr der Naturstand selber, ja schlimmer als dieser sei, weil
sie keine Gewähr gebe gegen Schaden und Ungebühr gerade
von der Seite, wo die stärkste Hand sie gefügt, und doch die
Selbsthülfe des Naturrechts ausgeschlossen hält. Der drei-
zehnte Artikel, in der Zusatzakte später nicht befestigt, nur
verkümmert, hatte zugesagt, diese rohe Naturgewalt, aus
den Kriegen übergebliebenen, in eine gesetzlich beschränkte
Form zu bringen, und sie dadurch legitim zu machen; aber
sie zauderte im Norden, wie es schien, unwillig, ungewiß,
sinnend auf ein durchführbares Minimum. In natürlicher
Folge mußte der dieser kargen Zähigkeit entgegenkämp-
fende Trieb, der, in gesetzliche Form gefaßt, die inneren

Lebensbewegungen in schwunghafter Tätigkeit erhält, da er
keine organische Bindung fand, übertreten, und in demago-
gischer Rückwirkung sich der Willkür entgegensetzen.
Eine Anzahl junger Leute hielt sich berufen, über die Mittel
nachzudenken, wie der autokratische Naturstand in einen
demokratischen zu verwandeln sei; und da die Grundsätze
des Contrat social neuerdings in den höhern Verhältnissen
eine so glückliche Anwendung gefunden, glaubte sie dieselben auch füglich auf jene tiefern übertragen zu dürfen. Hatte
Teutschland in den Salons wieder die vorige Gestalt gewonnen, ein Marbod im zivilisierten Markomannenland nach
Süden hin, ein Herrmann im Cheruskerlande im Norden,
dazwischen lose, lockere Bünde, so ging ihre antike Liebha-
berei vielmehr auf die alte Waldnacht und die urgermanische
Ordnung, wo die Könige nur über das Unbedeutende
gefragt wurden, das Volk aber hinter dem Schilde in gemeiner Versammlung durch Murren oder Jauchzen über alles
Wichtige selbst entschied, auch wohl mitunter gar kein
König der freien Selbstbestimmung der Gemeinde im Wege
stand. Ihre Verfassungspläne in der Theorie waren nichts als
die Bundesakte in Runen auf hölzerne Stäbe eingekerbt, aber
die Väter erkannten ihr eigenes Kind nicht mehr in der
Verhüllung der unleserlichen Schrift und in der rohen
Umschreibung, die ihr Werk erfahren. Was für moralische
Einheiten gegolten hatte, sollte für physische nicht Geltung
haben, doch mußte wieder, was diese gesündigt hatten, die
moralische Einheit der Nation entgelten. Diese hatte jenen
jungen Leuten keine Vollmacht ausgestellt, schien auch
keine Lust zu haben, ihre unbekannten Pläne in Vollzug zu
setzen; doch wurde sie in Masse abgestraft, außer dem
Gesetz erklärt, und auf fünf Jahre mit geistigem Interdikt
belegt. Es war der wohlbekannte teutsche Don Quixotte
gewesen, der seit Jahren schon in Leben, Kunst, Wissenschaft durch die elende Flachheit zur Verzweiflung gebracht, das große Philisterium durchzogen, und jetzt auch
einen Ritt in sein Hauptquartier, die Politik, versucht. Als

die hohe Polizei durch gute Kundschaft glaubwürdige
Nachricht von diesem Zug erhalten, zu dem sie keine Pässe
ausgefertigt, hat sie sogleich Teutschland in Belagerungs-
stand erklärt, und den ganzen Landsturm zum Auszug
aufgeboten. Ihr wurde ohne Anstand sogleich die Diktatur
über die Justiz im Reiche eingeräumt, denn sie hatte die
Fälle, die vorgekommen, als königliche Fälle, wie man sonst
sie wohl zu nennen pflegte, erkannt; und darum wurde die
ordentliche Gerechtigkeit ohne Verzug suspendiert, der
gewöhnliche Instanzenzug unterbrochen, in der gemeinen
Landesnot das Notrecht als einzig gültiges Landrecht
erklärt, und für geeignete Fälle eigenes, selbst rückwirken-
des Gesetz eingeführt; Ankläger, Richter, Vollzieher der
Urteile in eigener Sache wurden in derselben Person vereint,
willkürliche Verhaftungen verhängt, die Angeschuldigten
ihrem natürlichen Richter entzogen, und die Inquisition hub
nun an, unbescholtene Personen nicht auf bestimmte, klar
zu Tage liegende Tatsachen, sondern auf verborgene, vermutete Gesinnungen zu inquirieren, und auf die Folter ihrer
fünfundzwanzig hundertundfunfzig Fragstücke zu spannen.
Was herausgekommen, hat die verwunderte Welt gesehen;
nichts, was nicht auf dem gesetzlichen Wege ebenso leicht
zu erhalten gewesen wäre: Teutschland aber hat seine letzte
Ehre, die es zu verlieren hatte, die einer unverletzlichen
Gerechtigkeitspflege, eingebüßt, und es ist ihm klar geworden, daß mit der politischen Freiheit auch seine bürgerliche
in der Staatsräson untergegangen, die Nachwelt aber wird
vollkommen begreifen, worin der Grund des unaufhörli-
chen Geschreies nach Verfassung in dieser Zeit gelegen.

Wie also die Territorialmacht durch ihr Zwischentreten
und Voneinanderhalten nach oben jede Einheit in Teutschland ohnmöglich gemacht, so hat sie bisher in der größeren
Hälfte des Reiches die gemeine Freiheit gebunden gehalten,
daß sie sich in keine Weise entwickeln kann. Da dem Geiste der Nation dadurch zugleich die Höhe und die Tiefe genommen worden, so ist ihr nichts als jene Mittelmäßigkeit

geblieben, die spießbürgerlich sich ans Engste und Ärmste haftet, und nachdem sie alle Gesinnung, alle Würde, alles Selbstgefühl und allen Gemeingeist ausgetilgt, sie der nächsten Invasion zur sichern Beute vorbereitet. Dazu findet Teutschland in die günstigste Lage sich gesetzt, indem es in seinem Kontinentalverhältnis zwischen zwei europäische Systeme, das russische und das englisch-französische, in die Mitte tritt, die es in gedrungener Masse trennen und isolieren müßte, die sich aber bei seiner jetzigen leichten Zersetzbarkeit bei jeder Gegenwirkung in ihm entladen werden. Rußland, in unzugänglicher Ferne gebietend über eine nun militärisch größtenteils konzentrierte Masse von 52 Millionen Menschen, mit dem kleinsten Teile seiner europäischen Grenze an die Türkei stoßend, in die große Massen seines Stammes oder Glaubens ihm zuhalten, mit dem größeren Teile an Teutschland grenzend, wo vor der geschlossenen Fronte andere Abzweigungen seines Stammes wie Inseln sich ins alte Reich verbreiten, so dringt es auf Europa an, und findet, wie im Kaukasus, dreißig lose, gebundene Stämme. Nach seiner autokratischen Verfassung ist diese Kraft ganz auf das Haupt des Zars gelegt, ein Tyrann kann sie zum Verderben Europas wenden, wie sie ein milder, menschlicher Fürst zu seinem Besten braucht; aber auch dieser wird sich von der hergebrachten Politik nie ganz loszusagen vermögen, da selbst Alexander sich mit dem Erwerb der kaukasischen Länder, Bessarabiens, Polens und Finnlands bei ihr abzukaufen genötigt gewesen, ehe er einer höheren, freiern, würdigern sich hingeben gekonnt.

Da jeder Krieg fortan eines idealen Vorwands zu seiner Beschönigung bedarf, so wird es nun die *alte Ordnung* und die *neue Ordnung* sein; und wenn der Norden für die eine kämpft; so wird, je nachdem die Land- oder die Seeinteressen sich verwickeln, Frankreich oder England an der Spitze des Südens für die andere mit ohngefähr gleich gemessenen physischen, aber mit weit überwiegenden moralischen Kräften streiten. Teutschland, in die Mitte des Hebels gesetzt, den die feindlichen Bestrebungen in entgegengesetzter Richtung sollizitieren, würde in sich geschlossen, durch einen großen, starken Gemeingeist in sich verbunden, seinen natürlichen Beruf erfüllen, das Gleichgewicht zu handhaben in Europa, und das Getümmel der Kräfte, wenn sie ja zum Streite kommen, wenigstens vom eigenen Gebiete abzuweisen. Aber bei der gänzlichen Nullität dieses Gemeingeistes, beim völligen Mangel aller Einheit, in einer Genossenschaft selbstständiger Souveränitäten, bei denen das Recht der Selbsterhaltung gesetzlich anerkannt über alle Pflichten gegen die Gemeinschaft geht, ist aller innere Halt gewichen; der Schwerpunkt, umherirrend, sucht eine andere Stätte, wo er sich befestigen möge; und Teutschland, aus ihm herausgeworfen, wird gänzlich passiv, und wie es der Zufall fügt, bemeistert von dieser oder jener Seite. Da der Riß zwischen der alten und der neuen Ordnung, eben wie im Religionswesen, wieder weit klaffend durch die Mitte seines Gebietes geht, so wird es in der Regel sich zwischen beide Systeme teilen; in seinem Umkreis wird der Tummelplatz der streitenden Parteien liegen; wovon die eine es mit einem neuen Feudalsysteme, die andere mit neuen Prokonsulaten bedroht; es wird die Unkosten des Krieges tragen, und zuletzt die Beute des Sieges werden; indem entweder die Parteien bei gleichgewogenem Waffenglück sich in die Masse teilen, oder sie der siegenden ganz zufällt, wie beides noch vor wenig Jahren nacheinander dicht an ihm vorbeigegangen. Die Last eines großen, stehenden Heeres, die es im Friedensstand erdrückt, wird ihm daher im Kriegsstand keine Sicherheit gewähren; da die Zentralisation der bewaffneten Macht, so wenig wie seine politische Verfassung, irgend eine Garantie hat: weder in einer durchgreifenden Autorität noch in einem geachteten und gefürchteten Gemeingeiste, noch in der Gesinnung der Regierungen; noch in einer historischen Erinnerung, die durch die Macht der Gewohnheit die Divergenz verhinderte; noch auch in irgend einer Gewalt der Umstände, die als unwiderstehlich betrachtet werden könnte.   [...]

Das ist die Darstellung der verzweifelten Lage Teutschlands, nur in den allgemeinsten Beziehungen aufgefaßt, da bei dem Besonderen sich nicht ohne die Gemütsbewegung verweilen läßt, die nur allzu leicht über das Maß hinüberführt, das durch die Umstände noch mehr als durch positive Beschränkungen geboten ist. Hier fließen die reichlichen Quellen des Unmutes, der sich der Nation bemeistert hat, und den man durch das geistige Interdikt von der Oberfläche weg auf die inneren Lebensteile hingetrieben, wo er nur um so gefährlicher nagt und um sich frißt. Ein Volk, das ein ganzes Menschenalter hindurch mit seinem Wohlstand und seinem Blute alle die unglaublich gehäuften Fehler und Mißgriffe wieder gut gemacht, die aus einem aufgelösten, verwitterten, krankhaften Regierungssystem hervorgegangen; und nun nicht einmal jene Verbesserungen dieses Systems erlangt, die ihm gegen die Rückkehr dieser Fehler bei der nächsten Invasion wenigstens einige Garantie gewähren, würde durch die verworfenste Schlaffheit und geistige Trägheit sein Schicksal verdienen, wenn es in keine Weise dem Verderben, das es auf sich herandringen sieht, entgegenwirkte. Mag man den Zuckungen des in seiner innersten Wurzel versehrten Lebens und dem Schrei des sich erwehrenden Naturgefühls durch tausend Sophisten Unvernunft zureden lassen; mag man es besprechen und mit Bannformeln und Exorzismen es beschwören; mögen dienstfertige Knechte der Gewalt auf jeden glimmenden Funken der Begeisterung ihre Wassereimer gießen, damit alles recht kahl und seelenlos und abgestanden werde, wie sie selber; doch muß werden, was die Zeiten mit sich bringen; das Kind ist empfangen, es muß an den Tag hinaus, wenn auch böses Nestelknüpfen die Gebärerin in langen Wehen hält. Allerdings soll man die Anklage für Torheit achten, die etwa die Übel, die auf dem Vaterlande drücken, für das Werk einzelner Menschen, allenfalls der zeitigen Machthaber hält, und

ebenso die Zumutung, die ihnen die plötzliche Abhülfe
ansinnen wollte. Was Teutschland zerrüttet hat, ist nicht
dieser oder jener; es ist nicht der eine oder der andere
Mißgriff; nicht die oder jene Versäumnis: es ist der Inbegriff
aller Entartung, Schlaffheit und Teutschvergessenheit durch
alle Stände und alle Klassen; aller Eigensucht und Zwietracht, die zum Verrat am Vaterland geführt; aller Flachheit
und Liederlichkeit, in der die Ehre der Nation verkommen,
nicht bloß in dieser Zeit und in diesem Geschlechte, obgleich dies darin allein für ein Jahrhundert füglich gilt, sondern durch fünf, zehn, fünfzehn Generationen. So lange
Zeit ohngefähr, als die Engländer auf den Bau ihrer Größe
verwendet, haben wir an unserer Schande und unserem
Untergang einträchtiglich gearbeitet; und so viel diese an
positiven Schätzen in ihrer Nationalbank aufgehäuft, so viel
ohngefähr haben wir verschleudert und zugrunde gerichtet,
um zuletzt nichts als eine durchgängige reine Negation
darzustellen. Wenn aber in solcher Weise der Zustand der
Gegenwart als das gemeinsame Werk der Ereignisse und des
Mißbrauches unserer Freiheit, unseres Unglücks und unserer Schuld, – was historisch ganz dasselbe gilt, – anerkannt
wird: dann ist es siebenfache Torheit, sich dem Fortschritte
aus diesem Zustande durch Tun und Unterlassen entgegen-
zustellen, und die Nation, die sich selbst wieder zu finden
angefangen, und nun wieder aus dem Abgrunde heraufzu-
steigen beginnt, revolutionärer Gesinnung anzuklagen. In
allen Dingen ist das Äußerste jedesmal der Wendepunkt zu
seinem Gegensatze, und dieselbe Geschichte, die unter Mitwirkung unserer Untüchtigkeit auf dem oben geschilderten
Wege Teutschland nach ihrem ewigen Kreislauf in seinen
Bundesverhältnissen wieder zu dem Zustand zurückgeführt,
wie er vor mehr als anderthalb Jahrtausenden in den Wäldern Altgermaniens bestanden, wird es aus ihm heraus,
unter gleicher Mitwirkung besserer Kräfte, wieder weiter
treiben in ihrer Bahn; zuvörderst, indem sie seine Fürsten
nötigt, nach der alten Weise in Treue und auf Tod und

Leben beim Tüchtigsten zu Gefolge zu gehen, ihre Selbstständigkeit aber an die Freiheit ihrer Völker bindet. Denn es ist nicht also geteilt, daß schrankenlose Freiheit und Gleichheit den Wenigen werde, absolute Dienstbarkeit aber allen andern; das Maß der Freiheit ist hier, wie überall, durch die Intensität der Einheit bedingt. Ob feige Tyrannei vor der Kraft erschrickt, die in der innern Entwicklung der Zeiten liegt: ob sie, unfähig, ein mutig rasches Roß mit sicherer Hand zu lenken, dem edeln Tier allmählich sein Herzblut abzuzapfen versucht; ob sie Mühlsteine ihm an die Füße bindet: es wird, wie Bayard, wenn die Zeit gekommen, mit einem Rucke sie von sich schleudern, und frei und stolz die Rennbahn laufen, auch ohne Reuter, wenn sich keiner seiner wert befindet.

Seit Jahren schon sucht der Instinkt des Volkes, der wie jenes dunkle Gefühl der Tiere bevorstehende Erdbeben, so das nahende Verderben mit mehr Sicherheit erkennt als jene flache Unnatur, die in die sogenannte höhere Bildung sich verstiegen, einen Ausweg, indem er ängstlich und unsicher sich bald gegen diese, bald gegen jene Seite wendet. Neuerdings hat er sich zum Schrecken aller, die seit Jahren unermüdet an der Aufklärung gearbeitet, auf die Religion geworfen; ja es will sogar scheinen, als ob der Katholizism, den man längst feierlich begraben, sich wieder in seinem Grab aufrichte, und die Ruhe der Lebenden mit neuer Unruhe bedrohe. Man darf sich aufrichtig über diese Wendung der Dinge freuen, da der Teutsche nur dann seine alte Kraft, Energie und innere Sicherheit wieder zu gewinnen hoffen darf, wenn er seine alte Religiosität gewonnen. Es mag sein, daß Arglist da oder dort in dieser Sache wirkt; aber die Tücke wird auf das Haupt ihrer Urheber fallen; denn hier ist jedes arge Spiel, wie innerlich, durchaus verrucht, so am sichersten verderblich für den falschen Spieler. Mag die Willkür, wie früher in der Geschichte, so jetzt zum Altare flüchten, den sie selber ausgeplündert; jede gesetzliche, rechtliche, wohlbegründete Macht findet dort ihre sicherste

Gewähr; aber keine Tyrannei wird von der ewigen Gerechtigkeit gehegt, und wollten ihre Diener zu argem Bunde sich vereinen, sie würden, wie schon mehr als einmal geschehen, nur Genossen des Verderbens werden. Das deutsche Volk sucht allerdings einen äußeren Schwerpunkt, auf dem es mit seinem irdischen Bestande ruhe; aber über diesem hat es einen andern höhern, idealen, auf den jener wieder sich begründet, und erst als der eine wankend geworden, hat der andere sich verloren. Nur erst, seit man das Heiligtum in der Brust zerstört; seit man das Roßgestampfe der Leidenschaften von da vernimmt, wo sonst der Altar gestanden; seit pfäffische Höflinge und höfische Pfaffen die Metzen ihrer Lüste und die Schule ihrer kalten Abstraktionen als Surrogate an die Stelle der Idee hingesetzt, ist die Nation irre an sich selbst geworden; der innere Verlaß ist von ihr gewichen, das Band ihrer geistigen Natur ist abgerissen, und da der Schlußstein des ganzen Gewölbes weggekommen, ist alles übereinander gestürzt, und die Kirche hat in ihren Sturz den Staat mit hineingerissen. Wenn es daher in den Ruinen wieder zu sprossen und zu grünen angefangen, so kann das, wie in allen Keimen, nur dadurch geschehen, daß ein neu gesäetes Leben nach abwärts, im Nationalgefühle seine Wurzeln in die Erde sendet, zugleich aber auch ein Ansteigendes sich seiner Beschlossenheit entwindet und gegen die Höhe rankt. So hat es sich in den Jahren der Begeisterung, diesen Werktagen für das ganze neue Jahrhundert bewährt, und so wird es fortdauernd in allem, was Tüchtiges und Bleibendes geschieht, sich fernerhin erweisen; denn, anders wie bei den Franzosen, ist bei den Teutschen so wenig die rechte Politik wie die rechte Philosophie mit der Religion weder im offenen, noch geheimen Widerspruch und Gegensatz. [...]

Darum nochmal und abermal: Lernet gewarnt Gerechtigkeit üben, und nicht mißachten die Gottheit! So hoch ist die Masse des Verderbens angelaufen, so eilig folgen sich die Schläge, und drängen sich die Zeichen, so laut und immer

lauter rufen alle Stimmen aus der Geschichte, daß wohl
endlich Recht und Billigkeit zum Worte kommen sollten,
und die Regierungen ernstlich denken auf den Frieden mit
den Völkern, und hinwiederum. Man hat alle Surrogate
schon versucht, und eines nach dem andern unzulänglich
befunden; man hat alle Künste aufgewendet, und es ist
immer schlimmer darauf geworden; nur Recht und Gerechtigkeit stehen blöde und bescheiden, ob man sie nicht endlich auch zu Hülfe rufe. Nicht daß des Streites weniger
werde, können sie verheißen, wohl aber, daß der Sieg, der
bei geteiltem Rechte stets hin und herüberschwankt, dem
treu bleibe, der treu und aufrichtig zu ihnen hält. Jene
treulose, eigensüchtige Politik, die nach außen alles Besitz-
tum zu erraffen, nach innen alle Rechte mit den Völkern zu
entreißen gestrebt, hat im Bunde mit der Frivolität und
Zügellosigkeit der Zeit alles Unheil herbeigeführt, und den
Frieden aus allen Gemütern zuerst verbannt. Sie hat, um
ihre Usurpationen durchzusetzen und zu verteidigen, ganz
Europa mit jenen stehenden Heeren bedeckt, die in Teutschland allein auf ein Kapital von mehr als einer Milliarde vom
Nationalvermögen gepfründet, im Frieden das Mark der
Länder fressen, jene vielfältigen Finanzkünste, die die Welt
zerrütten, notwendig gemacht, jene ungeheuern Schulden-
massen aufgehäuft, und zuletzt das Papiersystem herbei-
führt haben, in dem Europa eine große Spielbank worden,
wo der bankhaltende Fiskus und die Völker ihr Glück
versuchen. Man entsage endlich jener leidigen Führerin, die
in die unwirtliche Wüste hinausgeführt, damit die Wiederkehr des innern Friedenszustandes die Abwehr äußerer
Gefahr möglich mache, und der drohende Umsturz der
ganzen alteuropäischen Ordnung, wenn es noch tunlich
ist, verhindert werde. Wohin die Gewalt geführt, hat sich
nun nach allen Seiten ausgewiesen, die Macht, die man auf
die Kompression verwendet, hat sich an stets wachsenden
Federkräften aufgezehrt, und nun, nachdem eine fremde,
unvorgesehene Gefahr sie nach außen in Anspruch nimmt,

ist nur ein kleiner Rest zur Verfügung zurückgeblieben,
während das ganze Unternehmen nach innen das Übel verschlimmert hat. Um die Schnellkraft der Ideen durch irgend
ein komprimierendes Mittel zurückzuhalten, müßte eine
Materie erst ausgefunden sein, die die Ideen sperrte, und
ohne alle Leitungskraft für sie gänzlich ihrem Zugang sich
verschlösse. Heere aber, zu diesem Zwecke gebraucht, sperren das geistige Element, ohngefähr wie Eis die Wärme, das
zwar die ausströmende nicht durch seine Masse läßt, aber sie
dafür in sich selbst verschluckt, und nachdem es lange ohne
alle äußere Temperaturveränderung scheinbar völlig gleichgültig gestanden, endlich plötzlich, wenn es sein Maß gebunden, in Flüssigkeit zerrinnt. Das hat die Erfahrung der
letzten Zeit dem Blindesten bewiesen, da die Heere nicht,
wie sonst Könige über das Gesetz, sondern Gesetze über
Könige gesetzt, weil von sklavischem Gehorsam zur Lizenz
nur ein kleiner Schritt hinüberführt, der völlig gefahrlos
wird, wenn viele ihn gleichzeitig miteinander tun. Der Zauber, der frühe die blinde Gewalt umgeben, ist längst größtenteils durch ihre Schuld zerstreut; sie muß, will sie ihre
Bedeutung fortan behaupten, beseelt und vernünftig werden. Als die Blitze des Zeus so oft in seine eigenen Tempel
gefahren, als die Vögel in den Haaren seiner kolossalen
Bilder nisteten, und mancherlei Getier sich zu ihrem Innern
durchgenagt, da wurden die Menschen nachdenklich über
den Gegenstand, den sie verehrt, und sagten nun bald ab
dem toten Naturgötzen, und wendeten sich zur Lehre vom
lebendigen Herren des Himmels. Darum ist Gerechtigkeit
und Billigkeit und Maßhalten besser dann die Gewalt, die
die Völker in Sklaven und Tyrannen und ihre Helfershel-
fer scheidet, und zuletzt mit dem gleichen Verderben aller
endet.

Eine erste und unausweichliche Bedingung dieses Friedenszustandes müßte die Freigebung des Weltverkehres
sein. Die Natur, indem sie jedes Land mit eigenen Gütern
gesegnet, die dem andern fehlen, hat dadurch, daß sie jeden

Mangel an einen Überfluß gewiesen, alle durch ein gemeinsames Band verknüpft, und von selbst die Bahnen vorgezeichnet, in denen sich der Verkehr bewegen soll, der jedem gebend, und von jedem nehmend, am Ende keinen zu kurz kommen läßt vor dem andern. Da sind aber nun diese Klügler herangekommen, die überall alles Leben, das sie berührt, nicht zwar, wie jener alte Asenkönig, in Gold, sondern in tote Formeln und Buchstaben, und alle freien Bewegungen in Ziffern und Linien verwandelt haben; tiefsinnige Theorien sind von ihnen ausgegangen, in denen sie die Natur eines Bessern belehrt; die Spuren, die sie selbst mit leisem Finger dem Güterumlaufe gezogen, haben sie mit plumpen Füßen ausgetreten, und dafür ihre eigenen, straffen, geradausgehenden Abstraktionen hinrastriert. Indem sie sich mit jener Eigensucht verbunden, die alles sein will in allem, alles fressen und dem andern nichts vergönnen, allein leben und andern das gleiche nicht gestatten mag, jenem unersättlichen, wolfsartigen Finanzhunger, der alles verschlingt, ohne daß er je zur Genüge käme oder es ihm gedeihlich wäre, haben sie die Länder wie Tiergärten abgehegt, an alle Grenzen Wegelagerer hingesetzt, und alle Glieder des großen europäischen Körpers eng unterbunden, daß der große Umlauf in allen stockt, und jeder Teil in örtlicher Entzündung seinen eigenen kümmerlich sich selbst bilden muß. Die Folge ist, daß auch hier der Krieg aller gegen alle bleibend geworden mitten im Friedensstande; und daß dieser Krieg in Teutschland, sogar vorbildend den künftigen bewaffneten, zu einem förmlichen Bürgerkriege ausgeschlagen, in dem alle Lebenskräfte sich allmählich aufreiben, alle Industrie siecht in stets zunehmender Hinfälligkeit, eine Lebensverrichtung um die andere stockt und verlischt, und die allgemeine Abgeschlagenheit die stets zunehmende Auflösung verkündet. Solche Symptome sollten billig die Regierungen stärker schrecken als die geheimen Umtriebe, und sie zu einer Revision ihres Systems vermögen, und da keine für sich allein abhelfen kann, so würde hier der Segen ihres

Bundes allen sichtbar werktätig erscheinen, wenn sie in ihm die Möglichkeit fänden, Hülfe auszumitteln, nicht dadurch, daß, wie man ohnlängst einmal insinuiert, jede Regierung in christlicher Gesinnung jede Übervorteilung der Mauten des Nachbars mit aller Macht zu verhindern suche, sondern indem jede den Verkehr der Untertanen des benachbarten Staates befreit, damit dieser den der ihrigen gleichfalls frei geben könne.

Erst nach Wegräumung dieser negativen Hemmungen, die allen Wohlstand und mit ihm die Zufriedenheit der Völker untergraben, können schon bestehende oder noch einzuführende Verfassungen auf positive Weise gedeihlich sich beweisen. Erst als die alte Ordnung in die höchste Unordnung ausgeartet; als die Willkür mit allen Rechten und Freiheiten der Nationen alle ihre Lebenskräfte an sich gezogen, und nun das ganze Kapital im verwegenen Spiel gewagt und verloren, hat sich endlich der Naturtrieb der Selbsterhaltung in den Völkern geregt, und sie haben, um die Reste ihres Eigentumes sich zu retten, ihr Depositum zurückverlangt, und alle nun nach einer bleibenden und festen Ordnung, nach einem in eigener Handfeste geschriebenen, durch ihre eigene Beiziehung gewährten Gesetz gerufen, und wollen nicht ferner mehr die schrankenlose Gewalt anerkennen, die, weil sie gegen Gott, die Natur und die Geschichte ist, notwendig zum Verderben führt. Da die Regierungen, ungern von der süßen Gewohnheit lassend, der billigen Forderung sich entzogen, sind diese in natürlicher Rückwirkung unbillig und ungestüm geworden, und so ist jenes Getümmel entstanden, das seit einem Menschenalter die Welt zerrüttet. Da in diesem Streite alles in großen kolossalen Massen sich bewegt, so ist die Weltgeschichte, die in diesen mächtigen Zügen vor Augen der Menschen sich aufgeschrieben, auch den Kurzsichtigsten leserlich geworden, und die Übertreibungen, die zu beiden Seiten der Mitte liegen, sind keinem unbekannt geblieben; aber auch das, was diese Mitte als unbestreitbares Recht enthält, und dies hat

sich instinktartig und unausrottbar im allgemeinen Begeh-
rungsvermögen festgesetzt. Ob der Despotismus der *Demokratie* ohne Furcht und Sorge, weil die Strafe, wo viele
sündigen, die Schuldigen nie erreicht, und ohne Scheu und
ohne Scham, weil die Menge nach eigenem Maßstab richtend
über Gut und Bös, und sich selbst im Schlechtesten den
Beifall nicht vorenthaltend, durch kein Gefühl von Schande
und keine Furcht vor der Meinung sich zurückhalten läßt,
angetrieben von wilden Demagogen und von nichtswürdi-
gen Sykophanten verführt, mit wütender Blutgier jede Gewalttätigkeit ausübt, oder ob sie, von der unbeschränkten
*Willkür des Einzelnen* ausgegangen, sich durch das Organ
verworfener Werkzeuge der Tyrannei von oben nach unten
hin verbreitet, muß, wie im Erfolge völlig gleichgeltend, so
auch im Grunde gleich verwerflich erachet werden. Ob der
*Despotismus*, an dem Gesetz vorübergehend, willkürlich mit
dem Leben und der Freiheit der Untergebenen schaltet, in
eigener Sache nach der Laune des Augenblicks zu Gerichte
sitzt, oder nach eigenem Ermessen vorbehaltene Fälle nach
Exzeptionsgesetzen durch Exzeptions-Gerichte beurteilen
läßt; oder ob *demokratische Körperschaften* mit gewaltsamen Gelegenheitsdekreten jeder Opposition begegnen,
Militärgerichte und Revolutions-Tribunale ordnen, den
königlichen Fällen sogenannte große Maßregeln für das
öffentliche Heil an die Seite setzen, und Recht und Gesetz
drehen nach der Konvenienz des Augenblicks: beides, wie es
allein von frevelhafter Gewalt ausgeht, muß, mit welchen
scheinbaren Vorwänden es sich beschönigen möge, notwendig zum Verderben führen. Ob jener heißblütige reißende
*Terrorism* seine Schlachtopfer in die Schlangenhöhle wirft,
wo giftige Ottern sie umstricken, und ihrem Leben schnell
ein Ende machen; oder ob wohlgezogene Schergen einer
zahmen, weißblütigen, kalten, langweiligen *politischen Inquisition* die Ihrigen langsam mit unzähligen, kleinen,
schmerzlosen Nadelstichen zum Tode bringen, wird in der
Wirkung ganz dasselbe sein. Ob eine *absolute Regierung*

willkürlich über das Vermögen ihrer Untergebenen verfügt,
indem sie für ihre Verschwendungen unerschwingliche Abgaben von ihnen erpreßt, und etwa gar zugunsten einiger
Privilegierten die Masse des Volkes zum Ruine treibt; oder
ob *Demagogen* eben diesen vorher Privilegierten in gewalt-
samem Raub ihr Eigentum entziehen, um es dem Volke,
oder vielmehr sich selber zuzuwenden; beides wird gleichfalls, nur jedesmal in anderer Gestalt, nichts als dieselbe
schnöde Gewalt offenkundig machen. Ob endlich Günstlinge ein Land bedrücken, oder *Faktionen* es zerreißen; ob
*Bureaukraten* ihre Zentralisationsexperiment an ihm üben,
und unaufhörlich Massen von Gewalt zusammenhäufen,
die zu tragen ihr markloses Gebein unvermögend ist; oder
ob ein *zerstörender anarchischer Trieb* alles stets zu verein-
zeln, zu zerreißen, und alle innere Einheit zu zerstören sich
bemüht; ob es *allgemeine Abstraktionen* von der *Gewalt*,
von der *ursprünglichen* und *angeborenen Herrschaft*, von
der *Herrlichkeit der unbeschränkten Souveränität* heimsu-
chen, oder andere von der *unbedingten Freiheit und der
ursprünglichen Gleichheit* dasselbe placken; es wird gleich
sicher seinem Verderben entgegen gehen. Dreißig Jahre hat
die Welt das Spiel getrieben, und nicht die Fürsten, noch die
Völker haben dabei gewonnen; jene haben das Blutgerüst
bestiegen, wenn das Glück gegen sie Partei genommen, und
die Völker sind glücklich oder unglücklich beidemal zugrund gegangen.

Darum haben die Zeiten den Menschen, ihnen selber
unbewußt, ein Maß ins Gewissen eingeprägt, das alle Parteien der Einsicht nach recht wohl erkennen, wenn sie gleich
im Handeln es wechselseitig sich zerstören. Es beruht aber
dies Temperament, wie es aus dreißigjährigen Kämpfen hervorgegangen, auf wenigen weltbekannten Sätzen, so einfach
und doch so weit umgreifend im Gebiete geistiger Freiheit,
wie die Naturgesetze im Weltbau.

Daß diese Autorität, – die ideale Mitte des Staates, – seine
Intelligenz, seine Willenskraft und sein Leben in ihrer inner-

sten Einheit in sich bergend, das lebendige Gesetz, der sichtbare Imperativ, das personifizierte Selbstbewußtsein, die gesammelte Fülle aller freien Kräfte, und darum unverantwortlich, unverletzlich und unabhängig, mit aller Gewalt, Würde, Achtung, Ehre ausgestattet sei, die zur Erhaltung des innern Bestandes der Verfassung und der Stabilität der Gesetze notwendig ist.

Daß ihr gegenüber die Masse aller Staatsgenossen, die sich zum geselligen Verein verbunden, mit bestimmten angebornen Rechten über Leben, Freiheit, Vermögen zum Zweck der Gesamtheit verfügend stehe, und daß diese Masse, die äußerlich gewordene auseinander gezogene Idee, ihre Vielheit freiwillig der innerlichen Einheit jener unterordne, und die Ausübung ihrer besonderen Rechte an die Erfüllung allgemeiner Pflichten binde.

Daß ein Monarch die Autorität im Staats-Verein repräsentiere, daß aber die Idee geknüpft sei wesentlich an seine Würde und nur zufällig an seine Person, die mit ihren Menschlichkeiten, Gebrechlichkeiten und Leidenschaften, wie sie in der Kirche nichts als ein Glied der Gemeinde ist, so auch im Staate wie der geringste Untertan dem Gesetze pflichtig sei.

Daß, da jedoch im Falle der Übertretung jede Ahndung gegen die strafbare Person die unverletzliche Majestät antasten würde, die Strafbarkeit allein auf die verantwortlichen Werkzeuge gelegt werde, an die sie zur Ausübung ihrer öffentlichen Verrichtungen gebunden ist.

Daß, da ebenso auf der andern Seite die Ausübung der Rechte der Gesamtheit nicht ohne vielfältige Nachteile in großen Staaten durch die Gesamtheit selbst geschehen kann, die Handhabung derselben durch eigene, ihr verantwortliche Delegierte bewerkstelligt werde, die nun als Repräsentanten der Gerechtsame aller Staatsgenossen den Repräsentanten der Autorität im Ministerium entgegentreten.

Daß, wie in dieser letzten Repräsentation die verschiedenen Funktionen der Autorität zur Vertretung gelangen; so in der andern die verschiedenen Elemente und Interessen des Vereines Gewähr und Sicherheit finden müssen.

Daß daher die Überlieferung im Besitzstand, in Geschichte und der Glaubenslehre einerseits in den großen Eigentümern, dem Adel und der Priesterschaft; und das freie, lebendige, fortschreitende Prinzip in jeder Gegenwart andrerseits in den Delegierten der andern Stände des Volkes, der Bauern, Bürger, Gelehrten in zwei Massen zur Repräsentation gelange, die in einfacher oder doppelter Kammer als die zwei Brennpunkte des Staatsvereins an jene ideale Mitte treten, und daß an ihre Einwilligung die Gültigkeit jedes in der Initiative von den Ministern eingebrachten Gesetzes über Leben, Freiheit und Eigentum gebunden sei.

Daß endlich in der Verwaltung die Gemeinde nur in innerer Selbstständigkeit dem Ganzen verbunden sei; daß in allen Leistungen an den Staat ohne Ansehen der Person alle Verpflichtung im Verhältnis mit der Berechtigung stehe; daß in der Gerechtigkeitspflege im Angesicht des Volkes das Recht durch die Genossen gefunden werde; und daß die Rede auf Verantwortlichkeit frei sei, wie der Gedanke, die Schrift aber der Rede gleich gehalten, weil Wahrheit reden und hören dem Manne ziemt, Feiglinge aber allein beides scheuen.

Dies ohngefähr sind die mittleren Momente, in denen sich entgegengesetzte Übertreibungen aufgehoben, und über die ihrem wesentlichen Inhalte nach alle Verständigen in ihren Ansichten sich einverstanden. Daß die Staaten in ihren inneren Verfassungen und in ihrem äußeren wechselseitigen Verkehr im Kriegs- und Friedensstande, aus jenen unnatürlich gespannten, angestrengten, gewaltsamen Verhältnissen, in die sie unersättliche Eigensucht, frevelnde Gewalt und eine nichtswürdige Politik hinaufgetrieben, zu einfacheren, natürlichen, menschlich und christlich mildern zurückkehren müssen, wenn Ruhe und Zufriedenheit gedeihen sollen, darüber geht ein Ruf und Wink durch die ganze europäische Gesellschaft, und es möchte ratsam sein, endlich darauf zu hören. Immer nur gegen die Symptome wüten, und während der innerliche Grund des Übels unangetastet fortbesteht, nur die äußere Erscheinung mit Schneiden und mit Brennen abwehren, kann nie die Weise einer rechten Staatskunst sein; nur eine verwegene politische Quacksalberei kann sich eine solche Mißhandlung der Natur erlauben, und einen solchen Streit mit ihr beginnen, worin sie zuletzt doch mit Schande den kürzern zieht, nachdem sie hart großes Unheil angerichtet. Die Nehmenden als Anführer mit den Waffen abzuweisen, die geduldig Harrenden als schon vollkommen Beglückte und keiner Gewährung Bedürftige zu bescheiden, möchte zwar im hergebrachten Weltlauf liegen, aber in der Anwendung auf die jetzige Spannung der Zeiten nimmer auf die Länge guttuend sich beweisen. Aus kleiner Not, die man also bestritten, ist stets die größere erwachsen; die Kränkung ist zur Entrüstung, diese zu bitterem Haß geworden, und die Unzufriedenheit, also intensiv gesteigert, hat zugleich extensiv über stets größere Massen sich verbreitet. Wenn ein Streit um vorenthaltenes, verweigertes Recht entbrennt, dann ist im Verlauf desselben gewöhnlich Unbill und Unrecht, wie der Schaden unter die streitenden Parteien gleich verteilt; aber die letzte Verantwortung des Unheils haftet auf der, die in allem sich die Initiative vorbehalten, und nun hartnäckig zu tun unterläßt, was ihres Amtes ist. – Ein ernster, strenger Geist hat seinen Stuhl unter die Lebenden hingestellt; obgleich unsichtbar, hat der Blödeste im Volke sein Nahen doch vernommen; jedem Vergehen hat er seither seinen Tag gesetzt, über jeden Frevler ist er zu Gericht gegangen, jedes Unmaß hat er in seine Schranken zurückgewiesen; die argen Willen trugen, sind vor ihm vergangen; die ihrer klugen Listen sich gefreut, sind nacheinander zuschanden worden; die Hochmütigen sind zu Fall gekommen, die Gewalt ist vor ihm zerronnen in Nichtigkeit, nichts ist vor ihm bestanden als Wahrheit, Recht und Billigkeit, und das sittliche Maß, worauf er mit Wohlgefallen niedersieht. Wie er es in solcher Weise bis heran gehalten, so wird er auch tun in den Zeiten, die noch kommen werden, und fort und fort handhaben die Gerechtigkeit. Leicht blickt er durch die tragischen Larven großer hohler Worte durch, womit Heuchelei, Falschheit, Zweizüngigkeit, Treulosigkeit, Gewalttätigkeit und alle schlechten Leidenschaften in dieser Zeit sich zu verhüllen wissen; sie werden ihm für nichts gelten, wo nicht Taten mit ihnen reden. Mögen anarchische Gelüste unter dem Vorwande der Freiheit immer aufs neue versuchen, die Welt zu verwirren; sie werden, je heftiger sie zum Ziele eilen, um so schneller auf überlegene Gewalten stoßen, die sie so weit hinter dasselbe zurückwerfen, als sie über dasselbe hinaus gedrungen. Mögen despotische Instinkte in der Finsternis Werke des Trugs und der Gewalt verüben, jener Geist wird ihnen immer neue Kräfte wecken, die sich zum Streite rüstig zeigen, und den Bau niederwerfen, ehe er zum End gekommen. Auf neue Fluten werden neue Rückläufe folgen; wie das irdische Element auch stürmend sich bewege, es wird nur dienen, den Willen dessen zu erfüllen, der in der Geschichte gebietet, und der auch dann wahr machen wird, was jener königliche Sänger schon von ihm gesungen: Dominus confregit reges, judicabit in nationibus, implebit ruinas, conquassabit capita multorum!

GEORG WILHELM FRIEDRICH HEGEL

# Vorlesungen über die Philosophie der Geschichte

1822/23

[...] Man hat gesagt, die *Französische Revolution* sei von der Philosophie ausgegangen, und nicht ohne Grund hat man die Philosophie *Weltweisheit* genannt, denn sie ist nicht nur die Wahrheit an und für sich, als reine Wesenheit, sondern auch die Wahrheit, insofern sie in der Weltlichkeit lebendig wird. Man muß sich also nicht dagegen erklären, wenn gesagt wird, daß die Revolution von der Philosophie ihre erste Anregung erhalten habe. Aber diese Philosophie ist nur erst abstraktes Denken, nicht konkretes Begreifen der absoluten Wahrheit, was ein unermeßlicher Unterschied ist.

Das Prinzip der Freiheit des Willens also hat sich gegen das vorhandene Recht geltend gemacht. Vor der Französischen Revolution sind zwar schon durch Richelieu die Großen unterdrückt und ihre Privilegien aufgehoben worden, aber wie die Geistlichkeit behielten sie alle ihre Rechte gegen die untere Klasse. Der ganze Zustand Frankreichs in der damaligen Zeit ist ein wüstes Aggregat von Privilegien gegen alle Gedanken und Vernunft überhaupt, ein unsinniger Zustand, womit zugleich die höchste Verdorbenheit der Sitten, des Geistes verbunden ist, – ein Reich des Unrechts, welches mit dem beginnenden Bewußtsein desselben schamloses Unrecht wird. Der fürchterlich harte Druck, der auf dem Volke lastete, die Verlegenheit der Regierung, dem Hofe die Mittel zur Üppigkeit und zur Verschwendung herbeizutreiben, gaben den ersten Anlaß zur Unzufriedenheit. Der neue Geist wurde tätig; der Druck trieb zur Untersuchung. Man sah, daß die dem Schweiße des Volkes abgepreßten Summen nicht für den Staatszweck verwendet, sondern aufs unsinnigste verschwendet wurden. Das ganze System des Staats erschien als eine Ungerechtigkeit. Die Veränderung war notwendig gewaltsam, weil die Umgestaltung nicht von der Regierung vorgenommen wurde. Von der Regierung aber wurde sie nicht vorgenommen, weil der Hof, die Klerisei, der Adel, die Parlamente selbst ihren Besitz der Privilegien weder um der Not noch um des an und für sich seienden Rechts willen aufgeben wollten, weil die Regierung ferner, als konkreter Mittelpunkt der Staatsmacht, nicht die abstrakten Einzelwillen zum Prinzip nehmen und von diesen aus den Staat rekonstruieren konnte, und endlich weil sie eine katholische war, also der Begriff der Freiheit, der Vernunft der Gesetze, nicht als letzte absolute Verbindlichkeit galt, da das Heilige und das religiöse Gewissen davon getrennt sind. Der Gedanke, der Begriff des Rechts machte sich mit *einem Male* geltend, und dagegen konnte das alte Gerüst des Unrechts keinen Widerstand leisten. Im Gedanken des Rechts ist also jetzt eine Verfassung errichtet worden, und auf diesem Grunde sollte nunmehr alles basiert sein. Solange die Sonne am Firmamente steht und die Planeten um sie herumkreisen, war das nicht gesehen worden, daß der Mensch sich auf den Kopf, d. i. auf den Gedanken stellt und die Wirklichkeit nach diesem erbaut. Anaxagoras hatte zuerst gesagt, daß der νοῦς die Welt regiert; nun aber erst ist der Mensch dazu gekommen, zu erkennen, daß der Gedanke die geistige Wirklichkeit regieren solle. Es war dieses somit ein herrlicher Sonnenaufgang. Alle denkenden Wesen haben diese Epoche mitgefeiert. Eine erhabene Rührung hat in jener Zeit geherrscht, ein Enthusiasmus des Geistes hat die Welt durchschauert, als sei es zur wirklichen Versöhnung des Göttlichen mit der Welt nun erst gekommen.

Folgende zwei Momente müssen uns nunmehr beschäftigen: 1. der Gang der Revolution in Frankreich, 2. wie dieselbe auch welthistorisch geworden ist.

1. Die Freiheit hat eine doppelte Bestimmung an sich: die
eine betrifft den Inhalt der Freiheit, die Objektivität derselben – die Sache selbst; die andere die Form der Freiheit,
worin das Subjekt sich tätig weiß; denn die Forderung der
Freiheit ist, daß das Subjekt sich darin wisse und das Seinige
dabei tue, denn sein ist das Interesse, daß die Sache werde.
Danach sind die drei Elemente und Mächte des lebendigen
Staats zu betrachten, wobei wir das Detail den Vorlesungen
über die Rechtsphilosophie überlassen. [...]

Nach diesen Hauptbestimmungen haben wir nun den
Gang der *Französischen Revolution* und die Umbildung des
Staates aus dem Begriffe des Rechts heraus zu verfolgen. Es
wurden zunächst nur die ganz abstrakt philosophischen
Grundsätze aufgestellt, auf Gesinnung und Religion wurde
gar nicht gerechnet. Die erste Verfassung in Frankreich war
die Konstituierung des *Königtums*: an der Spitze des Staates
sollte der Monarch stehen, dem mit seinen Ministern die
Ausübung zukommen sollte; der gesetzgebende Körper hingegen sollte die Gesetze machen. Aber diese Verfassung war
sogleich ein innerer Widerspruch; denn die ganze Macht der
Administration ward in die gesetzgebende Gewalt gelegt:
das Budget, Krieg und Frieden, die Aushebung der bewaffneten Macht kam der gesetzgebenden Kammer zu. Unter
Gesetz wurde alles befaßt. Das Budget aber ist seinem
Begriffe nach kein Gesetz, denn es wiederholt sich alle
Jahre, und die Gewalt, die es zu machen hat, ist Regierungs-
gewalt. Damit hängt weiter zusammen die indirekte Ernennung der Minister und der Beamten usf. Die Regierung
wurde also in die Kammern verlegt, wie in England ins
Parlament. – Ferner war diese Verfassung mit dem absoluten
Mißtrauen behaftet: die Dynastie war verdächtig, weil sie
die vorhergehende Macht verloren, und die Priester verwei-
gerten den Eid. Regierung und Verfassung konnten so nicht
bestehen und wurden gestürzt. Aber eine Regierung ist
immer vorhanden. Die Frage ist daher: wo kam sie hin? Sie
ging an das Volk, der Theorie nach, aber der Sache nach an

den Nationalkonvent und dessen Komitees. Es herrschen
nun die abstrakten Prinzipien der *Freiheit* und – wie sie im
subjektiven Willen ist – der *Tugend*. Die Tugend hat jetzt zu
regieren gegen die Vielen, welche mit ihrer Verdorbenheit
und mit ihren alten Interessen oder auch durch die Exzesse
der Freiheit und Leidenschaften der Tugend ungetreu sind.
Die Tugend ist hier ein einfaches Prinzip und unterscheidet
nur solche, die in der Gesinnung sind, und solche, die es
nicht sind. Die Gesinnung aber kann nur von der Gesinnung
erkannt und beurteilt werden. Es herrscht somit der *Verdacht*; die Tugend aber, sobald sie verdächtig wird, ist schon
verurteilt. Der Verdacht erhielt eine fürchterliche Gewalt
und brachte den Monarchen aufs Schafott, dessen subjekti-
ver Wille eben das katholisch religiöse Gewissen war. Von
Robespierre wurde das Prinzip der Tugend als das Höchste
aufgestellt, und man kann sagen, es sei diesem Menschen mit
der Tugend Ernst gewesen. Es herrschen jetzt die *Tugend*
und der *Schrecken*; denn die subjektive Tugend, die bloß
von der Gesinnung aus regiert, bringt die fürchterlichste
Tyrannei mit sich. Sie übt ihre Macht ohne gerichtliche
Formen, und ihre Strafe ist ebenso nur einfach – der Tod.
Diese Tyrannei mußte zugrunde gehen; denn alle Neigungen, alle Interessen, die Vernünftigkeit selbst war gegen
diese fürchterliche konsequente Freiheit, die in ihrer Kon-
zentration so fanatisch auftrat. Es tritt wieder eine organisierte Regierung ein, wie die frühere, nur ist der Chef und
Monarch jetzt ein veränderliches Direktorium von Fünf,
welche wohl eine moralische, aber nicht individuelle Einheit
bilden. Der Verdacht herrschte auch unter ihnen, die Regierung war in den gesetzgebenden Versammlungen; sie hatte
daher dasselbe Schicksal des Untergangs, denn es hatte sich
das absolute Bedürfnis einer Regierungs*gewalt* dargetan.
*Napoleon* richtete sie als Militärgewalt auf und stellte sich
dann wieder als ein individueller Wille an die Spitze des
Staates; er wußte zu herrschen und wurde im Innern bald
fertig. Was von Advokaten, Ideologen und Prinzipienmän-

nern noch da war, jagte er auseinander, und es herrschte nun
nicht mehr Mißtrauen, sondern Respekt und Furcht. Mit
der ungeheuren Macht seines Charakters hat er sich dann
nach außen gewendet, ganz Europa unterworfen und seine
liberalen Einrichtungen überall verbreitet. Keine größeren
Siege sind je gesiegt, keine genievolleren Züge je ausgeführt
worden; aber auch nie ist die Ohnmacht des Sieges in einem
helleren Lichte erschienen als damals. Die Gesinnung der
Völker, d. h. ihre religiöse und die ihrer Nationalität, hat
endlich diesen Koloß gestürzt, und in Frankreich ist wiederum eine konstitutionelle Monarchie, mit der Charte zu
ihrer Grundlage, errichtet worden. Hier erschien aber wieder der Gegensatz der Gesinnung und des Mißtrauens. Die
Franzosen waren in der Lüge gegeneinander, wenn sie
Adressen voll Ergebenheit und Liebe zur Monarchie, voll
des Segens derselben erließen. Es wurde eine fünfzehnjäh-
rige Farce gespielt. Wenn nämlich auch die Charte das
allgemeine Panier war und beide Teile sie beschworen hatten, so war doch die Gesinnung auf der einen Seite eine
katholische, welche es sich zur Gewissenssache machte, die
vorhandenen Institutionen zu vernichten. Es ist so wieder
ein Bruch geschehen, und die Regierung ist gestürzt worden. Endlich nach vierzig Jahren von Kriegen und unermeßlicher Verwirrung könnte ein altes Herz sich freuen, ein
Ende derselben und eine Befriedigung eintreten zu sehen.
Allein, wenn auch jetzt ein Hauptpunkt ausgeglichen worden, so bleibt einerseits immer noch dieser Bruch von seiten
des katholischen Prinzips, andererseits der der subjektiven
Willen. In der letzteren Beziehung besteht die Hauptein-
seitigkeit noch, daß der allgemeine Wille auch der *empi-
risch* allgemeine sein soll, d. h. daß die Einzelnen als solche regieren oder am Regimente teilnehmen sollen. Nicht
zufrieden, daß vernünftige Rechte, Freiheit der Person und
des Eigentums gelten, daß eine Organisation des Staates und
in ihr Kreise des bürgerlichen Lebens sind, welche selbst
Geschäfte auszuführen haben, daß die Verständigen Einfluß

haben im Volke und Zutrauen in demselben herrscht, setzt der *Liberalismus* allem diesen das Prinzip der Atome, der Einzelwillen entgegen: alles soll durch ihre ausdrückliche Macht und ausdrückliche Einwilligung geschehen. Mit diesem Formellen der Freiheit, mit dieser Abstraktion lassen sie nichts Festes von Organisation aufkommen. Den besonderen Verfügungen der Regierung stellt sich sogleich die Freiheit entgegen, denn sie sind besonderer Wille, also Willkür. Der Wille der Vielen stürzt das Ministerium, und die bisherige Opposition tritt nunmehr ein; aber diese, insofern sie jetzt Regierung ist, hat wieder die Vielen gegen sich. So geht die Bewegung und Unruhe fort. Diese Kollision, dieser Knoten, dieses Problem ist es, an dem die Geschichte steht und den sie in künftigen Zeiten zu lösen hat.  [...]

# Anhang

# Anmerkungen

49,27 *Galliens:* Frankreichs.

50,1 *Kokarde:* kleines militärisches Hoheitsabzeichen, bestehend aus drei konzentrischen Kreisen in den Landesfarben, das an der Kopfbedeckung getragen wird.

50,18 f. *homo sum, nihil humani a me alienum puto:* (lat.) Ich bin ein Mensch, nichts Menschliches ist mir fremd.

51,2 *Glaubensverbesserung:* Reformation.

51,10 *Billigkeit:* Gerechtigkeit.

52,17 *Konjunkturen:* Begriff aus der Astrologie; Stellung der Planeten zueinander.

53,16 *frappanten:* überraschenden.

54,12 *Paralysie:* Lähmung.
   *das Delphinat:* die Dauphiné (Provinz in den französischen Alpen).

55,6 *Kabale:* Verschwörung, Ränkespiel.

55,14 *Imagination:* Einbildung.

55,27 *Insurrektion:* Aufstand, Empörung.

55,28 f. *Munizipal-Vorsteher:* höchster Beamter einer Stadtverwaltung.

55,30 *Getreide-Monopol:* beherrschende, u. U. sogar konkurrenzlose Position im Getreidehandel, der die Gefahr der Spekulation innewohnt.

55,36 *mittäglichen:* südlichen.

56,3 f. *National-Miliz:* revolutionäre Bürgerwehr, die seit Ende Juni 1789 zunächst in Paris, dann im ganzen Land entstand.

56,4 f. *Nacht des 4. Augusts:* In der Nachtsitzung der Nationalversammlung vom 4. auf den 5. August 1789 wurden die feudalen Privilegien aufgehoben.

56,10 *Parlamente:* zur Zeit des französischen Absolutismus im 17. und 18. Jh. die vom Adel dominierten obersten Gerichtshöfe der einzelnen Provinzen, die z. T. legislative Befugnisse besaßen.

56,20 *Reformation:* Umgestaltung (hier ohne religiösen Bezug).

56,24 *Responsabilität:* Verantwortlichkeit.

57,9 *Kommerzes:* Handels.

57,28 *Märzfelde:* Champs-de-Mars (Marsfeld), alter Manöverplatz, Ort revolutionärer Massenaufmärsche.

58,30 *Generalpächter:* Zur Zeit des französischen Absolutismus wurden die Steuern pauschal an einzelne Unternehmer (Steuer-, Generalpächter) verpachtet, die sie dann eintrieben.

*Ludwigsritter:* Träger des von den französischen Monarchen verliehenen Ludwigsordens.

59,18 f. *mousselinenen:* aus Musselin, einem feinen (Baum-)Wollgewebe.

59,22 *Schulze:* ältere deutsche Bezeichnung für den Bürgermeister.

59,23 f. *à la nation:* nach Art der Nation.

61,11 *affiliiert:* angeschlossen.

61,11 f. *Klub des amis de la constitution:* »Gesellschaft der Verfassungsfreunde«; aus dem Klub bretonischer Abgeordneter vom 30. April 1789 hervorgegangene politische Gesellschaft, die sich im Dezember 1789 konstituierte und aus der sich der Jakobinerklub entwickelte.

61,12 *Jacobins:* Mitglieder des radikalen politischen Klubs, der nach seinem Tagungsort im ehemaligen Kloster der Jakobiner benannt wurde und im Verlauf der Revolution großen Einfluß auf die Politik errang.

61,14 *ci-devant Duc:* ehemaliger Herzog.

61,23 *Klubs von 89:* von Sieyès gegründeter politischer Verein, der wegen seines hohen Mitgliedsbeitrags nur hochgestellten Männern offenstand; vor allem der Kreis um La Fayette versammelte sich dort.

62,3 *Referenten (Rapporteurs):* Berichterstatter, Vortragende.

62,7 *Sozietäten:* Klubs.

62,9 *Unruhen zu Brest:* Der Kriegshafen Brest an der Atlantikküste war in der Revolutionszeit einer der unruhigsten Orte Frankreichs.

63,23 *Lokale:* Ort.

64,20 *Kabale:* Verschwörung, Ränkespiel.

64,23 *Machinationen:* Machenschaften.

64,25 f. *Freunde der Konstitution:* vgl. Anm. zu 61,11 f.

65,5 *Epoche:* Wendepunkt, Umschwung.

65,6 *Assignaten:* Papiergeld der Revolution, das durch die Nationalisierung der Kirchengüter gedeckt sein sollte, aber rasch einer inflationären Entwertung unterlag.

66,10 *Livres:* Währungseinheit zur Zeit des französischen Absolutismus.

66,20 *das Lokale:* die Örtlichkeit.

66,22 *Tuilerien:* Palast der französischen Könige auf dem rechten Seineufer in Paris (1871 niedergebrannt).

66,23 f. *Saffian:* sehr feines Ziegen- bzw. Schafleder.

67,1 *Huissiers:* Gerichtsdiener.

67,2 *Silence!:* Ruhe!

67,7 *Balustrade:* Brüstung aus kleinen Säulen.

67,10 *Katheder:* Pult.

67,17 *chapeau-bas:* mit abgenommenem Hut.

67,20 *Négligé:* bequeme Hauskleidung.

67,22 *Röhren:* Stöckchen.

67,26 *en places Messieurs!:* auf die Plätze, meine Herren!

67,28 *Deputierte:* Abgeordnete.

68,4 *je demande la parole:* ich bitte ums Wort.

68,15 *Motionnaire:* Antragsteller.

68,18 *Enragés:* wörtl.: Wütende, Besessene; Name einer Partei extremistischer Revolutionäre in den Jahren 1792–93 um den Vikar Jacques Roux, den Postgehilfen Varlet und die Schauspielerin Claire Lacombe, die für eine radikale Gleichheit nicht nur in politischer, sondern vor allem in ökonomischer und sozialer Hinsicht eintraten, was durch Besteuerung und Beschlagnahme von Lebensmitteln und deren Verteilung an die Armen sowie durch Enteignungen zugunsten des Staates erreicht werden sollte. Als die Enragés, die aktiv am Sturz der gemäßigteren Girondisten teilgenommen hatten, scharf gegen die radikale Bergpartei auftraten, ließ Robespierre Roux und Varlet ausschalten. Ihr politisches Programm wurde später z. T. von den Hébertisten weiterverfolgt.

69,14 *Schikane:* kleinlicher Kniff.

70,28 *Palais Royal:* Von Ludwig XIV. in seiner Jugend bewohntes Gebäude im Besitz der Herzöge von Orléans; vor der Revolution umgebaut und mit Kolonnaden versehen, die an Kaufleute und Wirte vermietet waren.

70,29 *Traiteur:* Lieferant für Speisen.

72,24 *Manen:* verstorbene Seelen.

73,36 *Kontributionen:* Eintreibung von Steuern.

76,7 *blutigen Szenen des Septembers:* Gemeint sind die sog. Septembermorde vom 2. bis 6. September 1792 »zur Reinigung der Gefängnisse« von vermeintlichen »Volksfeinden«, die Justizminister Danton nicht verhinderte; mehr als 1000 Häftlinge fielen dabei einer entfesselten Lynchjustiz zum Opfer.

76,21 *Tuilerien:* vgl. Anm. zu 66,22.

76,29 f. *Munizipal-Offizier:* Offizier der Stadtverwaltung.

76,32 *Compagnie Schweizer:* Die sog. Schweizergarde galt als dem König treu ergeben, zumal in ihr viele Ausländer Dienst taten.

77,20 *Sansculottes:* wörtl.: ohne (Knie-)Hosen; in der Revolution aufgekommener Spottname für die Revolutionäre, die im Gegensatz zu der vorherrschenden aristokratischen Mode der Kniehosen (*culottes*) der Tracht der Matrosen und Arbeiter entlehnte lange, röhrenförmige Hosen (*pantalons*) trugen.

77,32 *Brevet:* Schutzschreiben.

78,18 *Chevaliers:* Ritter.

*Hof-Canaille:* Canaille: Gesindel.

78,22 *Sektion:* Stadtbezirk von Paris.

78,23 *Royalist:* Königstreuer.

78,36 *Infirmerie:* Krankenhaus, Krankenstube.

79,10 *Deputierte:* Abgeordnete.

79,23 f. *Soyez tranquil, s'il le faut, je périrai en vous défendant:* Seien Sie ruhig, wenn es not tut, bin ich bereit, für Ihre Verteidigung zu sterben.

79,26 *Un voleur!:* Ein Dieb!

79,28 f. *harangierte:* von frz. *haranguer* ›feierlich, eindringlich reden‹.

80,3 *forciert:* von frz. *forcer* ›stürmen, mit Gewalt einnehmen‹.

80,6 *salus in fuga:* (lat.) das Heil in der Flucht.

80,35 *Tolpaten:* Spitzname für die nicht-deutschen Soldaten der österreichischen Armee.

81,4 f. *Mörder der Stadt Frankfurt:* Gemeint sind die preußischen und hessischen Truppen, die am 2. Dezember 1792 Frankfurt am Main zurückeroberten.

82,4 *Gardes français:* königliche Gardesoldaten; im Gegensatz zu den Schweizergarden aus Franzosen bestehend, schlossen sich die Gardes français in Paris schon am 12. Juni 1789 der revolutionären Bewegung an.

82,7 *Temple-Kommissärs:* Nach dem Sturm auf die Tuilerien war die königliche Familie im Pariser Stadtschloß Temple inhaftiert.

83,7 f. *Sois le bien venu!:* Sei willkommen!

83,11 *sacré mâtin:* Fluch.

83,15 *Vive la Nation!:* Lang lebe die Nation!

83,16 *Foutre:* etwa: verdammt nochmal.

83,20 *d'avoir foutu le camp á ton tyran:* dich vor deinem Tyrannen aus dem Staub gemacht zu haben.

83,28 »*chien*«, »*sacrée garce*«, »*sacripie*«, »*sacré foutage*«, »*sacrée merderie*«: Flüche.

84,24 f. *des Fräuleins von Sternheim:* Der empfindsame Briefroman *Geschichte des Fräuleins von Sternheim* der deutschen Schriftstellerin Sophie von La Roche (1731–1807) erfreute sich großer Popularität.

84,28 *avoir la grâce, la bonté, de permettre:* die Freundlichkeit, die Güte haben, zu erlauben.

86,15 *Paroxysmus:* Höhepunkt eines Erregungszustands, eines Anfalls oder einer Krankheit.

86,25 *Capet:* »Louis Capet« war der bürgerliche Name, mit dem die Revolutionäre den König bezeichneten, dessen Familie sich auf das mittelalterliche Königsgeschlecht der Kapetinger zurückführte.

86,28 *tribunaux révolutionnaires:* Revolutionstribunale.

86,29 *Füseliaden:* Massenerschießungen; in der Schreckenszeit insbesondere gegen aufständische Städte im Süden und Westen Frankreichs vorgenommen.

87,14 f. *Monopolisten:* vgl. Anm. zu 55,30.

87,36 *Volontär:* Freiwilliger.

88,1 *Citoyen:* Staatsbürger; revolutionäre Anrede anstelle von »Monsieur« (»Herr«).

89,8 *Neu-Franken:* Franzosen, insbesondere die republikanisch gesinnten.

90,10 f. *Konvent:* Als »Nationalkonvent« bezeichnete sich die französische Nationalversammlung seit der Ausrufung der Republik im September 1792.

90,30 *Moniteur:* französisches Massenblatt der Revolutionszeit.

90,33 *Hubers Journal:* vermutlich die Zeitschrift *Friedenspräliminarien* von Ludwig Ferdinand Huber, dem späteren Mann der Witwe Georg Forsters.

90,35 *Rapports:* Berichts.

91,12 *à la manière de Bourgogne:* (wörtl.: nach Burgunder Art) nach Art des Herzogs von Burgund, dessen Kriegführung als wankelmütig galt.

91,18 *ökonomisiert:* spart.

91,25 *Koalition:* das Bündnis der Monarchien Österreich und Preußen gegen die Französische Revolution.

91,26 *inkommodieren:* mit Unbehagen erfüllen.

91,34 *ins Luxemburg:* Gemeint ist ein Pariser Stadtpalais.

92,23 f. *à tout Seigneur, tout honneur:* etwa: Ehre, wem Ehre gebührt.

92,24 *Quast:* Bewirtung.

92,34 f. *Hôtel des patriotes hollandois:* Pariser Gasthof, wo Georg Forster wohnte.

92,35 *Mainzer Emigrierten:* Nach der Rückeroberung von Mainz durch die Koalitionstruppen flüchteten viele Mainzer Republikaner (Klubisten) ins revolutionäre Frankreich; Forster war als Deputierter schon vorher nach Paris geschickt worden.

93,4 *Livres:* Währungseinheit zur Zeit des französischen Absolutismus.

93,7 f. *mainzischen Darstellungen | »Umrisse«:* Die *Parisischen Umrisse* Forsters wurden 1793/94 veröffentlicht, seine *Darstellung der Revolution in Mainz* erst 1843.

94,26 *Intriken:* Intrigen, Ränkespiel.
*Machinationen:* Machenschaften.

95,1 *Indolenz:* Gleichgültigkeit, Trägheit.

95,25 f. *konstituierenden Nationalversammlung:* die erste, seit Sommer 1789 amtierende verfassunggebende Versammlung Frankreichs.

95,31 *Sentiments:* Gefühlsäußerungen.

95,35 *rote Kappen:* die roten Mützen der Jakobiner.

96,12 *Munizipalitäten:* Stadtverwaltungen.

96,15 *Emissärs:* Abgesandte.

96,23 *Kommune:* die revolutionär gesinnte Stadtverwaltung von Paris, die den Aufstand vom 10. August 1792 organisierte und seither einen wesentlichen Machtfaktor in Paris darstellte; in ihrem »Generalrat« vorwiegend von Angehörigen des Kleinbürgertums dominiert.

96,25 *Lettres de cachet:* geheime Verhaftungsbriefe, mit denen die absolutistischen Monarchen Frankreichs ihre Untertanen willkürlich einschüchterten.

96,27–29 *die Greuel des 20. Junius, des 10. Augusts und der ersten Tage des Septembers | 6. Oktober 1789:* Am 20. Juni 1792 zog das Volk vor die Tuilerien und zwang den König, die rote Jakobinerkappe aufzusetzen. Am 10. August 1792 wurden die Tuilerien gestürmt und der König abgesetzt. Zu den Ereignissen des September 1792 vgl. Anm. zu 76,7. Am 6. Oktober 1789 wurde der König vom Volk zur Übersiedlung von Versailles nach Paris gezwungen.

96,36 *Assignatenhandel:* vgl. Anm. zu 65,6.

97,4 *Sporteln:* Amtsgebühren, Gerichtsgebühren.

97,6 *Generalpachters-Sinn:* vgl. Anm. zu 58,30.

97,9 *Grille:* Laune.

97,22 *pasquillisieren:* verspotten.

98,9 *Reunionskammern:* Unter Ludwig XIV. eingerichtete Ausschüsse, die aufgrund alter Urkunden die geschichtliche Verbindung deutscher Territorien mit Frankreich belegen sollten, um diese Gebiete dann in den französischen Staat »reunionieren« (wiedervereinigen) zu können.

100,6 *deren Namen damals Legion hieß:* von denen es damals unzählige gab.

100,17 *Royalismus:* königstreue politische Einstellung.

100,26 *rollierten:* handelten.

101,12 *Clovis:* Chlodwig I. (466–511), der Gründer des Fränkischen Reiches.

101,18 *Pipin:* Pippin der Mittlere (gest. 714), seit 687 Hausmeier des ganzen Fränkischen Reiches.

101,21–28 *die kapetingische Familie / Ludwig Capet:* vgl. Anm. zu 86,25.

102,15 *Dekade:* im französischen Revolutionskalender der alle zehn Tage eingeschobene arbeitsfreie Tag anstelle des Sonntags.

102,27 *Marseiller Marsch:* die in der Revolutionszeit entstandene »Marseillaise«, die französische Nationalhymne.

103,4 *Café de Chartres:* eines der Pariser Caféhäuser, die in der Revolutionszeit Mittelpunkte des politischen Lebens darstellten. *Konvent:* vgl. Anm. zu 90,10 f.

103,17 *Sektionsklub von Quinzevingt:* revolutionärer politischer Klub in einem Pariser Stadtteil.

103,28 *Depantheonisierung:* Die Nachahmung antiker Formen in der Revolutionszeit hatte dazu geführt, daß man in Anlehnung an das römische Pantheon (einen Rundbau, in dem die Götter der Welt dargestellt waren) ein Pantheon großer Franzosen eingerichtet hatte. Die Entfernung einer Person aus diesem Pantheon beinhaltete selbstverständlich ein politisches Verdikt.

103,31 *9. Thermidor:* Am 27. September (»9. Thermidor«) 1794 wurde Robespierre gestürzt.

104,4 f. *72 ehemals als Girondisten verhaftete Mitglieder:* Am 2. Juni 1793 wurde die Gironde (so die Bezeichnung für die gemäßigteren Revolutionäre) entmachtet.

105,24 *Ludwig Capet:* vgl. Anm. zu 86,25.

106,22 *Agioteurs:* Börsenspekulanten.

106,23 *Konstitution von [17]95:* die sog. Direktoralverfassung mit dem Rat der 500 und dem Rat der Alten als Legislative und fünf Direktoren als Exekutive.

106,24 *Polizei-Kommis:* abwertender Ausdruck für korrupte Polizeibeamte.

106,25 *Pharao-Bänken:* Spielbanken.

106,28 *Rentier:* von den Zinsen aus Staatsanleihen lebender Privatmann.

106,34 *zu affektieren:* anzunehmen.

106,36 *Citoyens:* vgl. Anm. zu 88,1.

107,13 *Billett:* hier: Bescheinigung.

108,2 f. *Journal du Soir / Rapsodies du Jour:* Boulevardzeitungen der Revolutionszeit.

108,7 *Indolenz:* Gleichgültigkeit.

108,17 *Bergmänner:* in der Dritten Nationalversammlung wurde die radikalere Partei unter Robespierre, Danton und Marat als »Montagne« (»Berg«) bezeichnet.

108,26 *kabelierte:* intrigierte.

109,3 *Zelebrität:* Berühmtheit.

109,12 *Wohlfahrtsausschusses:* Der Wohlfahrts-, auch Sicherheitsausschuß (Comité du salut public) war während der Schreckenszeit die exekutive Machtzentrale des Staates unter Vorsitz Robespierres.

109,23 *Sophismen:* Scheinbeweise.

110,17 *pasquillierten:* schmähten.

111,25 *mâts de cocagne:* Klettermasten mit aufgehängten Preisen.
*jeux de caroussels:* historische Ringelspiele.

111,25 f. *théâtres forains:* Jahrmarktstheater.

111,26 *escamoteurs:* Taschenspieler.
*danseurs de corde:* Seiltänzer.

113,9 *Poulets à la suprême:* besonders zubereitete Hühnchen.

113,24 *Ixion:* Gestalt der griechischen Mythologie.

120,7 *Zenturionenrat:* gewählter Rat aus einer Gruppe von 100 Personen (lat. *centum* ›hundert‹).

120,33 *Zenturion:* Anführer einer Hundertschaft.

122,22 *Suppleanten:* Ersatzleute.

126,8 *Munizipalitäten:* Stadtverwaltungen.
*Maire:* in Frankreich Bezeichnung für den Bürgermeister.

126,14 *Subsistenz:* hier: Lebensunterhalt.

126,25 *Kreditiven:* Beglaubigungsschreiben.

127,26 *Saug-Igel:* Blutegel.

128,16 *das Braunschweigische Manifest:* Ein Manifest des Herzogs von Braunschweig drohte im Juli 1792 dem französischen Volk mit Strafmaßnahmen für den Fall, daß die Autorität des Königs nicht wiederhergestellt werde.

129,2 *Ius canonicum:* kanonisches Recht, Kirchenrecht.

129,16 *Enragés:* vgl. Anm. zu 68,18.

132,24 f. *Wütriche:* Wüterich: Tyrann.

134,10 *befreiten Rheinufer:* Gemeint sind die von den französischen Revolutionsheeren eroberten linksrheinischen Gebiete Deutschlands.

134,17 *Myrmidonen:* sagenhafter griechischer Volksstamm; im übertragenen Sinn: treue Anhänger.

136,28 *Pagoden:* hier: Götzen.

137,7 *Saug-Igel:* Blutegel.

137,14 *par ordre:* auf Befehl.

139,18 *Friedrichs des Einzigen:* Gemeint ist Friedrich II. von Preußen.

139,32 *Generalpachtern:* vgl. Anm. zu 58,30.

139,33 f. *Septemberszenen:* vgl. Anm. zu 76,7.

142,9 *Chimäre:* Trugbild, Wahnbild.

142,10 *Ideom:* Hirngespinst.

144,2 *Gastonen:* Gemeint ist vermutlich ein französisches Grafengeschlecht des Mittelalters (Gaston III. gest. 1391).

145,13 *Abyssus:* (griech.) Abgrund.

148,32 *subordinationswidriges:* ungehorsames.

150,28 *Kochhafen:* Kochtopf.

151,8 f. *mit Reverenz:* mit Verlaub.

151,12 *Direktoriums:* Die vollziehende Gewalt wurde 1795–99 von fünf Direktoren ausgeübt.

152,21 *Assignaten:* vgl. Anm. zu 65,6.

157,19 *Inquisition:* Von der katholischen Kirche seit dem 13. Jh. betriebene gerichtliche Verfolgung von vermuteten Glaubensabweichlern, die im schlimmsten und sehr häufigen Falle den Tod durch Verbrennen nach sich ziehen konnte. Im Laufe der Zeit traten die ursprünglichen religiösen Motive vor kirchenpolitischen und ökonomischen in den Hintergrund. Das Prinzip anonymer Denunziation und der Einsatz der Folter führte zu fragwürdigen Geständnissen und Strafverfahren.

158,30 f. *Exerzition:* strenge Unterweisung.

162,3 *Prévôt:* Vorsteher.

162,33 *Bürgergarde:* seit Ende Juni 1789 gebildete Selbstschutzeinheit der Pariser Bevölkerung.

162,35 *Stadthause:* Rathaus.

163,2 f. *Schweizergarde:* vgl. Anm. zu 76,32.

163,36 *Tedeum:* kirchlicher Lobgesang.

165,5 *Elekterschläge:* elektrische Schläge.

165,19 *Gardes du Corps:* Leibgarden.

165,32 *Dauphin:* Bezeichnung für den französischen Thronfolger.

166,4 *Piken:* Langspieße.

166,5 *Tambours:* Trommler.
*Hautboisten:* Oboisten.

167,5 *glorieusen:* glanzvollen, glorreichen.
*Handlungsvertrag:* der Handelsvertrag zwischen Frankreich und England von 1786.

167,22 *Vingtième:* Steuer in Höhe von 5 % (frz. *vingtième* ›Zwanzigstel‹).

167,24 *Ferme:* Pachtzins.

167,28 *Düpe:* Genarrter, Genasführter.

168,2 *Gran:* altes Apotheker- und Goldgewicht.

168,4 *Anglomanie:* leidenschaftliche Bewunderung alles Englischen.

168,14 *Gefällen:* Abgaben für Grundstücke.

168,23 *Kipperei:* Halde.

169,7 f. *Kontribution:* Steuerleistung.

169,14 *Merkurialmittel:* in der Medizin der damaligen Zeit die sehr fragwürdige Quecksilberkur, die zur Behandlung der Syphilis eingesetzt wurde; hier metaphorisch: Radikalkur.

169,21 *an die Riemen:* ans Leder, ans Leben.

170,26 *House of Commons:* das Unterhaus im englischen Parlament.

171,4 *Corps:* Körperschaft.

171,11 *Konnexionen:* Beziehungen.

172,7 *Hastingischen Prozesse:* Auf Betreiben Edmund Burkes und der Whigs wurde seit 1786 ein Amtsenthebungsverfahren gegen den britischen Gouverneur von Ostindien, Warren Hastings, geführt, das mit dem Freispruch des Beamten endete (1795).

173,35 f. *Konföderation:* Bund, Staatenbund.

173,36 *Munizipalitäten:* Stadtverwaltungen; hier im Sinne von: Stadtregierungen.

174,21 f. *Subordination:* Unterordnung.

174,25 *Independenz:* Unabhängigkeit.

175,21 *Assignate:* vgl. Anm. zu 65,6.

177,22 f. *Indolenz und Hoffart:* Gleichgültigkeit und Hochmut.

179,1 f. *Palladium:* Heiligtum.

179,22 *Compte rendu:* Rechenschaftsbericht. Gemeint ist jener des Finanzministers Necker von 1781.

179,25 *Satrape:* im alten persischen Reich Statthalter einer Provinz (Satrapie); hier im Sinne eines Statthalters, der sein politisches Amt zum eigenen Vorteil mißbraucht.

181,10 *Verhaftsbriefe:* vgl. Anm. zu 96,25.

181,16 f. *die Notabeln zusammenberief:* Gemeint ist die vom Finanzminister Calonne im Februar 1787 einberufene Versammlung vornehmer Adliger zur Meisterung der Schuldenkrise.

185,33 *kreisausschreibende Fürsten:* Begriff des alten deutschen Reichsrechts. Die sechs Kreise des Reiches waren zunächst mehr geographische als funktionale Einheiten. Seit 1555 wurden sie mit der Wahrung des Landfriedens beauftragt und übernahmen auch polizeiliche Aufgaben. Nach dem Dreißigjährigen Krieg institutionalisierte sich eine Kreisverfassung in den einzelnen Kreisen analog der Reichsverfassung. Die (meist zwei) kreisausschreibenden Fürsten führten die Korrespondenz, beriefen den Kreistag und den Kreisobersten, der über den Landfrieden wachte.

188,7 *Jansenismus:* nach dem niederländischen katholischen Theologen Cornelius Jansen (1585–1638) benannte religiöse Reformbewegung in Frankreich, die sich gegen den Einfluß Roms richtete.

188,14 f. *Freimaurern:* weltbürgerliche Bewegung, die die geistige Vervollkommnung des Menschen auf der Basis humaner und umfassender Toleranz geprägter Gesinnung zu verwirklichen sucht. Die allgemeine Ablehnung von Fanatismus, Aberglauben und Kastengeist auf politischem und religiösem Gebiet und die Auffassung, daß Konflikte ohne zerstörerische Auswirkungen ausgetragen werden können, machten die Freimaurerei seit ihrem Bestehen gleichermaßen für viele Fürsten, Staatsmänner, Schriftsteller, Künstler und Kaufleute attraktiv, doch rief sie auch starke Verfolgungen durch die katholische Kirche hervor. Im 18. Jahrhundert stellte die Freimaurerei den Prototyp für viele andere Geheimgesellschaften dar, deren Zahl insbesondere in den Jahren vor der Französischen Revolution stark zunahm. Die bruderschaftlichen Umgangsformen in den meisten Geheimgesellschaften setzten sie dem konservativen Vorwurf aus, die Umwälzung der (Stände-)Ordnung anzustreben.

188,15 *Illuminaten:* Hier ist der von Adam Weishaupt 1776 in Ingolstadt gegründete Geheimorden (»Illuminatenbund«) gemeint, der sich, über die Freimaurerei hinausgehend, das Ziel setzte, Gesellschaft und Kirche nach den Grundsätzen der Aufklärung umzuformen und das monarchische Prinzip zu bekämpfen. Hauptmittel dabei sollte die Durchdringung des absolutistischen Beamtenapparates sein. Nach Verfolgungen durch bayerische Staatsorgane löste sich der Bund, der Anhänger auch in anderen deutschen Ländern gewonnen hatte, 1785 auf. Wichtigstes Mitglied neben Weishaupt war Freiherr von Knigge.

188,18 *Skribenten:* Schreiberlinge.

189,5 *Sp —:* Gemeint ist wohl: Spione.

190,10 *Placet:* Zustimmung.

191,24 *Epoche:* Wendepunkt.

191,36 *Abfaume:* Abschaum.

193,1 *Interessen:* Zinsen.

194,18 *chimärischen:* eingebildeten.

195,29 *Präliminarkenntnis:* Vorkenntnis.

198,5 *Landesstände oder Parlamenter:* hier allgemein: mit eigenen Mitwirkungsrechten ausgestattete Vertretungskörperschaften der Stände innerhalb einer Monarchie.

198,20 *Inquisitorn:* Untersuchungsrichter.

199,14 *Mezzotermine:* (ital.) Mittelding, Kompromiß.

200,5 *Royotät:* Neubildung nach frz. *royauté* ›Königtum‹.

200,33 *Equipage:* vornehme Kutsche.

201,2 *Mémoire:* Aufruf.

201,22 *Manifest des Herzogs von Braunschweig:* vgl. Anm. zu 128,16.

202,21 *Hypochondrisien:* (frz.) Hypochonder (jemand, der sich Krankheiten einbildet).

202,22 *Polypen:* hier: Wucherungen auf den Schleimhäuten.

202,28 *Cordeliers:* »Gesellschaft der Freunde der Menschen- und Bürgerrechte«, gegründet im April 1790 im Kloster der Franziskaner (»Cordeliers«) zu Paris; als volksfreundlichem Klub gehörten ihm vorwiegend Personen aus dem Kleinbürgertum an. Führende Mitglieder waren u. a. Marat, Danton und Santerre.

203,20 *das Triumvirat:* Marat, Robespierre und Danton.

204,7 f. *Munizipalkommission:* Gemeindeausschuß, hier: von Paris.

204,18 *föderieren:* verbünden.

204,20 *Sektion de l'Abbaye:* Pariser Gemeindebezirk.

204,27 *zehnten Augusts:* vgl. Anm. zu 96,27–29.

206,31 *Schisma:* Spaltung.

207,12 *dissentierende:* eine abweichende Meinung vertretende.

208,14 *Bett des Typhon:* Um seinen Bruder Osiris zu überwinden, hieß der ägyptische Gott Seth (griech. Typhon) seine Gäste sich nacheinander in einem kostbaren Kasten ausstrecken und versprach ihm demjenigen, der am besten hineinpasse. Als Osiris ihn genau ausfüllte, verschloß Seth den Kasten und warf ihn in den Nil.

209,36 *Infusionstierchen:* Mikroorganismen, die sich in einem Aufguß (Infusion) von Wasser auf Erde, Heu u. ä. entwickeln.

211,10 *Alkahest:* das vermeintlich allumfassende Lösungsmittel der Alchimisten.

212,4 *der achtzehnte Brumaire:* Am 8./9. November (»18. Brumaire«) 1799 wurde das Direktorium abgesetzt und Napoleon Bonaparte Erster Konsul.

212,5 *Konvergenz:* Aufeinanderzulaufen.

212,25 *die Kabinette:* Gemeint sind die monarchischen Regierungen Europas.

213,1 *Epoche:* Wendepunkt.

214,25 *Chimäre:* Einbildung, Wahnvorstellung.

219,17–19 *Herkules Friederich ... Herrscherinnen:* Gemeint ist der Siebenjährige Krieg (1756–63), den Friedrich II. u. a. gegen Österreichs Herrscherin Maria Theresia führte.

220,4 *Olympus:* Gebirge in Griechenland, in der griechischen Sage der Sitz der Götter.

221,8 *Cerberus:* in der griechischen Sage ein schreckenerregender Hund, der den Eingang zur Unterwelt bewacht.

222,6–9 *An Amerikas Strömen ... Deutsche zugleich umher!:* Gemeint ist der amerikanische Unabhängigkeitskrieg (1775–83), an dem auch Deutsche als Soldaten und Kolonisten beteiligt waren.

222,20 *Angelos:* Gemeint ist Michelangelo.

223,1 *Furie:* Rachegöttin.

226,14 *popanzischen Meilenstiefeln:* hier bildliche Umschreibung für: anmaßende Urteile.

227,36–228,1 *Ihr Name ist Legion:* Von ihnen gibt es unzählige.

228,2 *Parlamenter:* vgl. Anm. zu 56,10.

228,15 *Machinationen:* Machenschaften.

229,11 *États généraux:* oberste Versammlung der feudalen Mitwirkungskörperschaften der Monarchie, die nach dem Jahre 1614 erstmals wieder im Jahr 1789 einberufen wurden und aus Vertretern von Klerus, Adel und Bürgertum bestanden; ihre Zustimmung war für den Erlaß neuer Steuern nötig; auch »Generalstände« genannt.

229,18 *Aspekten:* hier: Vorzeichen.

229,26 *Deum ex machina:* Als »deus ex machina« (lat., ›der Gott
aus der Maschine‹) wurde im antiken Schauspiel die durch eine
Theatermaschine bewirkte Göttererscheinung bezeichnet, die die
Verwicklungen der Handlung auflöst; daher allgemein: unverhoffter Helfer, unerwartete Lösung.

229,34 *das goldne Saturnische Alter:* in der antiken Mythologie das
von dem Gott Saturn regierte Zeitalter des Reichtums und Friedens.

231,5 *Die Freiheit kam aus Penns gelobtem Land:* Gemeint ist die
von dem englischen Quäker William Penn gegründete nordameri-
kanische Kolonie Pennsylvania, die mit den übrigen Kolonien
1776 ihre Unabhängigkeit vom britischen Mutterland prokla-
mierte.

231,7 *in Eisen:* in Ketten.

231,23 f. *ob Zepter oder Flegel, ob Krummstab oder Speer:* metaphorisch für: Königtum, Bauernstand, Kirche und Armee (Flegel:
Dreschflegel; Krummstab als Zeichen des Bischofs).

232,4 *Junkers:* Adligen.

232,10 *Korsar:* Pirat.

232,14 *auf Marokkos Küste:* Gemeint ist: als Sklave.

232,20 *Der Tiere mächtiger Regent:* der Löwe.

233,5 *Sire:* (frz.) Anrede an einen Monarchen.
*Motion:* Antrag.

233,22 *Schöpsenfleisch:* Schöps: Hammel.

233,25 *Ratzen:* Ratten.

234,15 *Deputation:* Abordnung.

234,19 *Phöbus':* Phöbus: Beiname des Apollon (als Sonnengott).

234,25 *Schach:* (persisch) König.

235,4 *Zephyrs:* Zephyr: sanfter Wind, Westwind.

235,14 *Äolus:* Gott der Winde.

235,17 *schnakisch:* schnurrig, seltsam.

236,4 *Arakan:* Küstenlandschaft im Westen Birmas (Hinterindien).

236,9 *Lazaron:* Bettler.

236,17 *Schächern:* Räubern.

236,23 *Annalist:* Chronist, Geschichtsschreiber.

237,14 *Wodanseichen:* Der germanische Gott Odin (Wotan) wurde
an Eichen verehrt.

237,16 *Hermann:* der Cheruskerfürst Arminius, der 9 n. Chr. die
römischen Truppen unter Varus schlug.

238,22 *Zähre:* Träne.

239,1 *Biedermann:* hier: Ehrenmann.

**239,8** *Jean Baptiste Guillotin:* Lichtenberg verwechselt ihn mit Joseph-Ignace Guillotin (1738–1814), der ebenfalls Arzt war und auf dessen Vorschlag hin die Guillotine als offizielles Hinrichtungsinstrument eingeführt wurde.

**240,18–21** *Catalogus Sanctorum ... Anno 1514:* Katalog der Heiligen und ihrer Taten, aus verschiedenen Werken gesammelt usw. von dem hochwürdigen Petrus de Natalibus aus Venedig, von Gottes Gnaden Bischof von Equilia. Gedruckt zu Lyon bei Jacques Saccon. 1514.

**240,22** *Inspektion:* Betrachtung.

**240,24** *Fol.:* Seite (lat. *folium*).

**242,32** *distinguieren:* unterscheiden.

**242,33 f.** *Aderlaß Schnepper:* chirurgisches Werkzeug zum Aderlaß.

**243,3** *der unglückliche König:* Gemeint ist Ludwig XVI., der am 21. Januar 1793 durch die Guillotine hingerichtet wurde.

**243,4** *Mesmers Magnetismus:* von Franz Anton Mesmer (1734 bis 1815) aufgestellte Lehre des »animalen« Magnetismus, die vom Menschen ausstrahlende heilende Kräfte behauptet; Vorläuferin der therapeutischen Hypnose.

**243,15** *Aurora:* Göttin der Morgenröte.

**243,26 f.** *Pandorens Büchse:* Nach der griechischen Sage entließ Pandora, die erste Frau, aus der ihr von den Göttern gegebenen Büchse zahlreiche Übel für die Menschen; nur die Hoffnung blieb darin.

**247,16** *Dreihundert Sparter:* 480 v. Chr. verteidigte der Spartanerkönig Leonidas den Thermopylenpaß und fiel dabei mit allen seinen Soldaten im Kampf gegen eine persische Übermacht.

**249,3** *Hermanns Vaterland:* Gemeint ist Deutschland als das Land Hermanns des Cheruskers.

**249,4** *Tyrtäus:* Tyrtaios, griechischer Lyriker des 7. Jh.s v. Chr., der Kriegslieder für Sparta schrieb.

**249,25** *Fr – – H.g:* Möglicherweise ist der konservative Publizist und preußische Minister Friedrich von Hertzberg gemeint.
*Z[immermann]:* Gemeint ist wohl der Arzt und Schriftsteller Johann Georg Zimmermann (1728–95), der ungeachtet seiner früher liberalen Einstellung die Anhänger der Französischen Revolution bekämpfte.

**249,26** *R[ehberg]:* Gemeint ist wohl August Wilhelm Rehberg (s. S. 472 f.).

**250,20** *bekleiben:* haften, festhalten.

250,23 *Bourbon:* Ludwig XVI. stammte aus der Dynastie der Bourbonen.

250,24 *Ohnehose:* vgl. Anm. zu 77,20.

251,18 *Sphäre:* hier: Bildungshorizont.

252,29 *alliierten Armee:* Heer der gegenrevolutionären Monarchen Österreichs und Preußens, das unter der Leitung des Herzogs von Braunschweig gegen die französischen Revolutionsheere kämpfte (Erster Koalitionskrieg 1792–95).

253,6 *Halbchaisen:* kleine, zweirädrige Kutschen.

253,7 *Brancards:* Packwagen.

256,29 *hypochondrischem:* schwermütigem.

257,34 *Epoche:* Wendepunkt.

257,35 *Blockade von Mainz ... Belagerung:* Nach der Besetzung durch die Franzosen wurde Mainz 1793 von den Koalitionstruppen belagert und wiedererobert.

258,4 *Klubbisten:* Mitglieder des Mainzer Jakobinerklubs um Johann Georg Forster und Georg Wedekind, die während der ersten französischen Besatzungszeit eine profranzösische Verwaltung der Stadt aufbauen wollten.

258,30 *Munizipalbeamter:* städtischer Beamter der Revolutionsregierung.

261,3–5 *daß es besser sei, den Türken als den Renegaten in die Hände zu fallen:* Renegaten: Abtrünnige; hier: zum Islam übergetretene Christen. Gemeint ist: Wirkliche politische Feinde sind weniger schlimm als Überläufer, die nach der Preisgabe ihrer früheren Überzeugungen um so fanatischer und brutaler für die neue politische Richtung eintreten.

268,4 *Marseillermarsches:* vgl. Anm. zu 102,27

268,17 *Mietlingsschwarm:* Gemeint sind die antirevolutionären Heere der europäischen Monarchen, die zum großen Teil aus Söldnern (Mietlingen) bestanden.

271,23 / 272,19 f. *Grazien / Charitinnen:* in der antiken Mythologie Personifikationen der Schönheit und der Anmut.

273,18 *frivolen:* hier ohne den heutigen erotischen Bezug im Sinne von: leichtfertig, oberflächlich.

273,24 f. *Horen Eunomia, Dike und Irene:* In der griechischen Mythologie ursprünglich Personifikationen der Jahreszeiten; bei dem griechischen Dichter Hesiod die Göttinnen der Gesetzmäßigkeit, der Gerechtigkeit und des Friedens.

273,29 *Themis:* in der griechischen Sage die Gemahlin des Zeus, Göttin der Sitte und Ordnung, Schützerin des göttlichen Rechts.

274,21 *Heros:* (griech.) Held.

275,4 f. / 5 f. *zweien Monarchien / einen gewissen Tag des Wein-
und Kelter-Monats:* Gemeint ist die Niederlage, die die preußischen und sächsischen Truppen bei Jena und Auerstedt am
14. Oktober 1806 gegen Napoleons Armeen erlitten, was zum
staatlichen Zusammenbruch Preußens führte.

275,9 *Zentimanen:* hundertarmige Riesen der antiken Mythologie.

276,7 *Phönix:* in der ägyptischen Mythologie ein heiliger Vogel, der
sich in bestimmten Abständen selbst verbrennt und in neuer Form
wieder aus der Asche aufersteht.

277,9 *14. Oktober:* vgl. Anm. zu 275,4 f. / 5 f.

277,11 *Adonisfest:* Adonis war in der griechischen Mythologie der
von einem Eber getötete Geliebte der Liebesgöttin Aphrodite, ein
besonders schöner Jüngling.

279,1 *Fichtes Wissenschaftslehre:* Die *Wissenschaftslehre* (1795) war
das Hauptwerk des klassischen deutschen Philosophen Johann
Gottlieb Fichte (s. S. 441–443).

279,2 *Goethes Meister:* Gemeint ist Goethes Roman *Wilhelm Mei-
sters Lehrjahre* (1795/96).

278,19 *annihilieren:* vernichten, für ungültig erklären.

280,4–9 *Les bornes ... mot de liberté:* »Die Grenzen des Möglichen
in der moralischen Welt sind weniger eng, als wir meinen. Unsere
Schwachheiten nur, unsere Laster, unsere Vorurteile ziehen sie
zusammen. Die niedren Seelen glauben nicht an große Männer:
gemeine Sklaven lächeln mit spöttischer Miene bei dem Wort
Freiheit.« (Übers. nach: Friedrich Hölderlin, *Sämtliche Werke*,
hrsg. von Friedrich Beißner, Bd. 1: *Gedichte bis 1800*, 2. Hälfte:
*Lesarten und Erläuterungen*, Stuttgart 1943, S. 453.)

280,12 *gebeut:* gebietet.

280,14 *Hesperidenwonne:* Die Hesperiden waren in der griechischen Sage die Hüterinnen der goldenen Äpfel des Lebens.

280,22 *Elysium:* in der griechischen Mythologie die Gefilde der
Seligen am Rande der Welt, wohin die Lieblinge der Götter nach
dem Tode versetzt werden.

281,16 *Orellana:* Gemeint ist der Amazonas (nach seinem Entdek-
ker Johannes Orellana); Hölderlin denkt wohl an einen Wasser-
fall.

282,1 *lesbische Gebilde:* Gemeint sind Lieder (die Insel Lesbos in
der Ägäis galt als Heimat der Dichtkunst).

282,2 *Segenshorne:* Füllhorn.

282,7 *Tyndariden:* auch: Dioskuren; in der griechischen Sage die unzertrennlichen Brüder Kastor und Polydeukes (lat. Castor und Pollux), Zwillingssöhne des Zeus.

282,32 *Äonen:* Weltalter.

283,7 *Orkus:* Unterwelt, Totenreich.

283,12 *Pilote:* Steuermann.

283,21 *Boreasse:* Boreas: Nordwind.

284,2 *Evans:* Evan: Beiname des Gottes Dionysos.

284,26 *Orions:* Orion: in der griechischen Sage ein berühmter Jäger, der als Sternbild an den Himmel versetzt wurde.

284,30 *Helios:* der griechische Sonnengott.

285,31 *Zähre:* Träne.

286,4 *Urania:* Beiname der Liebesgöttin Aphrodite.

286,6 *Hyperion:* Beiname des Sonnengottes Helios.

286,9 *Minos':* Minos: sagenhafter König von Kreta, der für den Minotaurus (einen Stiermenschen) das Labyrinth erbauen ließ.

286,13 *der göttlichen Catone Manen:* Manen: die Seelen der Verstorbenen, hier der beiden römischen Politiker Cato d. Ä. und Cato d. J.; beide versinnbildlichen hier die Gerechtigkeit.

286,19 *Ceres':* Ceres: Göttin des pflanzlichen Wachstums.

287,21 *Inzitation:* Aufreizung, Anreizung.

288,23 *apodiktisch:* keinen Widerspruch duldend.

288,25 f. *Munizipalitäten:* Stadtverwaltungen.

288,26 *Philister:* Spießer.

288,31 *Obskuranten:* Dunkelmänner, Feinde der Aufklärung.

288,31 f. *Frosch- und Mäusekrieg:* Das antike griechische Klein-Epos *Batrachomyomachia* (›Froschmäusekrieg‹) parodiert die *Ilias* des Homer, indem sie statt ernster Helden Frösche und Mäuse gegeneinander kämpfen läßt.

289,8 *dethronisiert:* entthront.

289,16 f. *Sphärenmusik:* in der Naturphilosophie seit Pythagoras die vom Menschen nicht hörbaren Töne, die angeblich von den Bewegungen der Planeten hervorgerufen werden.

295,21 *Korporationen:* Stände; nach Berufen oder nach sozialen Gruppen geordnete Zusammenschlüsse der Feudalzeit.

302,6 *Gersau:* schweizerische Gemeinde am Vierwaldstätter See, 1390–1798 selbständige, mit der Eidgenossenschaft verbundene Republik.

305,13 *Kommitierten:* Beauftragten.

311,5 f. *par ordres réunis:* bei vereinigten Ständen.

311,11 f. *der Tiers État:* der Dritte Stand (das Bürgertum).

311,26 *Prärogativen:* Vorrechte.

311,31 *Souhaits und Doléances:* Wünsche und Beschwerden.

311,33 *Cahiers:* Während der Generalständewahlen im Winter 1788/ 1789 durften alle Gemeinden und Stände Frankreichs Beschwerdeschriften an den König richten, in denen sie auf Mißstände hinweisen konnten: die sog. *cahiers de doléances* (›Beschwerdehefte‹).

312,8 *Kommittenten:* Auftraggeber.

312,11 *Deliberationen:* Erwägungen, Überlegungen.

312,16 *Mandats impératifs:* gebundene, »imperative« Mandate, welche die Mandatsträger an die Weisungen ihrer Wähler binden und ihnen keine Verhandlungsspielräume eröffnen.

312,19 *Kurie:* hier: Abteilung, Gruppe, Stand.

315,1 f. *délibération par ordre oder par tête:* Abstimmung nach Gruppen oder nach Köpfen (Einzelpersonen).

316,18 *präponderierenden:* überlegenen, vorherrschenden.

316,23 *États généraux:* vgl. Anm. zu 229,11.

317,25 f. *pour etablier ... Gouvernement:* um, entsprechend den Wünschen des Königs, eine beständige und unwandelbare Ordnung in allen Teilen der Regierung einzurichten.

319,9 f. *das Châtelet erschien durch eine Deputation:* Gemeint ist, daß eine Abordnung des Gerichts erschien; das Châtelet, eine frühere Burg, war der Sitz des königlichen Gerichtshofs.

319,11 f. *de rendre le calme à leurs tristes foyers:* ihren bedrückten Wohnstätten wieder den Frieden zu schenken.

320,36 *Prätensionen:* Ansprüche.

322,33 f. *Quand on parvient à me ... de la verité:* Wenn es mir gelingt, zugleich zwei entgegengesetzte Parteien zufriedenzustellen, kann ich mir einbilden, recht nahe bei der Wahrheit zu liegen.

324,35 f. *qu'il ne faut pas ... un corps vivant:* daß man nicht an einem lebenden Körper Anatomieunterricht geben darf.

334,27 *Palladium:* Heiligtum.

335,6 *kasuistisch:* vom Einzelfall ausgehend.

337,33 *Reformation:* Umgestaltung (hier ohne religiösen Bezug).
*Insurrektion:* Empörung, Aufstand.

353,27 *Misanthropen:* Menschenfeinde.

354,4 *Insubordination:* Gehorsamsverweigerung, Unbotmäßigkeit.

354,32 *ceteris paribus:* (lat.) wenn alle sonstigen Umstände gleich bleiben.

355,5 *Pasquille:* Schmähschriften.

355,26 *patientia jugi:* (lat.) die Duldsamkeit des Joches, der Unterjochung.

355,31 *Krummstab:* Bischofsstab.

357,7 *Kalkül:* Überlegung, Berechnung.

357,13 *Kausalität:* ursächliche Beziehung.

357,20 f. *signum rememorativum, demonstrativum, prognostikon:* (lat., griech.) Kennzeichen des Erinnerns, des Aufzeigens, des Prophezeiens (hier im Sinne von: Vergangenheit, Gegenwart und Zukunft).

359,10 *Anthropologie:* Wissenschaft vom Menschen.

359,21 *Exaltation:* gefühlsmäßige Erregung, Übersteigerung.

359,31 *non singulorum, sed universorum:* (lat.) nicht als Einzelne, sondern als Gesamtheit.

360,4 *statuarische:* satzungsgemäße.

362,17 *a priori:* (lat.) von vornherein, auf Grund eines Vernunftschlusses.

364,14 f. *Requisitionen:* Beschlagnahmungen.

365,15 *Anachoreten:* Einsiedler.

366,29 *Konzentrizität:* Anordnung um einen gemeinsamen Mittelpunkt.
*exzentrisch:* außerhalb des Mittelpunktes liegend; überspannt.

367,18 *Assoziationen:* politische Vereinigungen, Vorläufer politischer Parteien; z. B. Klubs oder Logen.

367,19 *Cordeliers:* vgl. Anm. zu 201,28.

369,17 *Antagonismus:* Gegensätzlichkeit.

370,5 *polyarchische:* Polyarchie: (griech.) Herrschaft mehrerer Personen bzw. Institutionen in einem Staat.

370,17 *Wendilsee:* in der germanischen Mythologie das Meer, das die Erde umspült (Wendelmeer).

371,8 *Miasmen:* giftige Dünste.

371,25 f. *Solution:* chemische Lösung.

371,28 *Alkahests:* vgl. Anm. zu 211,10.

372,26 f. *Dissentierende:* Abweichende.

373,7 f. *Contrat social:* Gesellschaftsvertrag; durch einen solchen Vertrag zwischen freien Individuen sollte nach Jean-Jacques Rousseau (1712–87) die Herrschaft in einem Staat begründet werden.

373,8 *die Bundesakte und die Wiener Additionalakte:* Die auf dem Wiener Kongreß beschlossene Bundesakte vom 8. Juni 1815 war die Verfassung des Deutschen Bundes, des Zusammenschlusses der deutschen Einzelstaaten; am 8. Juni 1820 trat die Wiener Schlußakte ergänzend hinzu.

374,11 *Jura singulorum:* (lat.) Rechte der Einzelnen.

374,14 *nach dem ersten Buche im fünften Kapitel:* Gemeint ist hier und im folgenden Rousseaus Buch *Du contrat social* (1762).

375,25 *jenes polnischen Palatins:* Palatin: Held. Gemeint ist der polnische General Tadeusz Kościuszko, der 1794 den letzten Aufstand gegen die Teilungen Polens anführte.

375,25 f. *malo periculosam libertatem, quam quietum servitium:* (lat.) Ich ziehe die gefahrvolle Freiheit der geruhsamen Knechtschaft vor.

376,3 *des Genfer Publizisten:* Rousseaus.

376,10 *Cortes:* die spanische Volksvertretung, deren liberale Verfassung von 1812 in der Folgezeit von der Reaktion zunichte gemacht wurde.

376,18 *Infusorium:* vgl. Anm. zu 209,36.

376,19 *Perturbationen:* Störungen, Erschütterungen.

376,22 f. *die bekannte Hahnenfeder in ihrem Manuskripte:* Ein 1820 anonym in London erschienenes *Manuskript aus Süddeutschland* von dem Publizisten Friedrich Ludwig Lindner forderte ein Bündnis zwischen Württemberg, Bayern und Baden, um den Einfluß Preußens und Österreichs einzudämmen.

376,27 *Schlacht bei Eßling:* die für beide Seiten außerordentlich verlustreiche Schlacht zwischen der französischen Armee unter Napoleon und den österreichischen Truppen unter Erzherzog Karl bei den Dörfern Aspern und Eßling in Niederösterreich am 21. und 22. Mai 1809.

377,23 *Carbonaris:* Der Geheimbund der Carbonari (›Köhler‹) spielte im Italien des 19. Jh.s eine bedeutende Rolle im Kampf für Unabhängigkeit und politische Freiheit.

378,11 *Marbod:* König der Markomannen, der nach der Eroberung seines großen, im heutigen Böhmen gelegenen Reiches durch Hermann den Cherusker (17 n. Chr.) zu den Römern floh.

378,31 *Interdikt:* Verbot.

379,16 *Inquisition:* vgl. Anm. zu 157,19.

379,19 *zu inquirieren:* auszuforschen.

381,2 *sollizitieren:* in Bewegung setzen.

382,33 *Nestelknüpfen:* Hexerei.

385,12 *Metzen:* Dirnen.

385,13 f. *Surrogate:* Behelfsmittel.

386,8 *blöde:* schüchtern.

387,16 *Lizenz:* Willkür.

388,7 *wie jener alte Asenkönig:* Gemeint ist der König Midas der antiken Sage.

388,14 *hinrastriert:* rastrieren: Linien ziehen.

389,19 *Depositum:* Einsatz, Einlage.

389,20 *Handfeste:* Handschrift.

390,10 *Sykophanten:* Verleumder.

390,20 *Exzeptionsgesetzen:* Ausnahmegesetzen.

391,10 *Faktionen:* parteimäßige Gruppierungen.

395,20 f. *jener königliche Sänger:* David.

395,21–23 *Dominus ... multorum:* (lat.) »Der Herr wird die Könige zerschmettern, er wird richten unter den Heiden, er wird viele erschlagen, er wird Häupter zerschmettern auf weitem Gefilde« (Ps. 110,5–7).

397,6 *Klerisei:* Geistlichkeit.

397,24 νοῦς: (griech.) Geist; nach Anaxagoras das Unterscheidungskriterium zwischen bewegt werdenden (d. h. seelenlosen) und bewegenden (beseelten) Lebewesen.

400,11 *Charte:* Charte constitutionelle: Verfassungsurkunde (vom Juni 1814).

# Zu den Autoren und Texten

Die Texte der vorliegenden Ausgabe folgen jeweils den nachgewiesenen Druckvorlagen. Überschriften wurden gelegentlich von den Herausgebern formuliert (sie erscheinen in den folgenden Textnachweisen kursiv). Orthographie und Interpunktion wurden unter Wahrung des Lautstands und der sprachlichen Eigenart behutsam dem heutigen Gebrauch angeglichen; veraltete Rektionen von Verben, veraltete starke Deklinationen von Adjektiven sowie veraltete Pluralformen wurden beibehalten. Offensichtliche Druckversehen wurden stillschweigend korrigiert. Textstellen, die in den Druckvorlagen durch Sperrung, Kursive oder – bei Fraktursatz – eine andere Schriftart hervorgehoben sind, erscheinen kursiv; zusätzlich durch Sperrung der anderen Schriftart oder einen größeren Schriftgrad hervorgehobene Stellen erscheinen kursiv gesperrt.

In den folgenden Textnachweisen erscheinen Autoren, die anonym oder pseudonym veröffentlichten, deren Urheberschaft jedoch bekannt ist, in eckigen Klammern.

## TEXTE UNBEKANNT GEBLIEBENER VERFASSER

Dem Leser politischer Literatur der Revolutionszeit fällt ins Auge, wie oft sich die Autoren verstecken. Angesichts der Zensurbedingungen hat Anonymität ihre klare Aufgabe in den meisten deutschen Staaten. Die Zensur wurde nach einer kurzen Phase der Liberalisierung sehr schnell wieder verschärft und beobachtete fortan auch recht unpolitisch scheinende Gebiete. Nicht umsonst wurde die Diskussion geführt, »ob Aufklärung Revolutionen befördere!« Daß auch konservative Autoren zuweilen ihren Namen verschwiegen, obgleich sie die Zensur kaum zu fürchten hatten, lag zum einen daran, daß die Anonymität in einem gewissen Ausmaß auch ›Mode‹ war, zum anderen daran, daß diese Autoren sich aus Furcht vor der demokratischen Presse nicht exponieren wollten.

Anonymität der Veröffentlichung konnte freilich nur Schutz bieten, wenn der Autor mit verschwiegenen Verlegern und Buchhändlern zusammenarbeitete bzw. den Ort öfters wechselte. Beim damaligen Stand der Alphabetisierung war die Zahl der Publizisten von der Lese- wie der Schreibfähigkeit her begrenzt; die Obrigkeit der einzelnen Territorien konnte sich schnell einen Überblick verschaffen. So gab es für die demokratische Publizistik nur einige Nischen, in denen sie sich entfalten konnte. Das waren zunächst kurzlebige, schnell zu produzierende Broschüren und Flugschriften; für längere Werke, die auch vom Druck her größeren Aufwand erforderten, boten sich Verlagsorte an, die liberale Zensurbedingungen aufwiesen – wie z. B. das dänische Altona, ein Schwerpunkt des demokratischen Verlagswesens. So ungestört von den Obrigkeiten der anderen Territorien man dort druckte, so schnell konnte der Wind umspringen, wenn der herrschende Regent aus vielerlei Motiven eine andere Politik verfolgte – auch wenn er aus wirtschaftlichen Gründen jahrelang den Buchhandel gefördert hatte. Politische Publizistik war ein riskantes Unterfangen, das zeigen Autorenschicksale wie die von Christian Daniel Schubart, Wilhelm Ludwig Wekhrlin oder Josias Gosch. An Gosch zeigt sich, daß auch ein Pseudonym nicht immer schützte; allerdings war in seinem Fall »Louis«, die französische Form seines Vornamens Ludwig, doch wohl zu einfach aufzulösen.

Gefahrloser publizierte es sich natürlich unter dem Schutz der »Französischen Freiheit«, d. h. in den von französischen Truppen besetzten Gebieten West- bzw. Süddeutschlands. Nicht zufällig nahm die demokratische Publizistik einen Aufschwung in der Zeit des ersten Revolutionskrieges. Insgesamt schützte die Anonymität besser als ein Pseudonym.

Zwar gelang es im Verlauf der letzten 200 Jahre findigen Bibliothekaren und Biographen, viele Schriften »ohne Autor« aufzulösen, dennoch bleibt ein Rest. Vermutlich können hier nur der Zufall oder die systematische Durchforstung von biographischen Lexika bzw. von Verlagsunterlagen weiterhelfen. Wie gern hätte man etwa das Pseudonym »Aspasia« (vgl. S. 145–149) entschlüsselt!

Aufruf an alle Völker Europens [. . .], oder erste Empfindungen als ich in mehreren öffentlichen Blättern las, daß Paris den Festtag der Verläugnung Gottes würklich geheiligt hat. Von einem Offizier der K. K. Armee. [o. O.] 1794. S. 3–9.

Aspasia: Beweis, daß die eifrigsten Vertheidiger der Freiheit und
Gleichheit die größten Despoten sind; eine Rede, in einem weiblichen Jakobinerklub gehalten. In: Der Kosmopolit. Eine Monaths-
schrift zur Beförderung wahrer und allgemeiner Humanität.
5. Stück. Mai 1797. S. 357–367 [Auszug].

121 Jahre vor Einführung des Frauenwahlrechts ein sehr modern
wirkender Text, der aus weiblicher Sicht die Verfehltheit einer nur
auf das männliche Geschlecht beschränkten Emanzipation ein-
drucksvoll entlarvt.

Kritik über gewisse Kritiker, Rezensenten und Broschürenmacher.
Nr. 16. Augsburg, 15. April 1793. S. 154, 155–160.

Der anonyme Beitrag entstammt einer Augsburger Broschüren-
sammlung, die regelmäßig erschien. Hier wurde bereits sehr frühzei-
tig die konservative Komplott-Theorie vertreten, die dann Johann
August Starck in seinem großen Werk *Der Triumph der Philosophie
im achtzehnten Jahrhundert* (1803) systematisch entwickelt hat.
Auch diese Arbeit erschien in Augsburg.

## Johann Wilhelm Archenholz (1743–1812)

Heute vergessen, war Archenholz doch einer der bekanntesten
›hauptamtlichen‹ politischen Publizisten seiner Zeit. Er stammte aus
der Gegend von Danzig und brachte es in der preußischen Armee
schon in jungen Jahren zum Hauptmann. Mit 20 Jahren quittierte er
den Dienst, blieb aber den Angelegenheiten des Militärs stets eng
verbunden. Seine *Geschichte des Siebenjährigen Krieges*, 1789 im
*Berliner historischen Taschenbuch* erschienen, zeugt davon ebenso
wie die starke Verbreitung seiner Zeitschriften bei Militärs. Schon in
den achtziger Jahren hatte er – Studienreisen nach England, Frankreich und Italien waren vorausgegangen – die Journale *Literatur-
und Völkerkunde* sowie *England und Italien* herausgegeben. Bekannt wurde er aber als Editor der *Minerva.* Diese 1792 gegründete Zeitschrift redigierte Archenholz bis zu seinem Tode ununterbrochen; bis 1857 überlebte das Blatt seinen Gründer – eine Aus-

nahme unter den sonst recht kurzlebigen Zeitschriften! Johann Wilhelm Archenholz gehörte zu den gemäßigten Publizisten, die stets ein klares Wort sagen durften; Unparteilichkeit, scharfe analytische Fähigkeiten und Stetigkeit zeichnen ihn aus. Schon während seines Frankreichaufenthalts 1791/92 waren ihm treffende Beobachtungen gelungen. Hier ist eine Miszelle aus dem Jahr 1800 wiedergegeben.

Minerva. Ein Journal historischen und politischen Inhalts. Hrsg. Von J. W. von Archenholz. Juni 1800. S. 562–564.


## JOHANN MICHAEL ARMBRUSTER (1761–1814)

Den Schwaben Armbruster (dessen Vorname zuweilen fälschlich mit »Johann Melchior« angegeben wird) führte ein abenteuerliches Leben aus dem württembergischen Sulz am Neckar, wo er geboren wurde, zunächst an die Militärakademie der Hohen Carls-Schule nach Stuttgart. Im Gegensatz etwa zu Friedrich Schiller, den der despotische Drill an dieser Schule zum Rebellen machte, hat sich Armbrusters konservative politische Haltung dort verstärkt bzw. erst gebildet. Er geht dann als Sekretär zu Lavater in die Schweiz; mit diesem kommt es aber 1786 zum Bruch, so daß der inzwischen verheiratete Armbruster nach Konstanz übersiedelt und dort »privatisiert«, d. h. sich durch publizistische Arbeiten kümmerlich über Wasser hält. Die antifranzösischen Tendenzen seiner »Volksschriftstellerei« bringen ihm die Verbindung zu vorderösterreichischen Regierungs- und Geheimdienstkreisen, durch deren finanzielle Unterstützung er im Jahr 1800 die Zeitschrift *Der redliche Bote aus Schwaben* herausbringen kann. Die französische Invasion Süddeutschlands beendet diese Tätigkeit; Armbruster flieht nach Wien und wird als Zensor in österreichische Dienste übernommen. Nebenher betätigt er sich weiter als Publizist. Wegen privater Probleme begeht er im Januar 1814 Selbstmord.

Wichtige Veröffentlichungen Armbrusters: *Schwäbisches Museum* (2 Bde., Kempten 1786); *Der Volksfreund, eine Zeitschrift* (Konstanz 1793–99); *Sündenregister der Franzosen während ihres Aufenthaltes in Schwaben und Vorderösterreich* (Karlsruhe 1797).

[Johann Michael Armbruster:] Die zehen Plagen Egypten Landes. Eine alte aber wahrhafte Historie mit einer neuen Nutzanwendung. In: Der redliche und aufrichtige Bote aus Schwaben, welcher seinen lieben Lands-Leuten in Schwabenlande, und auch andern ehrlichen Leuten in Österreich, Frankenland, Bayern und in der Schweiz allerley, Altes und Neues erzählt, was zu ihrem Beßten dienen kann. 21. Stück. 1799. S. 173–175.


SAUL ASCHER (1767–1822)

Ein deutscher Jude, der bereits 1788 die Frage »Soll der Jude Soldat werden?« stellte. So lautet der Untertitel seines ersten Buches, *Bemerkungen über die bürgerliche Verbesserung der Juden,* das er – erst 21jährig – in Berlin herausbrachte. Über Aschers Leben ist wenig bekannt. Die *Allgemeine Deutsche Biographie* erwähnt ihn nicht; die Gelehrtenverzeichnisse der Aufklärungszeit wissen zumindest einige Daten, so z. B. das *Gelehrte Teutschland* von Georg Christoph Hamberger und Johann Georg Meusel, das ihn 1796 als »gelehrten Juden« und 1810 als Magister der Philosophie und Inhaber einer Buchhandlung in Berlin ausweist. Da Ascher auch unter dem Pseudonym »Theodiskus« veröffentlichte, führt ihn Friedrich Rassmanns *Kurzgefaßtes Lexikon deutscher pseudonymer Schriftsteller* (Leipzig 1830) auf: »Saul Ascher, ein Isrealit, geb. am 8. Febr. 1767 zu Berlin, gest. am 8. Dez. 1822 als Dr. der Philosophie und Privatgelehrter daselbst.«
Ascher hat zeitlebens viel veröffentlicht, vor allem im Bereich der Populärphilosophie und der politischen Publizistik, aber auch der Belletristik. Neben den *Philosophischen Skizzen* (unter deren anderem Titel *Ideen zur natürlichen Geschichte der politischen Revolutionen* hier ein Auszug wiedergegeben ist) können den heutigen Leser nachfolgende Titel interessieren, die Aschers zeitnahe Schreibweise illustrieren: *Napoleon oder über den Fortschritt der Regierung* (Berlin/Stralsund 1808); *Die Germanomanie. Skizze zu einem Zeitgemälde* (Berlin 1816); *Die Wartburgsfeier. In Hinsicht auf Teutschlands religiöse und politische Stimmung* (Leipzig 1818); *Der Teutsche Geistesaristokratismus. Ein Beitrag zur Charakteristik des zeitigen politischen Geistes in Teutschland* (Leipzig 1819). Daneben veröffentlichte Ascher, der politisch dem liberal-aufgeklärten Lager zuzurechnen ist, eine Fülle von Aufsätzen und Miszellen in Zeitschriften.

[Saul Ascher:] Ideen zur natürlichen Geschichte der politischen
Revolutionen. [o. O.] 1802. S. 81–83.
Wiedergegeben ist ein Auszug aus Kap. 12 (»Entwicklung der
eigentlichen Triebfedern aller politischen Revolutionen und die daraus sich entwickelnde Verschiedenheit derselben«), worin Ascher
sich u. a. mit der Frage eines stetigen Kulturfortschritts der Menschheit beschäftigt.

Aspasia

Siehe: Texte unbekannt gebliebener Verfasser.

Johann Adam Bergk (1769–1834)

»[. . .] lieferte Beiträge zu Jakobs philosophischen Annalen u. philosophischem Anzeiger, zu der deutschen Monatsschrift, zu den
Beiträgen zur Geschichte der französischen Revolution, zu Kleins
und Kleinschrods Archiv des Kriminalrechts, zu den staatswissen-
schaftlichen und juristischen Nachrichten, zum Reichsanzeiger, dem
Allgemeinen literarischen Anzeiger, zu Jakobs philosophischem
Anzeiger, zum Kosmopolit, zur Leipziger Literatur-Zeitung etc.«
Diese Aufzählung im *Neuen Nekrolog der Deutschen* (Jg. 12, 1834)
beschließt ein publizistisches Sammelsurium sondergleichen. Mit
Bergks Werken ließe sich eine Bibliothek füllen, erst recht, wenn
man seine Tätigkeit als Zeitschriftenherausgeber miteinbezieht.
Über sein Leben ist hingegen kaum etwas zu erfahren. Bereits als
32jähriger ist Bergk als privatisierender Gelehrter »zu Leipzig«
ausgewiesen (Georg Christoph Hamberger / Johann Georg Meusel,
*Das gelehrte Teutschland*, 1801), mit einer beigefügten dreiseitigen
Veröffentlichungsliste. Im Lauf seines Lebens wurden es acht engbe-
druckte Seiten. Schwerpunkte seines Schreibens bildeten die Auseinandersetzung mit Kants Werken, die Rechtsphilosophie, die politische Publizistik, Geographie und Zeitgeschichte. Dem Phänomen
Bonaparte ist Bergk bereits 1797 in einer Biographie nachgegangen,
die er dann mehrfach neu auflegte und erweiterte. Die Auflagenzah-
len verschiedener von ihm als Herausgeber betreuter Zeitschriften –

3000 bis 5000 Exemplare – lassen vermuten, daß er von seiner schriftstellerischen Tätigkeit leben konnte, spätestens im ersten Jahrzehnt des 19. Jahrhunderts. Bergk veröffentlichte oft unter eigenem Namen, doch verwendete er auch Pseudonyme – etwa Franklin, Frey, Heinichen, Spieß, Ernst Justus Wahrlieb –, die seine liberaldemokratischen Anschauungen spiegeln, ebenso wie der Inhalt des Veröffentlichten: Die Aufsätze »Einige Bemerkungen über die Unrechtmässigkeit der Todesstrafe« und »Bewirkt Aufklärung Revolutionen« (in der *Deutschen Monatsschrift*, November 1795) sind aus seiner Feder.
Johann Adam Bergk war aus Hainichen bei Zeitz gebürtig und hatte in Leipzig studiert. Nach der Promotion (vermutlich in Jurisprudenz) war er zeitlebens freier Publizist.

[Johann Adam Bergk:] Untersuchungen aus dem Natur-, Staats- und Völkerrechte mit einer Kritik der neuesten Konstitution der französischen Republik. [o. O.] 1796. S. 116–121 (11. Versuch: Über den Unterschied zwischen Aufruhr, Aufstand und Revolution).

Bergk hat auf das Titelblatt ein Motto von Immanuel Kant gesetzt: »Die Freyheit der Feder ist das einzige Palladium der Volksrechte.« Wie schlecht es um diese Freiheit 1796 bestellt war, zeigt die Anonymität des Erscheinens – ohne Autor und ohne Ort!

## FRANZ THEODOR BIERGANS (1768–1842)

Selbst in der radikaldemokratischen Presse dieser Zeit wird man lange suchen müssen, um eine ähnlich pamphletistische Zeitschrift zu finden, wie sie Biergans mit *Brutus oder der Tyrannenfeind* 1795–96 herausbrachte. Als entflohener Mönch hatte er vermutlich allen Grund, geistliche und weltliche Obrigkeiten anzugreifen. Er tat dies mit fast pathologisch wirkender Intensität. Jede Seite seiner Zeitung will Hetzschrift sein, verflucht und haßt alles, was auch nur den Anschein feudaler, fürstlicher oder monarchischer Autorität erweckt: »Den gekrönten Tyrannen Europens, den gepurpurten Tygern Latiens, den hochgeweihten Mördern Hyspaniens, den blutdürstigen Bettelprinzen der weiland mächtigen Burbonen, allen ahnenstolzen Junkern, allen privilegierten Bauernschindern, allen

Vögten, Empfängern, Amtsverwaltern, und allen Feinden der Freiheit gewidmet« (Dedikation im 1. Stück des *Brutus*, »gedruckt unter dem Schutz der Freiheit und ohne Genehmigung der hohen Potentaten im dritten Jahre der einigen unzertheilbaren Republick«).

Doch ähnlich wie bei Friedrich Rebmann mündete Biergans' bewegtes Leben mit zunehmendem Alter in ruhige bürgerliche Bahnen. Biergans war 1768 in der Gegend von Jülich zur Welt gekommen; er trat 1786 in ein Kloster ein, aus dem er aber sechs Jahre später floh, um mit jugendlichem Überschwang der »Sache der Freiheit« zu dienen. Angesichts der radikalen Sprache und des aufrührerischen Inhalts konnte er seine Pamphlete natürlich nur im linksrheinischen Gebiet verbreiten, unter dem Schutz der französischen Waffen. Sein revolutionäres Engagement blieb Episode; nach einigen Jahren wurde er Notar und Gymnasialprofessor, beides in Aachen.

Brutus oder der Tyrannenfeind, eine Zehntags-Schrift um Licht und Patriotism zu verbreiten. Herausgegeben von Franz Theodor Biergans. 5. Stück. [Köln 1795.] S. 101 f.

## JOHANN NIKOLAUS BISCHOFF (1756–1833)

Sein Werdegang führte den Weimarer Färberssohn bis zum »Hof- und Justizrat« in Dresden. Daß er Schule und Universität besuchen konnte, verdankte er Stipendien: Der Fürstin Anna Amalia sei der aufgeweckte Knabe aufgefallen, berichtet der *Neue Nekrolog der Deutschen* (Jg. 11, 1833). Auf die Frage, was er denn werden wolle, habe er »Geheimer Rath« geantwortet. Die humorige Fürstin setzte daraufhin ein Stipendium aus. Nach dem Jurastudium war er einige Jahre Privatsekretär bei dem späteren Minister Hardenberg, bekam dann eine Professur in Helmstedt; 1805 dürfte sich der Knabentraum mit der Ernennung zum Justizrat in Dresden erfüllt haben.

Bischoff gehörte zu den juristischen Praktikern; das zeigen die meisten seiner Veröffentlichungen zur Kameralwissenschaft, zur Kanzleipraxis und zur juristischen Sprache. Nur zwei Veröffentlichungen sind zur politischen Publizistik zu rechnen. Wenn Bischoff in seinem Vergleich »Neufrankreichs« mit »Altdeutschland« die deutschen Verhältnisse konservativ-bejahend darstellt, so könnte man aufgrund seiner Karriere in fürstlichen Diensten hier Opportunismus vermuten; doch er meinte es ehrlich. Sein Verhalten während der Befreiungskriege kann dafür bürgen: so war er durchaus bereit, wegen einer Veröffentlichung (*Stimme deutscher Patrioten für Sachsen und dessen König*, 1814) persönliche Nachteile in Kauf zu nehmen. Auch durch sein beherztes Eintreten für die Opfer von Justizirrtümern bewies er Courage. Als grundsätzliche Kritik an Staat oder Gesellschaft faßte er dies aber nicht auf, genausowenig wie seine lebenslange Mitgliedschaft in der Loge »Auguste zu den drei Flammen« in Göttingen.

Neu-Frankreich und Alt-Teutschland, eine Rede, womit die Herzogliche Teutsche Gesellschaft zu Helmstädt am achten März 1794 die glückliche Rückkehr ihres Durchlauchtigsten Beschützers in einer öffentlichen Versammlung feyerte. Von J. N. Bischoff, Ehrenmitgliede der Gesellschaft. Helmstedt: Fleckeisen, 1794. S. 22–25.

Bischoff steht der radikalen zweiten Phase der Französischen Revolution (1792–94) besonders ablehnend gegenüber.

Ernst Brandes (1758–1810)

Der politische Schriftsteller und Philosoph Brandes sollte nach der großen Biographie von Carl Haase (*Ernst Brandes, 1758–1810*, 2 Bde., Hildesheim 1973–74) kein so Unbekannter mehr sein, wie er es bald zweihundert Jahre war. Schon die so genauen Gelehrtenverzeichnisse der Aufklärungszeit widmen ihm nur wenige Zeilen, die *Allgemeine Deutsche Biographie* eine halbe Seite. In allen Fällen wird rätselhafterweise sein politisches Hauptwerk (*Politische Betrachtungen über die Französische Revolution*, 1790) übergangen. Genannt werden vor allem populärphilosophische und -pädagogische Schriften, z. B. *Über das Du und Du zwischen Eltern und Kindern* oder *Betrachtungen über das weibliche Geschlecht und dessen Ausbildung in dem gesitteten Leben*. Brandes schrieb auch zwei Bücher über die öffentliche Meinung.
Lange Zeit war er nur der niedersächsischen Landesgeschichte interessant; dabei übersah man die Verdienste, die sich dieser Mann im Laufe seines Lebens um die praktische Politik wie um die politische Publizistik erworben hatte. Als Sohn des Kanzleisekretärs Georg Brandes in Hannover geboren, konnte er sich nach dem Jurastudium (1775–78) auf Reisen durch Deutschland, Frankreich und England weiterbilden. 1784 lernte er in London Edmund Burke kennen, der

ihm den Posten eines Unterstaatssekretärs im englischen Ministerium anbot. Doch Brandes lehnte ab, kehrte zurück nach Hannover und übernahm 1791 die Stelle seines Vaters; 1805 brachte er es zum »geheimen Cabinetsrath«. Besonders die Förderung der Universität Göttingen war ihm ein Anliegen.

Die Eindrücke, die er von England und seinem Regierungssystem gewonnen hatte, machen sich in Brandes' politischem Werk bemerkbar. Hier ist der persönliche Einfluß Burkes zu spüren, im klaren und präzisen Stil wie in der sachlichen Analyse, die staatsrechtliche und politische Grundfragen immer am konkreten Fall diskutiert. Es gibt in der deutschen politischen Publizistik des 18. Jahrhunderts kaum vergleichbare Texte, die sich derart theoretisch anspruchsvoll und mustergültig klar etwa mit den Fragen des imperativen und freien Mandats beschäftigen. Dabei waren Brandes' *Politische Betrachtungen* die erste große Monographie über die Französische Revolution.

Das Buch entstammt der Feder eines Konservativen; zu den Sympathisanten der Revolution gehört Brandes nicht. Aber das Ideal absoluter Monarchie favorisiert er genausowenig. Sein Ideal der gemäßigten Monarchie orientiert sich an britischen Maßstäben. Insofern kann Brandes als ein konservativ-liberaler Publizist gelten, der zugleich einer der wichtigsten politischen Theoretiker seiner Zeit war.

Politische Betrachtungen über die Französische Revolution    301

Ernst Brandes: Politische Betrachtungen über die Französische Revolution. Jena: Mauke, 1790. S. 7–33, 42–46, 150–152.

## Friedrich Buchholz (1768–1845)

Der erste »politische Soziologe« der Revolution. Seine Aussagen über die Revolution erschienen relativ spät, etwa seit der Jahrhundertwende. Das hatte vermutlich berufliche Gründe. Buchholz, in Brandenburg geboren, war in Schule und Universität durch seinen Fleiß aufgefallen; 20jährig konnte er bereits eine Lehrerstelle der Brandenburger Ritterakademie übernehmen (1788).

Als erstes publizistisches Projekt übernahm Buchholz, nachdem er das Risiko des Privatgelehrten gewagt und seine Staatsstelle aufgegeben hatte, ein bekanntes Periodikum: *Girtanners Historische Nachrichten und politische Betrachtungen über die französische Revolu-*

*tion* (ab Bd. 14, 1802). Aus der Vielzahl seiner Publikationen in
Zeitschriften und Büchern, die Buchholz' zeitgeschichtlich-politi-
sches Interesse dokumentieren, ragt *Der neue Leviathan* von 1805
hervor.

Hier liegt die erste Gesamtanalyse der Revolution aus der Feder
eines Deutschen vor, der man mit Recht wissenschaftlichen Charakter zuschreiben kann. Der anspruchsvolle, auf Hobbes verweisende
Titel verspricht, was die Ausführungen auch einlösen. Muß schon
das Bemühen um Objektivität herausgestellt werden, frappiert insbesondere das theoretische Niveau des Buches. Wenn dem Zeitgenossen Buchholz schon 1805 eine sehr moderne Einordnung Napoleons in den revolutionären Kontext gelang, so überzeugen ebenso
seine Stellungnahmen zu den Ursachen der Revolution und des
Terrors. Buchholz kann neben Ernst Brandes, August Wilhelm
Rebmann und Georg Forster bestehen; dabei schreibt er ›soziologi-
scher‹ und ›wissenschaftlicher‹. Den theoretischen und objektivie-
renden Impetus seines Werkes sahen schon die Zeitgenossen: Seine
Schriften zeigen »das aufrichtige Bestreben ihres Verfassers, über die
Erscheinungen der sittlichen Welt in's Klare zu kommen und sie
einem und demselben Gesetze zu unterwerfen.« Er war »ein patrio-
tisch gesinnter Mann. Doch sah er in dem Vaterlande immer nur
einen Theil von Deutschland, in Deutschland nur einen Theil von
Europa und in Europa nur einen Theil des von Menschen bewohn-
ten Himmelskörpers, Erde genannt. Nie huldigte er dem Parthei-
geist oder strebte danach ein Partheihaupt zu werden« (*Neuer
Nekrolog der Deutschen*, Jg. 23, 1845).

Friedrich Buchholz: Der neue Leviathan. Tübingen: Cotta, 1805.
S. 118–122 (Kap. 4: Über die zweite Nationalversammlung und den
in ihr vorherrschenden Geist).

## GOTTFRIED AUGUST BÜRGER (1747–94)

Bürger wurde in der Silvesternacht 1747 als Sohn eines Pfarrers
geboren. Die geistliche Tradition in der Familie wirkte so stark, daß
der junge Bürger auf Wunsch des Großvaters die theologische
Fakultät der Universität Halle beziehen mußte; die schöngeistige
Neigung und Bürgers Hang zur Geselligkeit brachen dort aber bald

durch. Durch Vermittlung Heinrich Christian Boies kam er nach Abschluß des Studiums als Amtmann unter, mußte sich aber sehr bald den Vorwurf nachlässiger Geschäftsführung machen lassen, was ihn bewog, sein Amt abzugeben. Dazu kamen häusliche Probleme: Bürger war dreimal verheiratet, zweimal mehr oder weniger unglücklich. Als Dichter stand er dem »Göttinger Hain« um Johann Martin Miller, Johann Heinrich Voß und Ludwig Hölty nahe. Durch zupackenden Stil und volkstümliche Emotionalität gelangen ihm eindrucksvolle Beispiele der »Sturm und Drang«-Lyrik; viele Gedichte zeigen seine antifeudale Haltung.

Gottfried August Bürger: Gedichte. Hrsg. von August Sauer. Berlin/Stuttgart: Spemann, [1883]. (Deutsche National-Litteratur. Historisch-kritische Ausgabe. Hrsg. von Joseph Kürschner. 78.) (1) S. 359. (2) S. 384 f. (3) S. 383 f. (4) S. 399 f. (5) S. 400 f.


## JOACHIM HEINRICH CAMPE (1746–1818)

Seine politisch-publizistische Tätigkeit blieb Episode, aber dennoch wirkungsträchtig. Aus kleinen Verhältnissen stammend, erarbeitete sich Campe ein beträchtliches Vermögen und großes Ansehen. Campe hatte Theologie studiert, war dann aber bei den Humboldts in Berlin gutdotierter Hauslehrer geworden, da ihm geistiger Zwang nicht behagte. 1787 übernahm er die Braunschweigische Schulbuchhandlung. Berühmt ist seine Bearbeitung des *Robinson Crusoe*, er brachte Rousseaus *Émile* heraus und verfaßte sein *Wörterbuch der deutschen Sprache*. Seit 1808 verfiel der ehemals so tätige Mann immer mehr. Seine Wirkung als experimenteller Pädagoge, Erziehungsschriftsteller, Grammatiker der deutschen Sprache und – man könnte modern sagen – Lebensreformer verdient Beachtung. Schon Kant hatte das Dessauer »Philanthropinum« eines Basedow und Campe als bahnbrechende Schule betrachtet.

Der Philanthrop und Pädagoge Campe übertrug seinen Idealismus auch auf die Politik, was ihm viele Anfeindungen einbrachte. Campe war ein guter Geschäftsmann: Seine Revolutionsbriefe, im eigenen *Braunschweigischen Journal* abgedruckt, können als die ersten ›Live‹-Berichte‹ aus dem Paris der Revolution gelten, die in Deutschland veröffentlicht wurden. Campe schrieb aktuell, weil er schnell druckte, und interessant, weil er farbig schilderte und Stellung nahm. Die Idealisierung des revolutionären Frankreich beginnt in seinem Bericht gleich hinter der Grenze, wo er schon die Heraufkunft eines neuen, freien Menschen konstatiert. Seine Ablehnung des alten Staates speist sich aus moralisch-pädagogischem Impetus, politischer Theoretiker ist er nicht. So kann er die Radikalisierung der Republik auch nur als Verrat an der ursprünglichen Aufbruchstimmung von 1789 auffassen und sich von der Politik abwenden. Die *Briefe aus Paris* blieben sein einziges politisches Werk.

*Revolutionsbriefe* . . . . . . . . . . . . . . . . . . . . 49

Joachim Heinrich Campe: Briefe aus Paris zur Zeit der Revolution geschrieben. Braunschweig: Schulbuchhandlung, 1790. Reprogr. Nachdr. Hildesheim: Gerstenberg, 1977. S. 4 f., 12 f. (1. Brief), 324–328, 331 f. (8. Brief).

## Carl August von Sachsen-Weimar (1757–1828)

Zunächst scheint erstaunlich, wie wenige politische Stellungnahmen von Angehörigen der herrschenden Elite im Deutschland des 18. Jahrhunderts vorhanden sind; Politiker widmeten sich anscheinend damals wie heute vornehmlich dem Tagesgeschäft. Doch das politische Räsonnement war gegen Ende des 18. Jahrhunderts weitgehend eine Domäne des aufgeklärten Bürger- und Beamtentums geworden; so beteiligen sich viele führende Beamte und Minister an der politischen Diskussion, während ihre Landesherren hingegen kaum Stellung nehmen. Deren Fixierung auf die Tagespolitik kommt der Erforschung politischer Grundsatzpositionen überdies wenig entgegen: Wenn politische Stellungnahmen von Herrschern abgegeben werden, verstecken sie sich meist in der Fülle alltäglicher politischer Korrespondenzen, wie die hier abgedruckten kritischen Äußerungen des Herzogs von Sachsen-Weimar zur Hinrichtung Ludwigs XVI. belegen.
Carl August von Weimar ist der Nachwelt zum bekanntesten Duodezfürsten seines Zeitalters geworden, weil er Johann Wolfgang Goethe an seinen Hof zog. Die Praxis, Künstler dem höfischen

Dienst zu verpflichten, war im damaligen Deutschland weit verbreitet. Durch die Herzoginmutter Anna Amalia wurde die Hinwendung zur ›literarischen Hofhaltung‹ allerdings sehr verstärkt, hatte doch sie Christoph Martin Wieland 1772 als Prinzenerzieher nach Weimar geholt. Als Carl August im Jahre 1775 dann selbst die Regierungsgeschäfte übernahm, berief er Goethe. Obwohl nur über ein kleines Territorium regierend, bewies er auch politischen Weitblick, indem er patriotische und liberale Strömungen schon recht früh als Leitidee des kommenden Zeitalters erkannte. Immerhin löste er als erster deutscher Fürst 1816 das vom Deutschen Bund gegebene Versprechen einer landständischen Verfassung ein, reformierte die innere Staatsverwaltung gründlich und förderte die Universität Jena. Carl August erlag am 14. Juni 1828 einem Schlaganfall.

Politischer Briefwechsel des Herzogs und Großherzogs Carl August von Weimar. Hrsg. von Willy Andreas. Bearb. von Hans Tümmler. Bd. 2: Vom Beginn der Revolutionskriege bis in die Rheinbundzeit 1791–1807. Stuttgart: Deutsche Verlagsanstalt, 1958. (Quellen zur deutschen Geschichte des 19. und 20. Jahrhunderts. 38.) S. 52 f. [Auszug].

## Johann Benjamin Erhard (1766–1827)

1766 in Nürnberg als Sohn eines Drahtziehers geboren, verdankte Erhard seinen raschen Aufstieg einer außerordentlichen, universellen Begabung. Bereits mit 11 Jahren begann er während der Lehrzeit bei seinem Vater philosophische Schriften zu studieren. Auch als Graveur und Musiker betätigte er sich. An der Universität schrieb er sich in Medizin und Mathematik ein, den entscheidenden Einfluß erhielt er aber von Immanuel Kant. Dieser wurde für ihn so wichtig, daß Erhard zunächst nach Jena, dann nach Königsberg ging, um dessen Philosophie und Persönlichkeit kennenzulernen. Daß ihn Kant selbst bald hochschätzte, zeigt der spätere Schriftwechsel zwischen den beiden. Erhard praktizierte als Arzt in Nürnberg, Ansbach und Berlin, wo er es zuletzt bis zum Obermedizinalrat brachte.
Seine politischen Schriften zeigen, daß auch ein Kantianer zu revolutionären Positionen gelangen kann. Erhard konnte Aufsätze in Zeitschriften von Wieland, Fichte und Schiller unterbringen. Die

Zeitgenossen kannten also seine Qualitäten, unsere Zeit hingegen beginnt ihn erst wieder zu entdecken.

Johann Benjamin Erhard: Über das Recht des Volks zu einer Revolution. In: J. B. E.: Über das Recht des Volks zu einer Revolution und andere Schriften. Hrsg. und mit einem Nachw. von Hellmut G. Haasis. München: Hanser, 1970. S. 40–52.

Wiedergegeben ist hier die erste Hälfte von Kap. 2 (»Über das Recht, eine Revolution anzufangen«) bis zu dem Punkt, wo Erhard auf geschichtliche Fragen zu sprechen kommt.


JOHANN LUDWIG EWALD (1747–1822)

Auch er gehörte zu den evangelischen Pfarrerssöhnen, die in die Fußstapfen ihres Vaters traten. Im Unterschied zu vielen anderen blieb er dabei und brachte es bis zum Hofprediger und Generalsuperintendenten in Detmold. Mit seiner politischen Publizistik hatte er weniger Glück. Als er 1792 *Über Revolutionen, ihre Quellen und die Mittel dagegen* und ein Jahr darauf *Was sollte der Adel jetzt tun?* veröffentlichte, mißfiel das seiner Umgebung derart, daß er sich eine Predigerstelle in Bremen suchen mußte. Später war er dann Kirchen- und Ministerialrat in Karlsruhe. Bereits Zeitgenossen rügten seine Vielschreiberei; der popularisierende Zug seiner Werke ist auch heute unverkennbar.

Über Revolutionen, ihre Quellen und die Mittel dagegen. Den menschlichsten Fürsten gewidmet von J. L. Ewald. Berlin: Unger, ²1793. S. 206–212.

Man vergleiche Ewalds eindringliche Warnung vor der Revolution mit Johann Nikolaus Bischoffs Lobpreis der deutschen Verfassung (S. 137–140)!


JOHANN GOTTLIEB FICHTE (1762–1814)

Wer Fichtes von nationalem Pathos erfüllte *Reden an die deutsche Nation* (1808) kennt, wird sich zunächst über seine frühen politischen Schriften wundern: *Beiträge zur Berichtigung der Urteile des*

*Publikums über die französische Revolution* und *Zurückforderung der Denkfreiheit von den Fürsten Europens, die sie bisher unterdrückten* (beide 1793). So absolut, wie Fichte später den Patriotismus predigte, so absolut hat er in jungen Jahren den Idealen der französischen Freiheit angehangen. Er tat dies jeweils mit einer auffälligen Verbindung von emphatischer Gefühlsregung und philosophischer Abstraktheit.

Mit Kant und Hegel gehört Fichte zum Dreigestirn des deutschen Idealismus. Auf seine philosophischen Hauptwerke sei kurz verwiesen. Es sind dies die *Wissenschaftslehre* (1795), die *Grundlage des Naturrechtes nach Prinzipien der Wissenschaftslehre* (1796) und *Der geschlossene Handelsstaat* (1800). Nicht nur als Denker war Fichte unbequem; seine Persönlichkeit stand immer wieder im Mittelpunkt leidenschaftlichen Meinungsstreits. Er stammte aus einfachen Verhältnissen, sein Vater war Weber in Sachsen. Die Begabung des Jungen fiel in frühen Jahren einem benachbartem Adligen auf, der ihn auf die Universität vorbereiten ließ. Mit dem Tode dieses Mannes verlor Fichte, der sich 1780 gerade in Jena eingeschrieben hatte, die wichtigste Stütze. Kirchliche Förderung wurde ihm versagt; so mußte er sich mit Privatstunden einen kärglichen Lebensunterhalt verdienen. Fichte hat diese bitteren Jahre nicht vergessen; nicht umsonst wurde seine politische Einstellung, z. B. von Marianne Weber, als »frühsozialistisch« bezeichnet.

Er nimmt das Angebot einer Hauslehrerstelle in Zürich begierig an, reist im August 1788 in die Schweiz und unterrichtet dort bis Ostern 1790. Zu seinen Bekannten gehört der Kaufmann Rahn, ein Klopstock-Verehrer, und Johann Caspar Lavater. Mit Johanna Maria Rahn ist Fichte verlobt, als er Zürich verläßt und nach Leipzig zurückkehrt. Dort studiert und unterrichtet er die Schriften Kants, verdingt sich wieder als Hauslehrer – diesmal in Warschau. Auf der Rückreise lernt er Kant in Königsberg persönlich kennen und gerät ganz in den Bann dieses Mannes. Nun veröffentlicht er anonym den *Versuch einer Kritik aller Offenbarung.* Rezensenten halten Kant für den Verfasser; dessen Gegendarstellung macht den jungen Fichte mit einem Schlage bekannt. Es öffnen sich alle Türen zu einer philosophischen Laufbahn; die erwähnten radikaldemokratischen Schriften vom Jahr 1793 läßt Fichte wohlweislich anonym erscheinen. Als Nachfolger Karl Leonhard Reinholds wird er nach Jena gerufen, wo er 1794 bis 1799 als Professor lehrt – die produktivste, aber auch die skandalreichste Zeit in seinem Leben. Denn Fichte macht sich bei der Jugend unbeliebt, weil er die Auswüchse des studentischen

Lebens geißelt, legt Vorlesungen auf den Sonntagvormittag und wird als Atheist denunziert – Ärger mit Studenten, der Kirche, der weimarischen Regierung! Der berühmte Atheismusstreit eskaliert bis zu Fichtes Demission 1799. Er geht nach Berlin, zunächst ohne Amt, dann kann er an der damals preußischen Universität Erlangen lesen, trägt aber auch öffentlich in Berlin vor. In den Jahren 1804–08 wird seine »Wissenschaftslehre« zur Geschichtslehre, zur Religionslehre, zur Erziehungslehre. In diesem Kontext entstehen die *Reden an die deutsche Nation*, mit denen er sich ganz auf der Linie des preußischen Königs befindet, dem während der napoleonischen Besatzungszeit an einer geistig-patriotischen Erneuerung gelegen ist. Fichte hat die Universität als Gipfel der Nationalerziehung angepriesen; er wurde zum ersten Rektor der neuen Universität Berlin gewählt, geriet aber sehr schnell wieder in Konflikt mit den Studenten. Während der Befreiungskriege tritt er dem Landsturm bei. Am 27. Januar 1814 stirbt Fichte an einer Infektion.

[Johann Gottlieb Fichte:] Zurückforderung der Denkfreiheit von den Fürsten Europens, die sie bisher unterdrückten. Eine Rede. (»Heliopolis, im letzten Jahre der alten Finsterniß«, [o. O. 1793].) In: J. G. F.: Gesamtausgabe der Bayerischen Akademie der Wissenschaften. Hrsg. von Reinhard Lauth und Hans Jacob. R. 1: Werke. Bd. 1: Werke 1791–1794. Hrsg. von R. L. und H. J. unter Mitw. von Manfred Zahn und Richard Schottky. Stuttgart–Bad Cannstatt: Frommann (Holzboog), 1964. S. 169 f.

Nach dem hier wiedergegebenen Auszug fährt Fichte fort, indem er das Volk anspricht und es für die Einforderung seines Rechtes auf Denkfreiheit selbst verantwortlich macht.

## JOHANN GEORG FORSTER (1754–94)

Forster war der bekannteste Parteigänger der Revolution in Deutschland, nicht nur theoretisch-publizistisch, sondern auch praktisch. Als führender Kopf beteiligte er sich an der Mainzer Republik (seit Oktober 1792) und ging dann in offizieller Mission nach Paris.

Schon im Alter von zehn Jahren begleitete Georg seinen Vater nach Rußland, im Jahre 1766 auch nach England. Die Liebe zur Botanik und Naturgeschichte wuchs im Sohn aber eigenständig. In England kam Georg Forster zu einem Kaufmann in die Lehre; später lernten Vater und Sohn Kapitän Cook kennen, an dessen Weltreise sie beide teilnahmen. Zum Schriftsteller wurde Georg Forster von der britischen Admiralität gemacht: sie verbot seinem Vater eine Beschreibung der Reise mit Cook – nun schrieb und veröffentlichte sie der Sohn! 1778 bereits wurde er Professor der Naturgeschichte in Kassel; nun konnte er auch den Vater wieder in Amt und Würden bringen. In der Kasseler Zeit (1779–84) verlobte er sich mit Therese Heyne. 1788 ging er als Bibliothekar nach Mainz, politisch ein noch unbeschriebenes Blatt. In seinen *Ansichten vom Niederrhein*, die eine Reise mit Alexander von Humboldt von März bis Juli 1790 literarisch auswerteten, erprobte Forster erstmals die Beschreibung politischer Zustände. Auch in der Mainzer Zeit wurde er aber seine Schulden nie los, was ihn bei der literarischen Produktion unter Zeitdruck setzte und seine Gesundheit belastete; der Tod zweier Kinder und die zunehmende Entfremdung zwischen ihm und Therese griffen ihn zusätzlich an. Die Revolution, die er angesichts der fatalen Zustände in Kurmainz seit 1789 mit wachsender Sympathie verfolgt hatte, geriet ihm seit der Übergabe der Stadt an die Franzosen (21. Oktober 1792) zur praktischen Lebensmöglichkeit: im November wird er Mitglied des Revolutionsklubs, im Dezember erster Präsident. Als Mitglied im rheinisch-deutschen Nationalkonvent ist er bis zu seinem Tode rastlos tätig, nun Anhänger einer Vereinigung der linksrheinischen Gebiete mit Frankreich. Der deutsche Patriotismus der Zeitgenossen und Nachgeborenen wird ihm dieses Verhalten nie verzeihen – ihm, dem Kosmopoliten, kommt es auf das Vaterland weniger an als auf Freiheit und Gleichheit. Als Deputierter des Konvents reist er am 25. März 1793 nach Paris. Seine Familie läßt er aus Sicherheitsgründen aber nach Straßburg, dann in die Schweiz bringen. Nach dem Fall von Mainz in deutsche Reichsacht gesetzt, lebt er bis zu seinem Tode unter ärmlichen Verhältnissen in Pariser Hotels. Die *Parisischen Umrisse* (1793/94) zeigen, daß er trotz mancher resignativer Anwandlungen an seinem grundsätzlich republikanischen Bekenntnis festhielt.

Johann Georg Forster: Briefwechsel. Hrsg. von Therese Huber. Tl. 2. Leipzig: Brockhaus, 1829. (1) S. 624–629.

Bernhard Sebastian Nau: Geschichte der Deutschen in Frankreich
und der Franzosen in Deutschland und den angränzenden Ländern.
Bd. 4. Frankfurt a. M.: Eßlinger, 1795. (2) S. 394–404.

## FRIEDRICH GENTZ (1764–1832)

Gentz gehörte zu den wichtigsten Publizisten und politischen Bera-
tern seiner Zeit. Vor allem als Vertrauter Metternichs ist er heute
noch bekannt; daß die Karlsbader Beschlüsse von 1819 auf seine
Formulierungen zurückgehen, zeigt die reaktionäre Linie, auf die er
seit der Napoleonischen Zeit eingeschwenkt war. Dabei hatte er als
ein Befürworter der Menschenrechte begonnen.
Im Schlesischen geboren, war er nach dem Studium von Jura und
Philosophie (bei Kant in Königsberg) zunächst in den preußischen
Staatsdienst getreten und hatte – gut aufklärerisch – die Anfänge der
Revolution in Frankreich begrüßt. Doch schon seine 1793 erschie-
nene Übersetzung von Edmund Burkes *Reflections on the Revolution in France*, die Gentz in Deutschland bekannt machte, zeigt – in
der getroffenen Auswahl aus dem Original und in den kongenialen
Anmerkungen –, wie schnell sich Gentz von den revolutionären
Entwicklungen abgewandt hatte. Seit dieser Zeit stand sein Name an
der Spitze der konservativen Publizistik. In welchem Maße seine
Ablehnung liberaler und demokratischer Ideale zunahm, läßt sich in
seinen Zeitschriften nachlesen. Im Jahre 1795 gründete er die *Neue
deutsche Monatsschrift*, 1799 das *Historische Journal*, für das er als
Herausgeber und Autor in einer Person stand. Die antifranzösische
Zielrichtung korrespondierte mit einer Haltung, die sich am Vorbild
Englands orientierte. Dieses Land übertrug ihm auch 1803 die
konsularische Vertretung in Wien, wo Gentz ein Jahr zuvor bereits
zum »Kaiserlichen Rat« ernannt worden war. Anteil an den Regie-
rungsgeschäften erhielt er allerdings erst seit 1809, als er mit seiner
Idee, Österreich und Preußen sollten sich gegen das napoleonische
Frankreich zusammenschließen, durchdrang. Nach dem Sturz seines
politischen Ziehvaters, des Grafen Stadion, gingen seine politischen
Erwartungen zunächst erneut in die Brüche; das Jahr 1812 brachte
schließlich den näheren Kontakt zu Metternich, der ihn in die
Staatskanzlei berief. Zum Legitimisten geworden, bekämpfte Gentz
nun auch publizistisch die nationalen Freiheitsbestrebungen, u. a. in
seinen *Wiener Jahrbüchern der Literatur*.
Fähigkeit zur politischen Analyse und glänzender Stil machen seine

Aufsätze zu den herausragenden politischen Essays seiner Zeit, wobei inhaltlich die Revolutionserfahrung im Mittelpunkt steht. Gentz gehörte zu den ersten, die aus der Distanz eines Jahrzehnts eine politische Gesamtanalyse der Revolution versuchten: *Über den politischen Zustand Europas vor und nach der Französischen Revolution* (Berlin 1801–02); *Betrachtungen über den Ursprung und Charakter des Krieges gegen die Französische Revolution* (Berlin 1801).

Betrachtungen über die französische Revolution. Nach dem Englischen des Herrn Burke neubearbeitet mit einer Einleitung, Anmerkungen, politischen Abhandlungen, und einem critischen Verzeichniß der in England über diese Revolution erschienenen Schriften von Friedrich Gentz. Tl. 1. Neue Aufl. Berlin: Vieweg, 1794. S. 68 f., 87.

## CHRISTOPH GIRTANNER (1760–1800)

Wie die meisten Publizisten im ausgehenden 18. Jahrhundert gehörte auch Girtanner zum dritten Stand, zum Bürgertum. Von seiner Ausbildung her lag die politische Publizistik zunächst nicht nahe: Girtanner, der Sohn eines Schweizer Kaufmanns, hatte 1780–83 in Göttingen Medizin studiert. In diese Stadt zog es ihn nach einigen Jahren, die er als Praktiker in seiner Heimat Sankt Gallen verbracht hatte, zurück. Von Göttingen aus veröffentlichte er einen Bericht zur Entwicklung der Französischen Revolution (*Historische Nachrichten und politische Betrachtungen über die französische Revolution*), der ihm schnell zum Periodikum geriet, so daß bis 1797 13 Bände erschienen. Friedrich Buchholz besorgte nach dem Tode Girtanners die Fortsetzung. Als Arzt hat Girtanner über Kinderkrankheiten und venerische Krankheiten veröffentlicht. Sein unbedenklicher Umgang mit fremdem geistigen Eigentum und die aufbrausende Art, wie er seine Thesen vertrat (u. a. von dem seiner Meinung nach amerikanischen Ursprung der Syphilis), machten ihm viele Kollegen zu Gegnern.

Die *Historischen Nachrichten* erschienen seit 1791; sie entwickelten sich zu einem einflußreichen antirevolutionären Organ. Girtanners Parteinahme gegen die Republikanisierung Frankreichs seit 1792 zeigt die konservative Orientierung dieses Mannes. Nicht umsonst wurde er zum »sachsen-koburg-salfeldischen geheimen Hofrath« ernannt. Seine ablehnende Bewertung der französischen Ereignisse kam einem Leserbedürfnis entgegen, das seit der Hinrichtung Ludwigs XVI. stark anwuchs. Was die *Historischen Nachrichten* nach dem Tode Girtanners an weltanschaulichem Profil verloren, gewannen sie unter seinem Nachfolger an theoretischer Qualität und Willen zur Objektivität.

Zubereitungen der Pariser Bürger zu dem großen National-
feste im Julius des Jahres 1790 . . . . . . . . . . . . . . .  57

Deutsche Monatsschrift. Hrsg. von Gottlob Nathanael Fischer und Friedrich Gentz. Mai 1791. S. 7–9, 10, 16 f.

Die wiedergegebenen Auszüge lassen noch wenig von der bei Girtanner später so entschiedenen Revolutionskritik spüren; der gesamte Aufsatz, der auf Korrespondentenberichten fußt (Girtanner war nicht selbst der Augenzeuge), idealisiert das revolutionäre Bundesfest von 1790, das freilich auch nach der neuesten Forschung den Höhepunkt des »glücklichen Jahres der Revolution« darstellt (vgl. François Furet / Denis Richet, *Die Französische Revolution*, übers. von Ulrich Müller, München 1968, S. 124–159). In weiteren Szenen des Textes, die die praktische Gleichheit aller Menschen im Juli 1790 beglaubigen sollen, treten auf: Veteranen, Zünfte, Mönche, Mätressen, ja sogar der König selbst.

## JOSEPH GÖRRES (1776–1848)

Zur gleichen Zeit wie Friedrich Schlegel, um die Wende zum 19. Jahrhundert, stieß Joseph Görres zur »Politischen Romantik«. Auch die spätere Annäherung zum Katholizismus haben beide miteinander gemein; weniger bekannt sind heute freilich die radikaldemokratischen Wurzeln dieser Denker. Vor allem Görres, der zum bedeutendsten katholischen Publizisten des 19. Jahrhunderts avancierte, hing in jungen Jahren den demokratischen Ideen an. So setzte sich Görres zwischen viele Stühle: Der preußisch-nationalen Geschichtsschreibung des 19. Jahrhunderts ist er als ultramontaner Katholik verdächtig – trägt nicht eine konservativ-katholische Wissenschaftlervereinigung, die in Kulturkampfzeiten gegründet wurde, seinen Namen? Der heutigen Jakobinismusforschung hingegen muß seine baldige Wendung zur »Politischen Romantik« so sehr mißfallen wie der radikale Republikanismus des jungen Görres der katholischen Soziallehre des 19. Jahrhunderts.

Im linksrheinischen Koblenz geboren, der deutsch-italienischen Familie eines Floßhändlers entstammend, hatte sich Görres in seiner Studienzeit (er belegte Medizin und Naturwissenschaften) den »Idealen der Revolution« angeschlossen, publizistisch und praktisch. Als Mitglied des republikanischen Klubs in seiner Heimat gab er die Zeitschriften *Das Rote Blatt* und *Rübezahl* (1797–98) heraus, vorwiegend mit eigenen Artikeln. Als Deputierter des Rheinischen Konventes reiste er – wie Johann Georg Forster fünf Jahre zuvor – nach Paris. Durch die Revolutionsereignisse auf einen Schlag ernüchtert, kehrt er nach Koblenz zurück und wendet sich zunächst von der Politik ab. Als Gymnasiallehrer für Naturwissenschaften verbringt er die nächsten Jahre. Die schockartige Wandlung seines politischen Denkens spiegelt sich in den *Resultaten meiner Sendung nach Paris*, die er im Jahr 1800 veröffentlichte.

Zum Reaktionär wurde Görres aber nicht. Nachdem er seit 1806 in Heidelberg germanistische Vorlesungen gehalten hat, wendet er sich in der Restaurationszeit wieder der politischen Publizistik zu. In rascher Folge erscheinen *Teutschlands künftige Verfassung* (1816), *Teutschland und die Revolution* (1819), *Europa und die Revolution* (1821); außerdem gibt er den *Rheinischen Merkur* heraus. Mit ihren kritischen Äußerungen gegenüber der Restaurationszeit hätte jede dieser Publikationen allein schon genügt, ihn ins Gefängnis zu bringen; so floh Görres, von Freunden vor der nahen Verhaftung gewarnt, im Jahr 1819 nach Frankreich. König Ludwig I. von Bayern aber, der nach seinem Amtsantritt die führenden Geister Deutschlands um sich versammeln will, beruft ihn 1826 nach München. Dort wird er dann zu jenem katholischen Staatstheoretiker und Religionsphilosophen, als den ihn unsere Zeit kennt.

Joseph Görres: Gesammelte Schriften. Hrsg. im Auftrag der Görres-Gesellschaft von Wilhelm Schellberg in Verb. mit Max Braubach [u. a.]. Bd. 1: Politische Schriften der Frühzeit (1795–1800). Hrsg. von M. B. Köln: Gilde-Verlag, 1928. S. 556, 572–575, 585–587. – Bd. 13: Politische Schriften (1817–1822). Hrsg. von Günther Wohlers. Ebd. 1929. (2) S. 256–285.

Der zweite Text enthält Auszüge aus dem prognostischen Kapitel IV »Zukunft«.

JOHANN WOLFGANG GOETHE (1749–1832)

Goethe stammte aus einer angesehenen Frankfurter Patrizierfamilie. Seine Bildung verdankte er dem Vater und einer Reihe von Hauslehrern; 1765 ging er zum Studium der Rechte nach Leipzig, widmete sich dort aber mehr der Dichtung und der Gesellschaft als der Jurisprudenz, die der Vater dem Sohn als Brotberuf nahegelegt hatte. Schon in Leipzig verfaßte Goethe erste Lyrik und dramatische Versuche; ein Lungenleiden zwang ihn 1768 nach Hause zurück. Erst 1770 studierte er weiter, nun in Straßburg. Hier entstehen die ersten »Sturm-und-Drang«-Gedichte, hier reift der Plan zum *Götz von Berlichingen*. 1771 kehrt Goethe nach Frankfurt zurück. Nun folgen die produktivsten Jahre des »Stürmers und Drängers« Goethe (*Faust*-Entwurf, Lyrik, *Egmont*, *Die Leiden des jungen Werthers*).

Die entscheidende Wende in Goethes Leben bringt die Übersiedlung nach Weimar im November 1775. Herzog Carl August, der bald sein Freund wird, hat ihn dazu bewegt. Die Tätigkeit als Weimarischer Minister hemmt Goethes literarische Produktion, schränkt sie aber nicht völlig ein. Doch zeigt seine fluchtartige Reise nach Italien (1786–88) die Furcht des Dichters, völlig von der Praxis vereinnahmt zu werden. Nach der Rückkehr schränkt Goethe seinen beruflichen Wirkungskreis ein und konzentriert sich auf die Förderung des Theaters und der Universität Jena. Eine neue Schaffenswelle läßt die Werke der klassischen Ära entstehen (*Torquato Tasso*, *Wahlverwandtschaften*, *Wilhelm Meister*, *Faust*). Er lebt seit der Rückkehr mit Christiane Vulpius zusammen, die er erst 1806 heiratet.

Zu den französischen Zeitereignissen hat Goethe in mehreren Werken Stellung genommen: *Der Groß-Cophta* (1792); *Der Bürgergeneral* (1793); *Unterhaltungen deutscher Ausgewanderten* (1795); *Die natürliche Tochter* (1804); *Campagne in Frankreich* (1822) und *Belagerung von Mainz* (1824). Sein politisches Denken ist nicht – wie bei den meisten Zeitgenossen – von der Geschichts-, sondern von der Naturphilosophie her geprägt; so hat Goethe gerade auch in den sog. »Revolutionsdichtungen« eine »Morphologie des Politischen« entwickelt. Daher rührt auch seine lebenslange Abneigung gegen abrupte und gewaltsame Veränderungen politischer Verhältnisse. Entsprechend bekannte er später von sich: »Ich konnte kein Freund der Revolution sein.«

Als Begleiter Carl Augusts zog Goethe 1792 mit den deutschen Truppen gegen das französische Revolutionsheer (»Von hier und

heute geht eine neue Epoche der Weltgeschichte aus, und ihr könnt
sagen, ihr seid dabeigewesen«, ist sein berühmtes Wort angesichts
der Kanonade von Valmy). Wichtigstes Ereignis für den Dichter war
in den neunziger Jahren aber nicht allein die Begegnung mit der
Revolution, sondern vor allem die mit Schiller. Es entwickelt sich
eine enge Freundschaft, die bis zum Tode des Jüngeren währt.
Gemeinsam arbeiten sie an den *Horen*, an den *Xenien*, an dichtungs-
theoretischen Schriften und epischen Werken (»Balladenjahr« 1797).
Seit 1805 öffnet sich Goethe romantischen Tendenzen in seinen
Werken, die im Alter zunehmend retrospektiv werden (*Dichtung
und Wahrheit, Campagne in Frankreich, Italienische Reise*). Doch
auch *Faust* und *Wilhelm Meister* werden abgeschlossen, und weiterhin entsteht Lyrik.

Johann Wolfgang Goethe: Werke. Hamburger Ausgabe in 14 Bänden. Hrsg. von Erich Trunz. Bd. 6. München: Beck, ⁸1973.
S. 125–140 [Auszug].

## Josias Ludwig Gosch (1765–1811)

Politische Schriftsteller lebten auch im 19. Jahrhundert zuweilen
recht gefährlich. Wie ein Menschenalter vorher dem Dichter Christian Daniel Schubart erging es Josias Ludwig Gosch; sein Pseudonym »Louis« half ihm nichts dabei. Als freier politischer Schriftsteller in Kopenhagen, Weimar und Hamburg wurde er »wegen zu
großer Freimüthigkeit in seinem Sendschreiben an den Graffen
Bernstorff und Schimmelmann zu Festungshaft verurteilt, und starb
im Aug. 1811 zu Rendsburg als Gefangener« (Detlev Lorenz Lüb-
ker / Hans Schröder, *Lexikon der Schleswig-Holsteinisch-Lauenbur-
gischen und Eutinischen Schriftsteller*, Altona 1829).
Das Leben des Mannes ist schlechter dokumentiert als sein Sterben,
bekannt ist nur, daß er wohl Jura studiert hat und dann als Privatgelehrter lebte. Er veröffentlichte u. a. *Washington und der französische Staat* (Gießen 1807) und ein *Kritisches Journal über den gegenwärtigen Krieg*, das er 1804 unter seinem Pseudonym »Louis« in
Hamburg herausbrachte; es wurde nach wenigen Monaten vom
Senat verboten.

Kritisches Journal über den gegenwärtigen Krieg. 22. Stück. Hamburg 1804. S. 341–343.

Im weiteren Verlauf des Textes werden die wechselnden Meinungen der französischen Schriftsteller zu den am Ende des hier wiedergegebenen Auszugs formulierten Fragen untersucht.

## GERHART ANTON VON HALEM (1752–1819)

Halem wuchs in Oldenburg auf, wo er auch das Gymnasium besuchte. Er promovierte zum Juristen wie sein Vater, nach Studien in Frankfurt (Oder) und einem Praktikum am Reichskammergericht in Wetzlar (1769). Als der Vater starb, übernahm er dessen Anwaltsgeschäfte und lernte im Laufe der folgenden Jahre so berühmte Geister wie Christian Boie, Friedrich Ludwig Stolberg, Christoph Martin Wieland und Friedrich Nicolai kennen. In diese Zeit fällt auch die Gründung einer literarischen Gesellschaft, die Halem mit einigen Freunden betrieb, daneben die Herausgabe einer Zeitschrift. Zum politischen Publizisten läßt ihn das Revolutionsereignis werden: Eine sechsmonatige Reise im Jahre 1790 bringt ihm die Verbindung mit Konrad Engelbert Oelsner und dem Publikum die *Blicke auf einen Teil Deutschlands, der Schweiz und Frankreichs bei einer Reise im Jahre 1790*. Von philosophischem Interesse und analytischer Einsicht seinem Bekannten Oelsner vergleichbar, gelingt ihm nach der Heimkehr die Erklärung der revolutionären Ereignisse weniger gut als diesem. Die Triebkräfte der Radikalisierung in Frankreich bleiben seinem – am Vorbild des englischen Parlamentarismus orientierten – politischen Denken fremd. Wie bei vielen deutschen Revolutionsanhängern schlägt die anfängliche Begeisterung in Distanzierung um. Das politische Interesse verliert sich bei Halem freilich nicht, wie die Zeitschriftenprojekte *Irene* und *Geschichte und Politik* (1800–06) – zusammen mit Carl Ludwig Woltmann –, aber auch etliche Beiträge in anderen Periodika zeigen.

Nach dem Urteil der *Allgemeinen Deutschen Biographie* ist Halems belletristisches Werk zu Recht vergessen; als Verfasser regionalgeschichtlicher Schriften galt er schon immer mehr; Halems Wirken in der politischen Publizistik – er hat seine Berichte stets in führenden Organen unterbringen können – wird erst in jüngster Zeit wieder gewürdigt (vgl. Karsten Witte, *Reise in die Revolution. Gerhard*

*Anton von Halem und Frankreich im Jahre 1790*, Stuttgart 1971).
Eine moderne Biographie fehlt ebenso wie eine Werkgeschichte.

[Gerhart Anton von Halem:] Schreiben aus Paris an den Herausgeber des Teutschen Merkurs. In: Der Neue Teutsche Merkur.
Dezember 1790. S. 383–385 [Auszug].

Herausgeber der »Merkure« war Wieland, der Halems Schreiben
prompt abdruckte, vielleicht auch gerade wegen der Kürze. Halem
gibt in ein paar Sätzen Beobachtungen zur veröffentlichten Meinung
in Paris ab. Der Brief an den *Teutschen Merkur* endet mit Szenen aus
dem Jakobinerklub. Hier zeigt sich Halems politischer Spürsinn
ganz deutlich: Wir fanden keinen früheren Hinweis in der deutschen
Publizistik, der sich mit dem politischen Klubwesen in der Revolutionszeit befaßt hätte.

## FRIEDRICH VON HARDENBERG (NOVALIS) (1772–1801)

Unter seinem Dichternamen gehört Friedrich Leopold von Hardenberg zu den großen Frühvollendeten der deutschen Literatur. Als
zweites von elf Kindern des Freiherrn Ulrich von Hardenberg
geboren, wurde er zunächst von Privatlehrern erzogen; im Jahr 1790
bezog er die Universität Jena, wo ihn besonders die Vorlesungen
Reinholds und Schillers beeindruckten, er im Hauptfach aber Jura
studierte. Von seiner Studienzeit her rührt die Bekanntschaft mit
Friedrich Schlegel, in dessen Zeitschrift *Athenaeum* er später seine
»Blütenstaub«-Fragmente veröffentlichte. Das Angebot seines Vet-
ters, des Ministers Hardenberg, nach dem Studienabschluß in preußische Dienste zu treten, schlägt Novalis auf Wunsch des Vaters aus;
er wird Kreisassessor auf dem Lande.
Seine entscheidende persönliche Erfahrung beginnt im November
1794, als er die erst 12jährige Sophie von Kühn kennenlernt; er
verlobt sich 1796 mit ihr. Der Schmerz über ihren frühen Tod im
März 1797 bringt den großen romantischen Dichter Novalis hervor
(*Hymnen an die Nacht*, 1800).
Novalis' politische Schrift *Die Christenheit oder Europa* gehört zu
den frühesten Zeugnissen der politischen Romantik in Deutschland
(1799); sie entstand in der Zeit, als Hardenberg mit Schelling und
Tieck die romantische Wendung gegen die Aufklärung vollzog. Aus
einer kurzen literarischen Schaffensperiode von nur vier Jahren

ergibt sich der fragmentarische bzw. aphoristische Charakter der meisten Werke des Novalis. Nach mehreren Blutstürzen starb er bereits im 28. Lebensjahr.

Novalis (Friedrich von Hardenberg): Glauben und Liebe oder Der König und die Königin. In: N. (F. v. H.): Fragmente und Studien. Die Christenheit oder Europa. Hrsg. von Carl Paschek. Stuttgart: Reclam, 1984. (Universal-Bibliothek. 8030 [2].) S. 48 f., 51.

Hardenbergs an König Friedrich Wilhelm III. und Königin Luise gerichteten Fragmente erschienen zuerst in den *Jahrbüchern der Preußischen Monarchie unter der Regierung von Friedrich Wilhelm III.*, Juli 1798.

## Georg Wilhelm Friedrich Hegel (1770–1831)

Hegel, der in Stuttgart geboren wurde, gehört zu den berühmtesten Zöglingen des Tübinger Stiftes, dem er 1788–93 während seines Studiums der Philosophie und Theologie angehörte. Wie sein großer Konkurrent Fichte übernahm er Tätigkeiten als Hauslehrer in der Schweiz (1793–96) und in Frankfurt am Main (1797–1800). Diese Jahre nutzte er zu intensiver Lektüre. Seine frühen, von Kant und Fichte beeinflußten Schriften beschäftigten sich mit religionsphilosophischen Themen (*Leben Jesu*), seit der Jahrhundertwende aber auch mit politischen Zeitfragen. Es folgten große philosophische Entwürfe, die Hegel zum einflußmächtigsten Philosophen des deutschen Idealismus machten: die *Phänomenologie des Geistes* (1807), die *Logik* (1812–16) mit ihrer dialektischen Vorgehensweise und die *Grundlinien der Philosophie des Rechts* (1821).

Während er diese Werke verfaßte, hat Hegel mehrfach berufliche Position und Wohnort gewechselt. So übernahm er 1801 eine Privatdozentur in Jena, 1808 eine Stelle als Gymnasialrektor in Nürnberg und wirkte seit 1818 als Professor an der neugegründeten Universität in Berlin. Der Philosoph fiel 1831 einer Seuche zum Opfer.

Hegels Bedeutung kann sowenig wie der Inhalt seiner Schriften in kurzen Worten geschildert werden. Auch die geschichtsphilosophischen und politisch-sozialen Schriften enthalten große Systementwürfe, die bis heute diskutiert werden. Insbesondere wurde seine Bestimmung der »bürgerlichen Gesellschaft« als »System der Bedürfnisse« und die Einschätzung des Staates als Realisation von

Freiheit und »Verwirklichung der sittlichen Idee« berühmt. Hegel befaßte sich schon in der Tübinger Zeit mit der Französischen Revolution; wie seine Freunde Hölderlin und Schelling stand er ihr positiv gegenüber. Die jugendliche Zustimmung wich im Laufe der Zeit einer Einschätzung, die die geschichtliche Notwendigkeit des revolutionären Vorgangs, die Genese der neuen bürgerlichen Gesellschaft betont. Nicht umsonst beschließt das Thema der Revolution Hegels *Vorlesungen über die Philosophie der Geschichte*, die er von 1822 bis 1830 fünfmal las.

Georg Wilhelm Friedrich Hegel: Werke. Auf der Grundlage der Werke von 1832–1845 neu hrsg. von Eva Moldenhauer und Karl Markus Michel. Bd. 12: Vorlesungen über die Philosophie der Geschichte. Frankfurt a. M.: Suhrkamp, 1970. (Theorie Werkausgabe.) S. 527–529, 531–535.

Wiedergegeben ist ein Auszug aus Tl. 4 (Abschn. 3: Die Neue Zeit; Kap. 3: Die Aufklärung und die Revolution). Hegel führt an seine Gegenwart heran, indem er global beschreibt, wie die Französische Revolution »auch welthistorisch geworden ist«.

## Johann Gottfried Herder (1744–1803)

Als Vorbereiter und Anreger geistiger Strömungen übte Herder auf das 18. und beginnende 19. Jahrhundert große Wirkung aus. Man denke nur an seinen Einfluß auf Goethe, die Arbeiten zur Sprachphilosophie und Volkskunde sowie die Staatslehre. Sein Ansatz, das historisch Gewachsene als einen Organismus zu sehen, nahm die politische Romantik vorweg; durch seine *Abhandlung über den Ursprung der Sprache* befruchtete er auch die Philosophie der Gegenwart, z. B. Arnold Gehlen.

Herder wurde im ostpreußischen Mohrungen als Sohn eines Lehrers und Organisten geboren. Philosophisch und literarisch blieb er recht besehen zeitlebens Autodidakt, denn ein Medizinstudium hatte er bald abgebrochen. Besonders den Werken Hamanns und Kants wandte er sich in häuslicher Lektüre zu. Beruflich konnte er als Prediger in Litauen unterkommen; nebenher begann er eine reiche publizistische Tätigkeit (seit 1767), die ihn bereits 1770 den Schritt zum freien Schriftsteller versuchen ließ. Doch schon ein Jahr später trat Herder als Hofprediger und Beamter in fürstliche Dienste, im gleichen Jahr wie Goethe übersiedelte er nach Weimar (1776). Dort entstand mit den fragmentarischen *Ideen zur Philosophie der Geschichte der Menschheit* sein wichtigstes Werk. Der Revolution in Frankreich stand Herder, wie so viele andere, nur anfangs positiv gegenüber, um dann in den *Briefen zur Beförderung der Humanität* (1793–97) ein höheres Staatsideal zu vertreten, das Menschenwürde durch ethische Bildung von Nationen und Einzelpersonen gewinnen will.

Aurora, die Erscheinung am neuen Jahrhundert.
Johann Gottfried Herder: Sämmtliche Werke. Hrsg. von Bernhard Suphan. Bd. 23. Berlin: Weidmann, 1885. S. 6–15 (1. Gespräch).

»Aurora« sollte eine Zeitschrift heißen, die der Verfaßer mit dem beginnenden neuen Jahrhundert herausgeben wollte«, heißt es erläuternd, als 1803 im 2. Stück des 6. Bandes der Herderschen Zeitschrift *Adrastea* (die statt jenes nicht zustande gekommenen »Aurora«-Projekts 1801–03 erschien) diese 1799 entstandenen »Gespräche« posthum veröffentlicht wurden.


## FRIEDRICH HÖLDERLIN (1770–1843)

In jüngerer Zeit hat die Germanistik die vielfältigen Bezüge der Hölderlinschen Dichtungen zur Revolution aufgewiesen, gerade auch in zunächst unpolitisch erscheinenden Werken. Seine unmittelbaren Äußerungen zu den französischen Ereignissen seit 1789 weisen Hölderlin als einen emphatischen Anhänger revolutionärer Freiheitsideale aus, der in Hymnen die beginnende Vollendung der Menschheit feiert.
Der Schwabe Hölderlin gehörte nach dem Besuch verschiedener Klosterschulen auch dem Tübinger Stift an, wie seine berühmten Zeitgenossen Hegel und Schelling. Dort wurden während seiner theologischen Studienzeit (1788–92) »Natur« und »Freiheit« zu Losungsworten seiner Dichtung. Hierin bestärkten ihn auch die Schriften Klopstocks, Schubarts, Rousseaus und Schillers (Lektüre des *Don Carlos*).
Zum Beruf des Theologen konnte sich Hölderlin dann nicht entschließen, so daß er sich als Privatlehrer durchschlagen muß, durch Vermittlung Schillers zunächst bei Frau von Kalb (1793/94), dann 1796–98 im Hause des Bankiers Gontard in Frankfurt am Main.

Hier entwickelt sich jene Beziehung zu Susette Gontard, die er in den Liedern *An Diotima* besungen hat. Der kurze Traum währt bis zu einem Zusammenstoß Hölderlins mit dem Hausherrn. Seither verstärkt sich seine Abwendung von der Wirklichkeit immer mehr.

Hölderlin hatte schon in frühen Jahren melancholisch-depressive Züge gezeigt; die Nachricht vom Tode Diotimas, die ihn vermutlich auf der Rückwanderung von Bordeaux erreichte, wo er wieder eine Hauslehrerstelle bekleidet hatte, warf ihn im Sommer 1802 vollends aus der Bahn. Seine geistige Isolierung von der Umwelt nahm weiter zu, bis er 1807 als irrsinnig zu einem Tischler in Pflege kam. In dessen Wohnung lebte Hölderlin noch 36 Jahre, bis zu seinem Tod (1843) lyrisch tätig.

Friedrich Hölderlin: Sämtliche Werke. Hrsg. von Friedrich Beißner. Bd. 1. 1. Hälfte: Text. Stuttgart: Cotta, 1943 (1) S. 146–148. (2) S. 157–161.

## WILHELM VON HUMBOLDT (1767–1835)

Das neuhumanistische Bildungsideal betrachtet Wilhelm von Humboldt als geistigen Mentor. Der unmittelbare politische Einfluß dieses universalen Gelehrten als Leiter des Kultus- und Unterrichtswesens im preußischen Innenministerium beschränkte sich auf wenige Jahre. Aber wie bei Hardenberg wirkten seine Anstöße prägend, so bei der Gründung der Berliner Universität und der Konzeption des humanistischen Gymnasiums. Humboldts Privatlehrer war der berühmte Pädagoge Johann Heinrich Campe, in dessen Begleitung er 1789 ins revolutionäre Paris reiste (vgl. S. 438). Die politischen Eindrücke dieser Reise verarbeitete er erst einige Jahre später; wer die Briefe von dieser Reise liest, könnte meinen, Campe und Humboldt hätten verschiedene Städte besucht, so wenig beschäftigt sich der Jüngere mit den politischen Tagesereignissen – statt dessen bewegen ihn Kunst, Architektur und Kulturleben der französischen Hauptstadt. Auch zur Kant-Lektüre findet er die Zeit, die seinem hektischen Reisebegleiter Campe abgeht. Daß er auch zur politisch-philosophischen Analyse imstande ist, beweist Humboldt 1792, als er die *Ideen zu einem Versuch, die Grenzen der*

*Wirksamkeit des Staats zu bestimmen* verfaßt – das Manuskript wird allerdings erst 1851 vollständig publiziert.

Nach diesem Werk treten freilich ästhetische, geschichts- und sprachphilosophische Interessen in den Vordergrund seines Schaffens; seit 1801, als er als preußischer Gesandter nach Rom geht, auch die praktische Politik. Für liberale Denkungsart stehen seine politischen Schriften ebenso wie sein entschiedenes Auftreten gegen die Karlsbader Beschlüsse. Konsequenterweise zog er sich deshalb im Jahr 1819 von der Politik zurück und widmete sich bis zu seinem Tode sprachwissenschaftlicher Tätigkeit, wobei er vor allem an die Leistungen Herders anknüpfte. Als Vorläufer moderner Sprachwissenschaft ist Humboldt in unseren Tagen zu erneutem Ansehen gelangt.

Wilhelm von Humboldt: Gesammelte Schriften. Hrsg. von der Königlich Preußischen Akademie der Wissenschaften. Abt. 1: Werke. Bd. 1: 1785–1796. Hrsg. von Albert Leitzmann. Berlin: Behr, 1903. S. 77–85.

Diese Schrift, ursprünglich ein undatierter Brief an Friedrich Gentz (vgl. S. 445 f.) von 1791, dann vom Autor mit Titel und einigen Veränderungen versehen, wurde zuerst in der *Berlinischen Monatsschrift* vom Januar 1792 veröffentlicht.

## Immanuel Kant (1724–1804)

Das Leben des größten Aufklärungsphilosophen führte über seine Heimatstadt Königsberg kaum je hinaus, Ostpreußen verließ er nie. Welcher geistige Horizont aber sich dem Leser seiner Werke eröffnet, kann eine Kurzbiographie nur andeuten. Sicherlich haben seine erkenntnistheoretischen Schriften, die schon in der Studienzeit beginnen und 1755 mit der Begründung der sog. »Kant-Laplaceschen« Theorie des Weltalls ihren ersten Höhepunkt finden, die größte Wirkung auf die Philosophie ausgeübt. Immer wieder wird bereits von Zeitgenossen die Kantische Philosophie als »geistige Revolution« begriffen, die der Französischen auf dem Feld der Politik verglichen werden kann. Im Jahre 1781 veröffentlichte Kant seine *Kritik der reinen Vernunft*, eine vom Philosophen selbst so eingeschätzte »Kopernikanische Wende« in der Erkenntnistheorie, zweifellos sein wichtigstes Werk.

Doch Kant wandte sich auch den Problemen der praktischen Philosophie zu, der Sittenlehre (Ethik) und der Politik. Sein »kategorischer Imperativ« bewirkte auch hier eine kopernikanische Wende (*Kritik der praktischen Vernunft*, 1788). Dagegen blieb seine Ästhetik (*Kritik der Urteilskraft*, 1790) stets etwas im Schatten.

Der Philosoph stammte aus einer Handwerkerfamilie. Nach dem Schulbesuch studierte er in seiner Heimatstadt Königsberg, vornehmlich Naturwissenschaften und Philosophie. Als Professor für Logik und Metaphysik bekam er 46jährig einen Lehrstuhl, nachdem er sich vorher als Unterbibliothekar der Schloßbibliothek durchgebracht hatte. Aus gesundheitlichen Gründen mußte er im Jahr 1796 seine Vorlesungen einstellen.

Eine politische Philosophie hat Kant vor allem in der *Metaphysik der Sitten – Rechtslehre* und in seiner Schrift *Zum ewigen Frieden* aufgestellt. Den aufklärerischen Grundgedanken, die Menschheit auf dem fortschreitenden Wege der Besserung zu sehen, hatte er bereits 1787 in der *Idee zu einer allgemeinen Geschichte in weltbürgerlicher Absicht* formuliert. Kant stand dem nationalen Gedanken fremd gegenüber, er war kosmopolitisch eingestellt. Als Aufklärer entwarf er eine rationalistische Theorie der Politik, die – von skeptischen anthropologischen Grundpositionen ausgehend – eine konstitutionelle Staatsform anstrebt. Wenn er auch in der Tradition von Hobbes' Naturstandslehre und dessen staatstheoretischer Ablehnung des Widerstandsrechtes steht, sah er doch in der Französischen Revolution die wichtigste Begebenheit der neueren Geschichte.

Immanuel Kant: Gesammelte Schriften. Hrsg. von der Königlich Preußischen Akademie der Wissenschaften. Abt. 1: Werke. Bd. 7. Berlin: Reimer, 1917. S. 84–89, 91–93.

## Georg Kerner (1770–1812)

Kerner, den älteren Bruder Justinus Kerners, als Jakobiner zu bezeichnen fällt schwer: Wie ist ein strenger Republikaner, der sich als Arzt zeitlebens den Belangen der unteren Schichten widmete, einzuordnen, wenn er Anarchie und »Freiheits-Fanatismus« entschieden ablehnt, und zugleich die »strenge Behauptung einer Verfassung« in England, »die selbst bei ihren Mängeln dennoch das Nationalglück beförderte und persönliche und Eigentumssicherheit begünstigt«, als »erhebendes, [...] beinahe [...] rührendes Schauspiel« betrachtet? Soll denn jemand, der die Tyrannei des »Freiheits-Fanatismus« schon im Dezember 1792 gedeihen sieht, als Jakobiner angesehen werden, weil er gegen deutsche Fürsten und ihr Reichssystem wettert? Zur kritischen Beurteilung der Sekundärliteratur ist der Leser deshalb aufgefordert, sei es der Einschätzung Alfred Sterns, der Georg Kerners Distanzierung von der Revolution erst zu Napoleons Zeiten zu erkennen meint, sei es der Wertung von Hedwig Voegt: »Georg Kerner: Jakobiner und Armenarzt«!

Ausbildung und politischer Werdegang des Schwaben Kerner ähneln stark dem Friedrich Schillers: Zögling der Carls-Schule, »muthwillige politische Kundgebungen« (*Allgemeine Deutsche Biographie*) und Sympathie für die Revolution, medizinische Dissertation. 1791 geht er an die medizinische Fakultät nach Straßburg, im Herbst treibt es ihn nach Paris, wo er bis zum Frühjahr 1794 bleibt und Adam Lux, Georg Forster, Konrad Engelbert Oelsner, Gustav von Schlabrendorf und seinen Landsmann Karl Friedrich Reinhard kennenlernt. Als Nationalgardist verteidigt er das verfassungsmäßige Königtum bei den Tuilerien, abenteuerlich genug entkommt er der wütenden Menge. Politisch steht er der Gironde nahe, aber nicht ihren expansiven Kriegszielen. Der Guillotine nur knapp entkommen, flieht er 1794 in die Schweiz. 1795 tritt er – bereits wieder in Paris – in die Dienste Karl Friedrich Reinhards ein, wird dessen Sekretär bei Gesandtschaften in Deutschland, Italien, der Schweiz (bis 1801), will aber auf Dauer nicht im Solde Napoleons stehen. So widmet er das Jahrzehnt vor seinem Tod der ärztlichen Tätigkeit, er praktiziert als Armenarzt in Hamburg und setzt sich sehr für Impfungen ein.

In den Befreiungskriegen war Kerners nationalistisches, antinapoleonisches Gedicht »Das blaue Fieber« populär; seine früheren profranzösischen Äußerungen waren es weniger. Als Kerners wichtigste Veröffentlichung dürfen die drei Bände seiner Reiseberichte gelten, 1797–98 in Altona veröffentlicht: *Briefe über Frankreich, die Niederlande und Deutschland. Geschrieben in den Jahren 1795–96.* Kerners Lebenswerk ist in einer von Hedwig Voegt besorgten Ausgabe dokumentiert: *Georg Kerner. Jakobiner und Armenarzt. Reisebriefe, Berichte, Lebenszeugnisse*, Berlin [Ost], 1978.

Georg Kerner. Jakobiner und Armenarzt. Reisebriefe, Berichte,
Lebenszeugnisse. Hrsg. von Hedwig Voegt. Berlin [Ost]: Rütten &
Loening, 1978. (1) S. 400–410.
[Georg Kerner:] Dritter Brief. Paris, vom 2ten März 1795. In: Klio.
Eine Monatszeitschrift für die französische Zeitgeschichte. Hrsg.
von Peter Paul Usteri. H. 3. 1795. (2) S. 326–328 [Auszug].

## Ernst Ferdinand Klein (1744–1810)

Sein Vater war Kaufmann in Breslau, der Sohn stieg zum Rechtsbe-
rater der preußischen Regierung auf. Klein hatte in Halle Jurisprudenz studiert; ungewöhnlich waren freilich seine Lieblingsautoren
zu dieser Zeit: Montesquieu und Beccaria. Nach dem Studium
wurde er Anwalt. Durch eine juristische Kritik an den Mängeln der
Gesetzgebung erregte er die Aufmerksamkeit des Justizministers
v. Carmer und wurde bei der preußischen Justizreform mit der
Ausarbeitung des Eherechtes beauftragt. So gewann er Kontakte zu
höchsten Kreisen und die Mitgliedschaft der königlichen Akademie
der Wissenschaften und einer »Gelehrten Gesellschaft«, der unter
anderem Christian Wilhelm von Dohm, Friedrich Nicolai und
Johann Erich Biester angehörten. Aus Diskussionen dieser Gesellschaft gingen die »Gespräche« über »Freiheit und Eigenthum«
hervor. Zum Professor in Halle berufen, blieb er der Juristerei auch
publizistisch bis zu seinem Tode treu; seit 1800 war er auch freimau-
rerisch engagiert.
Klein gehörte zu den Fachpublizisten mit großer praktischer Erfahrung. Insofern steht sein »Gespräch« repräsentativ für das Denken
einflußreicher Kreise in der preußischen Beamtenschaft.

Ernst Ferdinand Klein: Freyheit und Eigenthum, abgehandelt in
acht Gesprächen über die Beschlüsse der Französischen Nationalversammlung. Berlin/Stettin: Nicolai, 1790. S. 78–87.
Wiedergegeben sind Auszüge aus dem 4. und 5. Gespräch: die
Zusammenfassung der bisherigen Diskussion und die Auseinandersetzung um das Naturrecht, die sich dann (in den hier nicht wieder-

gegebenen Passagen) auf den Bereich von Moral und Glauben verlagert. Klein hat seine Aussagen in die Form eines platonischen Dialogs gekleidet.

## Heinrich von Kleist (1767–1811)

Als Sohn eines Offiziers wurde Kleist in Frankfurt (Oder) geboren; zunächst trat er in die Fußstapfen des Vaters. Doch der soldatische Dienst, von ihm als widerwärtig empfunden, verstärkte seine depressive Veranlagung. So nahm er 1799 den Abschied und studierte in seiner Heimatstadt, um sich auf eine schriftstellerische Tätigkeit vorzubereiten. Sein kritischer Geist, der ihn nach dem Studium Kants am Sinn alles Erkenntnisstrebens verzweifeln ließ, vertrug sich auch nicht mit einer Stelle im preußischen Staatsdienst. Diesem Wunsch seiner Familie entzog er sich durch eine lange Reise mit seiner Schwester Ulrike, die ihn nach Dresden, Frankreich und schließlich in die Schweiz führte.

Dort blieb er zwei Jahre. Brieflich löst er das Verlöbnis mit Wilhelmine von Zenge, das er 1799 eingegangen war. Versuche, seinen Lebensunterhalt sich durch schriftstellerische Arbeiten zu verdienen, gelingen auf Dauer nicht. Nach dem finanziellen Desaster seiner literarischen Arbeiten der Jahre 1802 bis 1807 (z. B. *Amphitryon*, *Der zerbrochene Krug*, Erzählungen) wendet er sich seit 1808 der politischen Publizistik zu. Seine Zeitschriften (*Germania*, 1809; *Berliner Abendblätter*, 1810–11) zeigen wie andere Werke dieser Schaffensperiode (*Katechismus der Deutschen*, 1809; *Die Hermannsschlacht*, 1808), daß Kleist zum Propagandisten der nationalen Befreiung geworden ist. Auch diese Bemühungen brachten ihm aber keinen Erfolg, ebensowenig sein letztes Meisterwerk *Prinz Friedrich von Homburg* (1811).

Mit Henriette Vogel, einer von den Ärzten aufgegebenen Freundin, nimmt sich Kleist am 21. November 1811 am Berliner Wannsee das Leben.

Heinrich von Kleist: Brief an Karoline von Schlieben vom 18. Juli 1801. In: H. v. K.: Sämtliche Werke und Briefe. Hrsg. von Helmut Sembdner. Bd. 2. München: Hanser, ⁴1965. S. 664 f. [Auszug]. – Brief an Wilhelmine von Zenge vom 15. August 1801. In: Ebd. S. 681 f. [Auszug].

## Friedrich Gottlieb Klopstock (1724–1803)

Klopstock wurde am 2. Juli 1724 in Quedlinburg geboren. Er besuchte das Gymnasium Schulpforta, wo bereits der Plan für das Epos *Der Messias* entstand. Während seiner Studienzeit in Jena und Leipzig – er hatte sich im Fach Theologie eingeschrieben – begann er die Arbeit an den ersten Gesängen dieses Werkes (1745–48), mit dem man heute seinen Namen verbindet. Daneben verfaßte Klopstock vor allem Oden. Ein kurzer Aufenthalt in Zürich brachte ihn in Kontakt mit Johann Jakob Bodmer (1750), doch kam es bald zum Bruch zwischen den beiden. Klopstock übersiedelte nach Dänemark, wo er ausgestattet mit einer Pension des Königs bis 1770 lebte. In dieser Zeit heiratete er Meta Moller, die bereits nach vier Jahren gemeinsamen Lebens starb (1758). Im Alter, als er in Hamburg wohnte, verblaßte der Ruhm dieses Dichters, der mit dem *Messias* das erste hochdeutsche Großepos geschaffen hatte.

Einen Menschen mit ausgeprägtem Sinn für Politik und Zeitgeschehen wird man Klopstock nicht nennen können. Seine empfindsamen Erlebnisdichtungen behandeln vor allem religiöse und geschichtliche Themen. So ist seine Begeisterung über den Revolutionsausbruch 1789 als Gefühlsregung eines freiheitsliebenden Menschen zu verstehen, der sich dann nach der Hinrichtung des französischen Königs schaudernd von der Politik abwendet und »seinen Irrtum« auch öffentlich eingesteht.

Friedrich Gottlieb Klopstock: Oden. Bd. 2. Leizpig: Göschen, 1798. (1) S. 117 f. (2) S. 130 f. (3) S. 141–143. (4) S. 147–149. (5) S. 164–166.

## Adolph von Knigge (1752–96)

Er kam als Sohn eines verschuldeten Adligen zur Welt und wuchs in der Gegend von Hannover auf. Mit der Schriftstellerei begann er früh: bereits als selbstbewußter 13jähriger sandte er sein Manuskript »Die Lehre von Gott« an Johann Adolf Schlegel. Knigge publizierte und dilettierte auf vielerlei Gebieten, und er mußte von seinen Veröffentlichungen leben. Aber die finanziellen Sorgen begleiteten ihn vom Studium der Rechte in Göttingen über eine Stelle als Weimarischer Kammerherr und die Tätigkeit als freier Schriftsteller in Heidelberg bis nach Bremen, wo er am 6. 5. 1796 »am Nervenfieber« (*Allgemeine Deutsche Biographie*) starb.

Knigge galt als geistvoller Gesellschafter und seichter Vielschreiber. Seine belletristischen Werke, seine Bearbeitungen fürs Theater und seine Reisebeschreibungen wurden schnell vergessen, die politischen Schriften erst in jüngster Zeit neu für die Lektüre entdeckt. Das Buch *Über den Umgang mit Menschen* aber, das Knigges Namen bis heute zum Begriff gemacht hat, erlebte bis 1801 bereits sieben Auflagen. Knigges politische Schriften zeigen seine Begeisterung für die Französische Revolution, sind aber weniger radikal als der damalige Ruf ihres Verfassers. Die konservative Publizistik sah in Adolph von Knigge einen gefährlichen Gegner und nannte ihn einen Demagogen. Knigge hat sich hiergegen mit Erfolg juristisch gewehrt. Wer die *Geschichte der Aufklärung in Abyssinien* und *Des seligen Herrn Etatsrats S. K. v. Schafskopf hinterlassene Papiere*, seine politischen Hauptwerke, durchsieht, wird jedoch Bekenntnisse zur Reform weit mehr als Aufrufe zur Revolution finden. Doch die Zeitgenossen vermuteten bei ihm »geheime Ränke und Pläne«, denn der Freiherr war eifriges Mitglied diverser Geheimgesellschaften; seit 1772 Logenbruder, seit 1780 Mitglied in Weishaupts Illuminatenorden. Seine Tarnnamen »Spartakus« und »Philo« wurden dem konservativen Argwohn zum Synonym für geheime Umsturzpläne gegen »Thron und Altar«. Auch der »Deutschen Union« des radikalen Aufklärers Carl Friedrich Bahrdt trat Knigge bei. Doch war er vorsichtig genug, sein Engagement jeweils vor der Enttarnung dieser Verbindungen einzustellen. So wurde er nicht verhaftet wie der Ingolstädter Professor Weishaupt. Der reaktionären Komplotttheorie erschien Knigge dennoch gefährlich, zumal gerade er den Freimaurer Johann Christoph Bode (Tarnname »Amelius«) zum Illuminatenorden gebracht hatte. Und um Bodes Reise nach Paris im Jahre 1787 zu den dortigen Logen hatten sich die abenteuerlichsten Spekulationen gerankt; sie galt als entscheidender deutscher Beitrag zur Revolution, geradezu als auslösender Faktor.

[Adolph von Knigge:] Josephs von Wurmbrand, Kaiserlich abyssinischen Ex-Ministers, jezzigen Notarii caesarii publici in der Reichsstadt Bopfingen, politisches Glaubensbekenntniß, mit Hinsicht auf die französische Revolution und deren Folgen. Frankfurt/Leipzig: [o. V.], 1792. S. 68–70.

Wiedergegeben ist hier ein Auszug aus dem 3. Abschnitt (»Anwendung dieser Sätze auf die Französische Revolution«), der sich auf den 2. Abschnitt (»Bemerkungen über gewaltsame Revolutionen überhaupt«) bezieht. Knigge fährt im Anschluß an die hier wiedergegebenen Passagen fort, aus dem Vergleich mit anderen Gewalttätigkeiten der Geschichte die Französische Revolution zu rechtfertigen.

## Friedrich Christian Laukhard (1758–1822)

Laukhard könnte man einen *sozialen* Abenteurer nennen, wie ihn das 18. Jahrhundert des öfteren hervorgebracht hat; einen Mann, der in vielen Rollen zu Hause war, weil sie Zeiten seines Lebens beanspruchten und er sie mehr oder weniger unfreiwillig übernahm. Seine geradezu zynische Aufrichtigkeit wirft ein grelles Licht auf das Leben des einfachen Mannes im ausgehenden 18. Jahrhundert. So gilt Laukhards *Merkwürdiges Leben und Schicksale, von ihm selbst beschrieben* (6 Bde., Halle 1792–1802) als eine sozialgeschichtliche Quelle ersten Ranges (Neuausg. hrsg. von Hans-Werner Engels und Andreas Harms, 3 Bde., Frankfurt a. M. 1988).

Den Pfälzer Laukhard, einen Predigersohn, zieht es bereits in jungen Jahren zu Trunk, Weib und Studium. Mit 16 Jahren bezieht er die Universität Gießen, wo er den radikalen Aufklärer Carl Friedrich Bahrdt kennenlernt. Er wird dann wie sein Vater Prediger, rhetorisch gewandt, aber aufgrund seines Lebenswandels bald entlassen, wird Jagdaufseher, Kellermeister, Sprachlehrer, Waisenhauslehrer in Halle, Universitätsdozent. Finanzielle Unregelmäßigkeiten lassen seine akademische Laufbahn scheitern: Laukhard verdingt sich als Berufssoldat. »Laukhard hin, Laukhard her, Laukhard ist kein Magister mehr«, singen die Kinder in Gießen auf der Straße. Höhepunkte seiner soldatischen ›Karriere‹ sind die durch Goethes autobiographische Schriften berühmte Campagne in Frankreich und die Belagerung von Mainz. Aus jener Zeit stammt Laukhards frische Schilderung seines »Übergangs zu den Franzosen«, die sich hier wiedergegeben findet. So landet er schließlich im Frankreich des Terreur, schlägt sich als Krankenwärter durch, entgeht knapp der

Guillotine, kommt 1795 nach Deutschland zurück und heiratet. Er stirbt als Privatlehrer in Kreuznach.

Publizistisch wirkte Laukhard vor allem durch autobiographische Schriften, die sein abenteuerliches Leben zum Thema haben.

Friedrich Christian Laukhard: Leben und Schicksale, von ihm selbst beschrieben, und zur Warnung für Eltern und studierende Jünglinge herausgegeben. Dritter Theil, welcher dessen Begebenheiten, Erfahrungen und Bemerkungen während des Feldzugs gegen Frankreich von Anfang bis zur Blockade von Landau enthält. Leipzig: Fleischer [i. Komm.], 1796. S. 515–525. – Vierter Theil, welcher die Fortsetzung von dessen Begebenheiten, Erfahrungen und Bemerkungen während des Feldzuges gegen Frankreich enthält. Zweite Abtheilung. Ebd. 1797. S. 283–288.

Der erste Auszug ist dem 42. Kapitel entnommen, das die abenteuerliche Laufbahn des Verfassers als preußischer Späher beginnen läßt. Der zweite Auszug steht im Zusammenhang mit Laukhards Bericht von seinem Besuch bei dem Ex-Geistlichen Eulogius Schneider im Elsaß, der zu den eifrigsten Republikanern dort zählt. Laukhard kommt auf das Verhältnis von Kirche und Staat zu sprechen und gibt in mehreren Kapiteln eine Kirchengeschichte Frankreichs im Überblick. Wiedergegeben sind hier die Passagen über einen republikanischen »Tempel der Vernunft«.

## GEORG CHRISTOPH LICHTENBERG (1742–99)

Der größte Aphoristiker des 18. Jahrhunderts, wenn nicht der deutschen Literatur überhaupt! Sein Vater, der früh starb, war Generalsuperintendent in Darmstadt gewesen und hatte 18 Kinder hinterlassen. Georg Christoph, der jüngste, konnte dennoch in Darmstadt das Gymnasium und die Universität in Göttingen besuchen. Mit 27 Jahren wurde er dort bereits Professor. Als Mathematiker, Physiker, Astronom und Popularschriftsteller machte er sich und der Universität einen Namen. Obgleich er keine einzige größere Schrift verfaßte, gehört er zu den größten Stilisten des 18. Jahrhunderts, nicht nur mit seinen geschliffenen Aphorismen. Seine Aufsätze sind »von vollendeter Form, großer Klarheit und unübertrefflichem Witz« (*Allgemeine Deutsche Biographie*). Scharfe Beobachtungsgabe und genaue Kenntnis der Vorgänge konnten einen Lichtenberg nicht zum »Freiheitsenthusiasten« werden lassen. Durch seine Reisen nach England hatte er zudem das politische System dieses Landes aus eigener Anschauung kennengelernt; so läßt sich seine politische Einstellung insgesamt als aufgeklärt-liberal bezeichnen, am Vorbild einer konstitutionellen Monarchie orientiert. Sofern man bei einem Satiriker und Skeptiker seines Formats überhaupt von einer festgefügten politischen Haltung reden kann! Der hier abgedruckte Aufsatz über die Guillotine in seiner makaber-objektiven Art zeigt dies.

Georg Christoph Lichtenberg: Schriften und Briefe. Hrsg. von Wolfgang Promies. Bd. 3. München: Hanser, 1972. S. 488–491.

## Friedrich Carl von Moser (1723–98)

Als Sohn des Johann Jakob Moser in Stuttgart geboren, ähnelte Friedrich Carl seinem Vater in Laufbahn, Lebenshaltung und pietistischer Religiosität so sehr, daß sich die Unterscheidung nach dem »älteren« und dem »jüngeren« Moser einbürgerte. Auch seine juristische Lehrzeit verbrachte er nach einem Studienaufenthalt in Jena an den wechselnden Wirkungsstätten seines Vaters. Öffentlich bekannt wurde Friedrich Carl von Moser durch seine Vorschriftensammlung zum deutschen Reichsrecht, die er 1747–69 in vielen Bänden herausbrachte; *Patriotische Briefe* ließ er 1767 drucken. Zeitlebens stand er als Praktiker in fürstlichen Diensten; auch als Theoretiker war er eng mit dem alten Reich verbunden. Hieraus speiste sich seine konservativ-ständische Lebenshaltung ebenso wie aus der religiösen Einstellung des Elternhauses. So konnte er sich klare Worte über die sittlichen Pflichten der Fürsten (*Der Herr und der Diener geschildert mit patriotischer Freiheit*, 1759) öffentlich erlauben. Als leitender Minister des Landgrafen von Hessen-Darmstadt (1772–80) gehört er zu den wenigen Praktikern der deutschen Politik, die sich zur Französischen Revolution ausführlich geäußert haben.

Friedrich Carl von Moser: Politische Wahrheiten. 1. Bändchen. Zürich: Orell, Geßner, Füßli & Co., 1796. S. 70–76.

Moser stellte dieses Alterswerk als ein »Recepten-Buch politischer Hausmittel« für künftige Staatsdiener vor. Seine konservative Haltung, die ihn auf dem »göttlichen Recht« von Fürsten und Ständen beharren ließ, hinderte ihn nicht daran, die Ursachen der Französischen Revolution zu analysieren und an Reformen für Deutschland zu denken: Er beklagt insbesondere den Machtverfall der zentralen Reichsinstitutionen.

## Konrad Engelbert Oelsner (1764–1828)

»[...] eine wohlgebaute, schmächtige Gestalt, von vieler Muskelkraft, aber großer Reizbarkeit der Nerven; ein feines geistvolles Gesicht, in dessen beweglichen Zügen die wandelbare Bestimmung des Gemüths unverholen zu lesen war; blaue Augen, in denen gewöhnlich ein ironisches Lächeln glänzte oder der forschende Blick des Denkers hervortrat«: Karl Gabriel Nowacks *Schlesisches Schriftstellerlexikon* (Breslau 1843) beschreibt einen der glänzendsten deutschen Beobachter und Augenzeugen der Revolution. Nachdem der Nachwelt die Aufzeichnungen Gustav von Schlabrendorfs, des bestinformierten aller deutschen Revolutionsreisenden, verlorengegangen sind, könnte uns Oelsners publizistisches Werk ein gewisser Ersatz sein. Oelsner kannte die Hauptfiguren der Revolution sehr gut, sah die Hintergründe, vermochte theoretisch zu denken, hat aber höhere Positionen im Dienste der französischen Republik, wiewohl ihm durch seinen Freund Sieyès öfters angeboten, stets der »Ruhe der Studien« halber ausgeschlagen.

Aufgewachsen in Schlesien, besuchte Oelsner das Gymnasium in Liegnitz und die Universität Frankfurt (Oder) in einer Art Studium generale, von der Jurisprudenz herkommend. Als Privatlehrer reiste er in die Schweiz, nach Österreich, ist 1789 in Genf und geht nach dem Sturm auf die Bastille ins revolutionäre Paris. Erst 1798 kehrt er nach Deutschland zurück; in Preußen wird er als Agent der Franzosen verdächtigt. Oelsner übernimmt die Geschäftsträgerschaft für die Stadt Frankfurt in Paris, bleibt aber weiterhin konzentriert auf Beobachtung und schriftstellerische Teilnahme. Seine Briefpartner waren zahlreich, u. a. Freiherr vom Stein, die Humboldts, Varnhagen von Ense; im Alter freundete er sich mit Carl Gustav Jochmann an.

Oelsner war kein Vielschreiber: die stilistische Qualität und objektivierende Darstellungsweise seiner Schriften zeugt davon. Er veröffentlichte seine Hauptschriften anonym, die Korrespondentenberichte für Periodika zeichnete er öfters mit Namen, wobei seine

kritische Sympathie zur Revolution überall durchscheint. Aber er ist
kein Propagandist, sondern ein politischer Analytiker, vergleichbar
etwa mit Friedrich Buchholz.

Oelsners Berichte sind überwiegend in Wielands *Merkur* bzw. der
*Minerva* von Archenholz erschienen. Neben geschichtsphilosophischen und völkerrechtlichen Schriften haben für seine politische
Publizistik insbesondere die beiden Werke als wesentlich zu gelten,
aus denen hier Abschnitte wiedergegeben sind.

[Konrad Engelbert Oelsner:] Bruchstücke aus den Papieren eines
Augenzeugen und unparteiischen Beobachters der Französischen
Revolution. [o. O.] 1794. (1) S. 57 f.

[Konrad Engelbert Oelsner:] Luzifer oder gereinigte Beiträge zur
Geschichte der Französischen Revolution. Tl. 1. [o. O.] 1797.
Reprogr. Nachdr. Kronberg (Ts.): Scriptor-Verlag, 1977. (2) S. 241
bis 247. – Tl. 2. [o. O.] 1799. Reprogr. Nachdr. ebd. S. 98–100,
167–170.


## Jean Paul (1763–1825)

»Jean Paul« steht als Dichtername für Johann Paul Friedrich Richter, einen Oberfranken, der in Wunsiedel zur Welt kam und in
Bayreuth starb. In einem äußerlich ereignisarmen Leben, in dem er
nur kurze Zeit seine Heimat verließ, um 1781–84 in Leipzig zu
studieren und 1797–1804 in Norddeutschland zu leben, schuf er ein
in Umfang und Stil überbordendes literarisches Werk. Aufgrund der
komplizierten und anspielungsreichen Erzählweise heute nicht leicht
zugänglich, gehörten die Romane Jean Pauls seinerzeit zur Lieb-
lingslektüre gebildeter Frauen. Ihre Vorzüge liegen in humoristi-
schen und satirischen Detailbeobachtungen, in genauer psychologi-
scher Durchdringung des Seelenlebens, in bildhafter Natur- und
Landschaftsbeschreibung.

In jüngerer Zeit wurde herausgearbeitet, wie sehr sein Gesamtwerk
in der kritischen Tendenz Revolutionsdichtung darstellt. Als »Uni-
versalschriftsteller« vertritt Jean Paul seine emanzipatorischen Vorstellungen nicht nur in Aufsätzen und Miszellen, sondern läßt sie
gerade auch in seinen Romanen durch die Kritik duodezfürstlicher
Kleinstaaterei anklingen. Als genuin politisch haben auch seine Er-

ziehungslehre *Levana* (1807) und die *Politischen Fastenpredigten* von 1817 zu gelten.

Jean Paul: Werke. Hrsg. von Norbert Miller und Gustav Lohmann. Bd. 5. München: Hanser, 1963. S. 979–981.

## GOTTLIEB CONRAD PFEFFEL (1736–1809)

Seine elsässische Herkunft nutzte der Dichter Pfeffel zur Vermittlung der deutschen mit der französischen Kultur. Er war mit vielen französischen Literaten auch persönlich bekannt; sein dichterisches Werk entsprang jedoch der deutschsprachigen Tradition. Hier wirkten Klopstock, Voß und vor allem Gellert prägend; ihn hat Pfeffel kurz nach seiner Studienzeit in Leipzig aufgesucht (1754). Den Stürmern und Drängern stand Pfeffel eher ablehnend gegenüber. Er selbst hat Gedichte, Prosa und Dramen verfaßt, wobei seine Fabeln und politischen Gedichte heute noch am ehesten bekannt sind.

Gerade bei aktuellen politischen Themen gelangen ihm Wendungen von epigrammatischer Schärfe, auch wenn das 19. und frühe 20. Jahrhundert zuweilen die Glätte seines »französischen« Stils kritisierte. Das Auseinandertreten der deutschen und französischen Kulturentwicklung seit den Befreiungskriegen ließ für Pfeffels vermittelnde Stellung wenig Einflußchancen. Schon in den Ausgaben letzter Hand im ersten Jahrzehnt des 19. Jahrhunderts verzichtete er selbst darauf, seine Übertragungen deutscher Fabeln ins Französische und französischer Dramen ins Deutsche aufzunehmen.

Pfeffel hinterließ ein umfangreiches belletristisches Werk. Dabei war er durch ein Augenleiden schon während des Studiums behindert, das sich durch eine mißglückte Operation im Jahre 1758 zur Blindheit verschlechterte. Die Hilfe seiner Sekretärin und späteren Frau ermöglichte ihm, zunächst als Übersetzer sein Brot zu verdienen. Nach dem Tod seines ersten Sohnes wandte er sich praktischer erzieherischer Tätigkeit zu und gründete in Colmar eine Knabenschule, durch die er weithin bekannt wurde. Die Revolution beendete sein Experiment, brachte im Alter materielle Nöte. Dennoch wurde er kein Antirevolutionär, obwohl er der zweiten Phase der Revolution kritisch gegenüberstand.

Gottlieb Conrad Pfeffel: Poetische Versuche. Tl. 4. Tübingen: Cotta, [5]1817. (1) S. 12. (2) S. 115.
– Tl. 7. Ebd. [5]1821. (3) S. 19–21. (4) S. 79.
– Tl. 8. Ebd. [5]1821. (5) S. 141 f.

Andreas Georg Friedrich Rebmann (1768–1824)

Rebmanns bewegter Lebenslauf führte aus dem fränkischen Kitzingen, wo er als Beamtensohn aufwuchs, zunächst zum Jurastudium nach Erlangen, dann nach Jena, wo er begeistert Schiller hörte. Bereits mit Ausbruch der Revolution schließt er das Studium ab und wendet sich als Schriftsteller mehr belletristischen Arbeiten zu. Aus dieser Schaffensperiode, in der er 1792 nach Dresden übersiedelt, sind am ehesten noch seine Reisebeschreibungen und -romane bekannt (*Hans Kiekindiewelts Reise in alle vier Weltteile und in den Mond*, 1794; *Wanderungen und Kreuzzüge durch einen Teil Deutschlands*, 1795). Die Reisen durch Deutschland schärfen seinen Blick für die soziale und politische Malaise und machen ihn – der bereits 1789 die Revolution begrüßte – zum überzeugten Radikaldemokraten und politischen Propagandisten.

So wird sein Leben typisch für den politischen Schriftsteller seiner Zeit: Eine rege Publikationstätigkeit verstreut sich über verschiedene deutsche Orte, die Zensur läßt kontinuierliche Verlagsarbeit nicht zu. Rebmann gerät in den Verdacht, ein bezahlter Jakobiner zu sein, muß Sachsen und Anhalt verlassen, als die ersten Stücke der von ihm redigierten Zeitschrift *Das neue graue Ungeheuer* erschienen waren. Nach kurzem Aufenthalt in Erfurt führt ihn eine abenteuerliche Flucht nach Altona, damals aufgrund der liberalen Pressegesetzgebung eine Hochburg der politischen Presse. Sehr schnell vermarktet er nun die *Geschichte meiner Verfolgungen und meiner Leiden* (1796). Eine Reise ins Paris der Direktoralverfassung folgt, publizistisch mehrfach verwertet. Jetzt erkennt er die Diskrepanz zwischen seinen alten Idealen und der politischen Wirklichkeit des Frankreich von 1796 und sieht den Jakobinismus desavouiert. Unter Na-

poleon tritt Rebmann dennoch in linksrheinische Dienste, mit der
Zeit dann resignierend, wie man vermuten darf: Sein literarischer
Eifer nimmt spürbar ab, er macht Karriere als Richter. Die Restau-
rationszeit sieht ihn als Präsidenten des Appellationsgerichtes in
Zweibrücken in bayerischem Sold. Sein ›Marsch durch die Institu-
tionen‹ hatte ihn sehr weit nach oben geführt. Er war es, der den
»Schinderhannes« verurteilte.

Rebmann hat in den neunziger Jahren als einer der fruchtbarsten und
eifrigsten Publizisten in Deutschland zu gelten. Seine explizit demokratischen Ansichten, seine Kritik am deutschen Absolutismus bringen ihn wiederholt in Konflikt mit der Staatsmacht, aber auch mit
konkurrierenden Zeitschriftenunternehmen. Die publizistischen
Fehden mit konservativen Blättern, etwa Leopold Alois Hoffmanns
*Wiener Journal* oder Heinrich Ottokar Reichards *Revolutions-
Almanach*, gehören zu den wichtigsten Anhaltspunkten, die eine
Analyse der Ideologisierung politischer Auseinandersetzung in der
deutschen Presse dieser Jahre erlauben. Die Einordnung Rebmanns
als Frühsozialisten, wie sie etwa Fritz Valjavec vornimmt, kann
heute aber nicht mehr aufrechterhalten werden. Rebmann sieht zwar
die soziale Not, z. B. in den *Briefen über Erlangen* (Frankfurt a. M. /
Leipzig 1792): »Ich habe Szenen gesehen, die den Menschenfreund
schaudern lassen!« Doch bleibt sein Text beschreibend; den Ursachen der Armut geht seine Feder nur in Ansätzen nach.

Rebmanns politische Publizistik ist auch heute noch der Erwähnung
wert. Neben der Zeitschrift *Das neue graue Ungeheuer* veröffentlichte er u. a.:

*Kosmopolitische Wanderungen durch einen Teil Deutschlands*, Leipzig 1793 (Neuauflage von Hedwig Voegt, Frankfurt a. M. 1968);
*Über die politische Lage Frankreichs und des übrigen Europa*, Des-
sau 1794 – diese Übersetzung einer Rede Robespierres führte zu
Rebmanns Ausweisung –; *Bruchstücke aus meinem politischen Glau-
bensbekenntnisse* (Altona 1796); *Die fünf Männer* (Altona 1797) – in
diesem Werk beschäftigt sich Rebmann mit der französischen Direktoralverfassung –; *Blick auf die vier neuen Departemente des linken
Rheinufers, in Hinsicht auf Kunst, Fleiß, Sitten, und auf die Maßregeln betrachtet, welche zu ihrem Glück erforderlich sein möchten*
(Koblenz/Trier 1801). In dieser Schrift zeigt sich Rebmanns Wendung zum praktischen Leben und seine Resignation. Auf allgemei-
nere politische Entwicklungen geht er nicht ein, sondern beschäftigt
sich mit Verwaltungsaufgaben.

Andreas Georg Friedrich Rebmann: Holland und Frankreich in
Briefen, geschrieben auf einer Reise von der Niederelbe nach Paris
im Jahre 1796 und dem fünften der französischen Republik. Tl. 1.
Paris/Köln [o. V., 1797]. (1) S. 262–268 (11. Brief [Auszug]). – Tl. 2.
Ebd. [o. V., 1797]. S. 34–39, 158–160 (13. und 16. Brief [Aus-
züge]).
[Andreas Georg Friedrich Rebmann:] Rede, welche im Laufe des
neunzehnten Jahrhunderts in irgend einem Volks- Staats- oder
Gesetzgebungs-Rath gehalten werden könnte. Ein Fragment aus
einem Traum. In: Historisch-politische Miscellen aus dem Jahrhundert der Contraste für unbefangene Leser. [o. O.] 1805. (2) S. 87–99.

## August Wilhelm Rehberg (1757–1836)

Seine Rezensionen über Druckschriften, »die französische Revolution betreffend«, entwickelten sich zu einer spannenden Fortsetzungsserie der in Jena herausgegebenen *Allgemeinen Literaturzeitung*, dem führenden Rezensionsorgan Deutschlands. Dabei hatte
Rehberg mit der größten Publikationsflut zu einem Thema zu
kämpfen, die die Geschichte bisher gesehen hatte, mit deutschen,
französischen und englischen Büchern, Broschüren, Flugblättern,
Zeitschriften; bei alldem hat er wirklich genau gearbeitet und seine
Leser informiert. Sehr treffsicher sind etwa seine Bemerkungen zu
den Werken Jean Mouniers, des Abbé Sieyès, Edmund Burkes.
Wie sein Vater wurde er hannoverscher Beamter, war ein enger
Freund von Ernst Brandes und des Freiherrn vom Stein, auch was
die liberal-konservative Gesinnung anging. Zunächst mehr den
Abstraktionen der Philosophie zugewandt, richtete er unter dem
Einfluß seines Vorgesetzten Justus Möser sein Interesse auf Geschichte, Staatsrecht und Politik. Mit den Rezensionen, die bereits
1790 die Revolution und ihre Anhänger kritisierten, brachte
er natürlich auch viele Publizisten gegen sich auf, darunter Fichte.
In späteren Jahren publizierte Rehberg nicht mehr so eifrig; »Staats-
geschäfte« kosteten viel Zeit. Erst die napoleonischen Wirren entfernten ihn von der Politik, was ihn den *Principe* von Machiavelli
übersetzen und eine Schrift zum »Code civil« verfassen ließ. Im
Jahre 1814 zum Kabinettsrat ernannt, dachte und handelte er weiter

in konservativen Bahnen, lehnte die Reaktion aber ab und wurde deshalb entlassen. Dem Rezensieren blieb er treu: Schon 1836 brachte er Tocquevilles *Über die Demokratie in Amerika* den deutschen Lesern nahe, eine neue Epoche der politischen Wissenschaft prophezeiend.

August Wilhelm Rehberg: [Rezension von:] Edmund Burke: Reflections on the Revolution in France. London ⁴1790. In: Allgemeine Literaturzeitung. Nr. 71. 4. März 1791. S. 561–566.

Rehberg rezensierte nicht nur Sekundärliteratur, sondern auch Dokumente in großer Zahl (zu Sieyès vgl. *Allgemeine Literaturzeitung*, Nr. 371/372, 12./13. Dezember 1790). Die Rezension des Buches von Burke ist hier fast vollständig wiedergegeben, mit Ausnahme einiger unbedeutender Berichtigungen am Schluß.

## JOHANN FRIEDRICH REICHARDT (1751–1814)

Reichardt ist als Freund Goethes und als Musiker bekannt. Aus einer Musikerfamilie stammend und selbst musikalisches Wunderkind, hatte er dennoch zunächst Jura studiert, »trieb aber die Musik als Hauptsache« und machte als Musiker auch Karriere in Berlin. Schon 1775 berief ihn Friedrich II. als Kapellmeister. Finanziell abgesichert, privatisierte er in den neunziger Jahren und unternahm Reisen, u. a. mehrfach nach Frankreich. 1808/09 folgte er einem Ruf als Intendant nach Kassel, konnte sich dort aber aus politischen Gründen nicht halten und kehrte auf sein Landgut zurück.
Reichardt hat seine republikanische Gesinnung offen ausgesprochen. Zwar erschienen seine *Vertrauten Briefe über Frankreich* 1792 unter dem beziehungsreichen Pseudonym J. Frei, danach veröffentlichte er aber unter vollem Namen. Finanziell unabhängig, nahm er berufliche Nachteile des offenen Auftretens hin, in Berlin wie in Kassel, nahm auch in Kauf, seine politischen Ansichten als Spinnereien eines ansonsten populären Musikers abqualifiziert zu sehen. Reichardt hatte nicht genügend Zeit wie ein ›hauptamtlicher‹ politischer Publizist, etwa vom Schlage eines Georg Friedrich Rebmann. Doch gerade seine unmittelbar-lebendige Art läßt ihn frische Beobachtungen politischen Lebens machen, die heute wie damals interessieren. Seine Bücher verkauften sich gut; so erlebte sein zweiter

Reisebericht im Jahr des Erscheinens bereits die zweite Auflage, was im Bereich anspruchsvoller politischer Publizistik selten vorkam. Dabei sollte Reichardts republikanisches Gespür ihn stets die Entartungen sehen lassen. Während seiner Parisreise 1802/03 wendete er sich resigniert von der Politik ab und dem Theater zu. Napoleons Herrschaft war für ihn Diktatur. Das äußerte er auch öffentlich. Reichardt war Mitherausgeber der 1795–97 in Altona erscheinenden Zeitschrift _Frankreich im Jahre 1795, aus den Briefen teutscher Männer in Paris_, und veröffentlichte später noch _Vertraute Briefe aus Paris, geschrieben in den Jahren 1802 und 1803_ (3 Bde., Hamburg 1805).

J. Frei [d. i. Johann Friedrich Reichardt]: Vertraute Briefe über Frankreich. Bd. 1. Berlin: Unger, 1792. S. 301, 310–312 (19. und 20. Brief [Auszüge]). – Bd. 2. Ebd. 1793. S. 22–35, 414–416 (27. und 47. Brief [Auszüge]).

Reichardts politisches Interesse zeigt sich besonders im 27. Brief, als er sich sofort nach seiner Ankunft in Paris zur Nationalversammlung bringen läßt!

## KARL FRIEDRICH REINHARD (1761–1837)

Karl Friedrich Reinhard (eigentlich Reinhardt; die Schreibung seines Namens änderte er in Frankreich, seiner zweiten Heimat) gelang die steilste Karriere eines Deutschen im revolutionären Frankreich, sein Aufstieg setzte sich aber auch unter Napoleon fort. Politisch überaus anpassungsfähig, erreichte er es sogar, nach der Rückkehr der Bourbonen von Ludwig XVIII. zum Grafen von Frankreich erhoben zu werden.

Dieser kometenhafte Werdegang lag außerhalb des Horizontes seines Elternhauses. Der junge Karl Friedrich, in dem schwäbischen Städtchen Schorndorf geboren, war wie sein Vater zum Pfarrberuf bestimmt und nahm Aufenthalt im Tübinger Stift. 1781 wird Reinhard Vikar bei seinem Vater, ohne rechte Freude zwar, aber mit viel Muße, seinen literarisch-geistigen Neigungen nachgehen zu können. Eine bissige Satire auf die Studienzeit im Stift veranlaßt ihn, als Hauslehrer in die Schweiz zu gehen. 1787 bereits zieht es ihn »in dem ersten Augenblicke der Gährung«, wie er sagt, nach Frankreich, nach Bordeaux. Als die Revolution dann ausgebrochen ist, entfaltet er eine rege Wirksamkeit, zunächst mit den (hier in Auszügen abgedruckten) Briefen über die Revolution, 1791 mit dem Aufsatz »Übersicht einiger vorbereitenden Ursachen der französischen Staats-Veränderung« in Schillers *Thalia*. Praktisch tätig wird er durch den Eintritt in den Konstitutionsklub von Bordeaux. So begleitet er 1791 girondistische Freunde nach Paris und lernt dabei den Abbé Sieyès kennen. Mit Ausbruch des Revolutionskrieges tritt er in französische Dienste. Die Verbreitung der Freiheitsprinzipien erschien ihm in dieser Situation wesentlicher als sein Patriotismus. Durch Kenntnis von sechs Sprachen konnte er Frankreich vielfältige Dienste leisten. Seine diplomatische Karriere führte ihn über England und Italien 1793 ins Pariser Außenministerium zurück. Am letzten Tag der Schreckenszeit (27. Juli 1794) verhaftet, entkam er dennoch der Guillotine. Später reorganisierte er den diplomatischen Dienst. Es folgten Gesandtschaften bei den Hansestädten, dann wieder in Italien und in der Schweiz. Georg Kerner war von 1795 bis 1801 sein Privatsekretär. Reinhards Verhältnis zu Frankreich war während der Napoleonischen Zeit gespannt, dennoch blieb er bis zum Lebensende in französischen Diensten. Dieser Mann, der die führenden Persönlichkeiten Frankreichs und Deutschlands kannte wie kein zweiter, der die diplomatische Bühne beherrschte wie sein Vorgesetzter Talleyrand und die französischen Regierungen von 1791 bis 1830 erlebte, hat keine Autobiographie verfaßt, keine politische Analyse seiner Zeit. Seine resignierte Haltung im Alter verhinderte das wohl. Der Nachwelt fehlen damit unschätzbare Einsichten eines stets um Objektivität bemühten Beobachters.

[Karl Friedrich Reinhard:] Briefe über die Revolution in Frankreich. Geschrieben vom 23ten Jul. bis zum 2ten Oct. 1789. In: Schwäbisches Archiv. Hrsg. von Philipp Wilhelm Gottlieb Hausleutner. 4. Stück. 1790. (1) S. 488–490, 511.

Hätte Hausleutner, der Herausgeber des *Schwäbischen Archivs* und Professor an der Stuttgarter Hohen Carls-Schule, Reinhards *Briefe über die Revolution in Frankreich* schon früher und nicht erst 1790 gedruckt, hätten diese besondere Aufmerksamkeit erregt, vergleichbar etwa den Revolutionsbriefen Joachim Heinrich Campes (vgl. S. 438 f.). Reinhards Briefe übertreffen die Campeschen an historischer Kenntnis und politischer Beobachtungsgabe.

[Karl Friedrich Reinhard:] Übersicht einiger vorbereitenden Ursachen der französischen Staats-Veränderung. In: Thalia. Hrsg. von
Friedrich Schiller. H. 12. Oktober 1791. (2) S. 57 f., 59 f., 61 f.,
66– 68.

## Andreas Riedel (1748–1837)

Die zuvor kaum bekannte Tätigkeit eines radikaldemokratischen
»Jakobinerzirkels« in Wien wurde erst in jüngerer Zeit durch Alfred
Körners aufschlußreiche Studie *Die Wiener Jakobiner* (Stuttgart
1972) näher beleuchtet. Als führenden Kopf dieses Kreises schätzt
Körner den Mathematikprofessor Andreas Riedel ein, der an der
Militärakademie seiner Heimatstadt wirkte und als Hauslehrer des
späteren Kaisers Franz II. mit der regierenden Habsburgerfamilie
bekannt war. Riedel kann sogar als enger Freund von Leopold II.
eingeschätzt werden, der als aufgeklärt-liberaler Herrscher den
Mathematikprofessor parlamentarische Verfassungsentwürfe ausar-
beiten ließ. Als nach dem Tode Leopolds sein Sohn Franz II. eine
reaktionäre politische Linie zu verfolgen begann, scharten sich viele
enttäuschte josephinische Reformer um Riedel, z. B. Magistratsrat
Brandstätter und der Offizier Franz Hebenstreit von Streitenfeld.
Ein Demokratenzirkel diskutierte seit Herbst 1792 häufiger in Rie-
dels Wohnung. Obwohl die staatlichen Verfolgungsbehörden es
später so darstellten, bestand kein organisatorisch-straffer Zusam-
menhalt der Gruppe. Das hinderte die von Franz II. angewiesene
Justiz nicht daran, mit langjährigen Haftstrafen und mit einem
Todesurteil (gegen Hebenstreit) im Jahr 1794 diese Gruppe zu
zerschlagen. Riedel kam erst nach mehreren vergeblichen Begnadi-
gungsgesuchen im Jahre 1809 frei, als die Franzosen Österreich
besetzten. Er emigrierte nach Frankreich, wo er in ärmlichen Verhältnissen bis zu seinem Tod im Jahre 1837 lebte.

Fritz Valjavec: Die Entstehung der politischen Strömungen in
Deutschland 1770–1815. München: Oldenbourg, 1951. S. 505–515.

Der Aufruf, wohl im Sommer 1792 verfaßt, wurde handschriftlich –
als ›Kettenbrief‹ – weitergegeben und erlangte eine beachtliche Verbreitung.

JACOB CHRISTIAN GOTTLIEB SCHÄFFER (1752–1826)

Einer Familie von Naturforschern und Ärzten entstammend, wurde auch er Mediziner in seiner Heimatstadt Regensburg. Als Leibarzt der Fürsten von Thurn und Taxis konnte er das vorrevolutionäre Frankreich besuchen und veröffentlichte seine Reiseerlebnisse 1794. Sein Lebenswerk gehörte der Medizin, vor allem den Kinder- und Volkskrankheiten, wobei er publizistische Regsamkeit entfaltete.

Schäffers Werk wird hier herangezogen, um das Paris gegen Ende des 18. Jahrhunderts aus dem Blickwinkel eines Reisenden betrachten zu können, den wir heute als unpolitischen Menschen bezeichnen würden. Seine Bemerkungen zum Krankenhauswesen werfen aber doch auch ein grelles politisches Schlaglicht auf das ausgehende Ancien régime. Schäffer hat mit Ausnahme der abgedruckten Stelle keine weiteren politischen Äußerungen veröffentlicht.

Jacob Christian Gottlieb Schäffer: Briefe auf einer Reise durch Frankreich, England, Holland und Italien, in den Jahren 1787 und 1788 geschrieben. Regensburg: Montag & Weiß, 1794. S. XXVII bis XXX.

Wiedergegeben ist hier ein Auszug aus der auf November 1793 datierten Vorrede, wo Schäffer auf die Anregung eines französischen Brieffreundes eingeht.

FRIEDRICH SCHILLER (1759–1805)

In Marbach am Neckar geboren, wuchs der Knabe in kleinbürgerlichen Verhältnissen auf. Der Landesherr Carl Eugen zwang ihn in die Hohe Carls-Schule mit ihrer militärischen Disziplin. Schiller studierte dort Jura und Medizin. Noch in dieser Zeit schrieb er sein revolutionäres Frühwerk *Die Räuber*. Der Herzog, der schon mit dem Dichter Schubart kurzen Prozeß gemacht hatte, verstand die Widmung »In Tyrannos« auf dem Titelblatt des Schillerschen Erstlingswerks sehr wohl. So flohen Schiller und sein Freund Streicher auf spektakuläre Weise aus der Carls-Schule und aus Württemberg (1782). Als freier Schriftsteller und Dramaturg war Schiller nun materiell ungesichert; seine finanziellen Sorgen ließen ihn bis zu seinem Tode nicht ruhen: selbst die von Goethe vermittelte Professur an der Universität Jena war unbesoldet.

Geschichte und Politik stehen im Mittelpunkt von Schillers Dramen; wenn in *Fiesco* und den *Räubern* die Revolte ihre eigenen Kinder frißt, so handelt es sich doch um Stücke mit demokratischer Tendenz und grundlegender Gesellschaftskritik. Die klassischen Dramen mildern die politische Stellungnahme des Autors durch tragische Konflikte und die Hinwendung zu historischen Stoffen.

Schiller, der 1790 Charlotte von Lengefeld geheiratet hatte, erkrankte bereits 1791 an Tuberkulose, der er am 9. Mai 1805 erlag. Die politische Wirkung seiner ersten Dramen, vor allem der *Räuber*, war groß. Wie sie politisch im Ausland eingeschätzt wurden, zeigt die Verleihung der Ehrenbürgerwürde durch die französische Republik im Jahre 1792. Ironischerweise wandte sich Schiller gerade in dieser Zeit vom »Dämon der Staatskritik«, wie er es in seiner Vorrede zu den *Horen* nennt, ab. Die Ideale der Revolution scheinen ihm in Frankreich verraten, er entwirft deshalb das Ziel einer ästhetischen Erziehung des Menschen, die der politischen Veränderung vorausgehen soll: Einzig der ästhetisch gebildete Mensch wird reif zur Revolution sein, die Revolution aber gar nicht mehr nötig haben (*Briefe über die ästhetische Erziehung des Menschen* an den Herzog Friedrich Christian von Augustenburg). Die Kunst soll Ideal und geschichtliche Realität vermitteln.

Die Horen. Eine Monatsschrift. Hrsg. von Schiller. 1. Stück. 1795. S. IV–VII [Auszug].

## Friedrich Schlegel (1772–1829)

Friedrich Schlegel steht an Fruchtbarkeit des Schaffens seinem Bruder August Wilhelm kaum nach. Beide schrieben einen glänzenden Stil, aber August Wilhelms Metier war mehr die Reisebeschreibung und die Ästhetik. Friedrich, als Dichter originärer, beschäftigte sich mit Geschichte, Philosophie und Politik intensiver als sein Bruder.

Schlegel hatte nach einer Kaufmannslehre ab 1790 in Göttingen Jura studiert, sich aber bald der Philosophie und Kunstgeschichte (Studienjahre in Leipzig) zugewandt. Dann versuchte er mit seiner Frau Dorothea, geb. Veit, die er 1804 geheiratet hatte, ein Leben als freier

Schriftsteller. Die schwierigen materiellen Verhältnisse bewogen ihn, 1809 in die diplomatischen Dienste Österreichs zu treten. Als Gesandter nahm er am Wiener Kongreß teil. Im Alter hielt er in Dresden wissenschaftliche Vorlesungen. Als geistiges Zentrum der Frühromantik wirkte Friedrich Schlegel vor allem als Anreger, Kritiker und Programmatiker einer »progressiven Universalpoesie«. Die Neigung zum Fragmentarischen zeigt sich in seinem Roman *Lucinde* ebenso wie in den Textstücken seiner Zeitschrift *Athenaeum*, die dann als *Athenaeums-Fragmente* bekannt wurden.

Schlegel vollzog in seiner politischen Einstellung eine romantische Wendung zum Konservatismus, die in seiner Konversion zum katholischen Glauben (1808) deutlichen Ausdruck findet. Doch hatte sich ein Umschwung seiner zunächst republikanischen Einstellung schon seit Mitte der neunziger Jahre angebahnt. Im Zentrum der Übergangszeit sind die *Athenaeums-Fragmente* von 1798 angesiedelt. Schlegels Schrift über den Republikanismus von 1796 stand hingegen noch stark im Banne der aufgeklärten Philosophie Immanuel Kants.

[Friedrich Schlegel:] Fragmente. In: Athenaeum. Hrsg. von August Wilhelm Schlegel und Friedrich Schlegel. Bd. 1. 2. Stück. 1798. S. 232, 309, 310 f.

## CHRISTIAN FRIEDRICH DANIEL SCHUBART (1739–91)

Der Schwabe Schubart: Organist und Publizist, Patriot und Tyrannenhasser, Stürmer und Dränger, württembergischer Staatsgefangener von 1777 bis 1787. Die Umstände seiner Verhaftung auf Geheiß Herzog Carl Eugens – der ihn auf württembergisches Gebiet locken ließ – erregten Deutschland: Man könnte ihn den populärsten politischen Gefangenen seiner Zeit nennen, denn der Freiheit beraubt wurde er einzig wegen seiner publizistischen und religionskritischen Arbeiten. Zehn Jahre lang büßte der Mann auf der Festung Hohenasperg das Vergehen, durch antidespotische Artikel ein gekröntes Haupt, nach den Worten des Herzogs, »auf das freventlichste angetastet« zu haben! Acht Jahre davon saß er in Einzelhaft. Schubart hatte nur noch wenige Jahre zu leben, als er nach vielen Petitionen, u. a. der gesamten Universität Heidelberg, endlich, als gebrochener Mann, freikam; dann aber entfaltete er noch rege publizistische Wirksamkeit (*Vaterlandschronik*). Eine national-patriotische Spur zieht sich durch alle seine publizistischen Unternehmungen, sosehr er seit 1789 die Revolution im Nachbarstaat auch mit positiver Anteilnahme verfolgte. Seine publizistischen Unternehmungen überlebten ihn, der am 10. Oktober 1791 starb, jedoch nicht lange.

Schubart war in Aalen aufgewachsen und zum geistlichen Beruf bestimmt wie sein Vater. Seine dichterische wie seine musikalische Begabung traten bereits im Gymnasialalter hervor. Doch zog sich durch sein ganzes Leben eine Unstetigkeit, die ihn 1760 bereits das Studium in Erlangen abbrechen ließ. Als Organist, Hauslehrer und Musikdirektor schlägt er sich durch, heiratet nach Ulm, wird aber 1773 wegen kritischer Artikel aus Württemberg ausgewiesen. Während seine Frau zeitweise ins elterliche Heim zurückkehrt, abenteuert er durch Süddeutschland. Dem Augsburger Buchhändler Stage gebührt das Verdienst, den Unsteten zu geregelter Arbeit angehalten zu haben. Es werden Schubarts produktivste Jahre, seine *Deutsche Chronik* erscheint ab März 1774 zweimal wöchentlich, 1775 wird der Verlagsort nach Ulm verlegt. Das Blatt wird für einige Jahre zu einer der einflußreichsten Zeitungen in Deutschland, bis zur Verhaftung Schubarts im Januar 1777.

(1) Fortgang und Ende des Pariser Aufruhrs . . . . . . . . 161
(2) *Bericht aus Paris* . . . . . . . . . . . . . . . . . . . . . 165
(3) O Freiheit, Freiheit! Gottes Schoß entstiegen . . . . . 237
(4) Deutscher Freiheitsgeist . . . . . . . . . . . . . . . . . 238
(5) Auf eine Bastilletrümmer von der Kerkertüre Voltaires . 238

Vaterlandschronik. Hrsg. von Christian Friedrich Daniel Schubart. 60. Stück. 28. Juli 1789. (1) S. 489–493 [Auszug].
– 84. Stück. 20. Oktober 1789. (2) S. 717–719.
Christian Friedrich Daniel Schubart: Werke in einem Band. Ausgew. und eingel. von Ursula Wertheim und Hans Böhm. Berlin/ Weimar: Aufbau-Verlag, 1959. (3) S. 326. (4) S. 327. (5) S. 327.

## Gotthold Friedrich Stäudlin (1758–96)

Die Zeitgenossen schätzten Stäudlin als Lyriker und Dichter, bedauerten seinen tragischen, bis heute ungeklärten Tod: Er hatte – ohne zu bezahlen – ein Gasthaus verlassen; seine Leiche wurde im Rhein in der Nähe von Straßburg gefunden. Verzweiflung?

Der als Sohn eines Stuttgarter Regierungsrats geborene Stäudlin hatte in Tübingen studiert und zum Doktor der Rechte promoviert (1776–80). Es folgten Jahre als Advokat in der Vaterstadt; den Eintritt in den Staatsdienst ließ sein offenes Bekenntnis zu den Ideen der Revolution nicht zu. Auch der Versuch, als freier Schriftsteller zu leben, scheiterte. Stäudlin hatte nach dem Tod Schubarts (vgl. S. 479 f.) dessen *Chronik* übernommen; seine Zeitschrift fiel aber der Zensur zum Opfer (Reichshofratsbeschuß von 1793), was Stäudlin materiell ruinierte und aus der Bahn warf. Von nun an bis zu seinem Ende führte er ein unstetes Leben.

Ludwigs Todesurteil . . . . . . . . . . . . . . . . . . . 186

Chronik. [Hrsg. von Gotthold Friedrich Stäudlin.] 29. Januar 1793. S. 76 f., 80.

## LUDWIG TIECK (1773–1853)
## WILHELM HEINRICH WACKENRODER (1773–98)

Tieck und Wackenroder sind bis zu dem frühen Tode des letzteren unzertrennlich gewesen: auf dem Gymnasium, bei gemeinsamen Wanderungen in Franken, in der Begeisterung für Kunst, Geschichte und Volkstum. Beide wurden 1773 in Berlin geboren, Tieck als Sohn eines Handwerkers, Wackenroder als Beamtensohn. Im Studium ging Tieck voran – er begann 1793 in Halle, wechselte dann nach Göttingen und Erlangen; Wackenroders strenger Vater forderte vom Sohn noch ein Jahr Vorbereitungszeit und bestimmte auch das Fach: Jura. Tieck hingegen widmete sich der Theologie, der Geschichte und Literatur. Aus dieser Zeit stammt eine Korrespondenz zwischen Tieck und Wackenroder, die beider ähnliche Charaktere deutlich hervortreten läßt, wobei Wackenroder die dichterische Begabung seines Freundes höher einschätzte als seine eigene. Die entscheidende romantische Prägung erfahren beide während des gemeinsamen Studiums in Erlangen, vor allem bei den Wanderungen nach Nürnberg, ins Fichtelgebirge und die Fränkische Schweiz. Der poetische Zauber »altfränkischer« Kultur- und Stadtlandschaften bezeichnet den Beginn der Frühromantik (1793–1803). Im Jahre 1794 erscheinen die ersten Arbeiten der beiden. Aber Wackenroders *Herzensergießungen eines kunstliebenden Klosterbruders* bleiben sein einziges größeres Werk. Nervöse Veranlagung und die Enttäuschung seines ungeliebten Berufs zehrten so sehr an ihm, daß er bereits mit 25 Jahren in Berlin einem Fieber erlag. Tieck dagegen erreichte ein hohes Alter und konnte die gemeinsamen Jugendprojekte fortsetzen, wobei er sich allerdings seit 1803 immer mehr von der Romantik abwandte. Hatte er 1797 drei Bände Volksmärchen, mittelalterliche Minnelieder und den Roman *Franz Sternbalds Wanderungen* veröffentlicht, wandte er sich mit der Erzählung *Liebeszauber* einem frührealistischen Stil zu.

Die frühen Briefzeugnisse zeigen uns profranzösische Einstellungen, die in gefühlsmäßigem Idealismus für Freiheit und Selbstentfaltung gründen.

Ludwig Tieck: Brief an Wilhelm Heinrich Wackenroder vom 28. Dezember 1792. In: Wilhelm Heinrich Wackenroder: Werke und Briefe. Berlin: Lambert Schneider, 1938. S. 405 f. [Auszug]. – W. H. W.: Brief an Ludwig Tieck vom 5. März 1793. In: Ebd. S. 435 [Auszug].

## FRIEDRICH VON DER TRENCK (1726–94)

In Königsberg geboren, wurde Trenck wie sein Vater nach kurzem Studium preußischer Offizier. Im Schlesischen Krieg zeichnete er sich mehrfach aus und brachte es zum Ordonnanzoffizier Friedrichs II., fiel aber wegen seiner Verehrung für die Schwester des Königs, Prinzessin Amalie, in Ungnade und wurde von 1743 bis 1746 in der Festung Glatz eingesperrt. Mehrere Ausbruchsversuche aus der unmenschlichen Haft mißlangen, erst am Weihnachtstag 1746 konnte er nach Österreich entfliehen. Er trat dann in russische und österreichische Dienste. Im Jahre 1754 kehre er unvorsichtigerweise nach Danzig zurück. Dort wurde er erneut verhaftet und zehn Jahre in Magdeburg eingekerkert – zeitweise mit Ketten an die Wand gefesselt. Auf Fürsprache von Maria Theresia kam er 1763 frei und ließ sich dann in Aachen nieder.

Eine Reise nach Paris hatte er bereits 1788 unternommen, seine zweite Reise in die Hauptstadt der Revolution sollte ihm zum Verhängnis werden. Nachdem er seit 1791 als Schriftsteller in Paris gelebt hatte, fiel er in den letzten Tagen des »Großen Terrors« der Guillotine zum Opfer (am 25. Juli 1794).

Aufgrund seiner Erfahrung mit dem preußischen »Despotismus« befürwortete Trenck leidenschaftlich die französische Freiheit und

Gleichheit. Seine Zeitschriften *Trencks Monatsschrift* (1792–93) und *Proserpina* (1793) sind zu den wichtigsten Periodika der demokratischen Literaturströmung zu rechnen.

[Friedrich von der Trenck:] Mein Urtheil über Freyheit und Gleichheit bey Frankreichs Revolution. In: Trencks Monatsschrift für das Jahr 1792. H. 7. Altona 1792. (1) S. 689–691 (»Fragen, die aus dieser Abhandlung entstehen, und die ich der Beurtheilung meiner Leser überlasse«).
Proserpina. Trencks Monatsschrift für das Jahr 1793. H. 2. Mainz/Altona 1793. (2) S. 166–168, 170 f., 176.

JOHANN HEINRICH VOSS (1751–1826)

Als Übersetzer der *Ilias* und *Odyssee* (erstmals 1781) wurde Voß der Nachwelt bekannter denn als Dichter der *Luise* und der *Idyllen*. Dabei war er Mittelpunkt des »Göttinger Hains« gewesen, dem auch Gottfried August Bürger, Ludwig Hölty und die Gebrüder Stolberg angehörten. Nach Göttingen war der gebürtige Mecklenburger im Frühjahr 1772 gekommen, um Theologie zu studieren. Er wandte sich wie viele andere der Literatur zu und widmete sich philologischen und belletristischen Neigungen. Seit 1775 redigierte er in der Nachfolge Heinrich Christian Boies den *Musenalmanach*; er heiratete 1777 die Schwester Boies.
Aus seinem freiheitlichen politischen Standpunkt hat Voß zeitlebens kein Hehl gemacht, ja er ging so weit, mit seinem Jugendfreund Friedrich Stolberg zu brechen, als dieser konservativ und katholisch wurde. In Heidelberg, wo er seit 1805 an der Universität wirkte, geriet der streitbare Dichter in eine Gegenposition zu den Romantikern Arnim, Brentano und Görres, bei denen er Anzeichen einer politischen und kirchlichen Reaktion vermutete. Voß gehörte zu den wenigen Zeitgenossen, die sich auch durch die wechselnden politischen Systeme in Frankreich nicht vom konsequenten Eintreten für die Ideale der Revolution abhalten ließen.

Johann Heinrich Voß: Sämmtliche Gedichte. Tl. 4. Königsberg: Nicolovius, 1802. S. 212–219.

## WILHELM LUDWIG WEKHRLIN (1739–92)

Schwäbische Herkunft und Lebensdaten lassen Schubart und Wekhrlin als publizistisches Doppelgestirn Württembergs erscheinen: Beide stammten aus Pfarrersfamilien, beide blieben zeitlebens unstete Autodidakten, beide wurden schließlich verhaftet ... aber welch ein Unterschied! Wekhrlin verbüßte einen milden Hausarrest, verhängt durch die Grafen von Oettingen-Wallerstein, Schubart kam für zehn Jahre auf die Festung Hohenasperg. Auch Wekhrlin hatte sich durch seine Publizistik unbeliebt gemacht, er freilich beim Bürgermeister der Reichsstadt Nördlingen, vor deren Toren, im Dorf Baldingen, er seit 1777 wohnte und publizierte. Damals entstanden seine großen Journale *Chronologen* und *Das graue Ungeheuer.* Während der Gefangenschaft verfaßte er die *Hyperboreischen Briefe.* Als französischer Agent denunziert, wurde er im November 1792 in seinem Ansbacher Haus überfallen und verprügelt; er starb wenige Tage darauf.

Durch ein Netz von Mitarbeitern war Wekhrlin auch über Vorgänge in Norddeutschland gut informiert und hatte dort seine Abonnenten; Popularität genoß er aber vor allem in Schwaben, insbesondere im Ries. Publizistische Nachahmer wie Georg Friedrich Rebmann und Heinrich Würtzer kopierten Wekhrlins aufklärerischen Stil in Zeitschriften (*Neuestes graues Ungeheuer, Neue hyperboräische Briefe*).

Hyperboreische Briefe. Gesammelt von Wekhrlin. 6. Bändchen. [o. O.] 1790. S. 99–105 (aus Kap. 13: »Cotill an Elpin. Aus Paris«). Weil der Autor die wirtschaftliche Lage Frankreichs im ersten Teil seines »Briefes« noch als glänzend bezeichnet hat, muß er nun die Gründe für den plötzlichen Umschwung anführen.

## CHRISTOPH MARTIN WIELAND (1733–1813)

Wieland stammte aus einem pietistischen Elternhaus. Der Vater war Pfarrer im oberschwäbischen Biberach gewesen, der junge Christoph Martin kam als Zögling in ein klösterliches Internat und dann zur Familie des Professors Baumer nach Erfurt. Nach dem Abschluß seines Jurastudiums in Tübingen (1750–52) nahm Wieland die Einladung Johann Jacob Bodmers an, nach Zürich zu kommen. Er blieb dort bis 1758, dann wurde er Hauslehrer in Bern; 1760 kehrte er als Kanzleidirektor nach Biberach zurück. Den an französischen Vorbildern orientierten Lebensstil des Adels lernte er nun im benachbarten Warthausen beim Grafen von Stadion kennen. Im Jahre 1765 heiratete Wieland eine Augsburger Patriziertochter.

Im Norden Deutschlands zieht ihn dann ein Ruf an die Universität Erfurt (1769); Herzogin Anna Amalie holt ihn im Jahre 1772 als Prinzenerzieher nach Weimar, angeregt durch Wielands *Goldenen Spiegel*, in dem er die Problematik der aufgeklärten Staatsführung erörtert. Auch nach dem Amtsantritt ihres Sohnes Carl August und dem damit verbundenen Ende seiner Erziehertätigkeit bleibt Wieland in Weimar, nun vor allem publizistisch tätig. Sein *Teutscher Merkur* wird ab 1773 zu einer der führenden Publikumszeitschriften der Aufklärung.

Seine politische Haltung könnte wohl am ehesten als »aufgeklärt-absolutistisch« bezeichnet werden. Besonderen Wert legt er hierbei auf die Beachtung formaler Regeln und die Ablehnung der Gewalt in der Politik. So betrachtet er 1790 die Französische Revolution sehr skeptisch, wie seine Aufsätze im *Neuen Teutschen Merkur* belegen.

Christoph Martin Wieland: Unparteyische Betrachtungen über die dermalige Staats-Revolution in Frankreich. In: Der Neue Teutsche Merkur. Mai 1790. S. 53–59 [Auszug].

## HEINRICH WÜRTZER (1751–1835)

Sein leidenschaftliches Eintreten gegen ein preußisches Edikt von 1788, das unter Justizminister Carmer herauskam, hat den streitbaren Doktor der Philosophie und studierten Juristen Heinrich Würtzer populär gemacht. Wegen einer (unter vollem Namen erschienenen) Schrift gegen dieses Edikt, die er mit devotem Begleitschreiben versehen auch an König Friedrich Wilhelm II. übersandte, ließ ihm dieser postwendend den Prozeß machen. Würtzer verteidigte sich aber so glänzend, daß er den Gerichtssaal als freier Mann verließ. So war er bereits als Verfechter von Gewissens- und Religionsfreiheit bekannt, als er sich dann in den neunziger Jahren als politischer Publizist betätigte.

Aus einer vermögenden Hamburger Fabrikantenfamilie gebürtig, ging Würtzer im Jahr 1772 zum Studium nach Göttingen. Hier begann er zwar mit Theologie, wechselte aber bald zur Rechtswissenschaft. Nach dem Studium übernahm er für fünf Jahre eine Hofmeisterstelle beim hannoverschen Gesandten in Wien und kehrte dann zu Promotion und Privatdozentur nach Göttingen zurück. Die Übersiedlung nach Berlin folgt 1788. Die Erfahrungen mit dem preußischen Staat verstärkten seinen Hang zum Republikanismus; so nahm er seit dem Revolutionsausbruch in Frankreich Partei für die demokratische Seite. Als politischer Publizist versuchte er sich später vom liberalen Altona aus einen Namen zu machen; seine Zeitschriften blieben aber meist recht kurzfristige Projekte, da es ihm an Stetigkeit mangelte. So mußte er sich und seine Familie mit Privatunterricht durchbringen. Im Jahre 1806 wurde ihm die Leitung einer Armenschule übertragen, die von den Hamburger Freimaurern errichtet worden war; später eröffnete er selbst eine Mädchenschule, die wegen seiner freisinnigen Denkungsart aber keinen großen Zulauf hatte. Im Alter übersiedelte er zu seinen Töchtern nach Berlin, bis ins letzte Lebensjahr geistig interessiert und rege. Würtzers politische Publizistik: *Revolutionskatechismus* (Berlin 1793); *Neue hyperboräische Briefe* (Altona 1796); *Der patriotische Volksredner* (Altona 1796).

Heinrich Würtzer: Revolutionskatechismus. Berlin: Nauck, 1793. S. 14–21.

# Zeittafel

| 7. 8. 1787 | Gerichtshof (Parlament) von Paris erklärt Stempelsteuer des Königs für ungesetzlich |
| Sommer 1788 | Aufruhr des Adels in den Parlamentsstädten Grenoble, Pau, Dijon, Toulouse u. a.; Forderung nach Einberufung der Generalstände (-staaten; erstmals wieder nach 175 Jahren!) zur Genehmigung neuer Steuern |
| Juli 1788 | Der Dritte Stand (*Tiers état*) meldet Forderungen nach Verdoppelung seiner Abgeordnetenzahl an |
| 13. 7. 1788 | Schwerer Hagelschlag vernichtet Ernte in Westfrankreich; Getreidepreise steigen bis zum Höhepunkt am 14. 7. 1789 |
| 8. 8. 1788 | Krone beruft Generalstände ein zum 1. 5. 1789 |
| 16. 8. 1788 | Der französische Staat gesteht Zahlungsunfähigkeit ein. Necker erneut zum Finanzminister berufen |
| 1788 | Immanuel Kant, *Kritik der praktischen Vernunft* |
| 1788/89 | Einreichung von Beschwerdeheften, Wahlen zu den Generalständen |
| 1. 5. 1789 | Zusammentritt der Generalstände in Versailles |
| 11. 5. 1789 | Friedrich Schillers Antrittsvorlesung zur Universalgeschichte |
| 17. 6. 1789 | Die Deputierten des Dritten Stands konstituieren sich zur Nationalversammlung; gefordert wird die Abstimmung nach Köpfen, nicht nach Ständen; die ersten Abgeordneten der anderen Stände vereinigen sich mit dem Dritten Stand |
| 11. 7. 1789 | Entlassung Neckers, Zusammenziehen von Truppen um Paris |
| 14. 7. 1789 | Sturm auf die Bastille: Fanal der Revolution |
| 4./5. 8. 1789 | Abschaffung der feudalen Privilegien angesichts von Übergriffen auf dem Lande |
| 26. 8. 1789 | Menschenrechtserklärung, Beginn der Ausarbeitung einer Konstitution |
| 5./6. 10. 1789 | Zug der Marktfrauen nach Versailles; der König wird nach Paris geführt |

| | |
|---|---|
| Dezember 1789 | Klub der Verfassungsfreunde trifft sich erstmals im ehemaligen Jakobinerkloster |
| 1790–92 | Leopold II. Deutscher Kaiser |
| 1790 | Goethe, *Torquato Tasso* |
| 14. 7. 1790 | Erstes Bundesfest |
| 1790/91 | Zivilverfassung des Klerus gegen Veto des Königs durchgesetzt; Verkauf der Kirchengüter; der König konspiriert mit dem Ausland |
| Juni 1791 | Fluchtversuch des Königs scheitert in Varennes, Diskreditierung der Monarchie beim Inkrafttreten der Konstitution und Zusammentreten der neuen gesetzgebenden Versammlung |
| 27. 8. 1791 | Pillnitzer Erklärung der Könige von Preußen und Sachsen sowie des Kaisers Leopold II. zugunsten Ludwigs XVI. und seiner Familie |
| 1792–1806 | Franz II. Deutscher Kaiser |
| 20. 4. 1792 | Frankreich beginnt Krieg gegen die Koalition (Österreich und Preußen): Erster Koalitionskrieg (1792–97); zunehmende Radikalisierung der innenpolitischen Lage in Frankreich |
| 25. 7. 1792 | Manifest des Herzogs von Braunschweig droht mit Strafmaßnahmen, falls die Autorität der Monarchie in Frankreich nicht wiederhergestellt werde |
| 10. 8. 1792 | Sturm auf die Tuilerien: angesichts militärischer Niederlagen Frankreichs wird von der Pariser Stadtverwaltung (Commune) die Verhaftung des Königs organisiert |
| 11. 8. 1792 | Pariser Distrikte erhalten polizeiliche Sondervollmachten gegen »Verräter«; Verhaftungswelle |
| 2.–6. 9. 1792 | Den Septembermorden zur »Reinigung der Gefängnisse« fallen über 1000 Menschen zum Opfer |
| 20. 9. 1792 | Die Kanonade von Valmy wendet das Kriegsgeschick zugunsten Frankreichs |
| 21. 9. 1792 | Ausrufung der Republik; Zusammentreten des Nationalkonvents; Einführung der revolutionären Zeitrechnung (Jahr I) |

| | |
|---|---|
| 21. 10. 1792 | Besetzung von Mainz durch die französische Revolutionsarmee unter General Custine |
| 21. 1. 1793 | Hinrichtung Ludwigs XVI. |
| ab 1. 2. 1793 | Das Eingreifen Englands in den Koalitionskrieg verschlechtert Frankreichs militärische Lage; königstreuer Aufstand in der Vendeé. Notstandsmaßnahmen in Frankreich: Überwachungsausschüsse, Revolutionsgerichtshof, Armeekommissare |
| 6. 4. 1793 | Einrichtung des »Wohlfahrtsausschusses« |
| 2. 6. 1793 | Unter dem Druck der Straße Inhaftierung der girondistischen Abgeordneten. Beginn der Schreckensherrschaft Robespierres |
| 23. 8. 1793 | Massenaushebungen zur Armee |
| 17. 9. 1793 | Verdächtigengesetz |
| 10. 10. 1793 | Beginn der Massenguillotinierungen; Entchristianisierung des Landes (Kult der Vernunft) |
| Frühjahr 1794 | Hinrichtung der linken Hébertisten und der Gemäßigten um Danton |
| 10. 6. – 27. 7. 1794 | letzte Steigerung der Schreckenszeit durch Aufhebung aller Rechtsgarantien (»Großer Terror«) |
| 26. 6. 1794 | Sieg der Revolutionsarmeen unter General Jourdan bei Fleurus |
| 27./28. 7. 1794 | Sturz und Hinrichtung Robespierres (9./10. Thermidor) |
| 1794 | Johann Gottlieb Fichte, *Wissenschaftslehre* |
| 5. 4. 1795 | Ausscheren Preußens aus der Koalition: Sonderfriede zu Basel |
| 5. 10. 1795 | Niederschlagung eines royalistischen Aufstandes durch Barras und Napoleon; Ende des Nationalkonvents |
| 1795–99 | Direktoralverfassung: übernimmt zunächst zwei Drittel der Abgeordneten der neuen Legislative aus dem Nationalkonvent, Exekutive aus fünf Direktoren; Machterhalt des Direktoriums gegen konservative Strömungen mit Hilfe der Armee |

| | |
|---|---|
| 5. 9. 1797 | Militärputsch (18. Fructidor) |
| 1797–99 | Siege in den italienischen Feldzügen und Landung in Ägypten lassen Napoleon zum starken Mann Frankreichs werden |
| 16. 11. 1797 | Friedrich Wilhelm III. wird König von Preußen |
| 1799–1802 | Zweiter Koalitionskrieg gegen Frankreich (u. a. England, Rußland, Österreich und Portugal) |
| Oktober 1799 | Putsch Napoleons (18./19. Brumaire) beendet Direktoralzeit; Napoleon wird Erster Konsul |
| 1800 | Johann Gottlieb Fichte, *Der geschlossene Handelsstaat* |
| | Friedrich Schiller, *Maria Stuart* |
| 1801 | Konkordat Frankreichs mit dem Papst |
| 1803 | Neuordnung Deutschlands durch Mediatisierung und Säkularisierung (Reichsdeputationshauptschluß) |
| 1804 | Kaiserkrönung Napoleons; Einführung des Code civil |
| 1804 | Friedrich Schiller, *Wilhelm Tell* |
| 6. 8. 1806 | Ende des Heiligen Römischen Reiches Deutscher Nation |
| 1806–07 | Siegreicher Feldzug gegen Frankreich und Rußland |
| 1807 | Georg Wilhelm Friedrich Hegel, *Phänomenologie des Geistes* |
| 1807–14 | Preußische Reformen |
| 1807/08 | Johann Gottlieb Fichte, *Reden an die deutsche Nation* |
| 1808 | Goethe, *Faust I* |
| 1809 | Siegreicher Feldzug Frankreichs gegen Österreich; Tiroler Freiheitskampf |
| 1812 | Niederlage der »Großen Armee« Napoleons in Rußland |
| 1813–14 | Befreiungskriege und Verbannung Napoleons |
| 1814–15 | Wiener Kongreß beendet das Napoleonische Zeitalter |
| 1821 | Georg Wilhelm Friedrich Hegel, *Grundlinien der Philosophie des Rechts* |

# Glossar der Personennamen

Im folgenden werden im Text vorkommende Personennamen erläutert. Soweit sich zu einzelnen Namen eine Erläuterung in den Anmerkungen (S. 405–426) findet und soweit einzelnen Personen im vorliegenden Band ein biographischer Abriß gewidmet ist (S. 427 bis 486), wurden sie hier nicht mit aufgenommen.

ARTOIS, CHARLES-PHILIPPE, COMTE DE (1757–1836), Bruder Ludwigs XVI., als Karl X. Philippe 1824–30 König von Frankreich

BAILLY, JEAN-SYLVAIN (1736–93), französischer Astronom, Präsident der Generalstände und der Nationalversammlung, Bürgermeister von Paris

BARÈRE, BERTRAND (BERTRAND BARÈRE DE VIEUZAC; 1755–1841), französischer Politiker

BARNAVE, ANTOINE-JOSEPH-MARIE-PIERRE (1761–93), Jurist, Abgeordneter der französischen Nationalversammlung

BAYARD (PIERRE DU TERRAIL, SEIGNEUR DE B.; 1475–1524), französischer Ritter, der sich in mehreren Kriegen gegen Italien den Titel »Ritter ohne Furcht und Tadel« erwarb

BAZIRE (BASIRE), CLAUDE (1764–94), französischer Politiker

BERTHIER (BERTIER) DE SAUVIGNY, LOUIS-BÉNIGNE-FRANÇOIS (1737–89), Intendant von Paris, möglicherweise auf Betreiben von Necker ermordet

BERTRAND-MOLEVILLE, ANTOINE-FRANÇOIS, MARQUIS DE (1744 bis 1818), französischer Politiker, Oktober 1791 – März 1792 Marineminister, bis zum Sturm auf die Tuilerien am 10. August Chef der Königlichen Geheimpolizei

BILLAUD-VARENNE, JACQUES-NICOLAS (1796–1819), französischer Jurist; trug als Mitglied des Wohlfahrtsausschusses maßgeblich zum Sturz von Robespierre bei

BLUMENBACH, JOHANN FRIEDRICH (1752–1840), Professor der Medizin in Göttingen

BOUILLÉ, FRANÇOIS-CLAUDE-AMOUR, MARQUIS DE (1739–1800), französischer General, Organisator des Fluchtversuches der königlichen Familie

BORIE, JEAN (gest. 1805), Offizier der Pariser Munizipalität, 1791 Deputierter der Legislative

BRAUNSCHWEIG, HERZOG VON → Karl II. Wilhelm Ferdinand

BRIENNE, ÉTIENNE-CHARLES DE LOMÉNIE DE (1727–94), französischer Staatsmann, 1763 Erzbischof von Toulouse, 1788 Generalkontrolleur der Finanzen, Kardinal und Erzbischof von Sens, scheiterte an der Sanierung der Staatsfinanzen und war gezwungen, die Generalstände einzuberufen

BRISSOT, JACQUES-PIERRE (1754–93), französischer Journalist, Anführer der Girondisten

BROGLIE, VICTOR-FRANÇOIS, DUC DE (1718–1804), seit 1759 Marschall von Frankreich, später Kriegsminister, nahm auf preußischer Seite an den Revolutionskriegen teil

BROGLIE (BROGLIO), VICTOR-FRANÇOIS, PRINCE DE (1759–94), französischer Jakobiner

BURKE, EDMUND (1729–97), englischer Politiker, antirevolutionärer politischer Publizist

BÜSCHING, ANTON FRIEDRICH (1724–93), Geograph und Pädagoge in Berlin

CALONNE, CHARLES-ALEXANDRE DE (1734–1802), französischer Politiker, versagte als Generalkontrolleur der Finanzen 1783–87 bei der Eindämmung der Staatsverschuldung

CAMPER, PETRUS (1722–89), niederländischer Anatom und Chirurg

CAPET, LOUIS → Ludwig XVI.

CARRA, JEAN-LOUIS (1742–93), französischer Politiker im Umkreis → Brissots

CHABOT, FRANÇOIS (1759–94), französischer Geistlicher

CHAMFORT, SÉBASTIEN-ROCH-NICOLAS (1741–94), französischer Schriftsteller, 1781 Mitglied der Académie française, Sekretär der Madame → Elisabeth, 1792 Bibliothekar an der Nationalbibliothek

CHARTRES, LOUIS-PHILIPPE, DUC DE (1773–1850), Sohn des → Louis-Philippe von Orléans, französischer Offizier

CHAUMETTE, PIERRE-GASPARD (1763–94), französischer Politiker, Generalprokurator der Kommune, zusammen mit → Cloots der Hauptagitator der »Entchristianisierungsbewegung«

CLOOTS, ANACHARSIS (JEAN-BAPTISTE, BARON DE C.; 1755–94), preußischer Adliger niederländischer Herkunft, Mitglied des Nationalkonvents, Hébertist

COLBERT, JEAN-BAPTISTE, MARQUIS DE SEIGNELAY (1619–83), französischer Staatsmann

COLLOT D'HERBOIS, JEAN-MARIE (1749–96), französischer Schau-

spieler, revolutionärer Politiker, Mitglied des Wohlfahrtsausschusses

CONDORCET, MARIE-JEAN-ANTOINE-NICOLAS-CARITAT, MARQUIS
DE (1743–94), französischer Mathematiker und revolutionärer
Politiker

CORDAY D'ARMONT, MARIE-ANNE-CHARLOTTE DE (1768–93),
ermordete Marat aus Rache für die Verfolgung der Girondisten
und wurde dafür hingerichtet

DANTON, GEORGES-JACQUES (1759–94), französischer Jurist und
revolutionäres Mitglied des Nationalkonvents, Justizminister
1792/93

DESÈZE → Sèze, Raymond de

DESMOULINS, LUCIE-SIMPLICE-CAMILLE (1760–94), französischer
Publizist und revolutionärer Politiker, Freund → Dantons

DORSCH, ANTON JOSEF (1758–1819), 1781 Geistlicher, 1784 Professor der Logik, Metaphysik und Anthropologie in Mainz, 1791 in
Straßburg, 1792 Klubist in Mainz

DU BARRY, JEANNE BÉCU, COMTESSE (1743–93), Mätresse König
Ludwigs XV. von Frankreich

DUMOLARD, JOSEPH-VINCENT (1766–1819), Konventsmitglied

DUMOURIEZ (eigtl. DU PÉRIER), CHARLES-FRANÇOIS (1739–1823),
französischer General, Chef der Nordarmee

DUPORT-DUTERTRE, MARGUÉRITE-LOUIS-FRANÇOIS (1754–93)
französischer Rechtsanwalt, Ende 1790 bis Frühjahr 1792 Justizminister

ELISABETH (PHILIPPINE-MARIE-HÉLÈNE DE FRANCE, MADAME E.;
1764–94), Schwester Ludwigs XVI.

ÉPERNON, JEAN-LOUIS DE NOGARET DE LA VALETTE, DUC DE
(1554–1642), französischer Feldherr

FEBRE DE VILLEBRUNE → Lefebvre de Villebrune, Jean-Baptiste

FLESSELLES, JACQUES DE (1721–89), Vorsteher der Pariser Kaufleute,
unter dem Vorwand der Lebensmittelspekulation nach dem Sturm
auf die Bastille ermordet

FOULON (FOULLON) DE DOUÉ, JOSEPH-FRANÇOIS (1715–89), Intendant der Marine und Staatsrat, am 22. Juli 1789 von einer Volksmenge in Paris gelyncht, den Mund voll Heu, da er gesagt haben
soll, das Volk sei dazu gemacht, Heu zu essen

FOX, CHARLES JAMES (1749–1806), englischer Staatsmann

FRANKLIN, BENJAMIN (1706–90), amerikanischer Politiker, Schriftsteller und Naturwissenschaftler

FRANZ II. JOSEPH KARL (1768–1835), römisch-deutscher Kaiser 1792–1806; ab 1804 als Franz I. Kaiser von Österreich

FRIEDRICH WILHELM III. (1770–1840), preußischer König seit 1797; ließ seit der Katastrophe Preußens von 1806/07 zwar umfangreiche innere Reformen zu, steuerte aber seit Napoleons Sturz wieder einen reaktionären Kurs

HAUSLEUTNER, PHILIPP WILHELM GOTTLIEB (1754–1820), seit 1788 Professor der Philosophie an der Hohen Carls-Schule in Stuttgart; seit 1794 herzoglich-württembergischer Regierungssekretär und -registrator

HENNINGS, AUGUST ADOLF FRIEDRICH VON (1746–1826), Verwaltungsbeamter in dänischen Diensten und liberaler Publizist

HOFFMANN, LEOPOLD ALOIS (1748–1806), Professor für deutsche Sprache; reaktionärer Schriftsteller

HUBER, LUDWIG FERDINAND (1764–1804), Schriftsteller, kursächsischer Legationssekretär in Mainz, zweiter Ehemann der Witwe Johann Georg Forsters

HUMBOLDT, ALEXANDER VON (1769–1859), Geograph und Naturforscher; hielt sich 1807–27 zur Auswertung der Ergebnisse seiner Forschungsreisen in Paris auf

JOSEPH II. (1741–90), Sohn Maria Theresias, deutscher Kaiser seit 1765

KARL II. WILHELM FERDINAND, HERZOG VON BRAUNSCHWEIG (1735–1806), im Ersten Revolutionskrieg Oberbefehlshaber des preußischen Heeres

KARL IX. (1550–74), König von Frankreich seit 1560

KNESEBECK, KARL FRIEDRICH VON DEM (1768–1848), preußischer General

LAFAYETTE (LA FAYETTE), MARIE-JOSEPH-PAUL-YVES-ROCH-GILBERT MONTIER, MARQUIS DE (1757–1834), französischer Politiker, Chef der Nationalgarde

LALLY-TOLENDAL, TROPHIME-GÉRARD, COMTE DE (1751–1830), französischer Offizier und konservativer Politiker, trat für das Veto des Königs ein

LAMETH, ALEXANDRE-THÉODORE-VICTOR, COMTE DE (1760–1829),

französischer revolutionärer Politiker, Deputierter in den Generalständen. Auch seine beiden Brüder Théodore (1756–1854) und vor allem Charles (1757–1832) spielten in der Revolution eine politische Rolle, so daß die drei Brüder in der Literatur vielfach schwer zu unterscheiden sind

LA ROCHEFOUCAULD-LIANCOURT, FRANÇOIS-ALEXANDRE-FRÉDÉRIC, DUC DE (1747–1827), französischer Politiker, Mitglied der konstituierenden Nationalversammlung

LAUNAY (LAUNEY, LAUNAI), BERNARD-RENÉ JOURDAN, MARQUIS DE (1740–89), Gouverneur der Bastille; bei deren Erstürmung von der Volksmenge ermordet

LAVATER, JOHANN KASPAR (1741–1801), schweizerischer protestantischer Geistlicher, theologisch-philosophischer Publizist

LEFEBVRE DE VILLEBRUNE, JEAN-BAPTISTE (1732–1809), französischer Philologe, Direktor der Pariser Nationalbibliothek

LE TOURNEUR, CHARLES-LOUIS-FRANÇOIS-HONORÉ (1751–1817), französischer Politiker, Deputierter in der Legislative und im Konvent, Oktober 1796 – Mai 1797 Mitglied des Direktoriums, dann Generalinspekteur der Artillerie

LINGUET, SIMON-NICOLAS-HENRI (1736–94), französischer Jurist und Publizist

LOUVOIS, FRANÇOIS-MICHEL LE TELLIER, MARQUIS DE (1641–91), Kriegsminister Ludwigs XIV.

LUCKNER, NICOLAS, BARON DE (1722–94), deutscher Offizier, der im französischen Heer bis zum Generalsrang gelangte

LUDWIG XI. (1423–83), französischer König seit 1461

LUDWIG XIV. (1638–1715), französischer König seit 1643 (»Sonnenkönig«)

LUDWIG XV. (1710–1774), französischer König seit 1715

LUDWIG XVI. (1754–93), französischer König seit 1774, am 23. Januar 1793 guillotiniert

LUX, ADAM (1765–93), Mitglied des Mainzer Jakobinerklubs und des rheinischen Nationalkonvents, in dessen Auftrag er nach Paris reiste; wegen seines Eintretens für Charlotte → Corday am 4. November 1793 hingerichtet

MALESHERBES, GUILLAUME, CHRÉTIEN DE LAMIGNON DE (1721 bis 1794), französischer Politiker, einer der Verteidiger im Prozeß gegen Ludwig XVI.

MANUEL, LOUIS-PIERRE (1751–93), französischer Publizist, Mitglied der Kommune

MARAT, JEAN-PAUL (1744–93), französischer Arzt und revolutionärer Publizist, Herausgeber des Journals *L'ami du Peuple*

MARIE ANTOINETTE (1755–93), Tochter Maria Theresias, seit 1770 mit Ludwig XVI. verheiratet, Königin von Frankreich

MARSCHALL VON BIEBERSTEIN, ERNST (1770–1834), Carls-Schüler und nassauischer Staatsmann

MERLIN DE THIONVILLE, ANTOINE-CHRISTOPHE (1762–1833), französischer Revolutionär, radikales Mitglied des Nationalkonvents

MERLIN DE DOUAI, PHILIPP-ANTOINE, COMTE (1754–1838), französischer Jurist, Mitglied in den Generalständen, im Konvent und im Rat der Alten, Direktoriumsmitglied, Justiz- und Polizeiminister

MIRABEAU, HONORÉ-GABRIEL DE RIQUETI, COMTE DE (1749–91), französischer Politiker, beherrschende Gestalt der Nationalversammlung

MONTESQUIEU (CHARLES-LOUIS DE SECONDAT, BARON DE LA BRÈDE ET DE M.; 1689–1757), französischer Jurist und Staatsphilosoph

MONTGELAS, MAXIMILIAN GRAF VON (1759–1838), leitete zwischen 1799 und 1817 die wichtigsten bayerischen Ministerien

MONTMORENCY, HENRI II., DUC DE (1595–1632), französischer Marschall

NAPOLEON I. BONAPARTE (1769–1821), korsischer Offizier, französischer Oberbefehlshaber in Italien 1796–97, Erster Konsul 1799–1802, Konsul 1802–04, Kaiser der Franzosen 1804–14

NECKER, JACQUES (1732–1804), französischer Bankier, aus Genf stammend, Finanzminister 1776–81 und 1789–90

NEWTON, SIR ISAAC (1643–1727), englischer Physiker und Mathematiker

NICOLAI, CHRISTOPH FRIEDRICH (1733–1811), Schriftsteller, Verleger und Buchhändler in Berlin, aufklärerischer Publizist

NOAILLES, LOUIS-MARIE, VICOMTE DE (1756–1804), Schwager Lafayettes, französischer Offizier und Politiker, Mitglied der Generalstände

ORLÉANS, LOUIS-PHILIPPE-JOSEPH, DUC DE (gen. PHILIPPE-ÉGALITÉ; 1747–93), Vetter Ludwigs XVI., gegen den er Thronansprüche erhob

PRICE, RICHARD (1723–91), englischer Geistlicher, Politiker und Schriftsteller

REINHOLD, JOHANN GOTTHARD (1771–1838), deutscher Diplomat und Schriftsteller

REUBELL (REWBELL), JEAN-FRANÇOIS (1747–1807), französischer Jurist, Mitglied des Rates der Fünfhundert

REUSS, JEREMIAS DAVID (1750–1837), Professor für Gelehrtengeschichte und Bibliothekar in Göttingen

RICHELIEU, ARMAND-JEAN DU PLESSIS, DUC DE (1585–1642), französischer Staatsmann, Kardinal

ROBESPIERRE, MAXIMILIEN-FRANÇOIS-MARIE-ISIDORE-JOSEPH DE (1758–94), französischer Jurist und Revolutionär, beherrschende Figur des Wohlfahrtsausschusses

RONSIN, CHARLES-PHILIPPE (1752–94), französischer Revolutionsgeneral und Theaterdichter

ROUSSEAU, JEAN-JACQUES (1712–78), französisch-schweizerischer Schriftsteller, Musiker, Kulturphilosoph und politischer Theoretiker

SANTERRE, ANTOINE-JOSEPH (1752–1809), Brauereibesitzer aus der Pariser Vorstadt St.-Antoine, revolutionärer Politiker, Chef der Nationalgarde

SCHLABRENDORF, GUSTAV GRAF VON (1750–1824), Sohn eines preußischen Ministers; seit 1789 in Paris lebend und gelegentlich publizierend; hatte großen Einfluß auf deutsche Revolutionsreisende wie Kerner, Forster und Oelsner

SCHLÖZER, AUGUST LUDWIG (1735–1809), Historiker in Göttingen; Publizist und Herausgeber der konservativ-liberalen *Staats-Anzeigen*

SCHWEIZER, JOHANN CASPAR (1754–1811), Kaufmann und Bankier in Zürich und Paris

SERVAN DE GERBEY, JOSEPH (1741–1808), französischer Offizier und Kriegsminister

SÈZE, RAYMOND DE (1748–1828), französischer Rechtsanwalt, einer der Verteidiger Ludwigs XVI. vor dem Konvent

SILLERY, CHARLES-ALEXIS-PIERRE-BRULART, COMTE DE GENLIS, MARQUIS DE (1737–93), französischer Offizier und Politiker

TRONCHET, FRANÇOIS-DENIS (1726–1806), französischer Rechtsanwalt, einer der Verteidiger Ludwigs XVI.

TURGOT, ANNE-ROBERT-JACQUES, BARON DE L'AULNE (1727–81), französischer Verwaltungsfachmann, Wirtschaftstheoretiker und Staatsmann, 1774–76 Minister Ludwigs XVI.

WEISHAUPT, ADAM (1748–1831), Professor für Kirchenrecht in
Ingolstadt; Gründer und Leiter des radikal-aufklärerischen Ge-
heimbundes der »Illuminaten« (1776–85). Sein Schüler Montgelas
wurde der Schöpfer des modernen bayerischen Staatswesens

WENNER, JOHANN KONRAD (gest. 1803), Theologe, später Buchhändler in Frankfurt a. M.

WOLZOGEN, WILHELM FRIEDRICH ERNST FREIHERR VON (1762 bis
1809), hielt sich 1788–91 und 1793–94 im Auftrag des Herzogs
von Württemberg in Paris auf, später Oberhofmeister in Weimar

# Anthologien

## aus der deutschen Literatur

Philipp Reclam jun. Stuttgart